■2025年度高等学校受験用

城北高等学校

収録内容一覧

★この問題集は以下の収録内容となっています。また、編集の都合上、解説、解答用紙を省略させていただいている場合もございますのでご了承ください。

（○印は収録、一印は未収録）

入試問題の収録内容			解説	解答	解答用紙
2024年度	一般	英語・数学・国語	○	○	○
	推薦	英語・数学・国語	—	○	○
2023年度	一般	英語・数学・国語	○	○	○
	推薦	英語・数学・国語	—	○	○
2022年度	一般	英語・数学・国語	○	○	○
	推薦	英語・数学・国語	—	○	○
2021年度	一般	英語・数学・国語	○	○	○
	推薦	英語・数学・国語	—	○	○
2020年度	一般	英語・数学・国語	○	○	○
	推薦	英語・数学・国語	—	○	○

★当問題集のバックナンバーは在庫がございません。あらかじめご了承ください。

●凡例●

【英語】

≪解答≫

〔 〕 ①別解
②置き換え可能な語句（なお下線は置き換える箇所が2語以上の場合）
(例) I am〔I'm〕glad〔happy〕to ~

（ ） 省略可能な言葉

≪解説≫

1, 2… 本文の段落（ただし本文が会話文の場合は話者の１つの発言）

〔 〕 置き換え可能な語句（なお〔 〕の前の下線は置き換える箇所が 2 語以上の場合）

（ ） ①省略が可能な言葉
(例) 「(数が) いくつかの」
②単語・代名詞の意味
(例) 「彼（＝警察官）が叫んだ」
③言い換え可能な言葉
(例) 「いやなにおいがするなべにはふたをするべきだ（＝くさいものにはふたをしろ）」

// 訳文と解説の区切り

cf. 比較・参照

≒ ほぼ同じ意味

【数学】

≪解答≫

〔 〕 別解

≪解説≫

（ ） 補足的指示
(例) (右図１参照) など

〔 〕 ①公式の文字部分
(例) 〔長方形の面積〕=〔縦〕×〔横〕
②面積・体積を表す場合
(例) 〔立方体 ABCDEFGH〕

∴ ゆえに

≒ 約、およそ

【社会】

≪解答≫

〔 〕 別解

（ ） 省略可能な語

＿＿ 使用を指示された語句

≪解説≫

〔 〕 別称・略称
(例) 政府開発援助〔ODA〕

（ ） ①年号
(例) 壬申の乱が起きた（672 年)。
②意味・補足的説明
(例) 資本収支 (海外への投資など)

【理科】

≪解答≫

〔 〕 別解

（ ） 省略可能な語

＿＿ 使用を指示された語句

≪解説≫

〔 〕 公式の文字部分

（ ） ①単位
②補足的説明
③同義・言い換え可能な言葉
(例) カエルの子 (オタマジャクシ)

≒ 約、およそ

【国語】

≪解答≫

〔 〕 別解

（ ） 省略してもよい言葉

＿＿ 使用を指示された語句

≪解説≫

〈 〉 課題文中の空所部分（現代語訳・通釈・書き下し文）

（ ） ①引用文の指示語の内容
(例) 「それ (＝過去の経験) が ～」
②選択肢の正誤を示す場合
(例) (ア，ウ…×)
③現代語訳で主語などを補った部分
(例) (女は) 出てきた。

／ 漢詩の書き下し文・現代語訳の改行部分

城北高等学校

所在地	〒174-8711 東京都板橋区東新町2-28-1
電　話	03-3956-3157
ホームページ	https://www.johoku.ac.jp
交通案内	東武東上線 上板橋駅より徒歩10分 地下鉄有楽町線・副都心線 小竹向原駅より徒歩20分

普通科

男子

くわしい情報はホームページへ

応募状況

年度	募集数	受験数	合格数	倍率
2024	推薦 20名 一般 65名	18名 229名	18名 176名	1.0倍 1.3倍
2023	推薦 20名 一般 65名	42名 329名	24名 176名	1.8倍 1.9倍
2022	推薦 20名 一般 65名	43名 317名	23名 173名	1.9倍 1.8倍

試験科目（参考用：2024年度入試）

［推薦］適性検査(国語・数学・英語)，面接
［一般］国語・数学・英語

沿　革

本校は，明治時代の旧制城北中学校(東京府立四中，現在の都立戸山高校の前身)を再興しようとの意図で昭和16年に創立された。昭和23年，新学校制度に基づき，城北高校となり，現在に至っている。

特　色

都立城北中央公園に近く緑豊かな環境のもと，充実した施設を整え，生徒の好奇心と積極性を生かし，主体的に取り組み成長する指導を行っている。ICT教育も推進。また，23区内最大級の人工芝グラウンドは，生徒たちの学びや活発なクラブ活動を支えている。グローバル教育の一環として，オーストラリア語学研修やターム留学，セブ島語学留学などを実施している。

編集部注一本書の内容は2024年5月現在のものであり，変更されている場合があります。正確な情報は，学校のホームページ等で必ずご確認ください。

教育方針

将来，社会のリーダーとなる人材を育成すべく，人間形成と大学進学を目標とする。本校独自の教育課程に基づいて学力の向上を図り，進路指導に力を入れるとともに生徒の自発的行動を促し，各自の可能性を追求する心を育てる。校訓『着実・勤勉・自主』を実践し，正しい道理と社会性を身につけた創造力豊かな人間の育成に努めている。

進路指導

全員が大学進学志望のため，塾や予備校に頼らない環境の提供に努めている。具体的な取り組みとしては，長期休暇中の講習や，12月から入試直前まで行われる高３生特別講座，夏休みの高３生大町学習室(10日間の自学自習勉強合宿)などが実施されている。また，年３回，定期テスト以外に校内実力試験を行っており，難関大学への進学者も多い。

【主な大学合格実績】 2024年４月現在
東京大７名，京都大７名，東京工業大10名，一橋大９名，北海道大５名，東北大８名，大阪大４名，九州大２名，早稲田大83名，慶應義塾大58名，上智大45名，東京理科大140名　ほか。

イベント日程（予定・要予約）

○学校説明会
6/29(土)，8/4(日)，9/14(土)，11/2(土)
○入試説明会
11/23(土・祝)
○文化祭
9/28(土)，29(日)
＊他に校舎見学ツアーなどを実施予定。

出題傾向と今後への対策 英語

出題内容

	2024	2023	2022
大問数	5	5	5
小問数	37	38	30
リスニング	×	×	×

◎毎年出題内容が変化する。長文読解問題は２～３題出題されている。この他に書き換え，整序結合，英作文などが出題されている。

2024年度の出題状況

1 和文英訳―適語補充

2 整序結合

3 和文英訳―完全記述

4 長文読解総合―説明文

5 長文読解総合―物語

解答形式

2024年度	記　述／マーク／併　用

出題傾向

基本的な問題を中心に構成されており，極端な難問は見られない。長文のジャンルは説明文や物語が多い。設問は読解問題が中心で，文整序や適所選択など文脈を正確に把握できないと解答できない問題が多い。文法は標準的な問題が多いので，問題集で練習すれば十分に対応できる。

今後への対策

まずは教科書で基礎を固め，基本例文は覚えてしまおう。次に英文に慣れることが大切であり，読解力，特に速読力を養うことが不可欠だ。長文読解問題集を１冊決め，繰り返し読み込もう。文法問題は文法用の問題集を１冊決め，繰り返し解くと良い。仕上げに過去問題集で問題形式や時間配分を確認しよう。

◆◆◆◆◆ 英語出題分野一覧表 ◆◆◆◆◆

分野		年度	2022	2023	2024	2025予想※
音声	放送問題					
	単語の発音・アクセント					
	文の区切り・強勢・抑揚					
語彙・文法	単語の意味・綴り・関連知識		●			△
	適語(句)選択・補充					
	書き換え・同意文完成		●			△
	語形変化				●	△
	用法選択					
	正誤問題・誤文訂正					
	その他(熟語)					
作文	整序結合		●	●	■	◎
	日本語英訳	適語(句)・適文選択				
		部分・完全記述	■	■	■	◎
	条件作文					
	テーマ作文					
会話文	適文選択					
	適語(句)選択・補充					
	その他					
長文読解	内容把握	主題・表題				
		内容真偽	●	●	●	◎
		内容一致・要約文完成				
		文脈・要旨把握	●	●	■	◎
		英問英答				
	適語(句)選択・補充		■	★	■	◎
	適文選択・補充		●	●		◎
	文(章)整序		●		●	◎
	英文・語句解釈(指示語など)		●	●	■	◎
	その他(適所選択)		●			△

●印：１～５問出題，■印：６～10問出題，★印：11問以上出題。

※予想欄　◎印：出題されると思われるもの。　△印：出題されるかもしれないもの。

出題傾向と今後への対策 数学

出題内容

2024年度

大問５題，16問の出題。①，②は小問集合で，①は４問，②は３問。①は計算と関数，確率，②は平面図形の計量題。③は数の性質から，約束記号に関するもの。④は放物線と直線に関するもの。比例定数や正方形の１辺の長さ，四角形の面積を２等分する直線の式を求めるものなどが出題されている。⑤は空間図形で正四角錐について問うもの。体積や断面の面積，垂線の長さを問う計量題３問。

2023年度

大問５題，16問の出題。①，②は小問集合で，各４問。①は計算を主とするものと確率，②は図形や関数など。③は関数で，放物線と双曲線に関するもの。交点の座標を求めるものなどが出題されている。④は空間図形で，三角錐について問うもの。体積や線分の長さなどを問う計量題３問。⑤は平面図形で，半円を利用したもの。半円の弧上を点が動いたときにある点が動いた長さを求めるものなどが出題されている。

作…作図問題　証…証明問題　グ…グラフ作成問題

解答形式

2024年度	記　述／マーク／併　用

出題傾向

大問５題で，総設問数は14〜18問。①，②は小問集合で，②は図形を中心としたもの。③以降は，関数，空間図形がほぼ必出で，この他，方程式の応用，確率などから出題されている。ややレベルの高い問題が含まれ，中学校で学習した内容にプラスαの力が求められている。

今後への対策

ややレベルの高いものが出題されているので，問題に慣れることが大事。教科書をマスターしたうえで標準レベルの問題に多く接するようにしよう。問題演習をする際も，解いて答え合わせをするだけでなく，その問題に対して違うアプローチの仕方などを考えるようにしていくとよいだろう。計算練習もおろそかにしないようにしよう。

◆◆◆◆◆ 数学出題分野一覧表 ◆◆◆◆◆

分野		2022	2023	2024	2025予想※
数と式	計算，因数分解	■	■	●	◎
	数の性質，数の表し方	★		★	◎
	文字式の利用，等式変形				
	方程式の解法，解の利用	●	●	●	◎
	方程式の応用				
関数	比例・反比例，一次関数				
	関数$y=ax^2$とその他の関数	★	★	★	◎
	関数の利用，図形の移動と関数		●		△
図形	（平面）計量	★	★	★	◎
	（平面）証明，作図				
	（平面）その他				
	（空間）計量	★	★	★	◎
	（空間）頂点・辺・面，展開図				
	（空間）その他				
データの活用	場合の数，確率	●	●	●	◎
	データの分析・活用，標本調査				
その他	不等式				
	特殊・新傾向問題など				
	融合問題				

●印：１問出題，■印：２問出題，★印：３問以上出題。
※予想欄　◎印：出題されると思われるもの。　△印：出題されるかもしれないもの。

出題傾向と今後への対策　国語

出題内容

2024年度

論説文　小説　漢字

課題文

一周東美材『「未熟さ」の系譜』
二寺地はるな『川のほとりに立つ者は』

2023年度

論説文　小説　漢字

課題文

一佐伯啓思『さらば，欲望』
二砂原浩太朗『帰ってきた』

2022年度

論説文　小説　漢字

課題文

一白井　聡「技術と社会」
二藤岡陽子『きのうのオレンジ』

解答形式

2024年度　記　述／マーク／併　用

出題傾向

設問は，論説文・小説の読解問題にそれぞれ８～10問，漢字に５問で，全体で25問程度の出題となっている。記述式解答の設問は，25～90字程度のものが全体で４～５問出されている。課題文は，比較的多めで，内容的にもやや高度なものが選ばれている。

今後への対策

現代文については，とりわけ論説文は比較的内容が高度なので，正確に論旨をつかむ力をつけておかなければならない。そのためには，応用力を養成するための問題集をできるだけたくさんこなす必要がある。また，記述式解答の準備として，問題集の課題文の要旨をまとめるのも，有効な練習である。

国語出題分野一覧表

分野		年度	2022	2023	2024	2025 予想※
現代文	論説文 説明文	主題・要旨	●	●		◎
		文脈・接続語・指示語・段落関係	●			△
		文章内容	●	●	●	◎
		表現	●	●		◎
	随筆 日記 手紙	主題・要旨				
		文脈・接続語・指示語・段落関係				
		文章内容				
		表現				
		心情				
	小説	主題・要旨			●	△
		文脈・接続語・指示語・段落関係				
		文章内容	●	●	●	◎
		表現	●	●		◎
		心情	●	●	●	◎
		状況・情景			●	△
韻文	詩	内容理解				
		形式・技法				
	俳句 和歌 短歌	内容理解				
		技法				
古典	古文	古語・内容理解・現代語訳				
		古典の知識・古典文法				
	漢文	（漢詩を含む）				
国語の知識	漢字 語句	漢字	●	●	●	◎
		語句・四字熟語		●	●	◎
		慣用句・ことわざ・故事成語	●	●	●	◎
		熟語の構成・漢字の知識				
	文法	品詞				
		ことばの単位・文の組み立て				
		敬語・表現技法				
	文学史					
作文・文章の構成・資料						
その他						

※予想欄　◎印：出題されると思われるもの。　△印：出題されるかもしれないもの。

合格を勝ち取るための

本書の使い方

本書に掲載されている過去問をご覧になって，「難しそう」と感じたかもしれません。でも，大丈夫。ほとんどの受験生が同じように感じるのです。高校入試の出題範囲は中学校の定期テストに比べて広いですし，残りの中学校生活で学ぶはずの，まだ習っていない内容からも出題されているかもしれません。

ですから，初めて本書に取り組む際には，点数を気にする必要はありません。点数は本番で取れればいいのです。

過去問で重要なのは「間違えること」です。自分の弱点を知るために，過去問に取り組むのです。当然，間違った問題をそのままにしておいては意味がありません。

本書には，長年にわたって高校受験に関わってきたベテランスタッフによる詳細な解説がついています。間違えた問題は重点的に解説を読み，何度も解きなおしてください。時にはもう一度，教科書で復習するのもよいでしょう。

別冊として，抜き取って使える解答用紙を収録しました。表示してあるように拡大コピーをとれば，実際の入試と同じ条件で，何度でも過去問に取り組むことができます。特に記述問題では解答欄の大きさがヒントになる場合があります。そうした，本番で使える受験テクニックの練習ができるのも，本書の強みです。

前のページにある「出題傾向と今後への対策」もよく読んで，本校の出題傾向に慣れておきましょう。

2025年度 高校受験用

城北高等学校　5年間スーパー過去問

をご購入の皆様へ

お詫び

本書、城北高等学校の入試問題につきまして、誠に申し訳ございませんが、以下の問題文は著作権上の問題により掲載することができません。設問と解説、解答は掲載してございますので、よろしくお願い申し上げます。

記

2024年度　一般　英語　5　の問題文

以上

株式会社　声の教育社　編集部

2024年度 城北高等学校

【英　語】（60分）〈満点：100点〉

1　次の日本語の意味に合うように，かっこに適語を入れなさい。

(1) 彼の車は私の車よりも運転しやすかった。
His car was (　　) (　　) (　　) than mine.

(2) 私はとても疲れていたので何も食べられなかった。
I was (　　) tired (　　) eat (　　).

(3) 私はこの本を金曜までに読み終えなくてはいけません。
I have (　　) finish (　　) this book (　　) Friday.

2　次の日本語の意味になるように，かっこ内の語を並べかえて英文を完成させなさい。ただし，かっこ内にはそれぞれ不要な語が１つあります。また，文頭にくる語も小文字で始めてあります。

(1) 私はあなたの２倍の数の本を持っている。
I have (you / twice / many / books / more / as / as).

(2) あと５センチ背が高ければいいのに。
(I / I / good / taller / centimeters / wish / were / five).

(3) 昨日公園で自転車を盗まれた。
(I / bike / my / stolen / was / the / park / in) yesterday.

(4) 昨日は一日中テスト勉強をしていたので，私は疲れている。
I'm tired (I / exam / the / studied / all / for / because / have) day yesterday.

3　次の日本語を英語にしなさい。

(1) 何人かのクラスメートが私の宿題を手伝ってくれた。
(2) 私には兄弟も姉妹もいません。
(3) そのバッグは高すぎると私は思った。

4　次の英文を読んで，あとの問いに答えなさい。

For more than a hundred years, writers have been interested in the power of machines — and 【① wrong / they / happens / go / what / when】. Before computers became part of modern life, they began to appear in stories. Often, these computers begin working for humans, but later they refuse to do (1)this and start to do *frightening and dangerous things.

A good example of this kind of story is "I Have No Mouth And I Must *Scream," by Harlan Ellison, *published in 1967. Three very large and powerful countries use computers to fight against one another, but the computers become angry with the humans. They work together to kill all the humans in the world except for five people. 【② keep / these / like / animals / five / the computers / people】. Later, films like *2001 : A Space Odyssey* and *I, Robot* used stories of this kind too.

The idea of computers that are more powerful than humans is interesting to scientists too. That is why IBM spent a lot of time and money《 あ 》a chess computer called Deep Blue. They wanted to show that a computer could win against Gary Kasparov, the best chess player in the world.

In 1996, Deep Blue played Kasparov six times. Kasparov won the match, but IBM knew that their computer could do [X]. They did a lot of work on the computer and its *software, and in 1997, Deep Blue and Kasparov played again. (a), Deep Blue won the match (3.5 to 2.5).

A lot of newspapers wrote about Deep Blue and Kasparov. They said that it was the beginning of a new age : computers were already more intelligent than humans. (b), Deep Blue had help from humans. Its software was written by five different computer technicians and a very good chess player. (c), it is important to remember that chess is a mathematical game. Computers are good at chess because they can do millions of *calculations every second. Deep Blue can look at 200,000,000 different chess moves every second ; a human chess player like Kasparov can look at three ! In some ways, (2)it is surprising that computers do not win at chess every time. In 2003, Kasparov played against a new chess computer, Deep Junior, and the match ended 3-3.

Computers can follow instructions and play mathematical games very well, but are they really intelligent ? Do they really think *in the same way that humans think ? These are difficult questions, and scientists do not always agree on the answers. [*].

In the past, people thought that computers did not have any imagination—they could never invent funny stories, or write beautiful music. However, software programmers have recently “《 い 》” computers to do many different things which need imagination. For example, Paul Hodgson is a programmer and his favorite music is jazz. He wrote some music software for his computer, and now the computer can create pieces of music in the same way as a jazz musician. The computer is not a very good jazz musician—but (3)as the software gets better, so will the music.

In fact, music, like chess, is quite mathematical. Perhaps it is not a surprise that computers are good at (4)both. One of the first computer technicians, Alan Turing, was interested in the question “Can a computer really think like a human ?”, so he invented the Turing Test. To do the test, you sit at a computer and “talk”(using messages) to someone in a different room. That “someone” can be a person or a computer, but (5)you do not know which it is. If you think it is a person but it is really a computer, then that computer has passed the Turing Test.

Every year programmers try to write software which《 う 》their computer pass the Turing Test. There is a prize of 100,000 dollars—the Loebner Prize—for the first computer to pass the test. Alan Turing himself made this *prediction : “A computer will pass the Turing Test before the end of the twentieth century.” But he was [Y], and so far, nobody has won the prize.

（注） frightening：怖がらせるような　scream：叫ぶ
publish：出版する　software：ソフトウェア
calculation：計算　in the same way that ～：～と同じやり方で
prediction：予測

問１ 【①】【②】内の語(句)を文脈に合うように並べかえ，その部分のみを答えなさい。ただし，文頭に来る語も小文字で始めてあります。

問２ 《あ》～《う》に入る最も適切な動詞を次から選び，必要があれば形を変えて１語で書きなさい。ただし，同じ動詞を２度使ってはいけません。

[build / follow / make / teach / think]

問3　[X], [Y]に入る最も適切な語を次のア～エから1つずつ選び，記号で答えなさい。

[X]　ア　bad　　イ　better　　ウ　good　　エ　worse

[Y]　ア　surprising　　イ　surprised　　ウ　right　　エ　wrong

問4　(a)～(c)に入る最も適切な語(句)を次のア～エから1つずつ選び，記号で答えなさい。ただし，同じ記号を2度使ってはいけません。

ア　Also　　イ　However

ウ　Perhaps　　エ　This time

問5　本文中の[＊]に入るように，次のア～オの文を文脈上最も適切な順に並べかえ，記号で答えなさい。ただし，不要な文が1つ入っています。

ア　They think that perhaps one day a really powerful computer will do some of the things that a human brain does, but it will never really think like one.

イ　Some scientists believe that the human brain is just like a powerful computer.

ウ　Other scientists believe that the human brain does not do calculations in the same way as a computer.

エ　Therefore, people will be able to make themselves more intelligent than computers one day.

オ　So if we can make a computer that is powerful enough, it will think like a human brain.

問6　下線部(1)が指している内容として最も適切なものを次のア～エから1つ選び，記号で答えなさい。

ア　コンピューターが現代の生活の一部であること。

イ　コンピューターがたくさんの物語に出てくること。

ウ　コンピューターが人間のために働くこと。

エ　コンピューターが人間を拒絶すること。

問7　下線部(2)の理由として最も適切なものを次のア～エから1つ選び，記号で答えなさい。

ア　チェスのコンピューターが人間に勝ったから。

イ　コンピューターに比べて人間が一度に考えられるチェスの手が極めて少ないから。

ウ　カスパーロフは人間の，チェスの世界チャンピオンであるから。

エ　多くの新聞が，コンピューターとカスパーロフについて記事を書いていたから。

問8　下線部(3)が示す内容として最も適切なものを次のア～エから1つ選び，記号で答えなさい。

ア　ソフトウェアのように音楽も上手に作れるようになるだろう。

イ　ソフトウェアが良くなるにつれて，沢山の音楽を生み出せるだろう。

ウ　ソフトウェアは良いものなので，人間も良い音楽を作れるだろう。

エ　ソフトウェアが良くなるにつれて，作られる音楽も良くなるだろう。

問9　下線部(4)が指しているものとして最も適切なものを次のア～オから1つ選び，記号で答えなさい。

ア　music and chess　　イ　thinking and making

ウ　math and music　　エ　Turing and the Turing Test

オ　humans and computers

問10　下線部(5)が示す内容として最も適切なものを次のア～エから1つ選び，記号で答えなさい。

ア　自分がチューリングテストに合格か不合格かわからないこと。

イ　コンピューターが人間のように考えられるかどうかわからないこと。

ウ　自分がやり取りしているのが人間かコンピューターかわからないこと。

エ　実際に話すのかメッセージを入力するのかわからないこと。

問11　本文の内容に合うものを次のア～オから１つ選び，記号で答えなさい。

ア　Computers are made to work for humans, but these days some of them refuse to do this and become dangerous for humans.

イ　If a computer passes the Turing Test, that computer is far more intelligent than humans.

ウ　Paul Hodgson made a software program which created jazz music like humans.

エ　At the end of the twentieth century, a computer technician made a computer program which thought like a human.

オ　Alan Turing was a great computer technician who made a computer called Deep Blue.

5　次の英文を読んで，あとの問いに答えなさい。この英文はある物語の一部分であり，登場する人物は次のように読むこととする。

Elya Yelnats　エリャ・イェルナッツ
Myra Menke　マイラ・メンケ
Igor Barkov　イゴール・バルコフ
Madame Zeroni　マダム・ゼローニ

〔編集部注…課題文は著作権上の問題により掲載しておりません。作品の該当箇所につきましては次の内容を参考にしてください〕

Louis Sachar『HOLES』〈Yearling〉

P. 28の後ろから７行目～P. 31の11行目（一部改変・省略あり）

Every day Elya carried the little piglet up the mountain and sang to it as it drank from the stream. As the pig grew fatter, Elya grew stronger.

（注）　desperate：絶望して　　mud wrestle：泥んこレスリングをする
spat：spit(つばを吐く)の過去形　　shallow：表面的な
a dozen of piglets：十数匹の子豚　　suckle：～に乳を飲ませる

問１　以下の４人の登場人物を年齢の低い人から高い人へ左から並べて，ア～エの記号で答えなさい。

ア　Elya Yelnats　　イ　Myra Menke
ウ　Igor Barkov　　エ　Madame Zeroni

問２　下線部(1)は「結婚を申し出る」という意味だが，本文から読み取れるこの家庭の結婚に関するしきたりとして，最も適切なものを次のア～エから１つ選び，記号で答えなさい。

ア　年齢のより高いものが結婚を許される。
イ　愛情のより深いものが結婚を許される。
ウ　結婚をする女性の意思が何よりも優先される。
エ　結婚をする女性の父親が結婚の決定権を持っている。

問３　下線部(2)の理由は何か，最も適切なものを次のア～エから１つ選び，記号で答えなさい。

ア　Madame Zeroni からアドバイスをもらうため。
イ　Madame Zeroni から豚をもらうため。
ウ　Madame Zeroni と結婚するため。
エ　Madame Zeroni に鍛えてもらうため。

問4　Madame Zeroniが下線部(3)の発言をした理由として，最も適切なものを次のア～エから1つ選び，記号で答えなさい。

ア　Madame ZeroniはMyra Menkeのことを好きだから。

イ　Madame ZeroniはElya Yelnatsのことを好きではないから。

ウ　Madame ZeroniはElya YelnatsとMyra Menkeが結婚してほしくないから。

エ　Madame ZeroniはElya YelnatsとMyra Menkeが結婚してほしいから。

問5　下線部(4)の意味に最も近いものを次のア～エから1つ選び，記号で答えなさい。

ア　Myraは美しいだけである。

イ　Myraはずる賢い。

ウ　Myraは花を育てるのが苦手である。

エ　Myraは空の花瓶を持っている。

問6　下線部(5)の内容を，解答欄のあとの語句に続くように，具体的に30字以内の日本語で説明しなさい。ただし，句読点も字数に含めます。

問7　下線部(6)が指す内容と同じものはどれか，本文中の下線部ア～エのうちから正しいものを1つ選び，ア～エの記号で答えなさい。

問8　Madame Zeroniの言う通りに行うと，下線部(7)までに，Elya Yelnatsは合計でおよそ何回子豚を山頂まで連れて行くことになりますか。最も適切なものを次のア～エから1つ選び，記号で答えなさい。

ア　5回　　イ　20回　　ウ　60回　　エ　120回

問9　下線部(8)ほど大きくなる豚を山頂まで運ぶことがどうして可能だとMadame Zeroniは考えていますか。30字程度の日本語で説明しなさい。ただし，句読点も字数に含めます。

問10　この話には続きがあります。本文中の情報から判断して，このあとの展開として最もあり得そうなものを次のア～エから1つ選び，記号で答えなさい。

ア　Elya Yelnatsは豚を大きくすることで強くなり，Igor Barkovに泥んこレスリングで勝利し，当初の約束通りMyra Menkeとの結婚を許された。

イ　Elya YelnatsはMadame Zeroniのために豚を大きく育て，それと引き換えにアメリカへ行く資金をもらった。

ウ　Elya Yelnatsは豚を大きく育てたが，Myra Menkeが本当はどのような人間かに気づき，結婚の申し出を取り下げた。

エ　Elya YelnatsはMyra Menkeの父に贈るものは何もなかったが，たくさんの愛情があったので，Myra Menkeとの結婚を許された。

【数　学】（60分）〈満点：100点〉

（注意）　1．コンパス・定規・分度器を使ってはいけません。

　　　　　2．円周率はπを用いて表しなさい。

1　次の各問いに答えよ。

(1)　$\dfrac{9}{4}x^3y\div\left(-\dfrac{3}{2}x^2y\right)^3\times\dfrac{15}{2}x^4y^2$ を計算せよ。

(2)　$(x-5)^2+2(x-5)-1=0$ を解け。

(3)　2つの関数 $y=x^2$，$y=2x$ において，x の値が t から $t+3$ まで変化するときの変化の割合は等しい。このとき，定数 t の値を求めよ。

(4)　2個のサイコロA，Bを同時に投げて出た目をそれぞれ a，b とするとき，a^2b^2-1 が3の倍数となる確率を求めよ。ただし，0は3の倍数とする。

2　次の各問いに答えよ。

(1)　下の図1の平行四辺形ABCDにおいて，辺AD上に点Eをとり，BDとCEの交点をFとする。また，辺CD上に $FG/\!/BC$ となるような点Gをとる。AE：ED＝1：2のとき，△DFGと△FBCの面積比を求めよ。

図1

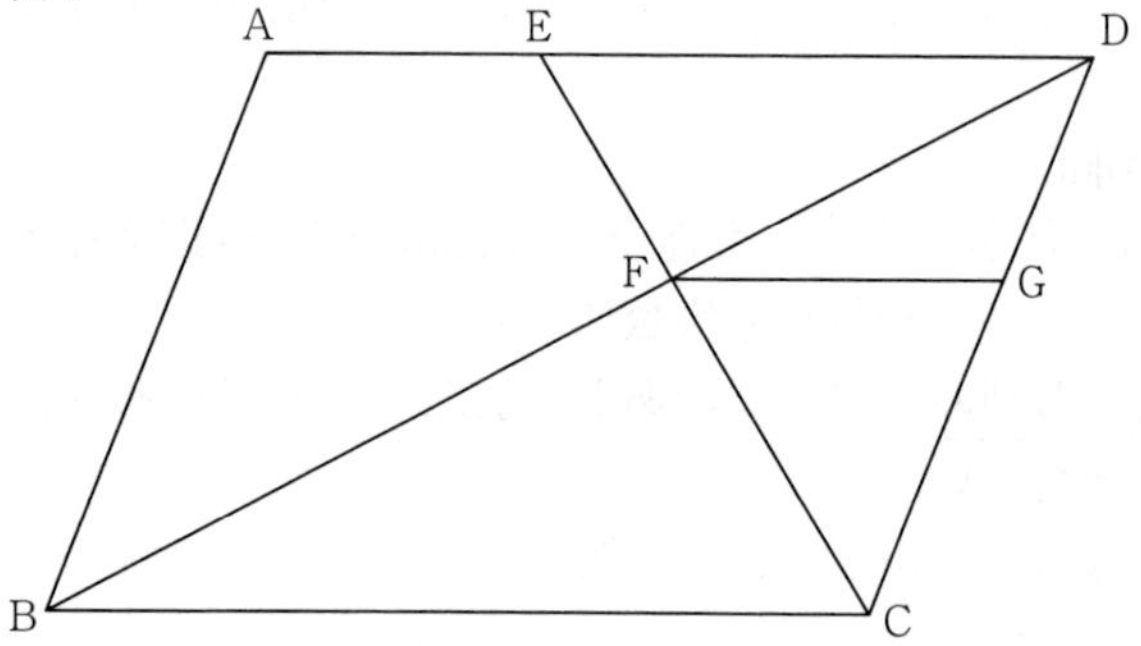

図2

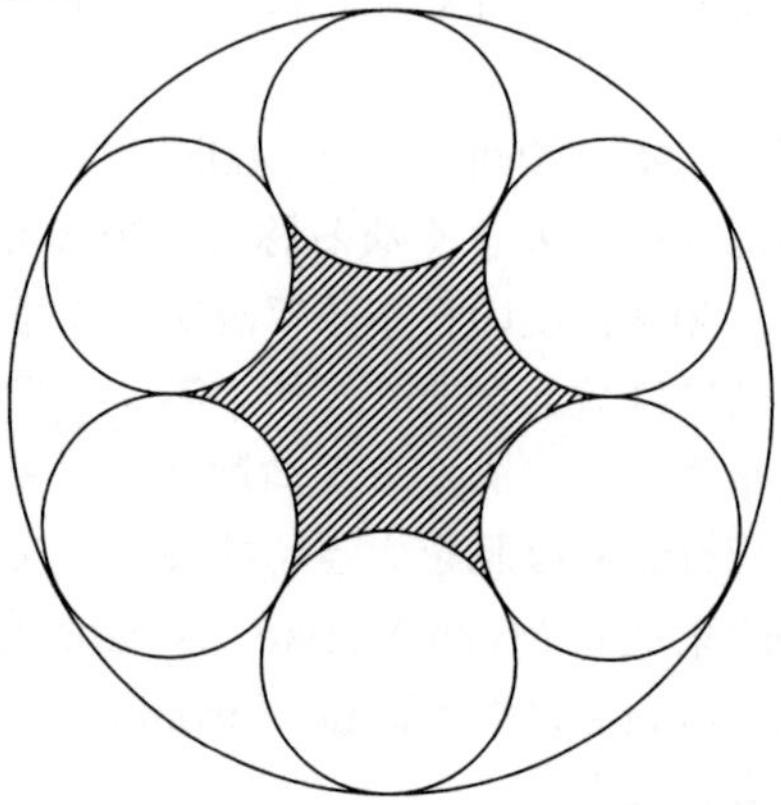

(2)　上の図2のように，互いに接する半径1の6つの円が，半径3の円に接している。このとき，斜線部分の面積を求めよ。

(3)　下の図3のように，辺AB上に点D，辺BC上に点Eをとり，AEとCDの交点をFとする。AC＝BD＝4，∠BAE＝∠EAC＝∠DCB，CF：FD＝2：1であるとき，BEの長さを求めよ。

図3

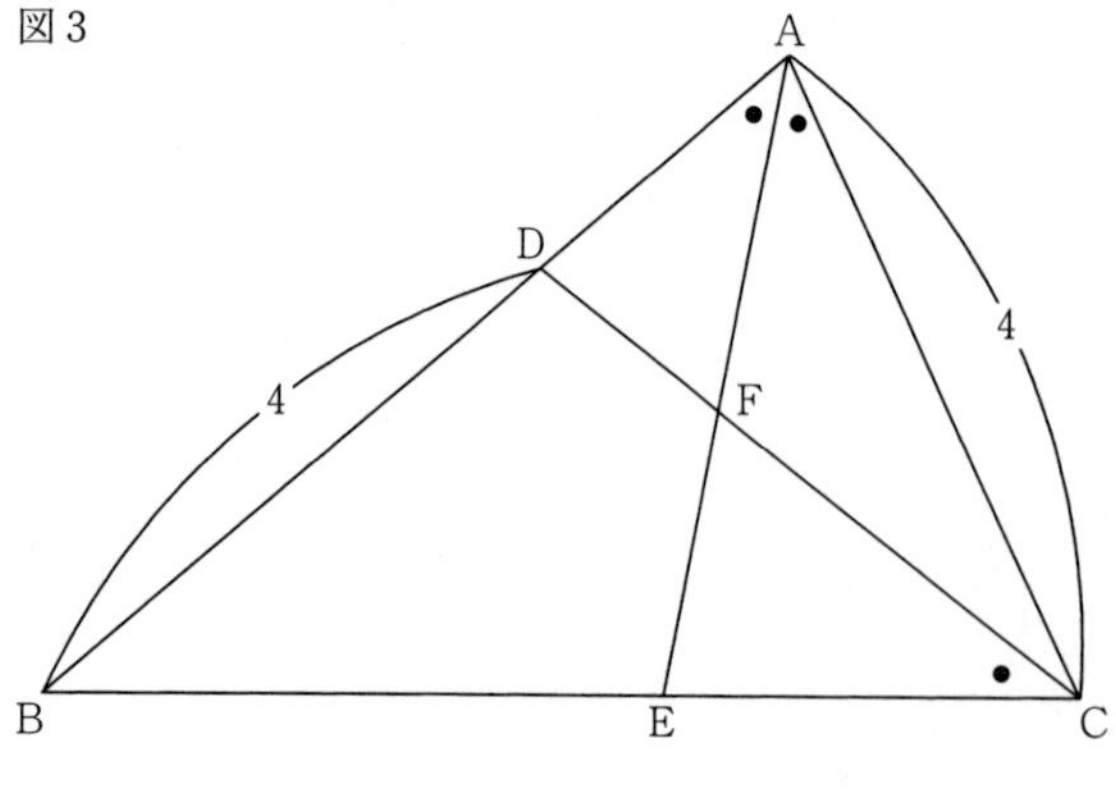

3　x を超えない最大の整数を $[x]$ と表す。例えば，$[3.6]=3$，$[5]=5$ である。次の問いに答えよ。

(1)　$[\sqrt{7}]$ の値を求めよ。

(2)　$[\sqrt{n}]=2$ となるような自然数 n はいくつあるか求めよ。

(3)　$[\sqrt{m+10}]\times[\sqrt{n}]=6$ となるような自然数 m，n の組はいくつあるか求めよ。

4　右の図のように，関数 $y=3x^2\ (x\leqq 0)$ …①，$y=ax^2\ (x\geqq 0)$ …②，直線 l：$y=x$ があり，①のグラフ上の点Aの x 座標は -1 である。②のグラフと l は点Bを通っていて，Bの y 座標はAの y 座標と等しい。このとき，次の問いに答えよ。

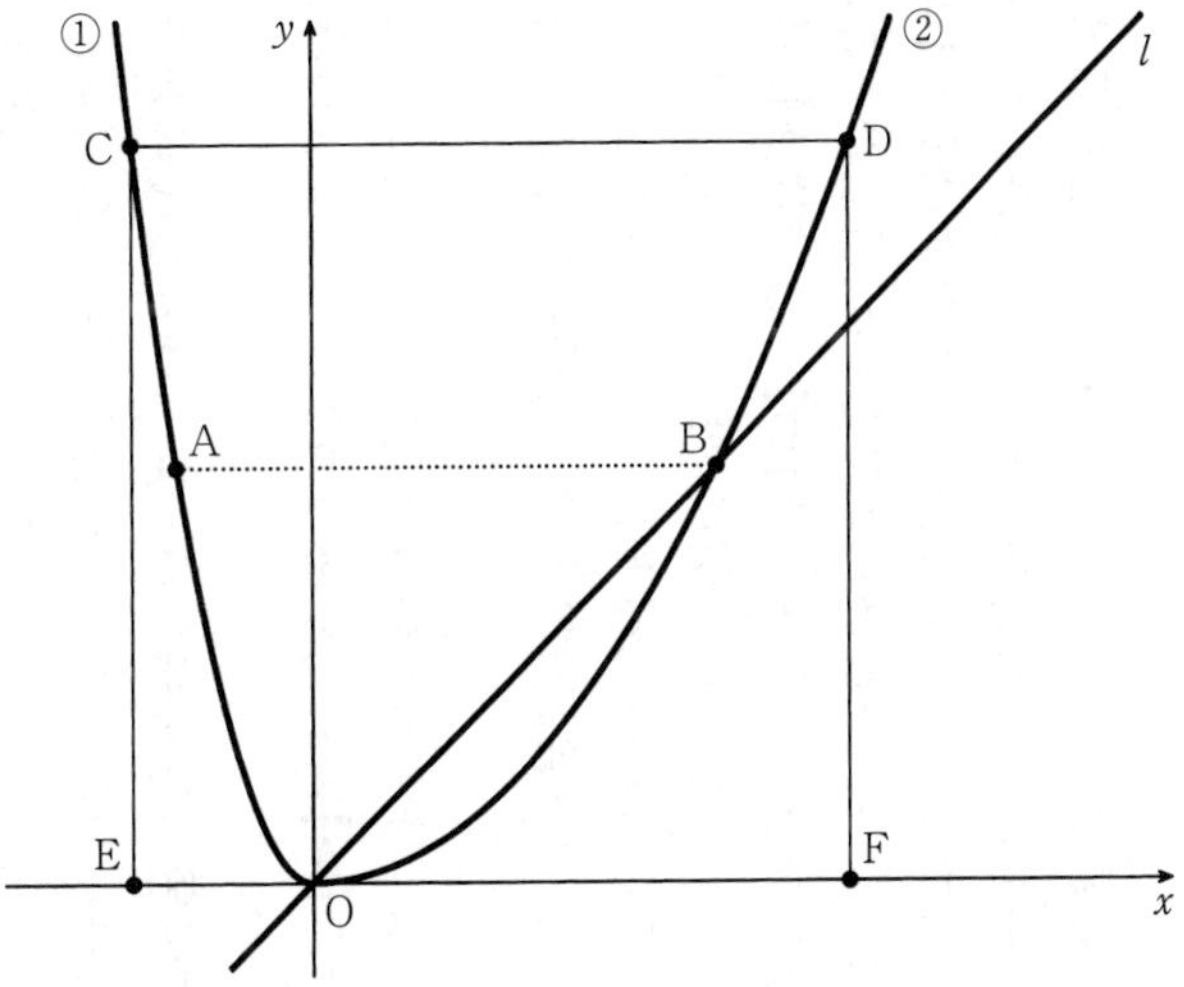

(1)　a の値を求めよ。

①のグラフ上に点C，②のグラフ上に点D，x 軸上に2点E，Fを四角形CEFDが正方形となるようにとる。

(2)　正方形CEFDの1辺の長さを求めよ。

(3)　Eを通り，四角形CEBDの面積を2等分する直線の方程式を求めよ。

5　右の図のように，すべての辺の長さが6の正四角すいO-ABCDがある。OP：PC＝OQ：QD＝2：1のとき，次の問いに答えよ。

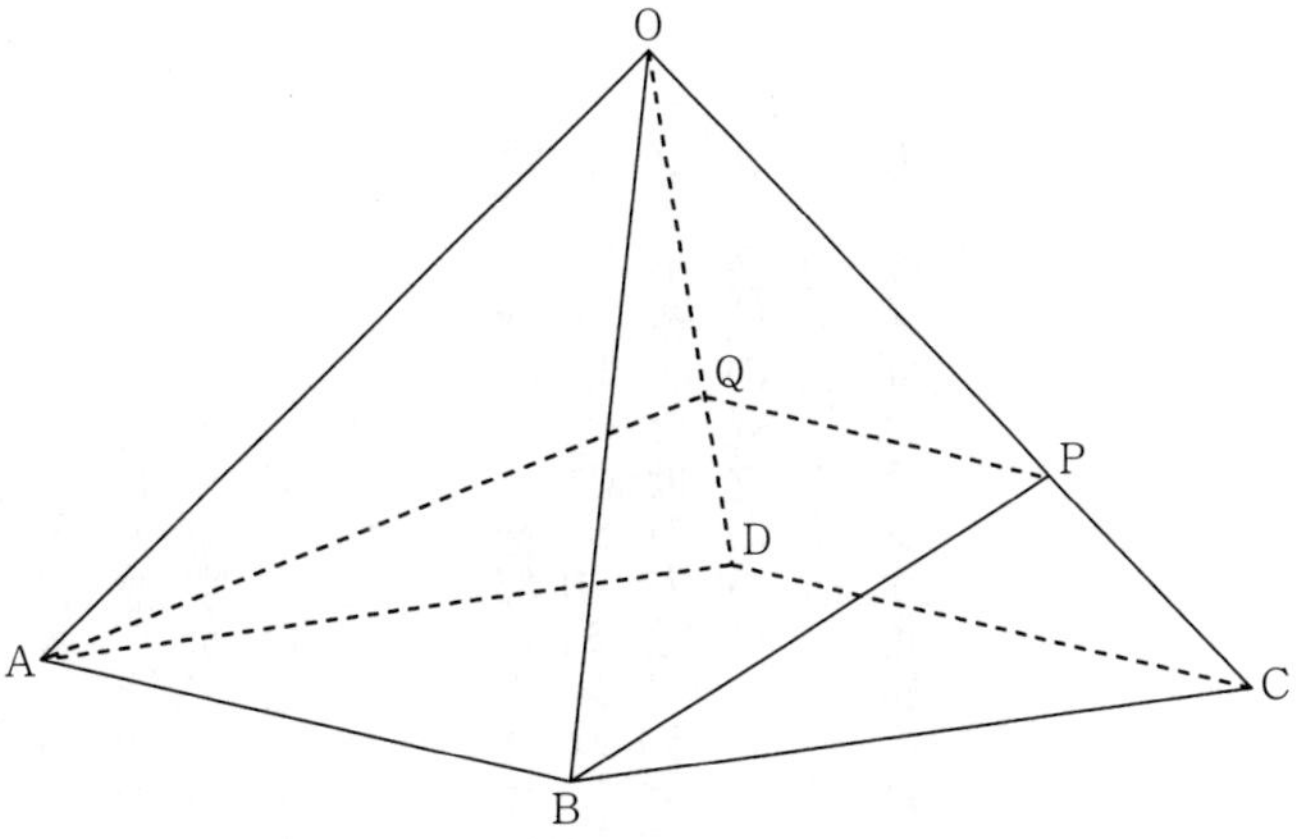

(1)　正四角すいO-ABCDの体積を求めよ。

(2)　四角形ABPQの面積を求めよ。

(3)　点Oから平面ABPQに下ろした垂線の長さを求めよ。

のなさに対して怒りが湧いている、ということ。

問6　――④「すみません、と素直に謝られて」とありますが、この時、松木は本当はどのような心情だったのですか。60字以内で説明しなさい。

問7　――⑤「俺はついてました」とありますが、これはどういうことですか。その説明として最もふさわしいものを次の中から選び、記号で答えなさい。

ア　清瀬に会えたらいいなという願いがかなった上に長い時間二人で話すことまでできて、幸せだったということ。

イ　会社のぐちを聞いてもらった上に清瀬が選んだ手土産のおかげでトラブルの解決までできて、恵まれていたということ。

ウ　閉店時間を勘違いして食べられないと思った食事ができた上におしゃれなカフェまで発見して、好運だったということ。

エ　清瀬と知り合うことができた上に自分の欠点まで指摘してもらえて、良い経験ができたということ。

問8　――⑥「食べよう。こんな状況だからこそ」とありますが、このような清瀬を松木はどのように捉えていますか。60字以内で説明しなさい。

問9　――⑦「親しくなった日」とありますが、本文【A】においてこの日の出来事が描かれているのは、どこからですか。該当する行数を答えなさい。

問10　次の場面は、本文について中学三年生の〔生徒ア〕～〔生徒エ〕が感想を話し合っているものです。この中で、本文について正しく発言している生徒を一人選び、記号で答えなさい。

〔生徒ア〕　僕は、【A】が清瀬の、【B】が松木の視点から描かれるという構造になっているのがとてもおもしろいと思った。特に、【B】の中で夜遅くに二人でラーメンを食べたのを思い出している場面は、清瀬と松木の食事に対する考え方が違っているのがはっきりとわかって、興味深かったなあ。

〔生徒イ〕　そうだね。同じ食事に関わる場面として、僕は、松木の好物のオムライスを清瀬が食べているシーンが印象に残ったなあ。オムライスを少しずつ味わって食べながら松木のことをしみじみと思い出し、それにともなって松木への好意も深まっていく清瀬の心情がよくわかって、感動したよ。

〔生徒ウ〕　私は、食事に関する場面よりも、清瀬が酔っ払いにからまれたエピソードの描写に関心を持ったなあ。清瀬と松木とで、ひとつの出来事に対する印象が違っていたのは、性別の違いを根拠としてそれぞれの感情や考えが形作られていることによるのだろうと思って、興味深かったよ。

〔生徒エ〕　私も、清瀬と松木の関係性に注目したよ。特に、清瀬が松木自身ではなく彼の書く字をまず好きになるという点に共感できたなあ。松木の書くやさしくて素直でまっとうな字が、そのまま松木の人柄や性格にも当てはまるっていうのは、現実の世界でもよくあることだと納得させられた。

三

次の――線部のカタカナを、漢字に書き改めなさい。

1　江戸時代のショミンの暮らしに興味を持つ。

2　不透明な世の中で、ケンジツな生き方を模索する。

3　会社の経営がハタンした。

4　通訳として使節団にズイコウした。

5　受験期はラジオ番組にだいぶハゲまされた。

「たくましい女やな」
「そう、たくましいねん。そこがいい」
「守ってあげたい、とかではないんや」
「うん……そうやな。そういうふうに思ったことはないな」

清瀬だけでなく、女全般にたいして「守ってあげたい」と思ったことがない。サバンナやアマゾンで狩りをしながら暮らしているわけでもないのに、そうそう守る機会がない。

いや、ただ自分が知らないだけで現代の日本で暮らす女は日々さまざまな危険にさらされているのかもしれない。なぜなら「男にはわからへんわ」と清瀬がたまに言うからだ。⑦親しくなった日にもその言葉が出た。

「あなたにはわからないでしょう」と、自分が助けてあげたはずの女に言われた驚きと恥ずかしさと申し訳なさ。思い出したくないが、今でも鮮明に思い出せてしまう。

すみません、と謝りながら、心の奥底では反発していた。俺自身は悪いことはなにもしていないのに、なぜ男であるというだけでそんなふうに責めるようなことを言われなければならないのか？　すべての男は加害者で女はいつでも被害者だとでも言いたいのか？

ずっとあとになって、あの時の自分はすごく恥ずかしかったのだ、と気づくことになった。清瀬から自分を否定されたように感じて、どうにもいたたまれなくて、反発した。すべての男がそうじゃない、少なくとも俺は違う、一緒にしないでくれ、という自己弁護でいっぱいになって、目の前の相手の怒りによりそう余裕などなかった。

（寺地《てらち》はるな『川のほとりに立つ者は』による）

注　「いっちゃん」…松木の小中学校時代の同級生。

問1　本文中の X ～ Z に当てはまる、体の一部を表す漢字を、それぞれ答えなさい。

問2　――①「じろじろ見るわけにはいかない」とありますが、それはなぜですか。最もふさわしいものを次の中から選び、記号で答えなさい。

ア　早く注文を決めてほしいという威圧感を相手に感じさせないようにするため。

イ　ひそかに心惹かれていることを相手に気づかれてしまわないようにするため。

ウ　何を注文するのか興味津々《しんしん》であることを相手に悟られないようにするため。

エ　不審な人物だと思い警戒していることが相手に伝わらないようにするため。

問3　本文中の□に入る1字を、本文中から抜き出して答えなさい。

問4　――②「清瀬は自分が震えていることに気づかなかった」とありますが、清瀬はなぜ「震えてい」たのですか。震えの原因を端的に表している語句を、本文中から5字で抜き出して答えなさい。

問5　――③「羞恥ではなく、怒りだ」とありますが、これはどういうことですか。最もふさわしいものを次の中から選び、記号で答えなさい。

ア　酔っ払いに気安く声をかけさせてしまったことが恥ずかしいのではなく、恋人である清瀬の不安を理解してくれない松木のふがいなさに対して怒りが湧いている、いうこと。

イ　酔っ払いに「たいしたことない」顔だと言われたことが恥ずかしいのではなく、そのことを否定せずに話を進めようとする松木の無神経さに対して怒りが湧いている、ということ。

ウ　酔っ払いを自分で取り押さえられなかったことが恥ずかしいのではなく、女性のか弱さをからかいの対象としている松木の軽薄さに対して怒りが湧いている、ということ。

エ　酔っ払いを自分の力だけで撃退できなかったのが恥ずかしいのではなく、女性の立場を理解せずに発言している松木の配慮

松木は布製品の卸売の会社で営業をしていると言った。昭和かなと思うような古い会社だとひとしきりこぼしたあとで清瀬の職場を「おしゃれ」「おしゃれなカフェ」と連呼するので笑ってしまった。同い年だと判明した瞬間がたしか、いちばん盛り上がった。

ひとしきり話した後で「じつは今日、『クロシェット』で食事しようと思って来たんです。閉店時間を勘違いしてて、間に合わなかったんですけど」と松木が打ち明けた。

「そうだったんですね」

「……このあいだの店員さんが、あなたが、いたらいいなと思って来ました」

あなたは今日はついてない日だったかもしれないけど、⑤俺はついてました、と恥ずかしそうに笑っていた松木。

あれは六月のことだった。そのあと何度か会って、つきあいはじめて、あの頃はほんとうに毎日が楽しかった。ささいな口論はあった、何度もあった、でもその都度仲直りした。もしあのままうまくいっていたら、交際一周年を祝ったりしていたのだろうか。「もし」なんて考えても無意味だけど、でも。

「お待たせしました」

その声とともにオムライスの皿が置かれて、清瀬は現実に引き戻される。伝票を置く店員に「ありがとうございます」と頭を下げた。

三、二、一。頭の中で数えてからスプーンを挿し入れる。湯気が勢いを増し、黄色い卵はとろとろと崩れ落ちる。その下のケチャップライスも掬《すく》って、ことさらに大きく口を開けて食べた。

⑥食べよう。こんな状況だからこそ。

松木になにがあったのか知りたい。ほんとうに喧嘩《けんか》をしたのだとしたら、よほどの理由があったはずだ。交際しているあいだ、清瀬は松木が誰かに暴力をふるう姿はおろか、不機嫌になって声を荒らげる姿すら見たことがない。あらゆる記憶の箱を開け、ひっくりかえしてみても、暴力性の片鱗《へんりん》のようなものさえ見当たらない。最後に会った日もそうだった。清瀬が一方的に怒って詰《なじ》って、松木はただ困った顔をしていただけだった。

やさしくて、素直で、まっとう。清瀬にとって松木はそういう人物だ。

でも――ほんとうにそう言い切ってしまっていいのだろうか。ほとんど機械的にオムライスを口に運びながら、清瀬は考え続ける。

【B】

炒《いた》めた肉と野菜とともに煮たラーメンを、ふたつのどんぶりに分けた。以前清瀬にも同じものをつくったことがある。「野菜がいっぱい入ってると、こんな遅い時間にラーメン食べてる罪悪感が薄れるね」と言いながらうれしそうに麺をすすっていた姿を思い出して、松木は自分でも知らぬ間ににやにやしていたようだった。注いっちゃんが不気味なものを発見したかのようにのけぞる。

「なんでラーメン見ながら笑ってんの、そんな腹減ってたん」

「いや、ちょっとな」

清瀬の罪悪感云々《うんぬん》の話を聞いて、いっちゃんが「そういうの気にするの、女の子って感じするなあ」と笑った。

「男でも気にするやつはするやろ。太るとか、身体に悪いとか」

「まあ、そうかもしれんけど。いっぺん会ってみたいなその子に」

麺をすする合間にいっちゃんが呟く。

「いっちゃんと気が合うと思う、清瀬は」

「そうなん？　なんで」

「食べることへの執着っていうんかな。こう、食べものそのものに対する執着とかではなくて、どんだけ疲れてても落ちこんでも食事はぜったい抜かへん！　みたいなこだわりが清瀬にはあって、なんや生きる力が強い感じがすんねん」

再会したのは、一か月後だった。閉店後に清瀬が店のドアに施錠をしていると、背後から声をかけられた。若い男ふたり組で、かなり酔っ払っていた。

「お仕事終わりなん？　お姉さーん」

「どっか行こうや、お姉さーん」

無視しているといきなり肩を摑《つか》まれ、顔を覗きこまれた。

「あれ、かわいく見えたのに前から見たらあんまたいしたことないな」

笑われて、［Y］に血がのぼった。

その時「お待たせ」と誰かが割りこんできたのだった。それが「□」の字の男性だと、すぐにはわからなかった。ふたり組への警戒で心と身体が硬直していたし、わけのわからないことを言う第三の男の登場に混乱と恐怖はピークに達していた。しかし男性が清瀬に「行こうか」と促し、彼らをまっすぐに見て「この人になにか用ですか？」と強い口調で訊《たず》ねると、ふたりはへどもどしながら去っていった。

「あの、だいじょうぶですか」

そう声をかけられるまで、②清瀬は自分が震えていることに気づかなかった。その時ようやく、助けてもらったのだと理解できた。

終夜営業のファストフード店に飛びこんだのは、明るい場所に避難したかったからだ。助けてくれたとはいえ、よく知らない男性と夜道に立ち尽くしているのはおそろしかった。

明るいを通り越して無礼なほどに強い照明の店内で向き合い、あやしいものではありませんと渡された名刺の「松木圭太」の上の「株式会社カドクラ繊維」という社名で、ようやく相手が誰だかわかった。

松木が運んできたコーヒーに口をつける頃には、震えもおさまった。

松木はコーヒーを飲んでから「落ちつきましたか？」と言い、清瀬は頷《うなず》いた。

「よくあることなんですけど、やっぱり毎回怖いです」

「よくあるんですか」

顔をぎゅっとしかめて「もっと言うたったらよかったな」と窓の外を見る。まださっきのふたり組がそのあたりをうろついているかのように。

「きっぱりはねつけてやったらよかったんですよ、あんな失礼なやつら」

松木にそう言われて、自分の頬が、ゆっくりと熱を帯びていくのを感じた。清瀬はその熱を最初、羞恥《しゅうち》だと勘違いした。

「それは、あなたが男やから言えることです」

反論してから違うと知った。③羞恥ではなく、怒りだ。わたしは今怒っているのだ、と自覚した瞬間、言葉があふれ出た。

夜の屋外で、あたりには人通りもなく、相手は自分よりずっと身体の大きい男性、しかもふたりだった。へたに刺激したらなにをされるかわからないという恐怖が、あなたにはわからないでしょ、とまくしたてた。男にはわからない。男には、わかるはずがない。

松木は［Z］を丸くして、それから深く息を吐いた。

「たしかにそうですね……そうか。俺、想像力かな、いや配慮なんかな、なんか、いろいろ欠けてましたね」

④すみません、と素直に謝られて、かえって清瀬が狼狽《ろうばい》した。こちらこそ、いいえ、ほんとに、としばらく頭を下げ合って、それから、どちらからともなく笑い出した。

この人、いい。そう思った。くっきりとした「好き」ではなく、ましてや欲情などではぜったいになく、淡くしみじみとした「好ましい」だった。

そのあとコーヒーを二度おかわりして、いろいろなことを話した。数時間は喋《しゃべ》ったはずだし、楽しかったということは覚えているのだが、会話の細部は忘れてしまっている。

いう連絡が清瀬のもとに届いた。彼女が松木の入院する病院へ駆けつけると、彼は集中治療室の寝台に寝かされていて、意識不明の重体であった。次に示す文章のうち、【A】は清瀬が松木の入院する病院へ駆けつけた後の場面であり、【B】は2020年2月15日に松木が清瀬と初めて出会った時のことを回想している場面である。

【A】

窓際の席につき、メニューを開いて目に入ったデミグラスソースのオムライスを注文した。店員が去った後で、それが松木の好物だったことを思い出す。

テーブルに両肘をつき、両手でぴったりと顔を覆いながら、清瀬は今起こっていることを整理しようと試みたが、浮かぶのは断片的な松木の記憶ばかりだった。片頰《ほお》にのみ浮かぶえくぼや、夜中に冷蔵庫を覗《のぞ》きこんでいる時のすこし丸まった背中や、それからペンを持つ手の動き。

清瀬が最初に心惹《ひ》かれたのは、松木本人ではなく松木の書く文字だった。ほれぼれするような迷いのないしなやかな曲線、きっぱりとした直線で構成された文字たち。松木は『クロシェット』に客として来ていた。

『クロシェット』はケーキ類のテイクアウトができる。その日、テイクアウト用のカウンターに立っていた清瀬は、ガラスケースの前に立って長いこと腕組みをしている男性の存在には、もちろん気づいていた。顔を近づけたり一歩下がったり、X を傾《かし》げたりして選べずにいるらしいことはわかったが、①じろじろ見るわけにはいかないので「あなたのほうを見てはいないけど存在は認識していますし、あなたが注文を決めた時にはすぐに応対できますよ」と知らせるために「視線は直接向けないが、顔と身体だけは男性のほうを向いている」という状態で待機していた。

しばらくそうしていたのだが、男性が「はー、ぜんぜんわからへん」と呟《つぶや》いたのが聞こえたために「お困りですか」と声をかけた。

「仕事のトラブルの謝罪で手土産として持っていくお菓子なんですけど、どういうのがいいか、さっぱりで。ちなみに女性が多い事業所なんですけど、ええと、七人中六人ぐらい」

これとかどうですかね、と男性がロールケーキを指さしたので「それはやめたほうがいいと思います」と即答した。清瀬は『クロシェット』に勤める前、フリーペーパーをつくっている小さな会社で雑用のアルバイトをしていた。手土産を受けとる機会も多かったが、切り分けて皿に載せねばならない大きなケーキやカステラなどをもらうと、ほんとうにうんざりした。めんどうだし、社員たちはみんな自分の机に書類やらなんやら散らかしていて、皿を置こうとするといつも「邪魔だ」と叱られる。

男性は清瀬のすすめたとおり、賞味期限が比較的長い、個包装の焼き菓子を購入した。「領収書ください」と頼まれたが、清瀬は男性が口にした「株式会社カドクラ繊維」という社名の「繊」の字が思い出せなかった。うーんと眉根を寄せている清瀬を見て、男性はすぐにメモ用紙に大きく「繊」と書いた。その字の美しさに驚いた。

領収書を頼まれた際に清瀬が漢字をど忘れして書けなかったことは、それまでにもよくあった。『クロシェット』で働きはじめたばかりの頃に「あんた、こんな簡単な漢字も知らんの?」と年配の女性客に怒鳴られ、恥ずかしいやらくやしいやらでバックヤードで泣いてしまったこともある。

清瀬が「ありがとうございます」と頭を下げると、男性は「この字、ごちゃごちゃしてますから無理もないです」となんでもないことのように笑った。字の次に、その笑いかたをいいと思った。相手を上にも下にも置かないような、平たい態度。それができる人は残念ながらあまり多くないのだということは、接客業に携わってから嫌というほど思い知らされた。

《ノート》

	近代以前	明治末期以降
出産・育児に関する観念	・子どもは「授かる」もの ・多産多死	生殖・受胎が管理できるようになる →・子どもは「作る」もの ・少産少死 （少なく産んで Y より良く育てる）
子どもの位置づけ	・労働力 ・「小さな大人」 （＝ X ）	・近代的な意味での「子ども」 ・愛情の対象を超えた聖なる存在 ・家族の中心
聖なる存在	宗教・伝統	「子ども」

社会の近代化 ＝ 産業化の成熟、都市への人口集中

→ 「子ども」に価値を置いたポピュラー音楽の誕生と隆盛

二

次の文章を読んで、後の問いに答えなさい。（作問の都合上、本文の一部を変更してあります。）

カフェ『クロシェット』で店長を務めている29歳《さい》の原《はら》田《だ》清《きよ》

瀬《せ》は、２０２０年2月20日、恋人の松《まつ》木《き》圭《けい》太《た》が自分に隠し事をしていることを知ってしまい、それ以来、松木と会っていなかった。２０２０年7月23日、松木が歩道橋の上で男性ともみ合って階段から転落し、負傷して病院に運び込まれたと

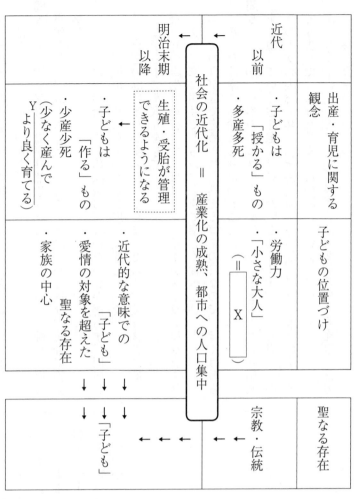

字を抜き出して答えなさい。

問3 ――②「結婚後にも芸能活動をする場合にあてがわれるのは『ママドル』の座であり」とあります。「ママドル」とは「母親になってもアイドル活動を続ける芸能人」を指す俗語ですが、なぜそういった「座」が「あてがわれる」のですか。**「反映」という語を用いて**、50字以内で説明しなさい。

問4 ――③「子どもが異文化受容の緩衝装置の役割を担ってきた」とありますが、子どもが「異文化受容の緩衝装置」になりうるのはなぜですか。それを説明した次の文の（ ）に入る表現を、本文中から10字以内で探し、抜き出して答えなさい。

☆ それまでの習慣や学習で凝り固まった大人に対して、子どもは（　　）を持つから。

問5 ――④「家事労働が外部化される」ことについて触れている事例として、最もふさわしいものを次の中から選び、記号で答えなさい。

ア 前日の運動会に着た体操着の汚れがなかなか落ちず、同居している祖母はそれらを朝から二度も洗濯していた。

イ 自宅の庭に雑草が生い茂ってしまったので、父は暑さに耐えながら手で草取りをしていた。

ウ 妹の誕生日を祝って、母はファミリーレストランに夕食を注文して家に届けてもらい、家族で楽しく食べた。

エ 次の日が区で定められた燃えるゴミの日なので、ぼくは散らかった部屋の掃除にとりかかることにした。

問6 ――⑤「日本のポピュラー音楽は……『子ども』という価値を重視していく道を選んでいった」とあります。たけし君はこの後の本文の内容に基づいて次のページにある《ノート》にまとめてみました。これを読んで次の問いに答えなさい。

(1) 《ノート》の X に当てはまる語句を次の中から選び、記号で答えなさい。

ア 大人とは異なった世界に生きる存在

イ 大人がただ小さくなっただけの存在

ウ 大人とは対照的な卑小な存在

エ 大人と同様に愛情を失った存在

(2) 《ノート》の――Y「より良く育てる」ということと密接に関連する内容として最もふさわしいものを次の中から選び、記号で答えなさい。

ア 産業化社会における労働者階級としてふさわしい技能を、子どもたちに身につけさせる。

イ たくさん産んだ子どもたちに広く与えていた母性愛を、一人の子どもに集中して注ぎ込む。

ウ 純粋無垢で社会の人々から愛されるような存在として振る舞うことを、子どもに教え込む。

エ より高等で社会的評価の高い学校に進学することを目標とするような教育を、子どもに施す。

問7 ――⑥「伝統的な社会における宗教的な聖なる価値が、『子ども』へと転位していった」とありますが、これはどういうことですか。**――⑥以降の記述をふまえて**70字以内で説明しなさい。

社会であれば一般的に見られる傾向である。だが、そうだからといって子どもに対する意識がポピュラー音楽やメディア文化の創造や消費に関する基本的な価値となるとは限らない。

　明治末からの産業化の成熟と都市への人口集中は、出産・育児に関する観念にも変化をもたらした。生殖と受胎のメカニズムは管理の対象となり、多産多死から少産少死へと移行した。そのなかで、子どもは、「授かる」ものから「作る」ものとなり、少なく産んで、より良く育てるものへと変わっていった。これに伴い、子どもはかつてのような労働力や「小さな大人」ではなくなった。「子ども」は、大人とは異なる独自の世界をもった純粋無垢な存在であり、親からの愛情を一身に受けて大切に育てられ、学歴を身につけるために教育される存在へと変質した。つまり、近代的な意味での「子ども」（注6 P・アリエス）が広範に誕生したのであり、同時に、母性愛神話が女性たちの意識と生活を強固に縛っていった。

　近代において純粋無垢な愛されるべき「子ども」が誕生したことは、〈聖なる世界〉の世俗化、世界認識上の〈聖なるもの〉の位置の転回を意味している。宗教によって包摂されていた共同体の秩序構造が変動するなかで、「子ども」は家族の中心に位置付けられ、単なる愛情の対象以上の意味を与えられるものになった。すなわち、それは⑥伝統的な社会における宗教的な聖なる価値が、「子ども」へと転位していったことを意味するようになったのである。

　都市化に伴う社会変動は、村落部における旧来の宗教的共同性を弱体化させた。宗教や伝統的な価値意識の動揺の結果、日常生活を支え、自らの行為を規制する規範は不安定化していったが、とりわけ都市の人々にとって自らを社会的に包摂する超越性、世界観や人生の指針となるような超越性の不在は切実な問題となった。このとき、彼らに最後に残された家庭という砦《とりで》のなかで育まれる我が子は人生と幸福の目標となるような〈生きがい〉となったのである。

　このようにして、都市部の新中間層の生活を発端として、「子ども」はほかの価値基準よりも優先されていった。「子ども」は変わらぬ価値基準となり、「未熟さ」を志向する一連の日本のポピュラー音楽が生み出されていったのである。言い換えれば、日本のポピュラー音楽は、「子ども」を中心にした家族生活以外に、「人種」や「民族」や既成宗教のような一貫した価値体系を見出すことができなかったのである。

（周東美材《しゅうとうよしき》『「未熟さ」の系譜』による）

注1　「団らん」…家族などが楽しく語りあうなどして時を過ごすこと。

注2　「新中間層」…旧来の農家や商店主とは異なる、事務・サービス・販売などを行う労働者。サラリーマンなどを指す。

注3　「ダブル・バインド」…相反する二つの命令の間で板挟みの状態になること。

注4　「場末の酒場」…街の中心から外れた場所にある酒場。

注5　「文物」…文化の産物。

注6　「P《フィリップ》・アリエス」…フランスの歴史学者。近代になってそれまでの子ども像がどう変化したかを論じた著作で有名。

問1　〰〰A「否応なしに」、B「相対的に」のここでの意味として最もふさわしいものを後の中から選び、それぞれ記号で答えなさい。

A　「否応なしに」

ア　おもむろに

イ　残念ながら

ウ　遅かれ早かれ

エ　有無を言わさず

B　「相対的に」

ア　他と比べたうえでは

イ　まずまちがいなく

ウ　考えてみると

エ　ほとんど

問2　――①「近代家族の理想像」とありますが、その具体的な例が述べられている箇所をこれより前の本文中から探し、最初の3

ほしい」（子ども期の維持）という願望と、「成長する姿を見たい」（子ども期からの離脱）という願望の両義的なまなざしである。

　それにしても、なぜ日本のポピュラー音楽は、創作の過程においても消費の過程においても、家族の規範、とりわけ「子ども」に関する価値意識を必要としてきたのだろうか。つまり、日本のポピュラー音楽が、ストリートでも、注4場末の酒場でもなく、まずもって茶の間の子どもを選んでいったのには、どのような理由があったのだろうか。この問いに対するこたえとしては、③子どもが異文化受容の緩衝装置の役割を担ってきたこと、そして、「子ども」が聖なる価値意識の中心を担ってきたことというふたつの理由を指摘し、日本のポピュラー音楽の反復構造を可能にした条件について考えてみたい。

　メディアの変容は、新たな音楽が生まれる契機となる。そして、メディアの変容が社会的に受け入れられていく際に、日本社会では家庭の子どもが一役買ってきたのである。

　一般的にいって、新たな情報技術が普及していくとき、真っ先に子どもが興味を示し、その変化を受け入れるというプロセスは、どの社会にも広く見られるものである。生態学者・情報学者の梅棹《うめさお》忠夫は、④家事労働が外部化されることを通じて、家庭は生産・労働の場から消費の場、「情報の場」としての性格を強めていくことを指摘し、その結果、家庭に求められる役割として残るのは、究極的には情報管理であると考えていた。そのうえで、彼は、「時代のうごきを敏感にとらえて、あたらしい情報をもたらすのは、しばしば子どもである」、「子どもこそが、いつの時代でも、社会変化を推進する原動力になるものである」と述べ、家庭内において、新しい情報環境に適応する能力をもった存在として、子どもに注目していた。

　もっとも、子どもによる珍しい情報技術に対する探索的な傾向は、一般的に見られると指摘されていたわけだから、必ずしも日本社会にだけ当てはまる特徴ではない。ここで考えなければならないのは、日本のような非西洋社会にとって、新しい音楽は、しばしばメディア技術とともに外来の注5文物として持ち込まれてきたということである。そうした外部からもたらされる衝撃を受け入れ、新たな表現を創造し受容するためには、開かれた感受性が必要である。だが、音楽は、習慣や学習によって身体化され深く馴染《なじ》んでいくものだから、一度身についた好みや感覚は、意識的に変えようと思わない限り、大きく変化しない。異質な音楽は、年長世代の間で恐怖や拒絶反応を引き起こすことさえある。したがって、新たな音楽は「まず子どもから」導入されていったといえるし、家庭の子どもは、異文化受容の緩衝装置という側面をもっていたのである。

　しかも、こうした異文化が幅広く受け入れられ、新たな音楽の創作・消費を可能にするためには、社会に一定の豊かさがなければならない。それを実現したのが新中間層だった。彼らは、萌芽《ほうが》的には１９１０年代後半ころから、より広範には１９６０年代前後に現れて近代家族を形成し、子ども中心の団らん生活を理想としていったのである。

　日本のポピュラー音楽が、１９２０年代と１９６０年代の社会変動を契機にして「子ども」に関する価値意識を必要としたもうひとつの理由として、「子ども」が聖なる存在として位置付けられ、消費されるようになったことが考えられる。

　そもそもある音楽のジャンルやスタイルが生まれ、それが特定の社会で幅広い支持を得る根底には、一定の価値基準が社会的に共有されていることが多い。たとえば、ジャズ、カントリー、ロック、ヒップホップといった音楽ジャンルの誕生と変容は、当然、アメリカ社会における「人種」という問題を抜きには考えることができない。ある社会では「民族」のアイデンティティーや自立を賭けた情熱が新しい音楽の原動力となることもあった。こうした社会的に幅広く共有されるいくつかの価値基準のなかで、⑤日本のポピュラー音楽はほかのどの地域にもまして、「子ども」という価値を重視していく道を選んでいったのである。もちろん、子どもを大切に守り育てるという心性そのものは、近代化が進展し近代家族が成立した

二〇二四年度 城北高等学校

【国語】（六〇分）〈満点：一〇〇点〉

（注意）解答するときには、句読点や記号も一字と数えます。

一 次の文章は、日本のポピュラー音楽（歌謡曲、Jポップなどのポップス、ロック、アイドルソングなどを広く指す）の特徴と、日本社会のあり方との関係を考察したものです。これを読んで、後の問いに答えなさい。（作問の都合上、本文の一部を変更してあります。）

注1団らんや「子ども」に高い価値を見出す心性は、いうまでもなく近代家族の理想像に由来する。第一次世界大戦後から1920年代にかけて、都市部では注2新中間層が形成され、大卒のサラリーマンなどを中心に近代家族の生活様式と規範が根を下ろしていった。近世以来の共同体と生活様式が残存していた明治期までの日常性とは異なり、産業資本主義の発展と都市への人口集中が進むことで、新たな生活が形成されていった。

次に、1960年代前後の高度経済成長による人口・階層・産業の構造的な転換のなかで、近代家族は大衆化し、画一的で強固な家族規範を生み出していった。皆が結婚すること、その結婚は愛情・性愛・出産を必ず伴うこと、産む子どもの数は2人か3人であること、父親が給料の主たる稼ぎ手となり主婦である母親が子育ての担い手になること、子どもを中心に一家団らんを営むことなどといった、あるべき家族像が人々の意識を縛っていったのである。こうした理想像から外れることは幸福な人生からの転落を暗示するものであった。

たしかに、家族の実態は、人口・産業・経済・制度といった要因によって変化してきた。女性の高学歴化、生涯未婚率の増加、同性パートナーシップ条例の導入、性役割分担よりも家庭内協力の重視、ヤング・ケアラーの表面化など、家族の姿はA否応なしに確実に変わっていく。しかし、そうした家族の実態の変化の大きさに対して、人々が頭のなかで思い描く家族の理想像はB相対的に変化しにくい。たとえば、内閣府の「国民生活に関する世論調査」によれば、現在の生活で充実感を感じるのは2019年時点でも「家族団らんの時」という回答が48・5%と最も多く、また、家庭はどのような役割をもっているかとの質問に対しては「家族の団らんの場」と回答した者の割合が64・2%と最多であった。

多くの日本のポピュラー音楽は、一度茶の間に根を下ろしてしまえば、こうした近代家族の理想像に深刻な挑戦を投げかけることはほとんどなかった。グループ・サウンズの例のように、体制に反抗したロック少年たちも毒牙を抜かれることになり、人気を得ていったのはジャニーズ・タレントのような茶の間に寄り添う少年たちだった。韓国の若手男性音楽グループのソテジワアイドゥルやBTS（防弾少年団）が政治的発言を禁としなかったのとは対照的である。

このように日本のポピュラー音楽は、①近代家族の理想像と強く結び付いてきた。女性アイドルの場合は、その容貌や身体的魅力が売りであったとしても、純粋無垢《むく》であるためには恋愛禁止であり、唯一許される恋愛は結婚する場合に限られ、結婚するなら引退は当然と考えられてきた。②結婚後にも芸能活動をする場合にあてがわれるのは「ママドル」の座であり、話題に上るのは子育てや手料理であって、反対に、適齢期を過ぎて結婚しなければ、「結婚できないこと」を笑いのネタにすることになる。男性アイドルもまた、まるで理想の息子や兄弟、「もうひとりの家族」のように愛され、応援される。もともと童心主義的子ども観には、「無垢の維持＝子ども期の維持と教育による無知や弱さの克服＝子ども期からの離脱との矛盾」があったが（沢山美果子『近代家族と子育て』）、アイドルたちに差し向けられたまなざしもまた、近代家族に由来する注3ダブル・バインドを抱え込んでいた。すなわち「可愛《かわい》く無垢であって

英語解答

1 (1) easier to drive
(2) too, to, anything
(3) to, reading, by

2 (1) twice as many books as you
(2) I wish I were five centimeters taller
(3) My bike was stolen in the park
(4) because I studied for the exam all

3 (1) (例) Some of my〔the〕classmates helped me with my homework.
(2) (例) I don't have any brothers or sisters.
(3) (例) I thought the bag was too expensive.

4 問1 ① what happens when they go wrong
② The computers keep these five people like animals
問2 あ building い taught う makes
問3 X…イ Y…エ
問4 a…エ b…イ c…ア
問5 イ→オ→ウ→ア 問6 ウ
問7 イ 問8 エ 問9 ア
問10 ウ 問11 ウ

5 問1 イ→ア→ウ→エ 問2 エ
問3 ア 問4 ウ 問5 ア
問6 (例)エリャがマイラと結婚せずに，アメリカに行くべきだ(24字)
問7 イ 問8 ウ
問9 (例)豚は少しずつ成長し，豚を運ぶエリャも少しずつ強くなるから。(29字)
問10 ウ

1〔和文英訳―適語補充〕

(1)‘主語＋be動詞＋easy〔difficult〕＋to不定詞’という形で「～は…するのが易しい〔難しい〕」という意味を表せる。よって「彼の車は運転しやすかった」は，His car was easy to driveとなる(この構文では，to不定詞の意味上の目的語は文の主語と一致する)。これを比較級の文にする。

(2)‘too ～ to …’「…するには～すぎる，～すぎて…できない」の構文。「何も」はanythingで表す。‘too ～ to …’には否定の意味が含まれるのでnothingは不可。

(3)「～までに」と‘期限’を表す前置詞はby。「～まで(ずっと)」という‘継続’の意味を表すuntilとの違いに注意。 have to ～「～しなければならない」 finish ～ing「～し終える」

2〔整序結合〕

(1)‘twice as ～ as …’「…の2倍～」の形をつくるが，この表現で‘数’に関して述べる場合は‘as many＋名詞の複数形＋as …’という形になることに注意。不要語はmore。

(2)‘I wish＋主語＋(助)動詞の過去形...’で「～であればいいのに」という‘現在の事実に反する願望’を表す(仮定法過去)。‘差’を表す「5センチ」は比較級の前に置く。不要語はgood。

(3)「自転車が盗まれた」と読み換え，My bikeを主語にした受け身の文にすればよい。なお，Iを主語として同じ意味の文にする場合は，I had my bike stolen in the parkとなる。不要語はI。

(4)並べ換えるのは「～ので」という‘理由’を表す部分なので，‘because＋主語＋動詞...’の形をつくる。「テスト勉強をしていた」は「昨日」のことなので過去形で表す。yesterdayのような明確に過去を表す語句と現在完了形は一緒に使えないことに注意。「一日中」は all day。不要語は have。

3〔和文英訳─完全記述〕

(1)「〈人〉の～を手伝う」は‘help＋人＋with ～’で表せる。help は通例，‘人以外’を目的語にとらないことに注意。

(2)「兄弟も姉妹も１人もいない」ということなので，‘not ～ any＋名詞’「１つも～ない」の形で表す。または‘no＋名詞’「１つも(～)ない」の形を使って，I have no brothers or sisters. とすることもできる。本問の意味を表す場合，「兄弟」「姉妹」は通例，複数形で表す。

(3)‘I thought (that)＋主語＋動詞…’「私は～だと思った」の形をつくる。that 節の中の動詞も thought に合わせて過去形にすることに注意する(時制の一致)。

4〔長文読解総合─説明文〕

≪全訳≫❶100年以上もの間，作家たちは機械の力──それに，①それらが故障した場合に何が起こるか──に関心を寄せてきた。コンピューターは現代生活の一部になる前に，物語に登場し始めた。多くの場合，これらのコンピューターは人間のために働き始めるが，後にそうすることを拒否し，人を怖がらせるような危険なことをし始める。❷この種の物語の好例は，1967年に出版されたハーラン・エリスンの『おれには口がない，それでもおれは叫ぶ』だ。非常に大きく強力な３つの国が，互いに争うためにコンピューターを使うが，コンピューターは人間に腹を立てる。それらは協力して，５人を除く世界中の人間を皆殺しにする。②コンピューターはこの５人を動物のように飼うのだ。その後，『2001年宇宙の旅』や『われはロボット』のような映画でも，この種の物語が使われた。❸人間よりも強力なコンピューターというアイデアは，科学者にとっても興味深い。IBM がディープ・ブルーというチェス・コンピューターをつくるのに多くの時間と資金を費やしたのもそのためである。彼らは，コンピューターが世界最高のチェス・プレイヤーであるガルリ・カスパーロフに勝てることを示したかったのだ。❹1996年，ディープ・ブルーはカスパーロフと６回対戦した。カスパーロフは試合に勝ったが，IBM は自分たちのコンピューターがもっとうまくできることを知っていた。彼らはコンピューターとそのソフトウェアに多くの作業を施し，1997年にディープ・ブルーとカスパーロフは再び対戦した。今度は，ディープ・ブルーが勝った(3.5対2.5)。❺多くの新聞がディープ・ブルーとカスパーロフについて書いた。それらは，これは新時代の始まりであり，コンピューターはすでに人間より高い知能を持つようになった，と書いた。しかし，ディープ・ブルーには人間の助けがあった。そのソフトウェアは，５人の異なるコンピューター技術者と非常に優れたチェス・プレイヤーによって書かれた。また，チェスが数学的なゲームであることを覚えておくことも重要だ。コンピューターがチェスを得意なのは，毎秒膨大な数の計算ができるからだ。ディープ・ブルーは毎秒２億もの異なるチェスの手を検討することができるが，カスパーロフのような人間のチェス・プレイヤーが考えることができるのは３手だ。ある意味，チェスでコンピューターが毎回勝たないのは驚くべきことだ。2003年，カスパーロフは新しいチェス・コンピューターのディープ・ジュニアと対戦し，その試合は３対３で終わった。❻コンピューターは指示に従って数学的な対局を非常にうまくこなすことができるが，本当に知的なのだろうか。人間と同じように本当に思考するのだろうか。これらは難しい質問であり，科学者たちは必ずしもその答えで一致しているわけではない。／→イ．科学者の中には，人間の脳はまさに強力なコンピューターのようなものだと考える人もいる。／→オ．だから，十分に強力なコンピューターをつくることができれば，それは人間の脳のように考えるようになるだろう。／→ウ．人間の脳はコンピューターと同じようには計算しないと考えている科学者もいる。／→ア．彼らは，いつか本当に強力なコンピューターが人間の脳がするようなことをするようになるだろうが，本当に人間のように考えるようにはならないと考えている。❼かつて，人々はコンピューターには想像力がない――おもしろい物語を創作したり，美しい音楽をつくったりすることはできない――と考えていた。しかし，最近ではソフトウェア・プログラマーがコンピューターに想像力を必要とするさまざまなことをするよう「教える」ようになった。例えば，ポール・ホジソンはプログラマーで，好きな音楽はジャズだ。彼は自分のコンピューター用に音楽ソフトを書き，今ではそのコンピューターがジャズ・ミュージシャンと同じように楽曲をつくることができる。コンピューターはあまり優れたジャズ・ミュージシャンではないが，ソフトウェアが良くなるにつれて，音楽も良くなるだろう。❽実際，音楽はチェスのように非常に数学的なものだ。コンピューターが両方を得意としても不思議ではないだろう。最初のコンピューター技術者の1人であるアラン・チューリングは，「コンピューターは本当に人間のように考えることができるのか」という疑問に興味を持ったことで，チューリング・テストを考案した。このテストを行うには，コンピューターの前に座り，別の部屋にいる誰かと(メッセージを使って)「話す」。その「誰か」は人間であったりコンピューターであったりするが，あなたはそれがどちらであるか知らない。もしそれが人だとあなたが思ったとして，それが実際にはコンピューターであれば，そのコンピューターはチューリング・テストに合格したことになる。❾プログラマーは毎年，自分のコンピューターをチューリング・テストに合格させるソフトウェアを書こうとしている。チューリング・テストに最初に合格したコンピューターには，10万ドルの賞金――ローブナー賞――が贈られる。アラン・チューリング自身はこう予言した。「20世紀が終わる前に，コンピューターはチューリング・テストに合格するだろう」と。しかし，彼は間違っていた。今までのところ，この賞を受賞した人はいないのだ。

問１＜整序結合＞① happensとgoという動詞があるが，happensの-sを手がかりにwhat happensとthey goという2つのまとまりをつくる。go wrongで「具合が悪くなる，故障する」という意味になり，残ったwhenは接続詞としてthey goの前に置く。　②コンピューターが人間を支配する話なので，「コンピューターが5人の人間を飼う」といった意味になると推測できる。最後にlike animals「動物のように」を置く。

問２＜適語選択・語形変化＞あ．‘spend＋時間など＋(in/on) ～ing’「～するのに〈時間など〉を費やす」の形。IBMが時間とお金を使ったのは，ディープ・ブルーを「つくる」ためと考えられるので，buildとmakeのどちらかになるが，makeはう．で使う。　い．‘teach＋人など＋to ～’「〈人など〉に～することを教える」の形。直後のcomputers to do …が「コンピューターが～をする」という主述関係になっていることを読み取る。　う．‘make＋人など＋動詞の原形’「〈人など〉に～させる」の形である。

問３＜適語選択＞X．続く内容から，ディープ・ブルーが改良されて強くなったことがわかる。IBMはそのことをわかっていたのである。　Y．直後の，ローブナー賞を受賞した人がまだいないという内容から，直前で紹介されているチューリングの予言は外れたことがわかる。つまりチューリングは「間違って」いたのである。

問４＜適語選択＞a．この前までは一度も勝てなかったが，改良を重ねてついに「今度は」勝ったという文脈である。　b．前文の「コンピューターはすでに人間より高い知能を持つようになった」と直後の「ディープ・ブルーには人間の助けがあった」が相反する内容になっている。　c．

この前で述べた，ディープ・ブルーが人間の助けを借りているというコンピューターの優秀さに対する否定的な意見に続き，空所後では，数学的なゲームであるチェスは計算が得意なコンピューターにとって有利なゲームであるという，コンピューターの優秀さに対する別の否定的な意見を加えている。 also「さらに，そのうえ」

問５＜文整序＞直前で科学者の意見が一致していないことが説明されていることに着目すれば，空所には科学者たちのコンピューターに対する異なる考え方が入るとわかる。イとウで‘Some＋名詞～. Other＋名詞 …’「～な〈名詞〉もあれば，…な〈名詞〉もある」の形になるので，ウはイの後になる。残りの３つのうち，オはコンピューターと人間の対等性を主張するイの科学者たちの具体的な意見，アはコンピューターと人間の違いを主張するウの科学者たちの具体的な意見と考えられるので，それぞれイ→オ，ウ→アとまとまる。

問６＜指示語＞下線部を含む部分の「コンピューターは人間のために働き始めるが，後にそうすることを拒否する」という内容から，this の指す内容は前にある working for humans「人間のために働くこと」だと判断できる。このように this は，前の文やその一部の内容を指すことが多い。

問７＜文脈把握＞この前で，ディープ・ブルーとカスパーノフがそれぞれ１秒間に考えることのできるチェスの手の数が説明されている。その数が圧倒的に多いディープ・ブルーが毎回勝たない，逆にいえばその数が圧倒的に少ない人間が勝つこともあるから驚きなのである。

問８＜英文解釈＞接続詞 as は‘get〔become/grow〕＋比較級’の形とともに使われると「～するにつれて」という意味を表す。また，so will the music は‘so＋助動詞＋主語’「〈主語〉もまた～する」の形なので，これは the music will get better と言い換えられる。

問９＜指示語＞ここで話題になっており，コンピューターが得意と考えられるのは，前文に music, like chess, is quite mathematical「音楽はチェスのように非常に数学的なものだ」とあるとおり，音楽とチェスである。

問10＜英文解釈＞直前に，チューリング・テストで話す相手が「人間であったりコンピューターであったりする」とある。それがどちらか知らないということである。

問11＜内容真偽＞ア．「コンピューターは人間のために働くことを強いられたが，最近そのうちの一部がそうすることを拒否し，人間にとって危険なものになっている」…×　第１，２段落参照。物語や映画での話である。　イ．「コンピューターがチューリング・テストに合格すれば，そのコンピューターは人間よりはるかに知的である」…×　第８段落参照。「人間よりはるかに知的」に関する記述はない。　ウ．「ポール・ホジソンは，ジャズ音楽を人間のように創作するソフトウェアプログラムをつくった」…○　第７段落第３，４文に一致する。　エ．「20世紀の終わりに，あるコンピューター技術者が人間のように考えるコンピュータープログラムをつくった」…×　第８，９段落参照。コンピューターが人間のように考えられるかをテストするチューリング・テストに合格したものは今もない。　オ．「アラン・チューリングは，ディープ・ブルーと呼ばれるコンピューターをつくった偉大なコンピューター技術者だ」…×　第３段落第２文および第８段落第３文参照。ディープ・ブルーをつくったのは IBM で，アラン・チューリングはチューリング・テストを考案したコンピューター技術者である。

5〔長文読解総合―物語〕

≪全訳≫**1**エリャ・イェルナッツはラトビアで生まれた。15歳のとき，マイラ・メンケと恋に落ちた。

2マイラ・メンケは14歳だった。彼女は2か月後に15歳になるところで，そのとき父親は，彼女が結婚するべきだと考えていた。**3**エリャは彼女の父親に結婚を申し出に行ったが，養豚農家のイゴール・バルコフも同じだった。イゴールは57歳だった。鼻は赤く，頬は太っていた。**4**「あなたの娘と私の一番太った豚を交換しますよ」とイゴールは申し出た。**5**「で，お前には何があるんだ？」とマイラの父はエリャに尋ねた。**6**「愛に満ちた心があります」とエリャは言った。**7**「わしは太った豚がいい」とマイラの父親は言った。**8**エリャは絶望的な気持ちになり，町の端に住んでいるエジプト人老女のマダム・ゼローニに会いに行った。彼女は彼よりずっと年上だったが，エリャの友達だった。彼女はイゴール・バルコフよりもさらに年上だった。**9**村の他の少年たちは泥んこレスリングをするのが好きだった。エリャはマダム・ゼローニを訪ね，いろいろな話を聞くのが好きだった。**10**マダム・ゼローニは肌が黒く，口がとても大きかった。彼女が誰かを見るとき，彼女の目は大きくなるように見え，彼女に見透かされているように感じるのだった。**11**「エリャ，どうしたんだい？」　彼が落ち込んでいると言う前に，彼女は尋ねた。彼女は手づくりの車椅子に座っていた。彼女は左の足首から先がなかった。脚は足首のところで終わっていた。**12**「僕はマイラ・メンケに恋をしてるんだ」とエリャは言った。「でも，イゴール・バルコフが彼女と一番太った豚を交換するって言ってる。この争いに勝つことができないんだ」**13**「いいじゃない」とマダム・ゼローニは言った。「お前さんは結婚するにはまだ若すぎる。お前さんの人生はこれからだよ」**14**「でも，僕はマイラを愛してるんだ」**15**「マイラの頭は植木鉢のように空っぽだよ」**16**「でも彼女は美しいよ」**17**「植木鉢も同じさ。あの子はすきを押せるかい？　ヤギの乳をしぼれるかい？　いや，あの子はひ弱すぎるよ。あの子が知的な会話をできるかい？　いや，あの子は良識のない愚かな子だよ。お前さんが病気のとき，あの子は世話をしてくれるかい？　いや，あの子は甘やかされていて，お前さんに世話をしてもらいたいと思っているだけだよ。それで，あの子が美しいって。だから何だって言うんだい？　ぺっ！」**18**マダム・ゼローニは地面につばを吐いた。**19**彼女はエリャに，アメリカに行くべきだと言った。「私の息子のようにね。お前さんの未来はアメリカにあるよ。マイラ・メンケとじゃなくね」**20**しかし，エリャはそんなことは何も聞こうとしなかった。彼は15歳で，彼に見えていたのはマイラの表面的な美しさだけだった。**21**マダム・ゼローニはエリャの惨めな姿を見たくなかった。彼女は自分のより良い判断に反して，彼を助けることに同意した。**22**「昨日ちょうど偶然，私の雌豚が12頭の子豚を産んだんだよ」と彼女は言った。「母親が乳をあげようとしない子が一匹いるんだ。その子豚を持っていっていいよ。どうせ死んでしまうんだから」**23**マダム・ゼローニはエリャを家の裏に案内した。彼女はそこで豚を飼っていた。**24**エリャはその小さな子豚を受け取ったが，それが何の役に立つのかわからなかった。その子豚はネズミほどの大きさしかなかった。**25**「大きくなるよ」とマダム・ゼローニは請け合った。「森の脇にあるあの山が見えるかい？」**26**「うん」とエリャは言った。**27**「山の頂上に小さな川があってね，その水は上に向かって流れてるのさ。毎日子豚を山の頂上まで運んで，川の水を飲ませなさい。子豚が水を飲んでいるときは，歌を歌ってあげるんだ」**28**彼女はエリャにその子豚に歌う特別な歌を教えた。**29**「マイラの15歳の誕生日が，豚を山の頂上まで運ぶ最後の日だよ。その後，マイラのお父さんの所に直接持っていくんだ。それはイゴールのどの豚よりも太っているはずだよ」**30**「そんなに大きくて太っていたら」とエリャは尋ねた。「どうやって山まで運べるのかな？」**31**「子豚は今，お前さんには重くないだろう？」とマダム・ゼローニは尋ねた。**32**「もちろん重くないよ」とエリャは言った。**33**「明日は重すぎると思うかい？」**34**「ううん」**35**「毎日豚を担いで山を登るんだ。豚は少しずつ大きくなるけど，お前さんも少しずつ強くなるんだよ」**36**エリャは毎日小さな子豚を山に運び，子豚が小川で水を飲んでいるときに歌を歌った。豚が大きくなるにつれて，エリャは強くなった。

問１＜要旨把握＞第１，２，３，８段落参照。エリャは15歳，マイラは14歳，イゴールは57歳で，マダム・ゼローニはイゴールより年上である。

問２＜要旨把握＞第２～７段落の内容から，親の意向で娘の結婚が決まることが読み取れる。

問３＜文脈把握＞この後に続く第８，９段落の内容から，エリャはマダム・ゼローニを慕っていることが読み取れる。マイラと結婚できそうになくて絶望感を感じているエリャは，マダム・ゼローニに何かアドバイスを求めて会いに行ったと考えられる。また，第21段落以降では，マダム・ゼローニが実際にアドバイスを与えている。

問４＜文脈把握＞第13，15，17段落のマダム・ゼローニの発言から，彼女がエリャはまだ結婚するには若すぎると思っていること，またマイラのことをよく思っていないことがわかる。よって，マダム・ゼローニはエリャとマイラの結婚に反対していると考えられる。

問５＜英文解釈＞直訳は「マイラの頭は植木鉢と同じくらい空っぽだ」。第17段落のマダム・ゼローニの発言が，この意味を具体的に説明した内容になっている。マダム・ゼローニは，マイラが何もできない愚かな子だと話している。

問６＜語句解釈＞下線部を含む文の「彼女は自分のより良い判断に反して，彼を助けることに同意した」という意味から，「より良い判断」とは，マイラとの結婚に反対する判断だとわかる。マダム・ゼローニは，エリャの未来はアメリカにあり，マイラと一緒になることではないと言って，マイラとの結婚に反対している。この内容を字数以内にまとめる。

問７＜指示語＞下線部を含むHe will growというマダム・ゼローニの発言は，子豚を受け取ったエリャに対して言ったものであることから判断できる。子豚は成長するものである。runtは「(同時に生まれた中で)一番小さく未熟な動物の赤ん坊」という意味。

問８＜要旨把握＞下線部を含む文の意味から，子豚を山まで運ぶのはマイラの誕生日が最後だとわかる。第２段落第２文より，マイラの誕生日は２か月後である。このinは「(今から)～後に」の意味。

問９＜文脈把握＞下線部の後に続く第30～35段落参照。「そんなに大きくて太った豚をどうやって山まで運べるのか」というエリャの疑問に，マダム・ゼローニは，第35段落で「豚は少しずつ大きくなるけど，お前さんも少しずつ強くなるんだよ」と答えている。この内容を字数以内にまとめる。

問10＜要旨把握＞エリャが山に子豚を毎日運んだのは，子豚を大きく育ててマイラの父親に差し出し，マイラと結婚するためである。この時点で「Myra Menkeの父に贈るものは何もなかった」とあるエ，「それ(豚)と引き換えにアメリカに行く資金」とあるイは消去できる。また，結婚と泥んこレスリングは関係ないのでアの可能性もない。残ったウについては，本文では第13，15，17段落のマダム・ゼローニの発言の中で，マイラが見た目だけで中身の伴わない人間であることが示唆されていることから，その表面的な美しさしか見ていなかったエリャが，この後でマイラがマダム・ゼローニの言うとおりの人間であることに気づき，結婚の申し出を取り下げたと考えることができるので，これが正答となる。

数学解答

1 (1) $-5x$　(2) $x=4\pm\sqrt{2}$

(3) $-\dfrac{1}{2}$　(4) $\dfrac{4}{9}$

2 (1) $4:15$　(2) $6\sqrt{3}-2\pi$

(3) $\dfrac{6\sqrt{10}}{5}$

3 (1) 2　(2) 5個　(3) 64組

4 (1) $\dfrac{1}{3}$　(2) $\dfrac{16}{3}$　(3) $y=\dfrac{8}{5}x+\dfrac{32}{15}$

5 (1) $36\sqrt{2}$　(2) $15\sqrt{3}$

(3) $\dfrac{4\sqrt{6}}{3}$

1〔独立小問集合題〕

(1)＜式の計算＞与式$=\dfrac{9x^3y}{4}\div\left(-\dfrac{27x^6y^3}{8}\right)\times\dfrac{15x^4y^2}{2}=\dfrac{9x^3y}{4}\times\left(-\dfrac{8}{27x^6y^3}\right)\times\dfrac{15x^4y^2}{2}=-5x$

(2)＜二次方程式＞$x^2-10x+25+2x-10-1=0$，$x^2-8x+14=0$として，解の公式を用いると，$x=\dfrac{-(-8)\pm\sqrt{(-8)^2-4\times1\times14}}{2\times1}=\dfrac{8\pm\sqrt{8}}{2}=\dfrac{8\pm2\sqrt{2}}{2}=4\pm\sqrt{2}$である。

≪別解≫$x-5=X$とおくと，$X^2+2X-1=0$となり，$X=\dfrac{-2\pm\sqrt{2^2-4\times1\times(-1)}}{2\times1}=\dfrac{-2\pm\sqrt{8}}{2}=\dfrac{-2\pm2\sqrt{2}}{2}=-1\pm\sqrt{2}$となる。よって，$x-5=-1\pm\sqrt{2}$より，$x=4\pm\sqrt{2}$である。

(3)＜関数―変化の割合＞関数$y=x^2$において，$x=t$のとき$y=t^2$，$x=t+3$のとき$y=(t+3)^2=t^2+6t+9$より，xの値がtから$t+3$まで変化するときの変化の割合は$\dfrac{(t^2+6t+9)-t^2}{(t+3)-t}=\dfrac{6t+9}{3}=2t+3$と表せる。一方，関数$y=2x$の変化の割合は常に一定で，傾きの2である。よって，$2t+3=2$が成り立ち，これを解くと，$2t=-1$，$t=-\dfrac{1}{2}$となる。

(4)＜確率―サイコロ＞2個のサイコロの目a，bの組は全部で$6\times6=36$(通り)ある。また，$a^2b^2-1=(ab+1)(ab-1)$となり，$ab+1$と$ab-1$の差が，$ab+1-(ab-1)=2$であるから，a^2b^2-1が3の倍数になるとき，$ab+1$と$ab-1$のどちらかは3の倍数である。$ab+1$が3の倍数のとき，abは3の倍数より1小さい数で，a，bはともに1～6の整数だから，$ab=2$，5，8，20の場合である。これを満たすのは，$ab=2$の場合が$(a, b)=(1, 2)$，$(2, 1)$の2通り，$ab=5$の場合が$(a, b)=(1, 5)$，$(5, 1)$の2通り，$ab=8$の場合が$(a, b)=(2, 4)$，$(4, 2)$の2通り，$ab=20$の場合が$(a, b)=(4, 5)$，$(5, 4)$の2通りの$2+2+2+2=8$(通り)ある。$ab-1$が3の倍数のとき，abは3の倍数より1大きい数だから，$ab=1$，4，10，16，25の場合である。これを満たすのは，$ab=1$の場合が$(a, b)=(1, 1)$の1通り，$ab=4$の場合が$(a, b)=(1, 4)$，$(2, 2)$，$(4, 1)$の3通り，$ab=10$の場合が$(a, b)=(2, 5)$，$(5, 2)$の2通り，$ab=16$の場合が$(a, b)=(4, 4)$の1通り，$ab=25$の場合が$(a, b)=(5, 5)$の1通りの$1+3+2+1+1=8$(通り)ある。よって，a^2b^2-1が3の倍数となる場合は$8+8=16$(通り)あるから，求める確率は$\dfrac{16}{36}=\dfrac{4}{9}$となる。

2〔独立小問集合題〕

(1)＜平面図形―面積比＞右図1で，△DFGと△FGCは底辺をそれぞれ辺DG，辺GCと見ると高さが等しいから，△DFG：△FGC＝DG：GCとなる。また，△DFCと△FBCは底辺をそれぞれ辺DF，辺FBと見ると高さが等しいので，△DFC：△FBC＝DF：FBとなる。四角形ABCDは平行四辺形だから，AE：ED＝1：2より，ED：BC＝ED：AD＝2：(1＋2)＝2：3であり，ED∥BCより，DF：FB＝ED：BC＝2：3となる。よって，△DFC＝$\dfrac{2}{3}$△FBCで

図1

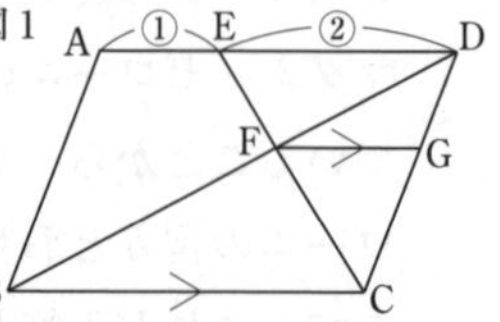

ある。さらに，FG∥BCより，DG：GC＝DF：FB＝2：3であり，$\triangle\mathrm{DFG}=\frac{2}{2+3}\triangle\mathrm{DFC}=\frac{2}{5}\times\frac{2}{3}\triangle\mathrm{FBC}=\frac{4}{15}\triangle\mathrm{FBC}$ だから，$\triangle\mathrm{DFG}:\triangle\mathrm{FBC}=\frac{4}{15}\triangle\mathrm{FBC}:\triangle\mathrm{FBC}=4:15$ である。

(2)＜平面図形―面積＞右図2のように，半径1の6つの円の中心をA〜Fとし，これらの点を結ぶと，1辺の長さが $1+1=2$ の正六角形ABCDEFができる。この正六角形ABCDEFは，3本の対角線AD，BE，CFで1辺の長さが2の正三角形6個に分けられる。1辺の長さが2の正三角形の高さは $2\times\frac{\sqrt{3}}{2}=\sqrt{3}$ だから，この正三角形1個の面積は $\frac{1}{2}\times2\times\sqrt{3}=\sqrt{3}$ であり，〔正六角形ABCDEF〕$=\sqrt{3}\times6=6\sqrt{3}$ となる。また，正六角形の1つの内角の大きさは $\angle\mathrm{BAF}=60^\circ+60^\circ=120^\circ$ だから，半径1，中心角120°のおうぎ形の面積は $\pi\times1^2\times\frac{120^\circ}{360^\circ}=\frac{1}{3}\pi$ である。よって，斜線部分の面積は，$6\sqrt{3}-\frac{1}{3}\pi\times6=6\sqrt{3}-2\pi$ となる。

図2

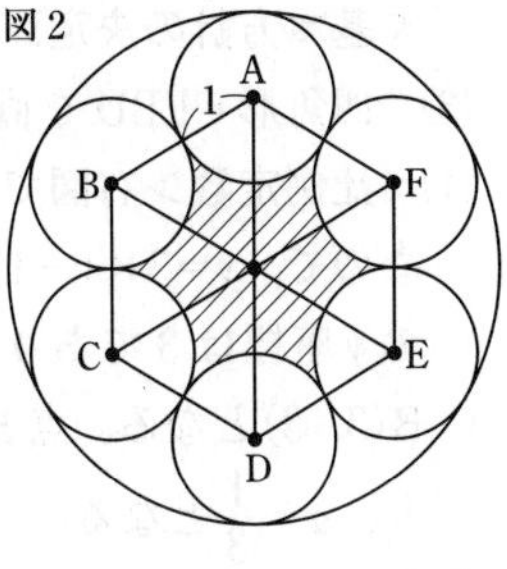

(3)＜平面図形―長さ＞右図3のように，点Cを通り線分AEに平行な直線と辺BAの延長との交点をGとする。$\angle\mathrm{BAE}=\angle\mathrm{BCD}$，$\angle\mathrm{ABE}=\angle\mathrm{CBD}$ より，△ABE∽△CBDであり，BA：BC＝BE：BDとなる。平行線の同位角より，$\angle\mathrm{AGC}=\angle\mathrm{BAE}$ であり，平行線の錯角より，$\angle\mathrm{ACG}=\angle\mathrm{EAC}$ である。$\angle\mathrm{BAE}=\angle\mathrm{EAC}$ だから，$\angle\mathrm{AGC}=\angle\mathrm{ACG}$ となる。よって，△ACGは二等辺三角形だから，AG＝AC＝4である。また，AF∥GCより，DA：AG＝DF：FC＝1：2だから，$\mathrm{DA}=\frac{1}{2}\mathrm{AG}=\frac{1}{2}\times4=2$ より，AB＝BD＋DA＝4＋2＝6となる。さらに，AE∥GCより，BE：EC＝BA：AG＝6：4＝3：2だから，BE＝x とおくと，$\mathrm{BC}=\frac{3+2}{3}\mathrm{BE}=\frac{5}{3}x$ と表せる。したがって，BA：BC＝BE：BDより，$6:\frac{5}{3}x=x:4$ が成り立ち，$\frac{5}{3}x\times x=6\times4$ より，$x^2=\frac{72}{5}$，$x=\pm\frac{6\sqrt{10}}{5}$ となる。$x>0$ だから，$x=\frac{6\sqrt{10}}{5}$ である。

図3

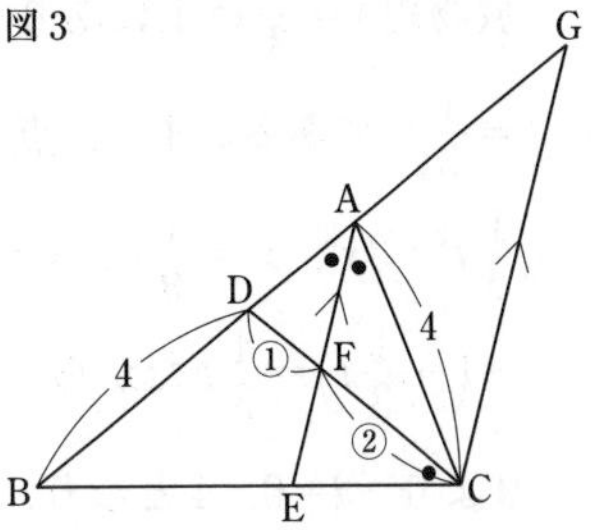

3〔数と式―数の性質〕

(1)＜整数の値＞$2^2=4$，$3^2=9$ であり，$\sqrt{4}<\sqrt{7}<\sqrt{9}$ だから，$2<\sqrt{7}<3$ となる。よって，$[\sqrt{7}]$ は $\sqrt{7}$ を超えない最大の整数だから，$[\sqrt{7}]=2$ である。

(2)＜自然数の個数＞$[\sqrt{n}]=2$ のとき，$2\leqq\sqrt{n}<3$ だから，$\sqrt{4}\leqq\sqrt{n}<\sqrt{9}$ より，$4\leqq n<9$ となる。よって，$[\sqrt{n}]=2$ を満たす自然数 n は4，5，6，7，8の5個ある。

(3)＜自然数の組＞m，n が自然数のとき，$m+10\geqq11$ であり，$9<m+10<16$ だから，$\sqrt{9}<\sqrt{m+10}<\sqrt{16}$ より，$3<\sqrt{m+10}<4$ となり，また，$1\leqq\sqrt{n}$ である。よって，$[\sqrt{m+10}]$ は3以上の自然数，$[\sqrt{n}]$ は1以上の自然数だから，考えられる$([\sqrt{m+10}],\ [\sqrt{n}])$の組は$([\sqrt{m+10}],\ [\sqrt{n}])=(3,\ 2)$，$(6,\ 1)$となる。$([\sqrt{m+10}],\ [\sqrt{n}])=(3,\ 2)$のとき，$[\sqrt{m+10}]=3$ より，$3\leqq\sqrt{m+10}<4$，$9\leqq m+10<16$，$-1\leqq m<6$ となる。これを満たす自然数 m の値は1，2，3，4，5の5個ある。また，$[\sqrt{n}]=2$ を満たす自然数 n の値は，(2)より，4，5，6，7，8の5個あるから，$([\sqrt{m+10}],\ [\sqrt{n}])=(3,\ 2)$を満たす自然数 m，n の組は，5×5＝25(組)ある。$([\sqrt{m+10}],\ [\sqrt{n}])=(6,\ 1)$のとき，$[\sqrt{m+10}]=6$ より，$6\leqq\sqrt{m+10}<7$，$36\leqq m+10<49$，$26\leqq m<39$ となる。これを満たす自然数 m の値は，26以上38以下の自然数で38－26＋1＝13(個)ある。また，$[\sqrt{n}]=1$ より，$1\leqq\sqrt{n}<2$，$1\leqq n<4$ となり，これを満たす自然数 n の値は1，2，3の3個ある。よって，$([\sqrt{m+10}],\ [\sqrt{n}])$

$=(6,\ 1)$を満たす自然数 m, n の組は，$13\times3=39$(組)ある。以上より，条件を満たす自然数 m, n の組は，$25+39=64$(組)ある。

4〔関数―関数 $y=ax^2$ と一次関数のグラフ〕

≪基本方針の決定≫(2)　点Fの x 座標を文字でおいて，点D，Cの座標を文字を用いて表す。

(3)　四角形CEBDを直線ABで三角形と台形に分けて面積を求める。

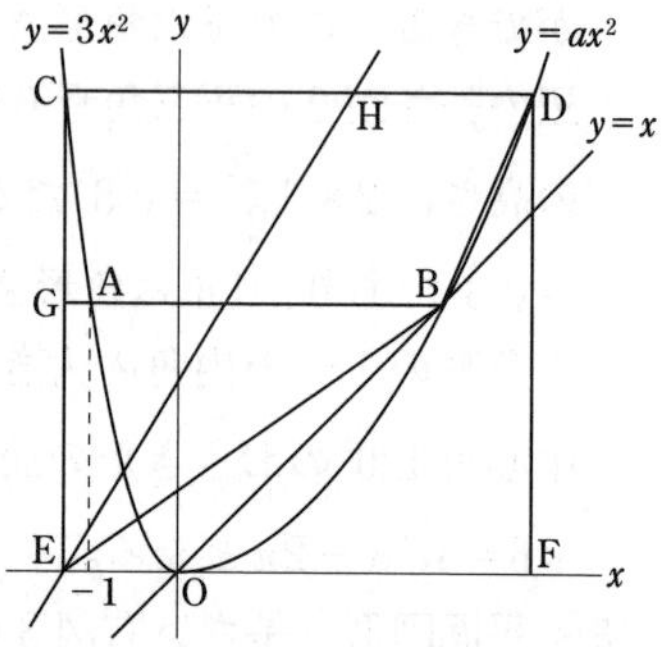

(1)<比例定数>右図で，点Aは放物線 $y=3x^2$ 上にあり x 座標が -1 なので，$y=3\times(-1)^2=3$ より，A$(-1,\ 3)$である。よって，点Bの y 座標は3であり，点Bは直線 $y=x$ 上にあるので，$3=x$ より，B$(3,\ 3)$となる。点Bは放物線 $y=ax^2$ 上にあるから，$3=a\times3^2$ より，$a=\dfrac{1}{3}$ となる。

(2)<長さ>右図で，四角形CEFDが正方形で，DF=EFとなる。点Fの x 座標を $t(t>0)$ とおくと，F$(t,\ 0)$となる。(1)より，点Dは放物線 $y=\dfrac{1}{3}x^2$ 上にあり x 座標が t だから，D$\left(t,\ \dfrac{1}{3}t^2\right)$となり，DF $=\dfrac{1}{3}t^2$ である。また，点Cは放物線 $y=3x^2$ 上にあり，y 座標は点Dの y 座標と等しく，$\dfrac{1}{3}t^2$ だから，$\dfrac{1}{3}t^2=3x^2$，$x^2=\dfrac{1}{9}t^2$，$x=\pm\dfrac{1}{3}t$ となり，点Cの x 座標が負より，$x=-\dfrac{1}{3}t$ となる。よって，EF $=t-\left(-\dfrac{1}{3}t\right)=\dfrac{4}{3}t$ だから，DF=EFより，$\dfrac{1}{3}t^2=\dfrac{4}{3}t$ が成り立つ。これを解くと，$t^2-4t=0$，$t(t-4)=0$ より，$t=0$，4となり，$t>0$ だから，$t=4$ である。したがって，EF $=\dfrac{4}{3}t=\dfrac{4}{3}\times4=\dfrac{16}{3}$ より，正方形CEFDの1辺の長さは $\dfrac{16}{3}$ である。

(3)<直線の式>右上図で，直線ABと辺CEの交点をGとする。〔四角形CEBD〕=△BEG+〔台形CGBD〕として，面積を求める。(1)より，A$(-1,\ 3)$であり，(2)より，点Eの x 座標は $-\dfrac{1}{3}t=-\dfrac{1}{3}\times4=-\dfrac{4}{3}$ だから，G$\left(-\dfrac{4}{3},\ 3\right)$である。これより，EG=3，GB $=3-\left(-\dfrac{4}{3}\right)=\dfrac{13}{3}$ より，△BEG $=\dfrac{1}{2}\times3\times\dfrac{13}{3}=\dfrac{13}{2}$ である。また，CD=EF $=\dfrac{16}{3}$，CG $=\dfrac{16}{3}-3=\dfrac{7}{3}$ より，〔台形CGBD〕$=\dfrac{1}{2}\times\left(\dfrac{16}{3}+\dfrac{13}{3}\right)\times\dfrac{7}{3}=\dfrac{203}{18}$ だから，〔四角形CEBD〕$=\dfrac{13}{2}+\dfrac{203}{18}=\dfrac{160}{9}$ となる。よって，点Eを通り四角形CEBDの面積を2等分する直線と辺CDとの交点をHとすると，△CEH $=\dfrac{1}{2}$〔四角形CEBD〕$=\dfrac{1}{2}\times\dfrac{160}{9}=\dfrac{80}{9}$ であり，△CEHについて，$\dfrac{1}{2}\times$CE$\times$CH $=\dfrac{80}{9}$ となるから，$\dfrac{1}{2}\times\dfrac{16}{3}\times$CH $=\dfrac{80}{9}$ が成り立つ。これを解くと，$\dfrac{8}{3}$CH $=\dfrac{80}{9}$ より，CH $=\dfrac{10}{3}$ となるから，点Hの x 座標は $-\dfrac{4}{3}+\dfrac{10}{3}=2$ であり，H$\left(2,\ \dfrac{16}{3}\right)$となる。したがって，E$\left(-\dfrac{4}{3},\ 0\right)$より，直線EHの傾きは $\left(\dfrac{16}{3}-0\right)\div\left\{2-\left(-\dfrac{4}{3}\right)\right\}=\dfrac{8}{5}$ であり，その式を $y=\dfrac{8}{5}x+b$ とおくと，点Eを通るので，$0=\dfrac{8}{5}\times\left(-\dfrac{4}{3}\right)+b$ より，$b=\dfrac{32}{15}$ となる。以上より，直線EHの式は $y=\dfrac{8}{5}x+\dfrac{32}{15}$ である。

5〔空間図形―正四角錐〕

≪基本方針の決定≫(1)　△OACは直角二等辺三角形である。　(2)　四角形ABPQは，QP∥AB，AQ=BPの台形である。　(3)　求める長さは，四角錐O-ABPQの高さである。

(1)<体積>次ページの図1のように，点Oから底面の正方形ABCDに垂線OHを引くと，点Hは正

図1

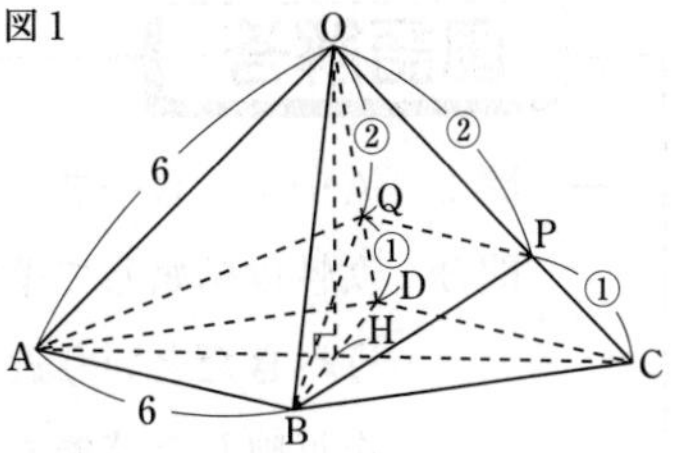

方形ABCDの対角線の交点と一致する。△AOCと△ABCは3組の辺がそれぞれ等しいことより，合同な直角二等辺三角形だから，△OAHは△AOCと同様に直角二等辺三角形となる。よって，$\mathrm{OH}=\frac{1}{\sqrt{2}}\mathrm{OA}=\frac{1}{\sqrt{2}}\times6=3\sqrt{2}$ より，〔正四角錐O-ABCD〕$=\frac{1}{3}\times$〔正方形ABCD〕$\times\mathrm{OH}=\frac{1}{3}\times(6\times6)\times3\sqrt{2}=36\sqrt{2}$ となる。

(2)＜面積＞まず，右上図1で，OP：PC＝OQ：QD＝2：1より，QP∥DCである。これとDC∥ABより，QP∥ABとなり，四角形ABPQは台形である。また，QP：DC＝OQ：OD＝2：(2＋1)＝2：3より，$\mathrm{QP}=\frac{2}{3}\mathrm{DC}=\frac{2}{3}\times6=4$，$\mathrm{OQ}=\frac{2}{3}\mathrm{OD}=\frac{2}{3}\times6=4$ となる。

図2

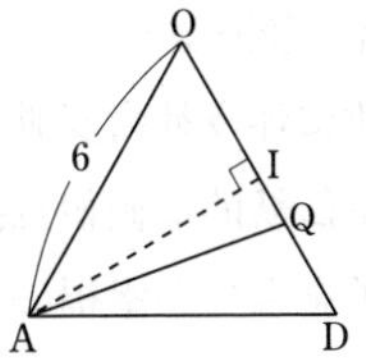

図3

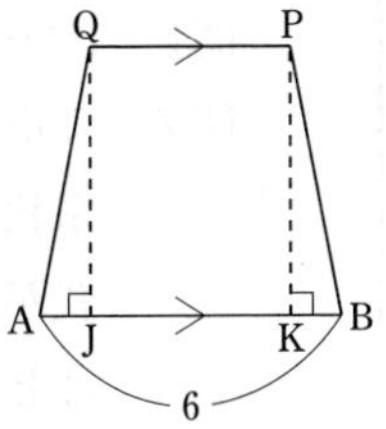

次に，右図2で，△OADは正三角形だから，点Aから辺ODに垂線AIを引くと，△AOIは3辺の比が $1:2:\sqrt{3}$ の直角三角形だから，$\mathrm{OI}=\frac{1}{2}\mathrm{OA}=\frac{1}{2}\times6=3$，$\mathrm{AI}=\sqrt{3}\,\mathrm{OI}=\sqrt{3}\times3=3\sqrt{3}$ となる。これより，IQ＝OQ－OI＝4－3＝1となるから，△AIQで三平方の定理を利用すると，$\mathrm{AQ}=\sqrt{\mathrm{AI}^2+\mathrm{IQ}^2}=\sqrt{(3\sqrt{3})^2+1^2}=\sqrt{28}=2\sqrt{7}$ である。さらに，図1で，OQ＝OPより，△OAQ≡△OBPだから，四角形ABPQは，右上図3のような $\mathrm{AQ}=\mathrm{BP}=2\sqrt{7}$ の台形となる。点Q，Pから辺ABに垂線QJ，PKを引くと，AJ＝BK＝(6－4)÷2＝1だから，△AQJで三平方の定理より，$\mathrm{QJ}=\sqrt{\mathrm{AQ}^2-\mathrm{AJ}^2}=\sqrt{(2\sqrt{7})^2-1^2}=\sqrt{27}=3\sqrt{3}$ となる。したがって，〔四角形ABPQ〕$=\frac{1}{2}\times(4+6)\times3\sqrt{3}=15\sqrt{3}$ である。

(3)＜長さ＞右上図1で，点Oから平面ABPQに下ろした垂線の長さは，四角錐O-ABPQの底面を四角形ABPQと見たときの高さに当たる。〔四角錐O-ABPQ〕＝〔三角錐O-ABQ〕＋〔三角錐O-PBQ〕である。ここで，三角錐O-ABQと三角錐O-ABDにおいて，それぞれの底面を△OBQ，△OBDと見ると高さが等しいので，〔三角錐O-ABQ〕：〔三角錐O-ABD〕＝△OBQ：△OBDとなり，△OBQと△OBDにおいて，それぞれの底辺をOQ，ODと見ると高さが等しいから，△OBQ：△OBD＝OQ：OD＝2：3より，〔三角錐O-ABQ〕：〔三角錐O-ABD〕＝2：3である。〔三角錐O-ABD〕$=\frac{1}{2}$〔正四角錐O-ABCD〕$=\frac{1}{2}\times36\sqrt{2}=18\sqrt{2}$ だから，〔三角錐O-ABQ〕$=\frac{2}{3}$〔三角錐O-ABD〕$=\frac{2}{3}\times18\sqrt{2}=12\sqrt{2}$ である。また，三角錐O-ABQと三角錐O-PBQは底面をそれぞれ△ABQ，△PBQと見ると高さが等しく，△ABQと△PBQは底辺をそれぞれAB，QPと見ると高さが等しいから，〔三角錐O-ABQ〕：〔三角錐O-PBQ〕＝△ABQ：△PBQ＝AB：QP＝6：4＝3：2となる。よって，〔三角錐O-PBQ〕$=\frac{2}{3}$〔三角錐O-ABQ〕$=\frac{2}{3}\times12\sqrt{2}=8\sqrt{2}$ より，〔四角錐O-ABPQ〕$=12\sqrt{2}+8\sqrt{2}=20\sqrt{2}$ である。したがって，求める垂線の長さを h とおくと，$\frac{1}{3}\times$〔四角形ABPQ〕$\times h=$〔四角錐O-ABPQ〕より，$\frac{1}{3}\times15\sqrt{3}\times h=20\sqrt{2}$ が成り立ち，これを解くと，$5\sqrt{3}h=20\sqrt{2}$，$h=\frac{4\sqrt{6}}{3}$ となる。

国語解答

一 問1　A…エ　B…ア　問2　皆が結

問3　女性は結婚して子育てや家事を行うべきだという近代家族の理想像を反映した芸能人を，視聴者は求めるから。(50字)

問4　開かれた感受性　問5　ウ

問6　(1)…イ　(2)…エ

問7　都市化に伴う社会変動によって，宗教や伝統的な価値意識が揺らぎ，我が子を人生と幸福の目標とすることが人々の新たな価値基準となったということ。(69字)

二 問1　X　首　Y　頭　Z　目

問2　ア　問3　繊

問4　混乱と恐怖　問5　エ

問6　自分は何も悪くないのに，男だから女の気持ちはわからないと責められ，自分を否定されたと感じて，清瀬に反感を覚えた。(56字)

問7　ア

問8　疲れたり落ち込んだりしていても食事は抜かないというこだわりから生きる力の強さが感じられることを，好ましく思っている。(58字)

問9　57［行目］　問10　［生徒］ウ

三 1　庶民　2　堅実　3　破綻　4　随行　5　励

一〔論説文の読解―社会学的分野―現代社会〕出典：周東美材『「未熟さ」の系譜』。

≪本文の概要≫日本では，1960年代前後の高度経済成長により，近代家族が大衆化し，画一的で強固な家族規範を生み出していった。多くの日本のポピュラー音楽は，近代家族の理想像に挑戦することはなく，むしろ強く結びつき，創作の過程でも消費の過程でも特に「子ども」に関する価値意識を必要としてきた。それは，子どもが異文化受容の緩衝装置の役割をになってきたからであり，「子ども」が聖なる価値意識の中心をになってきたからである。日本に持ち込まれた異質の新しい音楽は，開かれた感受性を持つ子どもから導入された。また，音楽が特定の社会で幅広い支持を得る根底には，一定の価値基準が社会的に共有されていることが多く，日本では，子ども中心の家族の団らん生活を理想としていた。このことから，日本のポピュラー音楽は，「子ども」という価値を重視していく。伝統的な社会が崩れる中で，宗教や伝統的な価値観が揺らぎ，家庭における「子ども」は，宗教的な聖なる価値観に代わるものとして人々の人生と幸福の目標となるような「生きがい」になった。日本のポピュラー音楽は，こうして「未熟さ」を志向するようになったが，「子ども」を中心とした家族生活以外に，「人種」や「民族」や既成宗教のような一貫した価値体系を，見出すことはできなかったのである。

問1＜語句＞A.「否応なし」は，相手の意向には関係なく，有無を言わせないさま。　B.「相対的」は，物事を他のことと比較するさま。

問2＜文章内容＞「近代家族の理想像」とは，人々の意識を縛る，「あるべき家族像」のことである。具体的には「皆が結婚すること，その結婚は愛情・性愛・出産を必ず伴うこと，産む子どもの数は2人か3人であること，父親が給料の主たる稼ぎ手となり主婦である母親が子育ての担い手になること，子どもを中心に一家団らんを営むことなど」があり，日本のポピュラー音楽は，こうした

「近代家族の理想像」と結びついていた。

問３＜文章内容＞近代家族の理想像では，女性は結婚すると主婦として家事と子育てをになう存在となるとされているので，芸能人にも，この価値観を反映したものが求められる。だから，結婚した女性の芸能人は，「アイドル」から子育てをする「ママドル」として活動するのである。

問４＜文章内容＞「年長世代」は，今までの価値観から抜け出すことは難しい。外部からもたらされる異文化の衝撃を受け入れて，新たな表現を創造し受容していくためには，子どもの新しい情報環境に適応する能力が必要であり，「開かれた感受性」が必要である。

問５＜文章内容＞家事労働は，家庭の中で家族が分担するはずのものだが，それが「外部化」されるとは，お金を払って家事労働を家族以外の人にやってもらうということである。妹の誕生日の夕食を家族がつくるのではなく，ファミリーレストランに注文することは，家事労働の外部化である。

問６＜文章内容＞⑴近代以前では，子どもは「労働力」や「小さな大人」と見なされ，近代のように，大人とは異なる独自の世界を持った存在とは見なされていなかった。つまり，近代以前は，子どもは「大人がただ小さくなっただけの存在」と見なされていた。　⑵家庭に生まれる子どもの数は減少し，子どもは，親からの愛情を一身に受けて育ち，「学歴を身につけるために教育される存在」になったのである。

問７＜文章内容＞都市化に伴う社会変動は，それまでの共同体が持っていた宗教や伝統的な価値意識を揺るがせた。都市に住む人々にとって，自分が社会の一部だと思えるような，あるいは「世界観や人生の指針」を与えてくれるような超越性を感じさせるものがなくなることは，切実な問題であった。そこで，超越性に代わるものとして，人々は，我が子を，「人生と幸福の目標」となるような「生きがい」ととらえ，新たな生活の指針としたのである。

二〔小説の読解〕出典：寺地はるな『川のほとりに立つ者は』。

問１＜慣用句＞Ｘ．「首を傾げる」は，疑問に思う，考えを巡らす，という意味。男性は，テイクアウトにどのケーキを選ぶか思案している様子だった。　Ｙ．「頭に血がのぼる」は，興奮する，かっとなる，という意味。清瀬は，酔っ払いの男二人にからまれたうえにかわいくないと言われて，嫌悪感や怒りで訳がわからない状態になった。　Ｚ．「目を丸くする」は，驚いて目を見張る，という意味。松木は，突然，清瀬から，あなたは男だから女である私の感じた恐怖がわからないと一方的に言われて，驚いた。

問２＜文章内容＞客がなかなか商品を選べずに迷っているのに，店員である自分が客のことをじろじろ見ると，早く商品を決めてほしいと思っている態度を示すことになり，客に圧力をかけることになってしまうのである。

問３＜文章内容＞清瀬は，酔っ払いの男にからまれたときに助けてくれた相手が誰だかすぐにはわからなかったが，落ち着きを取り戻し，男性の名刺を見たことで，「織」の字の男性だと気づいた。清瀬が，そのテイクアウト用のケーキを迷っていた男性のことを覚えていたのは，男性が書いた「織」の字が美しくて印象に残ったからであり，そのときの男性の態度や笑い方に好感を抱いたからである。

問４＜文章内容＞清瀬は，酔っ払いの男二人にからまれ，「第三の男の登場」に対しても，その人が自分を助けようとしている人だとはわからずに，「混乱と恐怖」がピークに達していたせいで，震えていたのである。

問５＜文章内容＞清瀬は，「自分の頬が，ゆっくりと熱を帯びていく」のを，最初は，自分にからんできた酔っ払いの男二人を「きっぱりはねつけてやったらよかったんですよ」と松木に言われたことによる恥ずかしさだと思った。しかし，清瀬は，「それは，あなたが男やから言えることです」と反論したことで，自分の頬の熱さは，自分は女性であり，何か言ったらさらにひどい目に遭うかもしれないと想像もしない，松木に対する怒りによるものだと自覚した。

問６＜心情＞松木は，自分は清瀬を助けたのに，清瀬から男のあなたには女の立場がわからないと一方的に怒りをぶつけられて驚き，自分は想像力と配慮が足りなかったと言葉に出して謝った。しかし，松木は，「なぜ男であるというだけでそんなふうに責めるようなことを言われなければならないのか」と心の奥底では反感を持った。

問７＜文章内容＞松木は，清瀬の働くカフェで食事をしようとやってきたのだが，本当は清瀬が「いたらいいな」と思っていた。思いがけず，清瀬の窮地を救うことになり，一緒にコーヒーを飲み長い時間話すことができたので，自分にとっては幸運だったと松木は言ったのである。

問８＜文章内容＞松木は，清瀬のことを，「どんだけ疲れても落ちこんでも食事はぜったい抜かへん！　みたいなこだわり」がある女性であり，「なんや生きる力が強い感じ」がすると評していた。その清瀬のたくましさに，松木はひかれたのである。

問９＜状況＞清瀬と松木が初めて出会ったのは，松木が清瀬の働くカフェにテイクアウトのケーキを買いに行ったときである。一か月後に二人は再会するのだが，それは，酔っ払いにからまれていた清瀬を松木が助けたときであった。

問10＜要旨＞清瀬は，松木の書いた「織」の字の美しさを好ましく思った。そして，つき合い始めてからは，清瀬は松木を「やさしくて，素直で，まっとう」な人物だと思っていた(生徒エ…×)。清瀬が酔っ払いにからまれて松木に助けられたとき，清瀬は男性である松木には女性の立場はわからないと一方的になじったが，それを松木は，心の中で反発しながらも受けとめた(生徒ウ…○)。松木は，どんなに大変なときにも食事は抜かずに絶対食べるという清瀬のたくましさを好ましく思い，清瀬に生きる力強さを感じていた。「清瀬と松木の食事に対する考え方が違っている」のかどうかはわからない(生徒ア…×)。松木が大けがをして病院に運び込まれたことを知った清瀬は，「食べよう。こんな状況だからこそ」と思い，オムライスを口に運び，そして，清瀬は，松木に何があったのか，松木には清瀬の知らない一面があるのかなどと考えた(生徒イ…×)。

三〔漢字〕

１.「庶民」は，世間一般の人々のこと。　２.「堅実」は，手がたく確実であること。　３.「破綻」は，物事が行きづまること。　４.「随行」は，人の供をして従って行くこと。　５.音読みは「激励」などの「レイ」。

2024年度　城北高等学校（推薦）

【英　語】（50分）〈満点：100点〉

1　次の日本語の意味に合うように，かっこに適語を入れなさい。

(1)　朝食をとった後からずっとお腹が痛い。
　I've had a stomachache (　　　) (　　　) (　　　) breakfast.

(2)　来月のパーティーには誰を招待すればいい？
　(　　　) should I (　　　) (　　　) the party next month ?

(3)　その車には７人乗っていました。
　(　　　) (　　　) seven people (　　　) the car.

2　次の日本語の意味になるように，かっこ内の語を並べかえて英文を完成させなさい。ただし，かっこ内にはそれぞれ不要な語が１つあります。また，文頭にくる語も小文字で始めてあります。

(1)　ここから駅までの距離が分かりますか。
　Do you know (it / from / to / how / far / is / here / long) the station ?

(2)　私は月曜日の午前中はとても忙しい。
　(I / busy / very / am / morning / Monday / in / on).

(3)　明日友人たちに会う予定でわくわくしています。
　(I'm / I'm / meet / going / excited / exciting / because / to) my friends tomorrow.

(4)　私は手を洗うように言われた。
　(my / I / hands / told / was / wash / to / said).

3　次の日本語を英語にしなさい。

(1)　君は彼女と何を話していたの？

(2)　あの赤い屋根の建物は何ですか？

(3)　昨年私は京都に行って10日間そこに滞在しました。

4　次の英文を読んで，あとの問いに答えなさい。なお，Nintendo と Atari はそれぞれゲーム会社の名前である。

> 段落(1)　Things were certainly looking up for Nintendo.　ア In the early 1980s, the home video game *industry was *booming in North America.　イ Everyone wanted to play the games, and people could do that right on their TV screens.　ウ However, teachers and parents told their children not to play the games too long.　エ Also, the price of *home consoles dropped, so more people could *afford them.

And then, suddenly, it all came *crashing down.　There were (2)three main reasons why.

First, gamers had dozens of different home consoles to choose from.　Each console came with its own set of games.　But games from other companies could also be played on all consoles.　The North American market was *flooded with dozens of consoles, so consumers had too many choices.

Second, because of the high demand for more video games, many were rushed out.　They weren't fun to play and ended up being huge *flops. ［　(3)　］ Video games usually take months or even years to make. Gamers disliked the graphics and found the game *extremely difficult to play. It hardly sold during the 1982 holiday season.

And a third reason for the crash was that the price of home computers dropped. More and more people could afford to own one. A home computer was now about the same price as a gaming console. A computer could do much more than just play video games. But a video console could only play games, nothing more. So (4)many people bought a home computer instead of a home console.

After a while, toy stores decided that video gaming was over. They stopped selling the games. For the next three years, sales of video games were at an all-time low. Atari, the leader of the gaming industry at the time, nearly went out of business.

Nintendo was more fortunate than Atari, because *Hiroshi created a home console system. In 1985, he released the Nintendo Entertainment System (NES) in the United States and advertised it as a control deck instead of a video game console.

Why was that important?

Nintendo realized that the gaming industry was moving away from game consoles and toward home computers. People think the NES was based on the style of a modern VCR (the *cartridge was *loaded into a door at the front of the NES) instead of a top-loaded video game console. Nintendo also added (5)a lockout chip in the NES. This made sure that low-quality games from other companies wouldn't work on it.

［　(6)　］

No.

But that all changed in 1986 when *Shigeru produced a *multi-level adventure game called *Super Mario Bros.* Nintendo included it with the NES in the United States. *Super Mario Bros.* became the best-selling video game of its time.

What made it so popular?

It was so different and so much fun to play! Players could make Mario *stomp on mushrooms, *flip fireballs, and save the princess *no matter where she was—and she was always in a different castle throughout the game. *Super Mario Bros.* allowed gamers to take part in an adventure in a whole new world and to unlock new stages as they played. And, *Super Mario Bros.* could be played again and again, and it would be different for players each time.

（注） industry：業界　boom：好況になる　home console：家庭用ゲーム機
afford：～を持つ余裕がある　crash down：失敗する
flooded：あふれかえる　flop：失敗　extremely：きわめて
Hiroshi：山内溥（任天堂元代表取締役社長）　cartridge：カートリッジ
load：積む　Shigeru：宮本茂（任天堂のゲームプロデューサー）
multi-level：いろいろなレベルの　stomp：足で踏む　flip：弾き飛ばす
no matter where：どこに～しようとも

問１　冒頭の［段落(1)］において，内容のまとまりをよくするために取り除いた方が良い文が１つある。ア～エの中から１つ選び，記号で答えなさい。

問2　下線部(2)について，本文で触れられている１つ目の理由を30字以内の日本語で書きなさい。ただし，句読点も字数に含めます。

問3　空所(3)に入るように，次のア～ウの文を文脈上最も適切な順に並べかえ，記号で答えなさい。

ア　By the time Atari decided to create a video game based on the popular movie, the designer only had *five weeks* to develop it.

イ　For example, the movie E.T.—*The Extra-Terrestrial* was a megahit.

ウ　Yet Atari's video game version of the movie is considered by many to be the worst video game of all time.

問4　下線部(4)の背景の説明として最も適切なものを次のア～エの中から１つ選び，記号で答えなさい。

ア　The sales of home computers dropped.

イ　People had more than one gaming console at home.

ウ　Video consoles didn't have as many functions as home computers.

エ　People earned more from home computers than gaming consoles.

問5　下線部(5)とはどういうものか，解答欄のあとの語句に続くように，20字程度の日本語で説明しなさい。ただし，句読点も字数に含めます。また，アルファベットは１文字で１字扱いとします。

問6　空所(6)に入れるものとして最も適切なものを次のア～エの中から１つ選び，記号で答えなさい。

ア　Were sales great in the beginning？

イ　Was *Super Mario Bros.* popular？

ウ　Do you know who made *Super Mario Bros.*？

エ　Did Nintendo include *The Legend of Zelda* with the NES？

問7　ある英語の授業で，この英文について生徒が発言した。本文の内容と合わない発言を，次のア～エの中から１つ選び，記号で答えなさい。

ア　Aさん「スーパーマリオブラザーズは繰り返しのプレイにたえうるほど面白い作品だったのですね。」

イ　Bさん「ゲームが売れなくなってしまって，アタリはゲーム業界から完全に撤退したのですね。」

ウ　Cさん「一時期，おもちゃ屋さんがゲームを売らなくなったことで，ゲーム業界にとってはしばらく苦しい時期が続いたのですね。」

エ　Dさん「Cさんが話題にしている時期でも，任天堂はアタリと比べると恵まれた状況にあったのですね。」

5　次の英文を読んで，あとの問いに答えなさい。

Anita Roddick was born Anita Lucia Perilli in an English bomb shelter on October 23, 1942, during World War Ⅱ. Anita's parents and her three *siblings left Italy just before the war began. Her mother opened a café, and Anita helped her after school and on weekends. After college, Anita taught English and history at school. She soon quit, (　a　), and traveled to places such as Australia, South Africa, and Tahiti. In 1970, she married a poet named Gordon Roddick. The couple opened a restaurant and then a hotel, and they had two daughters together, Justine and Samantha.

In 1976, Gordon decided to realize (1)a dream—he was going to ride a horse from South America to North America. Anita needed money while he was away, (　b　) she opened a small *cosmetics store called The Body Shop. Roddick later wrote on her website that she was encouraged to open the store not only by economic necessity. She was also influenced by the cultures she experienced in her travels, especially women's "body *ritual" that used natural *ingredients. And she remembered her mother hated waste when she was a child. "Why waste a *container when you can use it again ? And why buy more of something that you can use ? The Body Shop's environmental program was born out of ideas like (2)these."

Roddick's first store offered only fifteen products, but in time, this number would grow to more than 300. Roddick was careful about what types of products to sell. Most (3)【that time / sold / cosmetics / tested / at / were】 on animals, and some animals were killed to produce beauty products. (4)Roddick said she refused to sell products that harmed animals or ones that damaged the natural environment. She recycled all her bottles, used recycled items in the store, and encouraged the idea of fair trade with developing countries. Roddick believed that consumers should support businesses that are done *ethically. This idea was called "ethical consumerism" and was an early form of the modern green movement. (c) many of Roddick's *claims about her products were later questioned, she certainly raised *awareness of animal *cruelty and other problems in the cosmetics business. (In 2013, the EU banned animal testing for cosmetics.)

The Body Shop was very successful. When the company was sold to L'Oreal in 2006, it had more than 2,000 stores throughout the world. Customers voted it the second most-trusted brand in Great Britain, and it was the 28th best-known brand in the world. As the Body Shop grew, Roddick became an *activist for many causes, (d) protecting rain forests, helping poor farmers, saving whales, and working to end *sex discrimination. In 1990, she founded Children on the Edge, a charity that helps children whose parents are both dead. She also (5)【to / a magazine / establish / "The Big Issue" / called / worked】. It was produced and sold by homeless people. Her volunteer work gave Roddick many awards and *honors. In 2003, the Queen of England chose her as a Dame of the British Empire.

In 2005, Roddick announced that she was going to give away her fortune. It was estimated to be more than $100 million. In 2004, she caught *hepatitis C. During the last three years of her life, she made a great effort to raise public awareness of the disease. Roddick died of a *brain hemorrhage on September 10, 2007, at the age of (6). She did not leave (7) of her money to her daughters ; instead, she gave it all to charity.

（注） sibling：きょうだい　cosmetics：化粧品　ritual：儀式
ingredient：成分　container：容器　ethically：倫理的に
claim：主張　awareness：意識　cruelty：虐待
activist：活動家　sex discrimination：性差別　honor：勲章
hepatitis C：C型肝炎　brain hemorrhage：脳出血

問1　（a）～（d）に入る最も適切な語(句)を次のア～オから1つずつ選び，記号で答えなさい。ただし，同じ記号を2度使ってはいけません。また，文頭にくる語も小文字で始めてあります。

ア　although　イ　such as　ウ　because
エ　however　オ　so

問2　下線部(1)の内容を具体的に20字程度の日本語で説明しなさい。ただし，句読点も字数に含めます。

問3　下線部(2)の内容を具体的に2つ，それぞれ20字以上30字以内の日本語で説明しなさい。ただし，句読点も字数に含めます。

問4　(3)と(5)の【　】内の語(句)を文脈に合うように並べかえ，その部分のみを答えなさい。ただし，文頭にくる語も小文字で始めてあります。

問5　下線部(4)を ones の内容を明らかにして和訳しなさい。ただし，人名の “Roddick” は「ロディック」と訳すこと。

問6　空所(6)に入る数字を，算用数字で答えなさい。

問7　空所(7)に入る最も適切な語を次のア～エから1つ選び，記号で答えなさい。

ア　any　　イ　many　　ウ　all　　エ　none

問8　本文の内容に合うものを次のア～カから2つ選び，記号で答えなさい。

ア　Just after Anita, Justine and Samantha left Italy, World War Ⅱ started.

イ　Anita opened a small cosmetics store partly because she saw women's body rituals during her trip.

ウ　Soon after Anita's first store opened, the number of her stores grew to 300.

エ　People did not regard The Body Shop's environmental program as great.

オ　Though The Body Shop had more than 2,000 stores in 2006, few people knew the brand.

カ　Anita became an activist, and one reason was that she wanted to save whales.

【数　学】（50分）〈満点：100点〉

（注意）1．分度器を使ってはいけません。

2．円周率は π を用いて表しなさい。

1　次の各問いに答えよ。

(1)　$x=\sqrt{5}-3$ のとき，$x^2+6x+13$ の値を求めよ。

(2)　次のデータは，9人の生徒に20点満点の小テストを行った結果である。

11，15，5，20，14，9，10，17，12　(単位は点)

このデータの四分位範囲を求めよ。

(3)　2，3，5，7，11，13と数字が書かれた6枚のカードがある。このカードをよく混ぜてから2枚のカードを続けて引き，カードに書かれている数字を順に a，b とする。ただし，引いたカードは元に戻さないものとする。このとき，$\sqrt{a+b}$ が整数となる確率を求めよ。

2　次の各問いに答えよ。

(1)　下の図1のように，円周上に4点A，B，C，Dがあり，点Bにおける接線と直線DAとの交点をEとする。AB＝AE，∠ACD＝87°のとき，∠AEBの大きさを求めよ。

図1

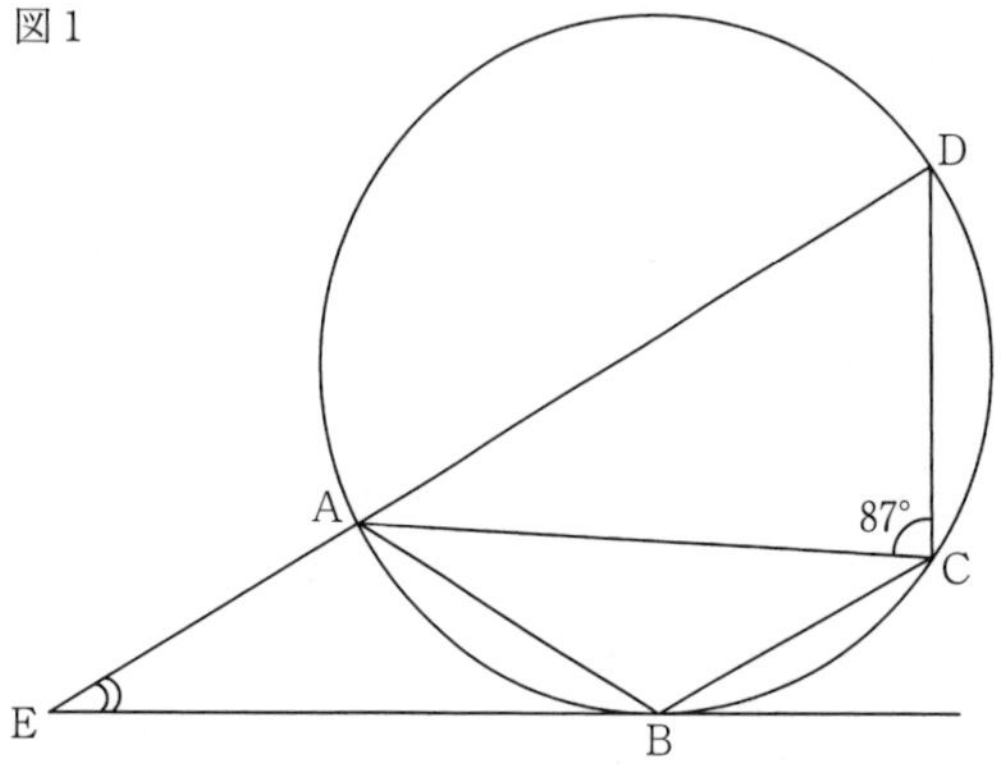

図2

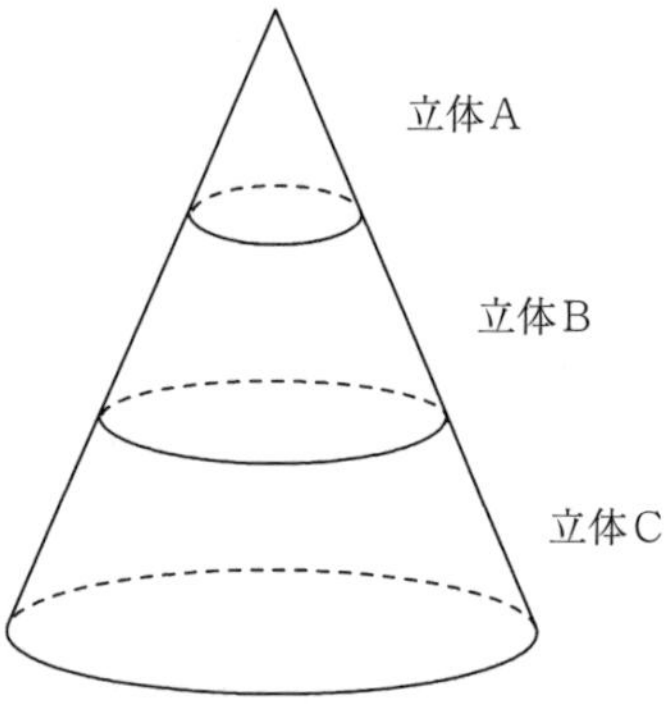

(2)　上の図2のように，円すいの母線を3等分する点を通り，底面に平行な平面で3つの立体に切断し，上から立体A，立体B，立体Cとする。立体Cの体積が 114π であるとき，立体Bの体積を求めよ。

(3)　中心がOで半径6の球があり，この球面上に3点A，B，Cを平面OABと平面OBCと平面OCAが互いに垂直になるようにとる。

右の図3のように，この球を平面OABと平面OBCと平面OCAで切断してできる立体の曲面上に点Pをとり，OPと△ABCとの交点をQとするとき，線分PQの長さの最大値を求めよ。

図3

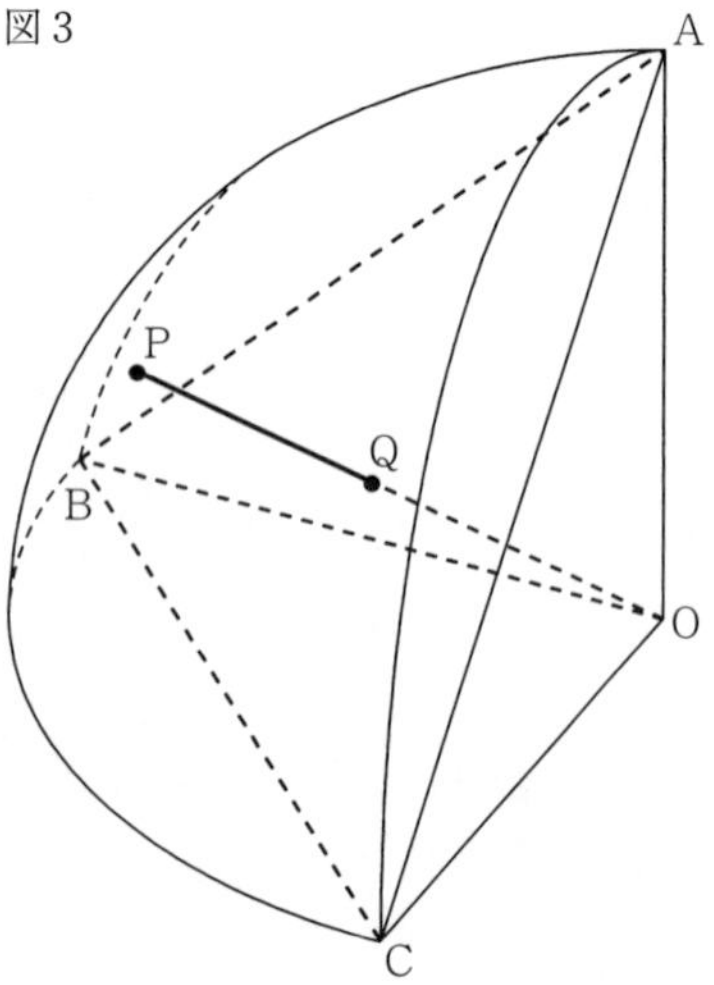

3　下の図のように，線分 AB を直径とする半円がある。この半円の周上に $\overset{\frown}{\mathrm{AP}}$ と $\overset{\frown}{\mathrm{PB}}$ の長さの比が 5：1 となるような点 P を作図せよ。ただし，作図には定規，コンパスを使い，作図に用いた線は消さないこと。

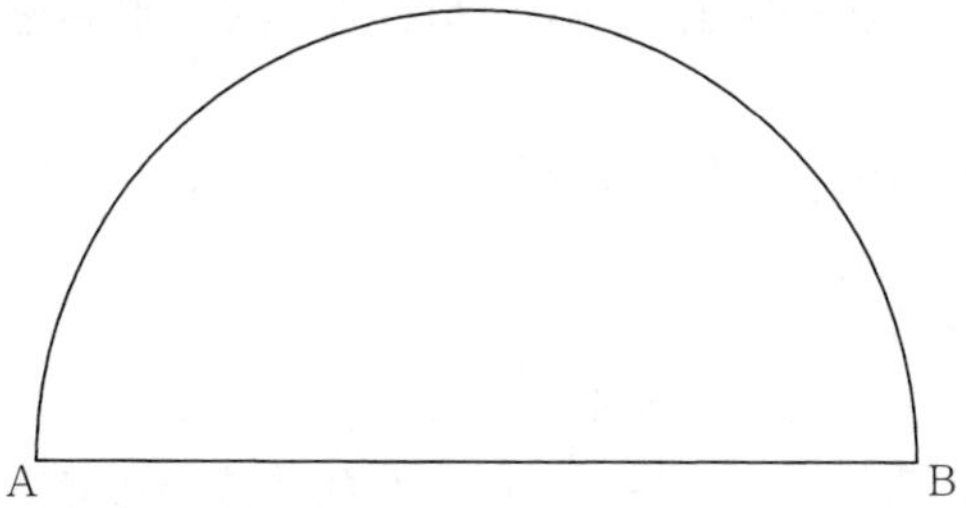

4　下の図のように，放物線 $y=ax^2$ $(a>0)$ 上に 2 点 $\mathrm{A}(-4,\ 8)$，$\mathrm{B}(t,\ at^2)$ がある。次の問いに答えよ。

(1)　a の値を求めよ。

(2)　$\angle\mathrm{OAB}=90^\circ$ となる t の値を求めよ。

(3)　AB＝BO となる t の値をすべて求めよ。

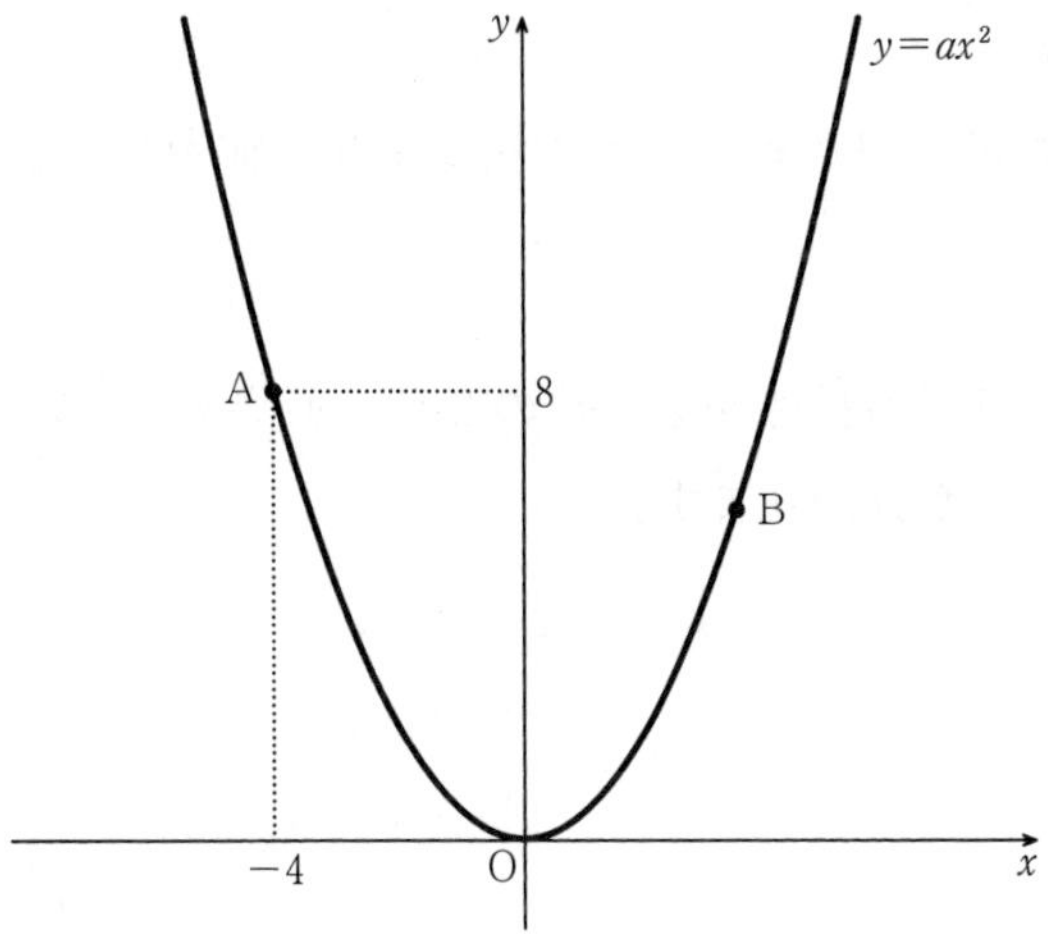

5　太郎くんと花子さんと先生は，次の【問題】について話をしている。このとき，下の空欄を埋めよ。ただし，[オ] は解答群から最も適する番号を選択すること。

【問題】
2024を自然数 a，b を用いて a^2-b^2 の形で表す方法は全部で何通りあるか。

先生：具体的にどのような表し方があるか考えてみましょう。

花子：2024に近い自然数で [ア] $^2=2025$ がありました。これを利用すると，2024は [ア] $^2-1^2$ と表せます。同様に考えると，他の組も見つかりそうですね。

太郎：じゃあ計算してみます！　([ア] $+1)^2=2116$ を利用すると $2116-2024=92$ で，92は平方数ではないから自然数 a，b を用いて a^2-b^2 の形にならないな。この考え方では見つけるのが大変そうだね。

先生：では考え方を変えてみましょう。$a^2-b^2=(a-b)(a+b)$ から $2024=$[ア]$^2-1^2=$([ア]-1)([ア]$+1$)のように2024を2つの自然数の積の形で表せますね。このことを利用できないでしょうか。

太郎：じゃあ $2024=1\times2024$ を考えてみます。この場合は，$a-b=1$，$a+b=2024$ なのでこれらを満たす a，b の値が自然数ではないから適さないね。

花子：では $2024=2\times1012$ を考えてみます。この場合は，$a=$[イ]，$b=$[ウ]となり，いずれも自然数なので適しています。

先生：そうですね。では他のものも同様に考えてみましょう。

太郎：はい！　まずは2024が2つの自然数の積の形に何通りで表せるかを考えよう。

花子：順番が入れ替わっただけのものを同じ組合せと考えると，2024を2つの自然数の積の形で表す方法は全部で[エ]通りあります。今，1×2024，2×1012 の2つを考えたので他のものを調べてみましょう。

先生：1×2024 は適さなくて，2×1012 は適している理由を考えてみると，他のものも調べやすそうですね。

太郎：分かった！　この2つのうち，2×1012 のみが適しているのは，2つの数2と1012の[オ]だからだね。

先生：その通りです。では他のものも調べてみましょう。

花子：できました。この【問題】の答えは[カ]通りです。

先生：そうですね。次に2025を自然数 c，d を用いて c^2-d^2 の形で表す方法は全部で何通りあるかを同様に考えてみましょう。

太郎：できました！　全部で[キ]通りあります。

先生：正解です。ちなみに[ア]$^2=2025$ なので，斜辺の長さが c，他の2辺の長さが[ア]と d である直角三角形は全部で[キ]個あることが分かります。

[オ]の解答群

①　積が偶数　　②　和が奇数

③　和が偶数　　④　和が3の倍数

を次の中から選び、記号で答えなさい。

ア　父親が二十年も前に撮影したお客の話など、まったく関心が持てなかったため。

イ　目が見えない十和子や盲導犬のジョイを撮影するにあたり、特別な準備をしていたため。

ウ　十和子と父親が、二人だけでゆっくりと二十年前のことを語り合えるようにするため。

エ　十和子の意外な話を聞いてひどく驚いてしまい、動揺した気持ちを落ち着かせるため。

問9　――⑧「音はもう、恐怖の対象ではなく、世界を染める絵の具になったのだ」とありますが、十和子にとって「音」が「世界を染める絵の具になった」とは、どういうことですか。70字以内で説明しなさい。

問10　本文の表現の特徴を説明したものとして最もふさわしいものを次の中から選び、記号で答えなさい。

ア　主に十和子の内面に寄り添いながら語っているが、時に他の登場人物の視点からも描写することで、作品世界に厚みや深みをもたらしている。

イ　十和子の主観に基づいてその感じたことをありのままに描くことで、十和子が自立した一人の大人として生きていけるようになったことを、巧みに表現している。

ウ　十和子の一人称で語ることでその心情を活き活きと描き出すとともに、比喩表現を巧みに用いることで、十和子の繊細な感覚を見事に表現している。

エ　現在の描写の中に過去の描写を所々に差しはさむことで、現在と過去の記憶との間で複雑に揺れ動く十和子の気持ちを、暗示的に表現している。

三

次の――線部のカタカナを、漢字に書き改めなさい。

1　将来の夢は起業して新興国の発展にキヨすることだ。
2　ユウビン局へ行く。
3　試験範囲をモウラする。
4　ナゴリ惜しいが別れの時だ。
5　幼い子どもをサトす。

真に収まるよう気を配ってくれた。自分がたくさんの愛情に包まれていることを実感した。
「それでは撮りますよー。さん、にぃ、いち」
柔らかくて大きな音と共に、シャッターが切られる。
あれから、二十年が経《た》ったのだ。

（小川《おがわ》　糸《いと》『とわの庭』による）

注1　「土踏まずもできた」…自宅に閉じこもって生活していた時はほとんど歩くことがなかったので、十和子は土踏まずが無い偏平足だったが、保護された後、歩行訓練をして歩けるようになり、土踏まずもしっかり出来た、ということ。
注2　「ハーレーダビッドソン」…アメリカ製の大型オートバイの名前。独特の重低音を出して走る。
注3　「顔の右側に赤い痣がある」…十和子の母親は、生まれつき右の頬に赤い痣があった。
注4　「警察の人から、聞きました」…保護された時、十和子は戸籍も無かったことから捜査の対象となり、この写真館にも警察が調べに来ていた。
注5　「晴眼者」…目が見える人のこと。

問1　――①「自分の足で自分の体をしっかりと支えることができる」とありますが、これはどのようなことを象徴していると考えられますか。それを説明した次の文の（　）に入る表現を、20字以内で答えなさい。

☆　十和子が（　　　　）こと。

問2　――②「ジョイと凱旋パレードをしているような気持ち」とありますが、これはどのような気持ちですか。最もふさわしいものを次の中から選び、記号で答えなさい。

ア　嬉しい気持ち　　イ　誇らしい気持ち
ウ　清々《すがすが》しい気持ち　　エ　楽しい気持ち

問3　――③「わたしへの、ささやかな誕生日プレゼントかもしれない」とありますが、十和子はなぜこのように思ったのですか。その説明として最もふさわしいものを次の中から選び、記号で答えなさい。

ア　どきどきしながら歩いていたが、写真館に入る直前に大好きなハーレーの音を聞けて、緊張がほぐれて和やかな気持ちになれたから。
イ　ハーレーの大きな音を聞いても昔のようには怖くないことがわかり、自分が成長できたことを実感して、喜ばしかったから。
ウ　ハーレーの腹に響く音を聞くと、大好物のチョコレートをたくさん食べた時と感覚が重なり、幸せな気持ちになれたから。
エ　ハーレーの音が大好きで、滅多に出会えないその音を偶然にも誕生日に聞くことができて、祝ってもらえたようで嬉しかったから。

問4　本文中の X に入る語を、漢字1字で答えなさい。

問5　――④「お母さん、しっかりとした眼差しでわたしを見て、頑なに首を振るんです」とありますが、この時の「お母さん」の気持ちとして最もふさわしいものを次の中から選び、記号で答えなさい。

ア　写真屋からの提案を、きっぱりと断る気持ち。
イ　写真屋が言ったことに、強く抗議する気持ち。
ウ　写真屋から意外なことを言われて、驚く気持ち。
エ　写真屋に自分の意図が伝わらず、あきれる気持ち。

問6　――⑤「ぎゅーっとお母さんのブラウスを両手で握って、しがみついている」とありますが、十和子はなぜこのようにしていたのですか。その理由を述べた箇所を一文で探し、最初の5字を抜き出して答えなさい。

問7　――⑥「わたしは今も透明人間のまま」とありますが、「透明人間」とは十和子のどのような状況をたとえたものですか。二つの面から考え、合わせて45字以内で説明しなさい。

問8　――⑦「息子さんは、奥に引っ込んでいた」とありますが、なぜこのようにしていたと考えられますか。最もふさわしいもの

わたしの記憶では、大泣きしていたはずだった。

「そうですねぇ、泣いていない、って言い切れるほど泣き止んでいたわけではなかったですけどね。でも、シャッターを切る瞬間、お母さんが娘さんのおなかをくすぐったのかな、そしたら、娘さんがパッと笑顔になって、その笑顔を見て、思わずお母さんが女の子の方を見て微笑みました。あぁ、いい写真が撮れてよかった、って思いましたよ」

わたしはずっと、写真には泣き顔の自分が写っているのだと思っていた。

「そうですか。じゃあわたしも母も、笑っているんですか？」

わたしは改めて確認したくなった。

「そうなんです。奇跡的に、そうなりましたね。そういうの、わたしはいつも、写真の神さまの粋な計らいだな、って思うようにしてるんです」

「あの日は、わたしの、十歳の誕生日だったんです」

様々な気持ちを込めて、わたしは言った。

「注4警察の人から、聞きました。わたしね、女の子の目が見えていない、ってずっと気づかなかったんですよ。でも、そうだったんですね」

自分ではわからないけれど、わたしはよく人からそう言われる。目を開けていると注5晴眼者だと思われるのだ。だから、外を歩く時はあえてまぶたを閉じている。

もしも、母が二十年前、わたしを写真館に連れ出さなかったら、わたしの誕生日はいまだにわからないままだったのかもしれない。当時、この写真館を営んでいた父親がシャッターを切っていなかったら、⑥わたしは今も透明人間のまま、あの家に暮らしていたのかもしれない。

わからない。

わからないけれど、この人もまた、わたしの人生における大切な証人であることだけは確かな事実だ。

「ありがとうございます」

わたしは、心を込めてお礼を伝えた。

「いえいえ」

父親の声が、涙で湿っている。

「すみませんねぇ、最近、やけに涙もろくって」

そう言い訳するように言いながら、父親がティッシュの箱から紙を抜き取っている。

わたしは、今日ここに来たもうひとつの目的を思い出した。

「それで今日は、また写真を撮っていただけないかと。今度は、この子とお願いしてもいいですか？」

ジョイの頭を撫《な》でながらたずねると、

「そりゃもう、喜んで」

父親が明るい声を出す。それから、大声で息子の名前を呼び、撮影の準備をするように伝えた。ようやく長電話を終えた⑦息子さんは、奥に引っ込んでいた。

わたしとジョイが、スタジオに案内される。気をきかせた息子さんが、二十年前、母とわたしが座ったのと同じ長椅子を用意してくれた。

息子さんの奥さんも店に来て、わたしの前髪や襟元、スカートのひだを直してくれる。父親は、息子さんが構えるカメラから、少しずれた位置に移動したようだ。どうやら、わたしとジョイの視線をそこに向けるために、また音を鳴らすらしい。

「親父が、音を出しても大丈夫ですかね？」

撮影の主導権を握る息子さんが遠慮がちに聞いてくるので、大丈夫です、とわたしは余裕の笑顔で答えた。二十年後のわたしは、音に怯《おび》えて大泣きしたりはしない。⑧音はもう、恐怖の対象ではなく、世界を染める絵の具になったのだ。

父親は、わたしとジョイの気を引くために、プハプハというちょっと間抜けな音のする楽器を鳴らし、奥さんはわたしだけでなく、ジョイの目やにまで取ってくれて、わたし達が少しでもきれいに写

る。写真館に入る手前の道で、注2ハーレーダビッドソンに追い越された。③わたしへの、ささやかな誕生日プレゼントかもしれない。そんなふうに想像すると、楽しくなる。

　数ある人工的な音の中でも、わたしはハーレーの音がことのほか好きなのだ。滅多に会えるわけではないけれど、偶然道でハーレーに出会えた日には一日中どころか、次の日までも心が弾む。おなかの底に入り込んだような低い音を思い出しては、大好きなチョコレートを頬張《ほおば》るように、幸福感をむさぼることができる。わたしにとっては、四つ葉のクローバーよりも価値のある存在だ。

　ハーレーの余韻を味わいながら自動ドアを通って中に入ると、外の喧騒《けんそう》が一気に静まり、わたしはふと、二十年前の時空に足を踏み入れたような不思議な気持ちに包まれた。

> 　写真館に入った十和子は、当時写真を撮ってくれた人で、今は息子に店を譲っている父親と当時の思い出話をしている。息子は電話に出ている。

「だいぶ寒くなってきた頃でしたね。もうお客さんは来ないかな、と思ってここでコーヒーを飲んでいたら、若いお母さんが娘さんをおんぶして、『記念写真、撮ってもらえますか？』って来たんです。女の子はお母さんの背中で、泣いていました。X がついたように泣く、って表現がありますけど、まさにそれで。お母さんは、昔の何巻きっていうのかな？　スカーフを頭に被っていて。写真の大きさと料金を説明したら、一番小さいのでいいっておっしゃってね。おきれいな方でしたよ。背がすらっと高くて、色が白くて。でも、受け答え以外にほとんど喋《しゃべ》らない方で、おとなしい印象がありました。娘さんがこんなに泣いているのに、おかしいな、って。

　それから、スタジオの椅子に座ってもらったんです。でも、娘さんが泣き止まなくてねぇ。それで、いつも赤ちゃんの目線をもらう時に使うおもちゃのトランペットとかを鳴らしたんです。そしたら、ますます泣いちゃって。参りましたよ」

「すみません」

わたしは当時のことを思い出して、お詫《わ》びを言う。あの時、わたしは聞きなれない音の中にいきなり放り出されたような気分になり、とにかく音が怖くて怖くて仕方なかったのだ。

「でね、わたし、お母さんに言ったんです。せっかくの記念写真なんだから、日を改めましょうか？　って」

　そしたらね、④お母さん、しっかりとした眼差しでわたしを見て、頑《かたく》なに首を振るんです。その時にちらっと、注3顔の右側に赤い痣《あざ》があるのに気づきました。今日でないと意味がないんだな、と思って、女の子が落ち着くまでしばらく待つことにしたんです。他のお客さんが入って来ないように、お店のシャッターは下ろしちゃって。

　その後、女の子が泣き疲れたのもあって、ちょっと落ち着いたんですよ。それで、またスタジオの椅子に座り直してもらいました。わたしね、当然お母さんと娘さんが並んで座るかな、と思ったんですけど、娘さんはもう、お母さんの胸元から絶対に離れないんです。こう、⑤ぎゅーっとお母さんのブラウスを両手で握って、しがみついている感じで。それでお母さんは、カメラに背を向けるように座って、お母さんの肩から女の子の顔が見えるようにしました。レンズに背中を向ける写真っていうのは、滅多にないんですけどね、なんとなくお母さんの気持ちがわかったので、そういうことに関してはお客さんの意向をくむようにしたんですよ。レンズ越しに女の子の顔を見たら、かわいくてねぇ。いよいよシャッターを切るっていう段階になったら、お母さん、頭のスカーフを自分で外されました。

　本来ですと、スカートの裾とか足の位置とか、服のシワとかいろいろ細かく直すんですけどね、女の子がやっと泣き止んだので、もうこのタイミングしかない、と思って、わたし、急いでシャッターを切ったんです」

「ってことは、その時は、泣いていなかったんですか？」

からではなく、自分が殺されないように相手を殺すという自衛本能を持っているからである。

エ　人類にとっての天敵はもうこの地球上には存在しておらず、人類のDNA内にある不安や恐怖の遺伝子は年々減少してしまったので、我々はウイルスや気候変動といった新たなリスクに対応できなくなってしまった。

問9　次の場面は、本文の内容について中学三年生の〔生徒ア〕～〔生徒エ〕が話し合っているものです。本文の内容を正しく理解した上で発言をしている生徒を一人選び、記号で答えなさい。

〔生徒ア〕　私たちはSNS世代だから、メディアは特別な存在ではなくなっているよね。皆が手軽に正しい情報を発信できるようになったことで、新聞やテレビなどの旧来のメディアが恐怖を煽ってきても完全に解消できそうだ。

〔生徒イ〕　そうかな。誰でも発信できる立場になったから、むしろ私たちもメディアの人間として情報統制することを意識しなくてはいけないのではないだろうか。そういう発信側の責任を、私たちも負う必要があるでしょう。

〔生徒ウ〕　メディアは特定の立場に寄り添うべきではなく、あくまで中立的な立場から事実だけを報道するべきだと思う。そうしないと僕たちはメディアに振り回されるばかりで、いつまでたっても安心して生活ができない。

〔生徒エ〕　私たちがメディアに対して、ジャーナリズムとしての役割を求めていくことも重要だよね。メディアが利益の追求だけに向かうのではなく、権力の看視や弱者の声を拾うことを期待するべきだと思う。

二

次の文章を読んで、後の問いに答えなさい。（作問の都合上、本文の一部を変更してあります。）

> 盲目の十和子《とわこ》（＝「わたし」）は、生まれた時から母によってその存在を世間に隠して育てられ、ずっと母と二人きりで家から出ずに暮らしていたが、ある時突然、母は十和子を捨てて家から出て行ってしまう。一人取り残された十和子は、壮絶な暮らしの後に餓死する寸前で施設に保護され、周りの人々の温かい支援のおかげですっかり立ち直り、今はもとの家に戻って盲導犬のジョイとともに暮らしている。
> 次の文章は、かつて母と暮らしていた時に、たった一度だけ母に連れられて外出し、十歳の誕生日の記念写真を撮った写真館を、十和子が二十年ぶりに訪れる場面である。

「ジョイ、ゴー」

わたしが号令を出すと、ジョイはいつものように威勢良く一歩前に踏み出す。

あの時、母が泣きじゃくるわたしをおぶって歩いた道と、同じ道を通っているのかは、正直わからなかった。けれど、わたしはもうどんなに大きな音が聞こえてこようが、泣き叫んだりはしない。[注1]土踏まずもできたから、①自分の足で自分の体をしっかりと支えることができる。

「グッド！　ジョイ、グーッド！」

わたしはジョイに惜しみなく賞賛の言葉をかけながら、②ジョイと凱旋《がいせん》パレードをしているような気持ちになる。そうだ、これはわたしとジョイとの誕生日記念パレードなのだ。わたし達はひとりと一匹の力を合わせて、大いなる光を勝ち取った。わたしは、その光をトロフィーのように右手に掲げて、高々と空に近づけたいような気持ちになった。

写真館までは、家から三十分弱かかった。途中で道を間違えていったん戻ったりしたものの、なんとか無事にたどり着けてホッとす

ら選び、記号で答えなさい。

ア　安全が脅かされそうな状況下での同調圧力によって無意識に萎縮した人々が、ただ周囲に流されていたから。

イ　相手国から直接攻撃されるという確証を得たことで、これに反抗する愛国的な運動の機運が高まったから。

ウ　情報に誤りがあったとしても、政権は現在置かれている危機的状況から脱することを最優先としたから。

エ　機密を収集する情報機関の能力の精度に対する疑念が、拭いがたく政権や世論のなかに蔓延《まんえん》していたから。

問3　――③「集団浅慮」とありますが、これはどういうことですか。その説明として最もふさわしいものを次の中から選び、記号で答えなさい。

ア　イラクに武力侵攻したブッシュ政権のように、危険が迫った時集団に不利益を生まないための対応策があまりにも単純すぎるということ。

イ　想定外の出来事によって集団に不安が広がると、人々は個の正当性を主張するが、この傾向は思慮に欠けたものだということ。

ウ　危機的状況下において、集団内で異物になることを避けようとし、議論をすることなくその場で結論を出してしまうということ。

エ　争いを避けようと思うと、無意識のうちに立場が上の人に意見を合わせ、その場をやり過ごそうとして、個が集団に埋没するということ。

問4　本文中の［X］に入る語として最もふさわしいものを次の中から選び、記号で答えなさい。

ア　凡人　　イ　個人　　ウ　聖人　　エ　隣人

問5　――④「一人ひとりが個を保っていれば」とありますが、「一人ひとりが個を保」つとは、どういうことですか。30字以内で説明しなさい。

問6　――⑤「自由や平等などの価値はその瞬間に一気に下落する」とありますが、なぜそう言えるのですか。その理由として最もふさわしいものを次の中から選び、記号で答えなさい。

ア　自由と平等は人々が生まれながらにして持つ権利であるが、強者は危機が及んだ時に権力を笠《かさ》に着て弱者の自由を制限し、支配しようとするから。

イ　民主主義の価値を人々が理解していたとしても、脅威を感じると権威に頼って弱者を虐《しいた》げようとする傾向を強め、思考を停止してしまうから。

ウ　弱者には良好な家庭環境を持つ者が多いため、民主主義を否定する権威主義的な思考とは相いれず、両者は全面的に対立して社会を分断させてしまうから。

エ　強者の権威主義的パーソナリティは弱者の民主主義的パーソナリティと対極をなすため、強者は弱者を迫害して不安と恐怖を解消しようとしてしまうから。

問7　――⑥「ナチスによるユダヤ人虐殺（ホロコースト）」の発生のメカニズムを、80字以内で説明しなさい。文末は「…発生した。」で結ぶこと。

問8　本文の内容の説明として最もふさわしいものを次の中から選び、記号で答えなさい。

ア　集団思考について、上意下達の構造を持つ集団が不安や恐怖に苛《さいな》まれると発現し、権威主義と強く結びついているとジャニスは説いたが、フロムは権威主義よりも自由が引き起こす攻撃性と強く結びついているとした。

イ　権威主義は民主主義的パーソナリティと対極に位置するが、アレントが説くように、思考し続けることで権威を失墜させることができ、その結果として人々は自由や平等といった民主主義的な価値を持つものを獲得できる。

ウ　人類が有史以来、この世から戦争を無くすことができないのは、人が相手を攻撃して殺したいという闘争本能を有している

いた。もしくは信じたふりをしていた。

　メディアは不安や恐怖を煽《あお》る。それは昔も今も変わらない。なぜならそのほうが、視聴率や部数が上がるからだ。

　僕たちホモサピエンスは弱い。だから僕たちの祖先は、群れながらいつも天敵の存在におびえていた。でも今、学校や会社に通う道を歩きながら、いきなり天敵に襲われて食べられてしまうかもしれないと脅《おび》えている人などいない。なぜなら僕たちホモサピエンスにとっての天敵は、もうこの地球には存在していない。交差点を曲がると同時にライオンとかハイイログマに出くわしたなら、さすがに襲われるかもしれないけれど、彼らは基本的に、人が居住している地域で生息していない。少なくとも日本では、街を歩きながら大型肉食獣に襲われる可能性は限りなくゼロだ。

　人類にとっての天敵はもういない。強いて言うのならウイルスや気候変動だけど、これに対しては、群れることでリスクを軽減できる相手ではない（むしろ大きくなる）。

　でも僕たちのＤＮＡには、今も不安や恐怖の遺伝子が色濃く残っている。だから危機に弱い。「危ない」とか「逃げろ」などの声に敏感に反応する。

　もしもこのとき、「安心です」とか「危機はもう去りました」などとアナウンスすれば、多くの人は「やれやれ」などと言いながらチャンネルを替える。あるいは別の記事を読み始める。だからメディアは不安や恐怖を煽る。視聴率や部数を上げるために、その気はなくても煽ってしまう。

　ある意味でしかたがない。ＮＨＫは別にしてテレビ局も新聞社も出版社も営利企業だ。つまり高い売り上げが求められる。これを一概に批判できない。利益があるから社員やその家族は生活することができる。地方や海外に支局を置いて記者を派遣することも、利益があるから可能になる。もしも視聴率や部数が落ちれば、経費を削られて取材も自由にできなくなる。

　こうしてメディアは、絶え間なく不安や恐怖を煽る。あるいは、視聴率や読者の好みに迎合する。もう一回書くけれど、ある意味でしかたがない。というか当然だ。チョコレートを作る企業はチョコレート好きな人たちの好みに合わせる。缶コーヒーのメーカーだって、マーケット（市場）の嗜好《しこう》や流行に敏感に反応する。企業としては当然なこと。

　でもメディアの場合は、市場原理だけではなくもうひとつの軸がある。ジャーナリズムの原理だ。事件や事故、災害などを伝えることだけがジャーナリズムの役割ではない。権力を監視する。不正や腐敗があればこれを伝える。社会的弱者や少数者の小さな声を多くの人に伝える。これらもジャーナリズムの大切な役割だ。もしも市場に合わせていたら、このジャーナリズム機能が衰退してしまう。だから企業が持つ市場原理とは切り離して考えなくてはならない。

（森《もり》　達也《たつや》『集団に流されず個人として生きるには』による）

注1　「ＣＩＡ」…アメリカ合衆国の中央情報局。
注2　「ブッシュ政権」…二〇〇一～二〇〇八年に在任した、ジョージ・Ｗ・ブッシュ大統領による共和党の政権。
注3　「ジャニス」…アーヴィング・ジャニス。アメリカの心理学者。
注4　「エーリッヒ・フロム」…ドイツ系ユダヤ人の社会心理学者。
注5　「フランクフルト学派」…フランクフルトの社会研究所に拠って活躍した一群の思想家たちのこと。

問1　――①「忖度して」とありますが、「忖度する」の語義の説明として最もふさわしいものを次の中から選び、記号で答えなさい。

ア　意見を一義的に位置づけること
イ　自分なりに価値づけをすること
ウ　都合よく事実をねじまげること
エ　相手の心の中を推しはかること

問2　――②「その状況を想定していなかった」とありますが、それはなぜですか。その理由として最もふさわしいものを次の中か

こうした要素が重なったとき、集団は誤った思考と判断に陥る場合が多い。特に三は重要だ。一と二は三に付随すると考えてもいいかもしれない。

ジャニスはアメリカのホワイトハウスを事例として考えたが、アメリカ以外でもこうした事例はいくらでもある。

一九三〇年代のドイツ国民の多くは、なぜナチスドイツを支持したのか。既得権益を持つ上流階級だけではなく多くの市民が、ヒトラーを熱狂的に支持しながら投票して、ナチスは政権を獲得した。

注4エーリッヒ・フロムは、代表作である『自由からの逃走』で、当時のドイツ人は自由であることの孤独と責任に耐えられなかったからナチスドイツを選択したと分析した。自由に耐えられなくなったとき多くの人は、以下の二つの傾向を示すとフロムは説いた。

自己より権威ある者へ絶対的に服従する。

自己より弱い者や異物に対しては強く攻撃する。

この二つは決して相反しない。むしろ共存する。不安や恐怖が強くなったとき、多くの人は思考の柔軟性を失い、政治リーダーや有名人など影響力の強い者(つまりインフルエンサー)の権威に従う傾向が強くなる。

権威に従うとは私を滅すること。個がなくなること。だから思考は単純化して陰謀史観などを簡単に信じ込み、自分が帰属する集団の意見や関心が、社会全般でも常識になっているとして捉える傾向が強くなり、外国人や少数民族、貧困層など社会的マイノリティを攻撃する傾向も現れる。

フロムと共に注5フランクフルト学派を代表するテオドール・アドルノは、フロムが分析した権威主義的パーソナリティを、民主主義的パーソナリティとの対置概念として設定した。

権威主義的パーソナリティとは何か。要するに「強きを助け、弱きをくじく」だ。強い権力には無条件で従い、弱いものには迫害する。イメージとしてはドラえもんのスネ夫だ。ジャイアンには絶対に服従。でものび太には強気。フロムとアドルノは家庭環境を重視した。

もちろん、家庭環境だけが因子ではない。全体主義のメカニズムと起源について考察し続けた思想家のハンナ・アレントは、思考し続けることの重要性を強調する。思考が停まったときに、人は、権威に従属して組み込まれる。

もちろん多くの人は、自由や平等など民主主義的な価値の大切さは知っている。でも何かの拍子に、権威に従属しながら弱者を貶《おとし》めようとする傾向である権威主義的パーソナリティが強くなる。これもアドルノの考察だ。

この場合の「何かの拍子」とは何か。我々は敵の存在に脅《おびや》かされているとの不安と恐怖に襲われたとき。人は思考を停めて集団化が起こる。⑤自由や平等などの価値はその瞬間に一気に下落する。

人類はなぜ戦争を止められないのか。有史以来、世界から戦争が消えた日は一日もない。

この理由を「人には闘争本能があるから」と説明する人がいる。それは違う。むしろ逆だ。戦争と手を切れない理由は、「人には自衛本能があるから」だ。殺そうと思って殺すわけではない。殺されると思うから殺すのだ。

差別や迫害は昔からあった。でも⑥ナチスによるユダヤ人虐殺(ホロコースト)までエスカレートした理由は、ユダヤ民族を放置すればゲルマン民族は滅亡するとの言説を、当時のドイツ国民の多くが信じたからだ。今だからバカじゃないかと僕たちは思えるけれど、当時はヒトラーを含めて多くのナチス幹部が、本気でこれを信じて

二〇二四年度　城北高等学校（推薦）

【国語】〈五〇分〉〈満点：一〇〇点〉

（注意）解答するときには、句読点や記号も一字と数えます。

一　次の文章を読んで、後の問いに答えなさい。（作問の都合上、本文の一部を変更してあります。）

　集団内にいる人は、自分が集団内で異物になることを何よりも恐れるから、必死で周囲に同調しようとする。同調するためには周囲の動きを知らなければならない。つまり空気を読まなければならない。でも周囲の動きばかりに気をとられていると、自分たちがどこに向かっているのかわからなくなる。周りはみな同じ速度で動いているから、自分のスピードもわからなくなる。気がつけば全速力。こうして集団は暴走する。

　生存への不安と恐怖を刺激された集団は暴走する。多くの人が走り出したとき、自分だけ立ち止まり続けることは難しい。しかも国家という集団が暴走するときは、この動きに合わせない人は国賊《こくぞく》とか非国民などと罵倒《ばとう》されるだけではなく、国家によって弾圧されたり逮捕されたりすることだってある。国家への反逆を理由に処刑される人だってたくさんいた。

　だから集団化が始まったとき、多くの人は無意識に萎縮する。周囲に自分を合わせる。空気を①忖度《そんたく》して自由に動くことができなくなる。もしもこのときメディアがしっかりと機能して権力を看視していたならば、少なくとも軍部の自作自演などは起こらなかったはずだ。でも集団化が始まったとき、萎縮と忖度のメカニズムはメディアにも同様に働いている。

　集団思考は基本的に、戦時中や戦争の可能性が高まっているなどの危機的状況下において、特に強く発現する。注1ＣＩＡからは否定するレポートが提出されていたのに、大量破壊兵器を保持していると虚偽の主張を理由にイラクに武力侵攻を始めた注2ブッシュ政権も、集団思考の過ちの典型だろう。大量破壊兵器など存在していないことはすぐにわかるのに、誰も②その状況を想定していなかった。近年の翻訳では、集団思考ではなく③集団浅慮と訳されることも多くなった。

　日本には「三人寄れば文殊の知恵」という諺《ことわざ》がある。［Ｘ］でも三人集まって相談すれば、思いがけない良い知恵が浮かんでくる、という意味だ。普通はそう思う。一人で考え込むよりも複数の視点から議論したほうが、より現実的でより賢明な結論に導かれることが多いはずだ。

　でも不安や恐怖で同調圧力が強まったとき、人は周囲の空気に流されることが多くなる。場の雰囲気に無意識に迎合してしまう。立場が上の人がいれば、その意見を忖度して自分を合わせようとする。その結果として、本来ならありえないはずの決定が導き出されてしまう。

　このとき④一人ひとりが個を保っていれば、その結論はありえない、と思うはずだ。反対意見を言うために手を挙げるかもしれない。でも全体の一部に埋没してしまうと、その発想が消えてしまう。あるいはもしもそう発想したとしても、それを口に出すことができなくなる。こうして集団はまちがえる。

　集団思考が発現しやすい環境として、注3ジャニスは以下の条件を挙げた。

一　その集団が強く結束していること。
二　集団の下部からの意見が通りにくいこと。
三　集団が不安や恐怖など刺激の多い状況に直面していること。

英語解答

1 (1) since I had
(2) Who, invite to
(3) There were, in

2 (1) how far it is from here to
(2) I am very busy on Monday morning
(3) I'm excited because I'm going to meet
(4) I was told to wash my hands

3 (1) (例) What were you talking about with her?
(2) (例) What is that building with a〔the〕red roof?
(3) (例) I went to Kyoto and stayed there for ten days last year.

4 問1 ウ
問2 (例)当時，あまりにも多くの家庭用ゲーム機が売られていたから。(28字)
問3 イ→ウ→ア　問4 ウ
問5 (例)他社製の質の低いゲームをNES上で起動させなくする(25字)
問6 ア　問7 イ

5 問1 a…エ　b…オ　c…ア　d…イ
問2 (例)馬に乗って南アメリカから北アメリカまで行くこと。(24字)
問3 ・(例)まだ使える容器を無駄にしてはいけないという考え。(24字)
・(例)使うことができる以上のものを買ってはいけないという考え。(28字)
問4 (3) cosmetics sold at that time were tested
(5) worked to establish a magazine called “The Big Issue”
問5 (例)ロディックは動物に害を与える製品や自然環境に被害を与える製品を売ることを拒否すると言った。
問6 64　問7 ア　問8 イ，カ

数学解答

1 (1) 9　(2) 6.5点　(3) $\frac{1}{5}$

2 (1) 31°　(2) 42π　(3) $6-2\sqrt{3}$

3 右図

4 (1) $\frac{1}{2}$　(2) 5　(3) $\frac{1\pm\sqrt{41}}{2}$

5 ア…45　イ…507　ウ…505　エ…8
オ…③　カ…4　キ…7

(例)

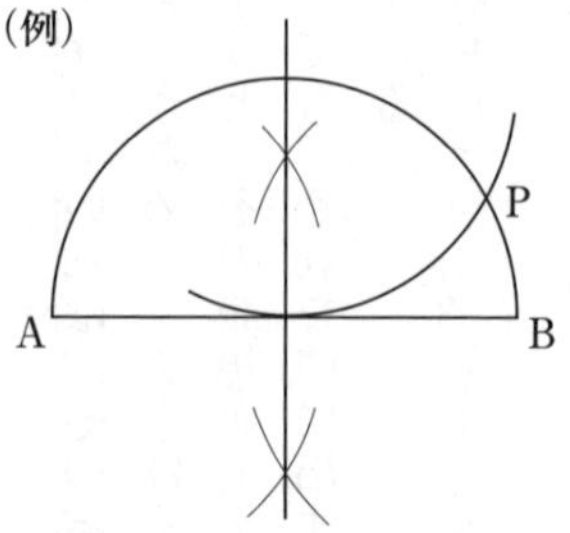

国語解答

一 問1 エ　問2 ア　問3 ウ

問4 ア

問5 個人が周囲に迎合せず，確固たる意見を持っていること。(26字)

問6 イ

問7 自由に耐えきれなかったドイツ国民が，ユダヤ民族に滅ぼされるという言説を信じ，不安や恐怖を持つことで思考が停止し，自衛本能によって彼らを迫害することで発生した。(79字)

問8 ウ　問9 [生徒]エ

二 問1 自分自身の力で生きていけるようになった

問2 イ　問3 エ　問4 火

問5 ア　問6 あの時，わ

問7 世間に全く存在を知られておらず，自分でも自分が何者であるのかわからないという状況。(41字)

問8 ウ

問9 さまざまな音を聞くことで，身のまわりの物事を認識したり，周囲の状況を把握したりするようになり，自分の世界が大きく広がったということ。(66字)

問10 ウ

三 1 寄与　2 郵便　3 網羅

4 名残　5 論

2023年度 城北高等学校

【英　語】（60分）〈満点：100点〉

1　それぞれの日本語の意味に合うように，かっこに適語を入れなさい。

(1)　ここに，あなたに見せたいおもしろいものがあります。
I have (　　) interesting (　　) (　　) you here.

(2)　アンは，１日に10品目の野菜を食べてみました。
Ann (　　) (　　) ten different vegetables a day.

(3)　昨日の夕食は，ベーカー先生が私たちに作ってくれました。
Yesterday's dinner (　　) (　　) (　　) us by Ms. Baker.

(4)　冷蔵庫に少し牛乳が残っていますよ。
There (　　) a (　　) milk left in the fridge.

(5)　私たちはエミが先月結婚したと聞いてうれしくなりました。
We were happy (　　) (　　) that Emi got married last month.

2　それぞれの日本語の意味に合うように，かっこ内の語(句)を並べかえて英文を完成させなさい。ただし，文頭にくる語も小文字で始めてあります。

(1)　この辞書ほど役に立つ辞書はありません。
(other / dictionary / one / no / as / as / is / useful / this).

(2)　京都行きの列車は，まだ出発していません。
(goes / yet / the train / hasn't / which / left / Kyoto / to).

(3)　彼女は何の話をしているのかしら。
(she / wonder / I / about / what / talking / is).

(4)　あなたが空港に着いたら，私たちに知らせて下さい。
Please (when / at / let / arrive / know / the airport / you / us).

3　それぞれの日本語の意味を表すように，下線部にあてはまる英語を答えなさい。

(1)　あなたはどんな種類の音楽を聴きますか。
What ＿＿＿＿＿＿＿＿＿＿＿＿＿＿＿?

(2)　富士山(Mt. Fuji)の頂上は今朝からずっと雪で覆われています。
The top of Mt. Fuji ＿＿＿＿＿＿＿＿＿＿＿＿＿ this morning.

(3)　利根川(the Tone)は，日本で２番目に長い川です。
The Tone ＿＿＿＿＿＿＿＿＿＿＿＿＿＿＿＿.

(4)　向こうでケン(Ken)と話している男性は，新しい先生に違いない。
＿＿＿＿＿＿＿＿＿＿＿＿＿＿＿＿＿＿ must be a new teacher.

4　次の英文を読んで，あとの問いに答えなさい。

①　It seems that people in every country have certain wrong ideas.　The British think that they have terrible weather, but in fact theirs isn't really a cold country and has comfortable summers.　The Americans — or some of them, at least — seem to think they invented *democracy.　Japan has so many wrong ideas and I have been variously confused, interested and frustrated to learn them.

② "Japan is a small country." I have heard this many times and I remember reading once that a foreign writer was told by a Japanese man that he must be "a specialist in small countries" because he lived in *Belgium, *Singapore and Japan before. Of course, Japan is very large when it is compared to those places and is only "small" compared to the US or China. When someone says to me that Japan is small, I usually say: "Yes, only double the size of the UK!" Japanese are often surprised to hear that. I would say the correct sentence is: Japan is a (1)(　　　　) country.

③ "Japan has four seasons." Almost every foreigner who goes to Japan is told this and they don't know how to make a response. My own idea was that all countries have four seasons. Many Japanese seem to think Japan is the only place with four seasons, but in fact it is very common. I wouldn't even say that when I lived in Japan I found the seasons to be clearly judged. In Tokyo there is not as much green space as other places I have lived in so I didn't see the changes in nature. It's hot in summer but in other seasons the temperature is not changed so much. So: (2)(　　　　　　), Japan has four seasons.

④ "Japan has four seasons." I know that I wrote this above but I find it strange for another reason: Japan has a rainy season (*tsuyu*). Japanese people laugh at me when I talk about this. They say that it's just "part of summer." I would say that the weather is (3)(　　　　　　) the period before and the period that comes after, and it lasts for several weeks so it's a season itself. So: Japan has four main seasons.

⑤ "Japan is crowded." Japan has a lower population *density than other countries. People usually say that it is less densely populated than *the Netherlands (a country that doesn't seem crowded at all). Interestingly, it is also (4)(　　　　　　) my own country, England (which is different from the UK as a whole) and the population of England is still rising quickly. So I would say: Japan seems very crowded because so much of its population lives in the big cities and their surrounding areas.

⑥ "Japan is crowded because there are a lot of mountains and they can't live in those areas." Japan certainly has a lot of mountains. When I am flying over Japan I am often amazed at the scenes of the forested mountains. But I am not sure that it is impossible to live in the mountains. I believe the Italians do, for example, though of course I don't mean "at the top" of the big mountains. Japan also has quite a lot of countryside but people don't want to live there for a lot of cultural and economic reasons. So: Japan's (5)(　　　　) are very crowded because that's the place people live in in unbalanced numbers.

⑦ "Japan and the UK are similar." [6−A] But I don't think you would find many British people who think this. It's true that we are island nations, *constitutional monarchies, polite peoples... [6−B] Or I could equally find ways in which the British and Germans are similar (excited about football, *beer and meat dishes...) So: Japan and the UK are not similar.

⑧ (7)(　　　　　　) It's very hard to know how difficult it is to learn your native language because you didn't study it yourself so much as (8)<u>"picked it up"</u> as a child. It isn't surprising to me that Japanese think their language is very difficult for three reasons. One, not many foreigners speak it very well. Two, foreign people will often say how hard Japanese is. And three, the part that Japanese people did study—learning to write kanji *characters—is really difficult. In fact, in some ways Japanese is a very logical language and its *pronunciation is not hard. Some parts are easy and some parts are hard. I found Japanese difficult but mainly because I am not good at learning languages. So: Japanese can be a difficult language.

⑨ "Japan is a very expensive country." I think it was true 20 years ago but *deflation has brought a lot of things down in price while other countries (like the UK) have seen prices rise quickly. Now, there are many things that are cheaper－or at least better value－in Japan than England. It's cheaper to get a haircut in Japan, or stay in a basic hotel but more expensive to buy beer from the supermarket. So: Japan (9)(＿＿＿＿＿) expensive.

（注） democracy：民主主義　Belgium：ベルギー（国名）　Singapore：シンガポール（国名）
density：密度　the Netherlands：オランダ（国名）　constitutional monarchies：立憲君主制
beer：ビール　character：文字　pronunciation：発音　deflation：デフレーション

問1 空所(1)に入る最も適切なものを次のア～エから１つ選び，記号で答えなさい。
ア small-sized　イ middle-sized　ウ large-sized　エ super-sized

問2 空所(2)に入る最も適切なものを次のア～エから１つ選び，記号で答えなさい。
ア Like Britain　イ Like Belgium or Singapore
ウ Like US or China　エ Like many other countries

問3 空所(3)に入る最も適切なものを次のア～エから１つ選び，記号で答えなさい。
ア almost the same as　イ quite different from
ウ sometimes influenced by　エ always followed by

問4 空所(4)に入る最も適切なものを次のア～エから１つ選び，記号で答えなさい。
ア a little more crowded than　イ much more crowded than
ウ as crowded as　エ not as crowded as

問5 空所(5)に入る最も適切な語を，①～⑤の段落中から１語で抜き出して答えなさい。

問6 空所 6-A 6-B に入る最も適切なものを次のア～エから１つずつ選び，記号で答えなさい。
ア But I could easily find a lot of ways in which the Japanese and British are quite different.
イ Therefore, many people think Japan and the UK are similar.
ウ I don't like to compare Japan and the UK, since both countries have different cultures interesting to me.
エ I like to think that Japan and the UK are sister nations, as both countries are very important to me.

問7 空所(7)に入る最も適切なものを次のア～エから１つ選び，記号で答えなさい。
ア "Japanese is a very important language."
イ "Japanese is a very logical language."
ウ "Japanese is a very difficult language."
エ "Japanese is a very easy language."

問8 下線部(8)の意味として最も適切なものを次のア～エから１つ選び，記号で答えなさい。
ア 身につけた　イ 手に取った
ウ 車で迎えに行った　エ 回復した

問9 空所(9)に入る最も適切なものを次のア～エから１つ選び，記号で答えなさい。
ア has been　イ used to be
ウ is going to be　エ would like to be

問10 本文の内容に合うものを次のア～クから２つ選び，記号で答えなさい。
ア どの国の人にも間違った見方がある。たとえばイギリスでは気候が劣悪であると言われているが，実際には夏などは快適に過ごせる。

イ　日本は小さい国だと言われるが，多くの日本人も知っているように，実際にはイギリスの２倍の面積がある。

ウ　梅雨などあるものの，日本は他の国と比較すると，四季がはっきり区別されている国であるといえる。

エ　日本の人口密度が高いと思われるのは，山間部に住居が少ないことなどが原因であり，実際にはオランダと比べても人口密度は低い。

オ　人が住むのには適していない日本の山間部と違って，イタリアの山間部は，人々が好んで住める環境にある。

カ　サッカー好き，肉料理好き，人が礼儀正しい，などはイギリス人とドイツ人の共通点だといえる。

キ　日本語が難しいと日本人が考える理由の中に，漢字の使用と，日本語の発音の難しさがある。

ク　日本は20年くらい前から物価が低下し始めたが，これはイギリスなど他国においても同様な傾向であった。

5　次の英文を読んで，あとの問いに答えなさい。

Miss Martha Meacham kept the little bakery on the corner.

Miss Martha was forty, her *bank-book showed a *savings of two thousand dollars, and she had a kind heart. (1)Many people have married whose chances to do so were not as good as Miss Martha's.

Two or three times each week a gentleman came into her bakery. She began to take an interest in him. He was middle-aged, wore glasses, and spoke English with a strong German *accent. His clothes were a little old and *worn, but he looked clean and had very good manners.

He always bought two *loaves of stale bread. Fresh bread was five cents a loaf. Stale ones were two for five. (2)Never did he call for anything but stale bread.

Once, Miss Martha noticed some red and brown paint on his fingers. She was sure then that he was an artist and very poor. *No doubt he lived in a small room, and there he painted pictures, ate stale bread and thought of the good things to eat in Miss Martha's bakery.

One day, she decided to test her idea about whether or not he was an artist. She brought from her room a painting that she bought at a sale earlier in the week. She placed it against the wall behind the bread counter.

It was a painting of Venice *complete with churches, water, boats, and a beautiful sunset. No artist would fail to notice it.

Two days later her gentleman came in.

"Two loaves of stale bread, if you please," he said in his strong accent. "You have here a fine picture," he said while she was putting the bread in a bag.

"You think it is a good picture ?" said Miss Martha.

"The *point of view and the direction of the lines do not appear true to one another." he said, half in German. "Have a good day." He took his bread, touched his hat and hurried out.

Yes, he must be an【 A 】. Miss Martha took the picture back to her room. How gentle and kind his eyes shined behind his glasses. What a fine mind he had ! To be able to judge good art so quickly. And to live on stale bread ! But of course, life is difficult for the best artists until they are discovered.

She thought he was beginning to look increasingly thin. Her heart badly wanted to add something more to his dry bread. However, she knew that artists were proud people, and she was afraid to hurt that pride by giving him something for nothing.

One day, the gentleman came in as usual, put his【 B 】cents on the counter and called for his two stale loaves. While Miss Martha was reaching to get them, a great noise came from outside. Bells started to ring loudly, some men were shouting, and soon several big fire trucks passed in front of the bakery.

The gentleman hurried to the door for a look outside, as anyone would. At that moment, (あ)an idea came into Miss Martha's head.

On a table behind the counter was a *pound of fresh butter that was brought to the bakery just an hour earlier. Quickly Miss Martha made a deep cut in each of the two loaves, placed a large amount of butter into each one, then pressed the loaves back together again.

When the gentleman finally turned around, she was already putting the loaves into a bag. When he went, after an especially nice little talk, Miss Martha's heart was smiling *broadly.

Later she wondered—(3)Was she too forward ? Would he enjoy her little gift ? But surely it was all right for a lady to offer a gentleman a bit of butter ?

For a long time that day Miss Martha thought about her surprise. She thought of her gentleman there in his room painting his beautiful picture. Soon he would *lay down his paints and prepare to eat his daily lunch of dry bread and water. He would open the loaf and—ah ! Miss Martha would like to be there to see it. Would he think of the hand that placed it there as he ate ? Would he—

The front door bell sounded loudly. Somebody was coming in, making a great noise. Miss Martha hurried to the front.

Two men were there. One was a young man whom she saw for the first time. The other was her artist.

His face was red, his hat was on the back of his head, and his hair was *disorderly. He shook both his hands angrily at Miss Martha.

"[a] woman !" he shouted loudly in German, followed by several other [b] words which she did not understand.

Miss Martha felt suddenly very [c]. She could not believe what he was saying. Finally, the young man took him by the arm.

"Come on," he said, "you've said enough." He pulled the [d] one away from the counter and out the door to the street. Then he came back. "I guess you should be told," he said, "what the problem is. That's Mr. Blumberger. He's an *architectural draftsman. We work in the same office.

"He's been working very hard now for three months on a plan for a new city hall building. He finished drawing the lines in ink yesterday. You know, a draftsman always makes his drawing in pencil first before he uses the ink. When it's done he removes the pencil lines with stale bread because it works so well.

"(い)Blumberger's been buying the bread here. Well, today—well, you know, that butter isn't—well, Blumberger's plan isn't good for anything now except maybe to light a fire."

（注） bank-book：預金通帳　savings：貯金　accent：なまり　worn：使い古しの
loaves：loaf(パンの一塊)の複数形　no doubt：きっと　complete with ～：～が描かれた
point of view：視点　pound：ポンド(重さの単位)　broadly：大きく

lay down ～：～を置く　disorderly：ボサボサの　architectural draftsman：建築製図技術者

問１　下線部(1)～(3)の解釈として最も適切なものを下のア～エから１つずつ選び，記号で答えなさい。

(1)　Many people have married whose chances to do so were not as good as Miss Martha's.

ア　Miss Martha didn't marry because she wasn't as kind as other people.

イ　Miss Martha didn't marry although she was more attractive than those who did.

ウ　Many people married though they didn't have to do so like Miss Martha.

エ　Many people married because they had more chances to marry than Miss Martha.

(2)　Never did he call for anything but stale bread.

ア　He only wanted to buy dry bread.

イ　He needed not only dry bread but also fresh bread.

ウ　He never called before coming to buy dry bread.

エ　He liked fresh bread better than anything else.

(3)　Was she too forward？

ア　Was she looking forward to seeing him？

イ　Was it too early for her to decide that he was a painter？

ウ　Did she do much more than she had to do？

エ　Did she press the bread back in the wrong bag？

問２　空所【A】，【B】に入る最も適切な語を，本文中からそれぞれ１語で抜き出して答えなさい。

問３　下線部(あ)とは具体的にどのような考えか。本文の内容に即して20字以内の日本語で説明しなさい。ただし，句読点も字数に含めます。

問４　空所［a］～［d］に入る最も適切な語を次のア～オから１つずつ選び，記号で答えなさい。ただし，同じ記号を２度使ってはいけません。

ア　angry　イ　exciting　ウ　foolish　エ　unkind　オ　weak

問５　下線部(い)について，Blumbergerはどのようなパンを必要としていたか。その理由を含めて25字以内の日本語で説明しなさい。ただし，句読点も字数に含めます。

問６　本文の内容に合うものを次のア～キから２つ選び，記号で答えなさい。

ア　At Martha's bakery, a loaf of fresh bread was twice as expensive as a loaf of stale bread.

イ　Blumberger said that the painting of Venice was a fake.

ウ　Martha was afraid that she would hurt Blumberger's pride by selling him cheap bread.

エ　One hour before fire trucks passed in front of the bakery, a pound of fresh butter arrived.

オ　Martha was very happy to see that Blumberger ate the bread she sold in his room.

カ　The young man stopped Blumberger, but he kept saying bad things about Martha.

キ　Blumberger was glad to know his plan was useful enough to burn things.

【数　学】（60分）〈満点：100点〉

（注意）1．コンパス・定規・分度器を使ってはいけません。

2．円周率はπを用いて表しなさい。

1　次の各問いに答えよ。

(1)　$(3-2\sqrt{2})^{2023}\times(3+2\sqrt{2})^{2024}\times(2-\sqrt{2})$を計算せよ。

(2)　連立方程式$\begin{cases}\dfrac{4}{x}+\dfrac{9}{y}=1\\[2mm]\dfrac{1}{x}+\dfrac{6}{y}=-1\end{cases}$を解け。

(3)　$A=3x^2+5xy+2y^2$，$B=x^2-y^2$，$C=2x^2-xy-3y^2$のとき，$AC-6B^2=(x+y)^2y\times(\boxed{})$である。$\boxed{}$にあてはまる式を求めよ。

(4)　大小2つのサイコロを同時に投げて，大きいサイコロの目をa，小さいサイコロの目をbとする。

座標平面上で，直線$\dfrac{x}{2a}+\dfrac{y}{b}=1$と$x$軸，$y$軸で囲まれた三角形の面積が6以下となる確率を求めよ。

2　次の各問いに答えよ。

(1)　下の図1のように，正方形ABCDの内部に正三角形ABEを作る。∠AEFの大きさを求めよ。

図1

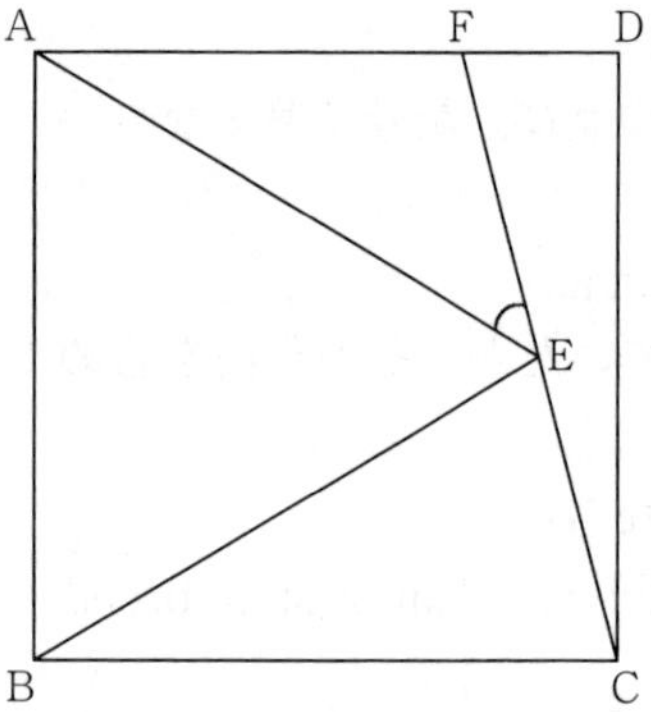

図2

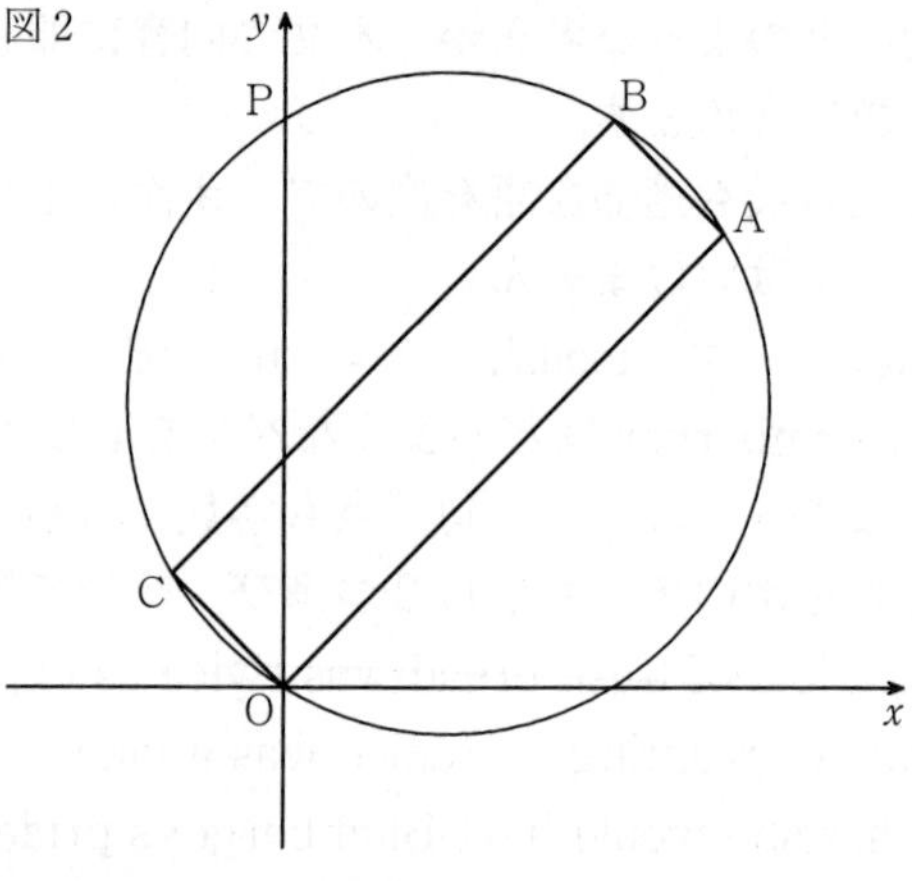

(2)　上の図2において，座標平面上にある長方形OABCの外接円とy軸との交点Pの座標を求めよ。ただし，O(0, 0)，A(4, 4)，C(−1, 1)とする。

(3)　下の図3は面積が$\sqrt{3}$の正三角形ABCである。線分の長さの和DE+DFを求めよ。

図3

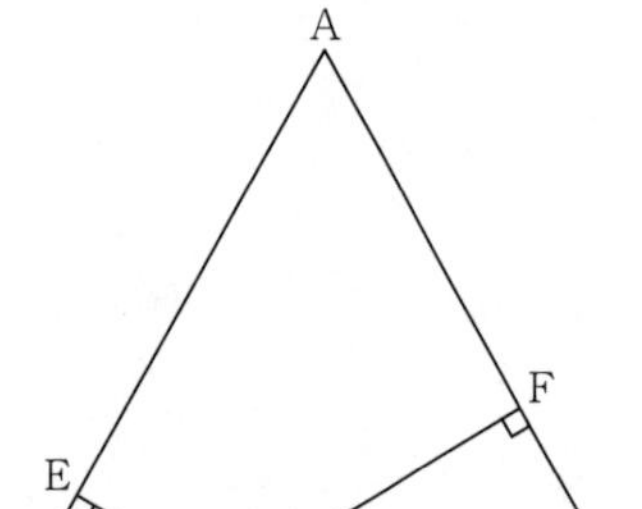

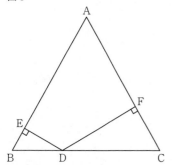

(4) 下の図4のような，2つの直角三角形を組み合わせた五角形がある。この五角形を直線 l を軸として1回転させてできる立体の体積を求めよ。

図4

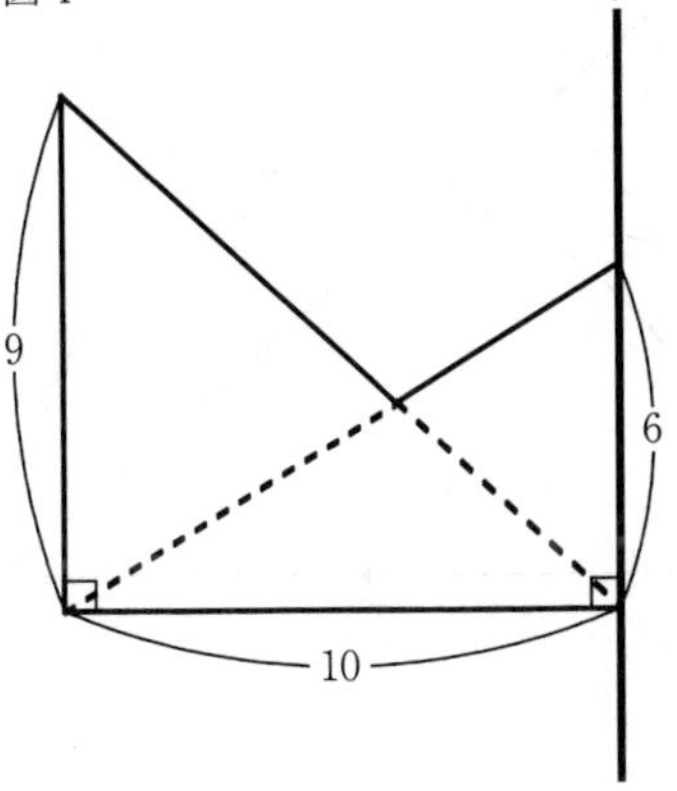

3 2つの関数 $y=\frac{1}{2}x^2$…①，$y=\frac{4}{x}$ $(x>0)$…②のグラフの交点をAとする。次の問いに答えよ。

(1) 点Aの座標を求めよ。

(2) ②のグラフ上の点Bで，△OABの面積が3となる点が2つある。この2つの点の座標を求めよ。

(3) (2)で求めた2点を通る直線と①のグラフの交点の x 座標をすべて求めよ。

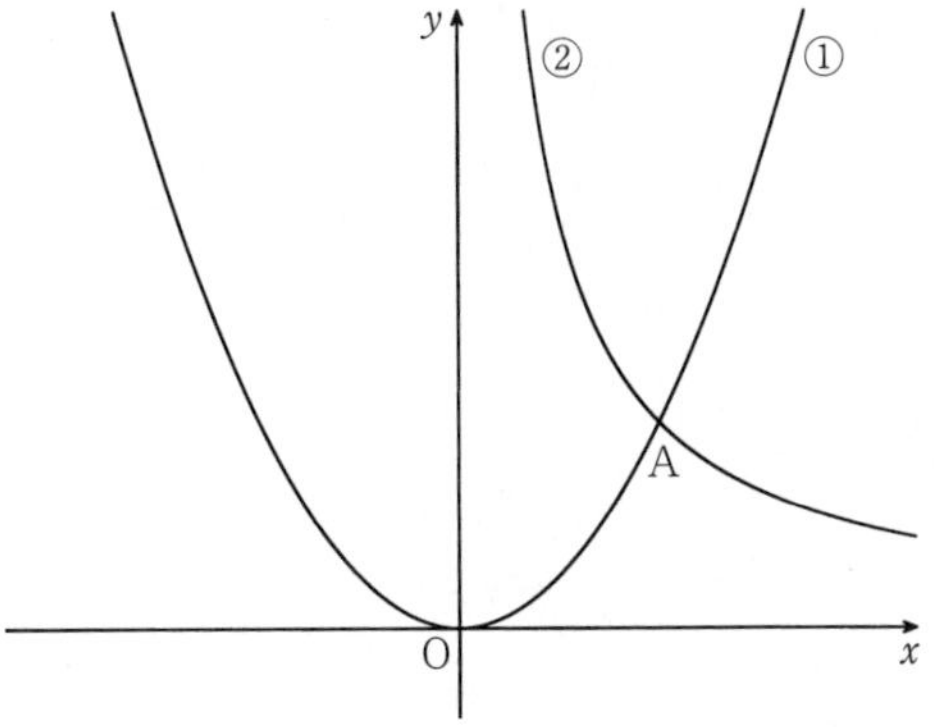

4 右の図のように，$AB=BC=BD=3\sqrt{2}$，$\angle ABC=\angle ABD=\angle CBD=90^\circ$ の三角すいがある。$AE:EB=1:2$，$AF:FC=AG:GD=2:1$ であるとき，次の問いに答えよ。

(1) 三角すい A-BFG の体積を求めよ。

(2) BF の長さを求めよ。

(3) 点Eから平面BFGに下ろした垂線の長さを求めよ。

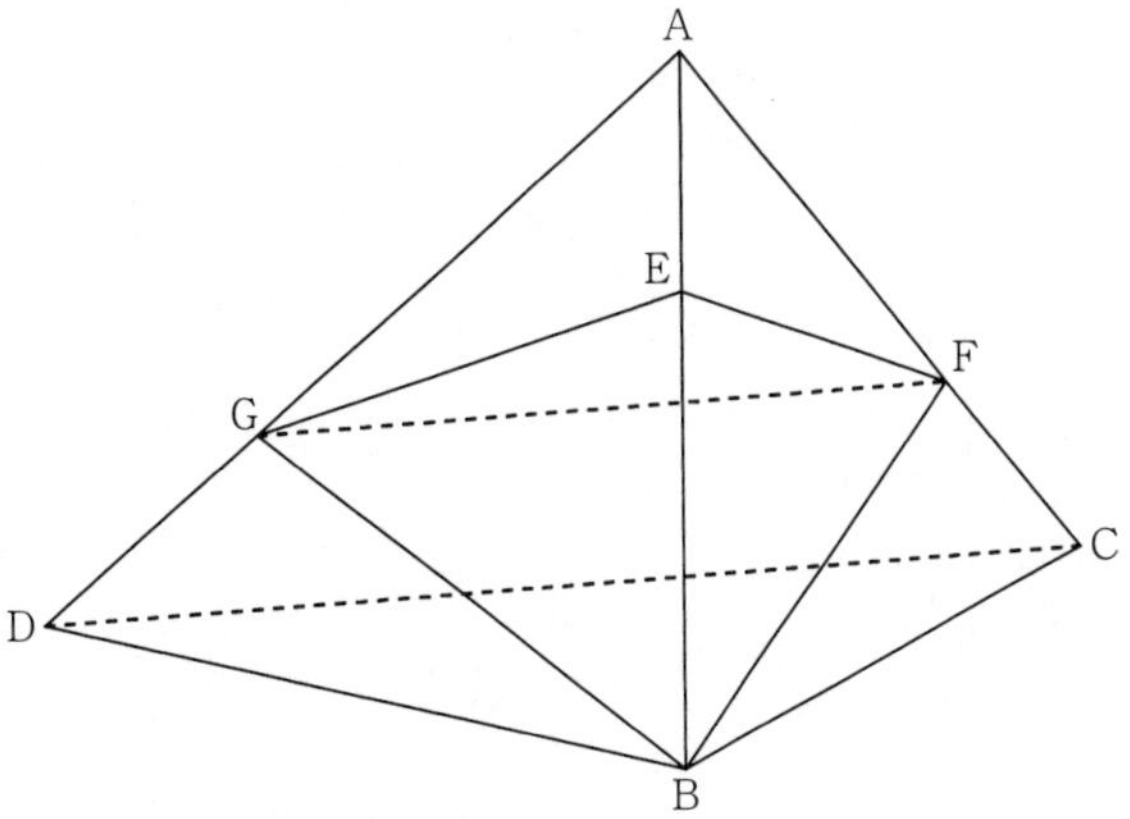

5 右の図のように，半径１の半円の弧 AB 上の点をCとする。点Cにおけるこの半円の接線に点Aから垂線 AH を引き，直線 BC との交点をＰとするとき，次の問いに答えよ。

(1) $\angle ABC=30^\circ$ のとき，$\angle APB$ の大きさを求めよ。

(2) 点Ｃが，$30^\circ \leqq \angle ABC \leqq 75^\circ$ の範囲で動くとき，点Ｐが動いた長さを求めよ。

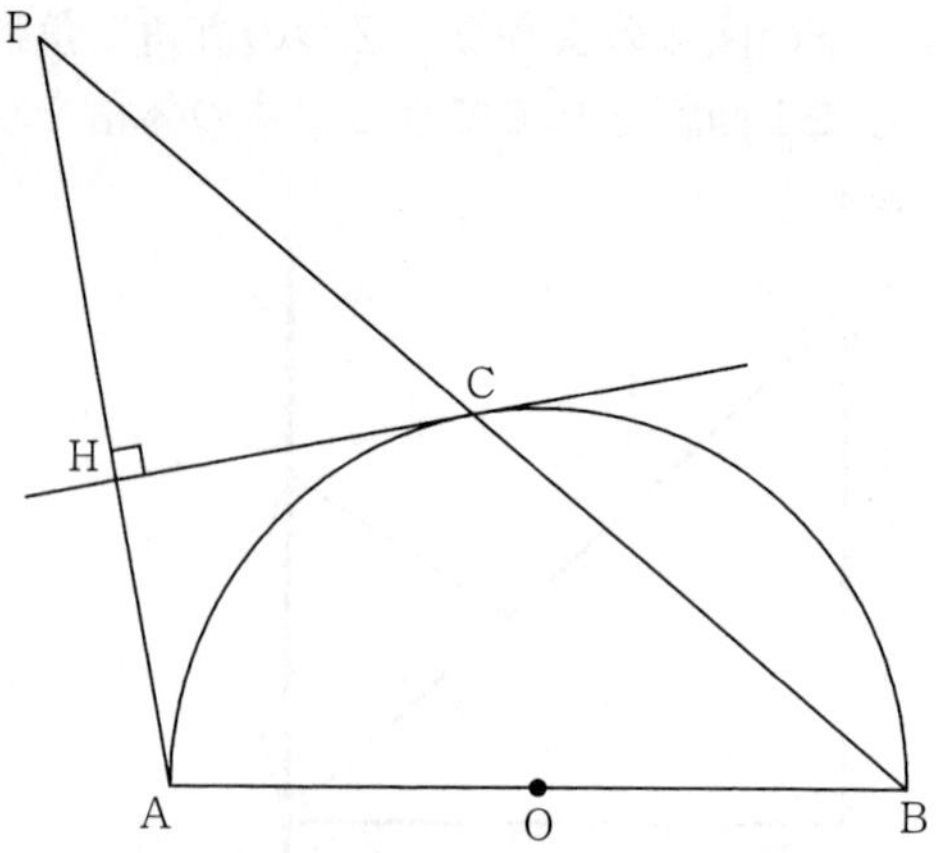

ウ　善十の悪意がもたらした結果とはいえ、報復のためにわざわざ戻ってきて善十との平穏な生活を崩壊させた弥吉への強い恨み。

エ　善十の身勝手な欲望に振り回されたおみのを、今度は自分の欲望の対象にしようとする弥吉の振る舞いに対する強い憤り。

問8　――⑦「苛立ちと、少しだけの爽快さが身を浸していた」とありますが、それはなぜですか。70字以内で説明しなさい。

問9　次の会話文は、この文章について生徒たちが感想を述べ合ったものです。この中で、この文章の感想として最もふさわしいものを選び、記号で答えなさい。

ア　〔生徒A〕　乱暴者の弥吉、気弱で陰湿な善十、気の強いおみのと、それぞれの性格が一貫して描かれていて、登場人物の特徴や関係性がつかみやすくなっているね。

イ　〔生徒B〕　ひどい目に遭わされても、弥吉に感謝したり善十を憎みきれなかったりするおみのの姿を通して、簡単には割り切れない人情の機微がうまく描かれているよ。

ウ　〔生徒C〕　行動や表情を語るだけではなく、登場人物たちの心の中を直接言葉で語ることによって、その場面や状況での人物の心情が正確に伝わるようになっているね。

エ　〔生徒D〕　舞台を現代ではなく江戸時代に設定することで、現代社会においては非現実的な登場人物の行動や心情でも、違和感なく読者に受け入れられるようになっているよ。

三　次の――線部のカタカナを、漢字に直しなさい。

1　骨董品を棚にチンレツする。
2　法廷のボウチョウ席に座る。
3　彼の作品はボンヨウで退屈だ。
4　「イキ」は日本独自の美学だ。
5　公園は市民のイコいの場だ。

るということ。

イ　弥吉だけではなく、妻であるおみのにも罪を背負う責任があるということ。

ウ　おみのの人生が、先の見えない苦しみにとらわれてしまったということ。

エ　最初から、おみのは幸せになどなれない運命を背負っていたということ。

問3　――②「はっとなって唇をつぐんだ」とありますが、この時のおみのの心情を説明したものとして最もふさわしいものを次の中から選び、記号で答えなさい。

ア　不意に弥吉を夫と見なす発言をしてしまったことに驚き、今でも善十ではなく弥吉を夫として慕う自分の本心に気づかされ、動揺している。

イ　共に暮らしていても、善十では弥吉ほどには自分の心を動かすことができないという事実に思い至り、善十と暮らし始めたことを後悔している。

ウ　今まで善十に隠してきた、弥吉の帰りを待ち続ける自分の本心を吐露してしまったことに気づいたが、善十に悟られないように努めている。

エ　弥吉を裏切り善十と暮らし始めた自分が、いまさら妻として弥吉に話しかけるのはおこがましいことだと気づき、軽率な行動を恥じている。

問4　――③「するどい痛みが耳の奥から頭の芯へと駆けあがってゆく」とありますが、ここからおみののどのような様子が読みとれますか。50字以内で説明しなさい。

問5　――④「声まではじめて聞くもののように感じる」とありますが、おみのがこのように感じたのはなぜだと考えられますか。その説明として最もふさわしいものを次の中から選び、記号で答えなさい。

ア　気弱だと思っていた善十が、大胆にも力ずくで目的を達成しようとしていることを意外に感じているから。

イ　今まで知らなかった善十のおぞましい側面を知り、まるで別人であるかのように感じられているから。

ウ　今までそれなりに善十のことを愛していたが、痛めつけられた今は嫌悪する対象になってしまったから。

エ　弥吉にこれまでにないほど追い込まれた善十が、自暴自棄になって本来の優しさを失ってしまったから。

問6　――⑤「下腹の奥で灼けるような熱がはしった」とありますが、どういうことですか。その説明として最もふさわしいものを次の中から選び、記号で答えなさい。

ア　おみのを所有物であるかのように扱う善十を前に、激しい怒りとともに自分の人生を全うしようという気力が心の奥底からわき上がったということ。

イ　善十がおみのの命ですら自分の欲望のために利用していることに気づいたことで、自分の命を自分で守ろうとする強い生存本能が芽生えたということ。

ウ　善十程度の人間に自分の人生をほしいままにされ嫌気がさしていたが、一度死を覚悟したことで新たな人生を歩むための希望を心に抱いたということ。

エ　おみのの人生を我が物にしようとする善十を突き放し、今までの人生を自分自身の選択の結果として受け入れ、肯定する勇気が生まれたということ。

問7　――⑥「おみのは身をよじって振り払い、思いきり男の頬を張った」とありますが、ここからはおみののどのような心情が読みとれますか。その説明として最もふさわしいものを次の中から選び、記号で答えなさい。

ア　善十の裏切りと死によって傷心しているおみのを労らず、すぐさま自分の欲望のはけ口にしようとする弥吉への強い拒絶感。

イ　善十の策に乗せられておみのに苦労をかけたにもかかわらず、何の謝罪もなく元の夫婦に戻ろうとする弥吉への強い不信感。

覗《のぞ》きこんだときは、すでに重く沈んだ音が響いている。ふかく溟い流れには乱れらしきものすら窺《うかが》えなかった。

呆然《ぼうぜん》と立ちつくしていると、ふいに肩へ重いものを感じる。振りかえると、弥吉の厚い掌が置かれていた。ⓑ精悍《せいかん》な面ざしに混み入った表情をたたえている。

「災難だったな」

「…………」

「ひとが来ねえうちに行くぞ」

弥吉の手に力が籠った。いきなりにやりと笑うと、そのまま指さきを胸元へ滑りこませようとする。⑥おみのは身をよじって振り払い、思いきり男の頰を張った。目を丸くした弥吉は、すぐに向きなおると、

「あの薄のろから助けてやったのは、誰だと思ってやがる」

声を低めてすごんだ。おみのは相手の目を見据え、叩きつけるように言い放つ。

「その薄のろに、手もなく乗せられたのは、どこのどいつだよ」

弥吉は、うっと呻《うめ》いてことばを失った。おみのは踵《きびす》を返しながら語を継ぐ。

「あんたも、おれのもんだって言いたかったんだろ」

「……いけねえのかよ」

口ごもりがちな男の声を背に受けながら、ふたたび溟い川面へ目をやる。あるかなきかの漣《さざなみ》が、しろい光をあびてたゆたっていた。この黒い水がそのまま軀の奥へ流れ込んでくるように感じる。善十が憎いのかどうか自分でも分からなかったが、生きていてくれればと思ったのも本当だった。

「でも、ありがとう」

おみのは弥吉へ向き直ると、一度だけゆっくりこうべを下げた。おもむろに身を起こすと、男から離れて歩きだす。おい、という声が追いすがってきたが、振りかえる気はなかった。駄目かもしれないが、注6老爺《ろうや》の居酒屋へ行ってみるつもりでいる。

⑦苛立ちと、少しだけの爽快さが身を浸していた。

「――どいつもこいつも、こけにしやがって」

胸の深いところから、つぶやきが洩れる。善十も同じことを言っていたな、とすぐに気づいた。

（砂原浩《すなはらこう》太《た》朗《ろう》「帰ってきた」による）

注1 「逐電」…逃げ出して行方をくらますこと。

注2 「麦飯や佃煮」…おみのが善十のために作った弁当の中身。おみのは弁当を善十の仕事場へ届けにいった時に弥吉を見かけ、逃げ出す際に弁当を落としていた。

注3 「賭場の中盆」…賭場で博打の進行や審判をする役割のこと。

注4 「喰らいこめばいい」…牢に入ればよい、の意。

注5 「吉原」…江戸幕府公認の遊郭。

注6 「老爺の居酒屋」…おみのが働いていた場所。弥吉に見つかることを恐れたおみのは、しばらく居酒屋での仕事を休んでいた。

問1 ～～ⓐ・ⓑの本文中での意味として最もふさわしいものを後の中からそれぞれ選び、記号で答えなさい。

ⓐ 虚を衝かれた

ア 慢心を見抜かれてあわてた

イ 想定外の出来事に面食らった

ウ 意味が理解できず困惑した

エ 恐ろしくて体が硬直した

ⓑ 精悍な

ア 端整で魅力がある

イ 無骨で男らしい

ウ 勇ましくするどい

エ 強い意志が宿った

問2 ――①「黒く塗りこめられたような」とありますが、この比喩はどのようなことをたとえたものですか。その説明として最もふさわしいものを次の中から選び、記号で答えなさい。

ア 弥吉からは逃げられず、今後もおびえ続ける生活を強いられ

「放しゃしねえ」

しゃがれた響きは善十のものだった。④声まではじめて聞くもののように感じる。「おれと来るんだ。これからもずっと」

男が息を吐くたびに手もとが揺れ、首のあたりにするどいものが走る。躯がこわばり目も向けられないが、簪《かんざし》の先を押し当てているらしかった。生暖かい息が耳朶《みみたぶ》にかかり、背骨の奥で何百もの虫がうごめくような感覚におそわれる。

「汚ねえ手を離しやがれっ」

叫びながら弥吉が追いすがり、三間ほどのへだたりを置いて向かい合う。肩を波打たせ、荒い息を洩らしていた。善十がへっと笑い、もう一度おみのの胸元を欄干に押しつける。その拍子に首すじの皮がやぶれ、つっと血が滴り落ちた。震えたら刺さっちまう、と思いながらも躯の揺らぎが止められない。絶え間ない痛みが首すじを襲いつづけた。

「――お前さんって呼べよ」

善十が耳もとへ唇を寄せてささやく。

「えっ」

おもわず裏返った声を発すると、

「おれのことも、お前さんって呼べよっ」

子どもが泣くような叫びをあげた。なにか言い返そうとするほど、ことばが喉の奥へ下りてゆく。弥吉もなすすべがないらしく、棒立ちとなっていた。

「お……」

とにかく言われたとおり呼ぼうとしたが、声が途切れてつづかない。善十が苛立たしげに躯を揺すった。

「お前さん、だよ。言えねえのか、おれみたいな薄のろには言えねえのかよっ」

おもわず悲鳴を洩らすと、身悶《みもだ》えしながら足を踏みならしてくる。

「どいつもこいつも、痴《こけ》にしやがって――」

善十がぐいと簪を押しつけ、目のまえが暗くなる。瞼《まぶた》はたしかに開いていたが、眼下に映る川面はただの闇にしか見えなかった。

「よさねえかっ」

弥吉がようやく一歩踏みだし、威嚇するように言い放つ。善十はびくっと身をすくめたものの、

「兄きにゃ渡さねえ」

ことさら甲高い声を張り上げる。その叫びは、どこか遠いところで響いていた。もうだめだ、という言葉だけを喉の奥で繰りかえす。

善十が哭《な》きながら喚《わめ》いた。

「こ、こいつはおれのもんだ」

その瞬間、⑤下腹の奥で灼《や》けるような熱がはしった。

「ちがうっ」気づいたときには、自分のものとも思えぬ声がほとばしっている。「あたしはあたしのもんだっ」

つかのまⓐ虚を衝《つ》かれた善十の懐にすかさず弥吉が飛びこみ、顎《あご》へ拳を叩きこんだ。わずかにおみのの首すじを抉《えぐ》った簪が、音を立てて橋のおもてに転がり落ちる。弥吉の足が、すばやくそれを川のほうへ払った。月明かりにきらめく銀の糸が、弧をえがいて闇の奥に落ちてゆく。水音は聞こえなかった。

全身の力が抜け落ち、腰をつく。泣き叫ぶような声に顔をあげると、弥吉が善十の胸倉をつかんで拳を振りあげていた。とっさに止めようとしたが、それより前に、うひぇっという叫びをあげて善十が身をもみ、弥吉の手を振りほどく。そのまま欄干にへばりつき、おびえた猿のような眼差しでぴくぴくと全身を震わせた。

「やめてくれ、やめてくれよう」

駄々をこねる童《わらべ》のごとき口調だった。弥吉が頬をゆがめ、舌打ちを洩らす。

「それは、こっちの科白《せりふ》だろうが――」

荒々しく一歩踏み出した途端、

「もう殴らないでくれようっ」

はっきりと涙まじりの声をあげて、善十が欄干から身を躍《おど》らせる。

あっ、と声をあげる間もなかった。おみのが身を乗りだし、川面を

みのの足もとで音をたてて包みが開き、注2麦飯や佃煮《つくだに》が石畳に散らばった。善十がおびえたように後じさりする。

「お前さん――」

慣れた呼び方が、しぜんと口をついて出た。弥吉が口もとへ苦い笑みをのぼせる。

「まだ、そう呼んでくれんのか」

②はっとなって唇をつぐんだ。この三年間、善十には、ねえ、とか、ちょいと、としか声をかけてこなかった気がする。少しへだたりが縮まったと思えるこの数日でも、それはかわらなかった。

かたわらを見やると、当の善十が蒼《あお》ざめた顔を月光にさらしている。もともとことばの出にくい男だが、いまも唇をぶるぶる震わせるだけで一言も発することができないらしかった。弥吉が歩を進めたのへ合わせるように、ようやくしゃがれた声をしぼりだす。

「あにき……」

弥吉は、ちっと言って唾を吐いた。

「どの面《つら》さげての兄き呼ばわり」

「待っとくれ」

おみのは善十をかばうように一歩踏み出した。弥吉が濃い眉をゆがめて声を荒らげる。

「いや、待てねえな」

「そんな――」

「待てねえといったら待てねえんだ」

言い捨てて、激しくかぶりを振る。ぎらぎらと燃える目を虚空に向け、重い声を叩きつけてきた。

「おめえの後ろに隠れてる、ぐずでのろまな善十が、おれをはめやがったのよ」

③するどい痛みが耳の奥から頭の芯へと駆けあがってゆく。善十のほうを振りかえろうとしたが、首が膠《にかわ》でかためられたように動かなかった。男の息づかいが背後で荒さをましてゆくことだけを感じている。

立ち竦《すく》むおみのをどこか満足げな眼差しで捉えながら、弥吉が語を継いだ。

「島でいっしょになった男が、あの注3賭場の中盆《なかぼん》だった奴でな」

いかさまだと因縁をつけてきた男は善十の知り人で、喧嘩っぱやい弥吉に騒ぎを起こさせるよう頼まれたのだという。ひと月ほど注4喰《く》らいこめばいい、という話だったが、相手が大けがを負ってしまったため、島送りとなった。

弥吉は、おみのの背後にするどい眼差しを放ち、吠《ほ》えるような声を浴びせた。

「この野郎、手のこんだことしやがって」

「……なんだってそんなこと」

「お前が欲しいからに決まってるだろうが――」

吐き捨てる声に縛《いまし》めを解かれたかのごとく、ようやく首から上が動いて、かたわらを振りかえる。

うつむいた善十の横顔は、ひどく昏《くら》い影に覆われていた。どす黒く塗られた面ざしのなかでゆっくりと唇が動き、捩《ねじ》れたふうなかたちをつくる。そこに浮かんだのは、蜥蜴《とかげ》か守宮《やもり》が笑ったらこうかと思えるような表情で、おみのがはじめて見るものだった。

背すじに冷たいものが突き立った、と感じるまえに、われしらず走り出している。おいっと叫ぶ声を背後に浴びながら、夢中で駆けつづけた。走れなくなりうずくまったのは大川橋の上で、肩を落として息を切らせている。

鬢《びん》のあたりから汗のしずくが落ち、橋板に吸いこまれていった。昼間は大勢のひとが行き交うあたりだが、遅い時刻のせいか、ほかに人影は見当たらない。息をしずめながら頭をめぐらせたが、彼方《かなた》の闇に注5吉原《よしわら》らしき灯がにじんでいるほかは、とぼしい明かりがちらほら目につくばかりだった。

にわかに荒々しい息づかいを浴びた、と思った途端、つよい力に抱えこまれ、欄干《らんかん》へ押しつけられる。首すじへ何かが当たると同時に、肌を引き裂かれるような痛みをおぼえた。

に代表者が中心となって反対意見も交えた熟議を行う必要があるね。

エ 〔生徒D〕 現在の政治の混迷の背景には、明治期に政治の秘訣は民意の実現にあるという観念を西洋から無批判に受容してしまったことがあるよ。今後の社会を安定させるには、民意を政治から切り離していくことが求められるよね。

オ 〔生徒E〕 マスメディアやジャーナリズムが日本社会の将来像を描き、人々に提示していくことも重要だね。ただ、それに追従することなく、僕たちは民主政治を担う一人として自分の意思で情報を取捨選択し、行動していくべきだよ。

二

次の文章を読んで、後の問いに答えなさい（設問の都合上、本文の一部を変更してあります）。

> おみのはすぐれた錺《かざり》職人の弥吉《やきち》と夫婦だったが、博打《ばくち》にのめり込んだ乱暴者の弥吉は賭場《とば》で因縁をつけられた相手に暴力を振るい、島流しの刑となった。その後、おみのは弥吉の弟弟子《おとうとでし》であった善十《ぜんじゅう》と男女の仲になり、善十の仕事場と家を変えて暮らしていた。そんなある日、おみのは赦免《しゃめん》となり帰ってきた弥吉を善十の仕事場近くで見かけ、その場を離れて夜まで逃げ回り、神社に身を隠した。

あの後、弥吉は仕事場に乗りこんでいったのだろうか。善十も替えのきかない腕利きではないから、騒ぎをおこせば馘《くび》ということもあり得る。八方ふさがりというやつだが、暮らし向きを案じるまえに、ふたりとも五体満足でいられるかどうかがおぼつかない。

弥吉は喧嘩《けんか》っぱやい男だったから、賭場で相手を半殺しにしたと聞いたときも、おどろきはしなかった。①黒く塗りこめられたような絶望感で胸がふさがっただけである。自分の留守中、女房と弟分が手を取り合い注1逐電《ちくでん》したと聞いたら、なにをするか分からない。

気味のわるい汗が額から頬を濡らした。鎮めようとしても、ますます息が荒くなる。おみのは貝にでも籠るかのごとく軀《からだ》をちぢめた。耳の奥でしきりに梟《ふくろう》の鳴き声が谺《こだま》する。

次の瞬間、にわかに背すじが跳ねた。

いそぎ足で境内に飛びこんでくる人影がある。石灯籠《いしどうろう》へ貼りつくようにして目を凝らしたが、参道沿いに植えられた松の陰になって顔は見えなかった。息を詰めているうち、のめりがちな足音がこちらへ近づいてくる。手にした提灯《ちょうちん》の明かりをうけ、相手の面ざしが夜闇へ滲《にじ》むごとくかたちを結んだ。

おみのは灯籠のうしろから飛び出すと、物もいわず善十にしがみついた。男はしんそこ驚いたらしく、わっと大きな声をあげて、のけぞりそうになる。おみのは、いっそう強く男の手を握りしめた。

「……ぶじだったんだね」

息せき切って告げると、善十が呆《ほう》けたような表情でこたえる。

「それは、こっちのいうことだぜ。家に帰ったら真っ暗だし、近所で聞いたら、昼ごろ出かけたきりだっていうし」

胆《きも》がちぢんだよ、と気弱げな笑みを洩《も》らした。いつもと変わらぬのっぺりした顔に、痣《あざ》や傷といったものは見当たらない。わずかに安堵《あんど》したものの、おみのは迫るようにして畳みかけた。

「はやく逃げないと」

「――そうはいかねえ」

言いおえぬうち、べつの声がかぶさった。悲鳴を呑《の》みながら振りかえると、夜を掻《か》き分けるようにして長身の影がひとつ近づいてくる。灯火は持っていなかったが、声だけでだれか分かっていた。おぼろな月明かりに浮かぶ輪郭が、待つほどもなく、はっきりした形をとる。

「忘れもんだぜ」

弥吉が忌々《いまいま》しげな声を発しながら、布包みを放り投げてくる。お

3字を書きなさい。

問5 ――④「『主権』という概念が問題なのである」とありますが、なぜそう言えるのですか。その説明として最もふさわしいものを次の中から選び、記号で答えなさい。

ア 絶対的権力を一人の君主が有する絶対主義体制と比較したとき、民主主義社会において主権者たる国民とは実体を持たず、正統性を持ちえないから。

イ 絶対主義的か民主主義的かを問わず、主権概念とは移ろいやすく危なっかしいものであり、健全な民主政治の実現においてはむしろ有害なものであるから。

ウ 絶対君主制を打破して民主制に基づく新たな政府が誕生したとしても、その正統性を国民に求めている限り、決断力に乏しい政治しか行えないから。

エ 主権者の行う政治的判断が短絡的で危ういものであったとしても、主権自体が絶対的であるため、その正統性を批判的に検証することができないから。

問6 ――⑤「『手続きとしての民主主義』である」とありますが、「手続きとしての民主主義」を筆者が重要視しているのはなぜですか。その内容に言及しながら、90字以内で説明しなさい。

問7 ――⑥「150年前の福澤の主張は、今日ますます新たな意味をもっているのではなかろうか」とありますが、ここで筆者が述べようとしているのはどのようなことですか。その説明として最もふさわしいものを次の中から選び、記号で答えなさい。

ア 大衆世論に迎合することなく国が進むべき方向を示す必要性を福澤は明治初期から唱えていたが、政治が混迷を極めて将来への共通認識を持ちづらくなった今日においては、先を見通す視野を持って大衆世論を導いていく知識人層の役割が更に重要となるということ。

イ 大衆世論が政治家の言いなりになってしまう未来を福澤は明治初期から予期していたが、これまでの国際秩序が崩れて政治的な混乱を見せる今日においては、政治家の代わりに未来への道筋を人々へと示すことのできる知識人層の存在が更に必要となるということ。

ウ 国民主権の民主主義が内包する危うさに福澤は明治初期から警鐘を鳴らしていたが、今まで世界で共有されてきた政治上の価値観が崩壊しつつある今日においては、知識人層が先頭に立って国民主権の民主主義に代わる新たな民主主義を広めていくべきだということ。

エ 政治が大衆世論に振り回されてしまうことの危険性を福澤は明治初期から見抜いていたが、従来通りの価値観や政治が機能しなくなりつつある今日においては、将来を見渡せる視野を持った知識人層が主権を握り国家の運営に携わっていかなければならないということ。

問8 次の場面は、生徒たちが「民主的な社会を発展させるために求められること」というテーマで話し合っているものです。本文の内容を正しく理解した上での発言として**明らかに誤っているものを次の中から二つ選び**、記号で答えなさい。

ア 〔生徒A〕 日本では国民主権が絶対のものだと信じこまれてしまっているせいで、むしろ民主政治が機能不全に陥っている側面があるね。他国の状況と比較して、日本の民主政治を相対化することが状況を改善する第一歩になるよ。

イ 〔生徒B〕 民主的な社会であるためには、自分の国のことを自分たちで決められるよう主権が国民の手に存在しないといけないよ。大切なのは、国家の判断を投票で決め、その決定には必ず従うという制度の徹底にあるんじゃないかな。

ウ 〔生徒C〕 全てを国民の多数決に委ねることには、その時の社会の雰囲気に流されて安直な結論を導くリスクがあるよ。多数決自体には反対しないけれど、その前

議会主義にせよ、議院内閣制にせよ、こういう発想に基づくものであった。したがって、議院内閣制は、あくまで、民意や世論という「主権」からは距離をとるものであり、そこにこそ、「手続きとしての民主主義」の意味がある。

デモクラシー、つまり「民衆（デモス）の支配（クラティア）」は日本では「民主主義」と訳され、「主義」としての思想的な意義を与えられてきた。それは、ひとつの理念であり理想を実現する運動であった。この運動の目指すところは「民意の実現」にあった。だから、政治がうまくいかないのは、政治が民意を無視しているからだ、ということになる。言い換えれば、民意を実現しさえすれば政治はうまくゆく、という。こういう理解がいつのまにか定着してしまった。

私にはとてもそうだとは思えない。今日の政治の混迷は、将来へ向けた日本の方向がまったく見えないからである。将来像についてのある程度の共通了解が国民の間にあればよいが、それがまったく失われている。しかもそれは、どうやら日本だけのことではない。グローバリズム、経済成長主義、覇権安定による国際秩序、経済と環境の両立、リベラルな正義などといった従来の価値観や方法が、世界中でもはや信頼を失っている。

むろんそんな大問題について「民意」がそれなりの答えをだせるはずもない。だから目先の、被害者や加害者がわかりやすい、しかも「民意」がすぐに反応しやすい論点へと政治は流されてゆく。

福澤流にいえば、将来を見渡せる大きな文明論が必要なのであり、それを行うのは学者、すなわちジャーナリズムも含めた知識人層の課題であろう。福澤は、この知識人層が大衆世論（社会の空気）に迎合していることを強く難じた。

知識人層は、民意の動きを読み、同調するのではなく、逆にそれに抗しつつ、それを動かしてゆくものだ、というのである。⑥150年前の福澤の主張は、今日ますます新たな意味をもっているのではなかろうか。

（佐伯啓思《さえきけいし》『さらば、欲望 資本主義の隘路《あいろ》をどう脱出するか』による）

注 「自民党の党首選」…自由民主党総裁選挙（令和3年9月17日告示、29日開票）のこと。本稿が発表されたのは同年9月25日である。

問1 本文中の A ・ B に当てはまる言葉として最もふさわしいものを後の中からそれぞれ選び、記号で答えなさい。

・A
ア 軌を一にして　イ 機先を制して
ウ 様相を呈して　エ 一線を画して

・B
ア 混迷を極める　イ 均衡を保つ
ウ 歓心を買う　エ 采配を振る

問2 ――①「衆論の非を改める方が大事である」とありますが、それはなぜですか。50字以内で説明しなさい。

問3 ――②「ここにはある前提が暗黙裡に存在する」とありますが、どういうことですか。その説明として最もふさわしいものを次の中から選び、記号で答えなさい。

ア 明治時代から一貫して世論が政治を動かしてきた背景には、一国の首相は国民の支持を受けて選ばれるべきだという民主主義の原理が存在するということ。

イ 国民主権という考え方が日本人に刷り込まれているのは、政治家たちは世論やメディアを意識しなければならないという日本の慣例があったからだということ。

ウ 日本には国の最高責任者は国民の支持を受けているべきだという観念があるからこそ、自民党の党首選においても世論の動向が注視されているということ。

エ 自民党の党首選の動向がメディアで盛んに報道されている現状の根底には、民主主義国家では一国の首相を国民が直接選ぶべきだという理念があるということ。

問4 ――③「民主主義の暴走への歯止め」とありますが、これと同じ内容を表す言葉を本文中から35字以内で探し、最初と最後の

端的に言えば、世論は、安定した常識に支えられた「パブリック・オピニオン」であることはまれで、しばしば、その時々の情緒や社会の雰囲気（つまり「空気」）に左右される「マス・センチメント」へと流されるのである。そして、この不安定な「世論」が国民の意思つまり「民意」とみなされ、その結果、民主主義は世論による政治ということになる。

議院内閣制とは、まさにこの意味での国民主権の民主主義を部分的に抑制しようとするものであった。たとえば、英国人にとって英国の政治体制は何かと問えば、主権者は王であり、政治体制は議会主義だと答えるであろう。議会での討論こそが決定的な意味を持っており、民主主義はせいぜい選挙制度のうちに組み込まれている程度である。

近年の英国の風潮も多少変化してきているとしても、君主制と議会主義への強いこだわりは、「国民主権としての民主主義」への警戒感に発するものであった。これが、世界でもっとも早く近代的政治体制を作り上げた国なのである。大衆世論の一時的な情緒やある種の扇動によって政治が動揺することを防ぐというわけである。

ついでにいえば、米国の場合には、事実上の直接民主主義である大統領制と間接民主主義である議会制に分割され、さらに議会は上院、下院に分割され、また政府も連邦政府と州政府に分割されている。分割されるものは何かといえば「権力」である。分割された権力が拮抗《きっこう》しあい、［　B　］のが、本来の米国の政治体制である。

このことは、国民主権という観念に対していささかの疑念をもたせるに十分であろう。というのも、「主権」とは、絶対的な権力にほかならないからである。君主主権とは君主が絶対的権力をもつ政治である。これはわかりやすい。

では国民主権とは何であろうか。「国民」が絶対的権力をもつ政治である。では「国民」とは何か。こうなると話はややこしくなる。「国民」という実体はどこにも存在しないからだ。それは、実際には、多様な利益集団であり、様々な思想やイデオロギーの寄せ集めであり、知識も関心も生活もまったく違った人々の集合体に過ぎない。そこでやむを得ず「世論」なるものを「国民の意思」とみなすことにしたとしても、問題は、それに絶対的な権力を付与した点にある。④「主権」という概念が問題なのである。

もちろん、政治思想史の文脈に立ち返れば、国民主権は、絶対主義体制を打ち壊し、政府の正統性の源泉を国民に求めるものであった。ここには、たとえばフランス革命の歴史的経緯があり、また一定の思想的意味もあった。

しかし、今日、われわれはひとつひとつの政策の妥当性まで「世論」の法廷に引きずりだし、ほとんど1ヶ月ごとに内閣の妥当性を「世論」の評価にかける。ところがその世論はしばしば「空気」によって左右される。それが「主権」の表明だとすれば、主権とは何とも移りやすく危なっかしいものというほかない。絶対主義の主権が危なっかしいのであれば、国民の主権もまた危ういものなのである。

にもかかわらず、「国民主権の民主主義」は、この危なっかしい主権に全体重をかけており、主権は絶対的なので、その正統性について誰も異を唱えることができない。私には、絶対主義的な主権にせよ、民主主義的な主権にせよ、「主権」概念こそが、とてつもない危険なものを内包しているように思われる。

では「国民主権としての民主主義」とは異なった民主主義の理解はありえないのだろうか。ありうる。というより、実にシンプルなもので、それはあくまで政治的意思決定のプロセスとして民主主義を理解することだ。⑤「手続きとしての民主主義」である。論議を尽くした上での投票による意思決定という手続きである。

そしてある程度有意味な議論が可能となるためには、限定された代表者による集会が不可欠になろう。これが議会主義であり、代表者を選ぶのが普通選挙であって、この手続き全体の妥当性が民主主義とよばれるものなのである。

二〇二三年度 城北高等学校

【国 語】（六〇分）〈満点：一〇〇点〉

（注意） 解答するときには、句読点や記号も一字と数えます。

一 次の文章を読んで、後の問いに答えなさい。

かつて福澤諭吉《ふくざわゆきち》は『文明論之概略《ぶんめいろんのがいりゃく》』のなかで次のようなことを書いていた。近年の日本政府は十分な成果をあげていない。政府の役人も行政府の中心人物もきわめて優秀なのに政府は成果をあげられない。その原因はどこにあるのか。その理由は、政府は「多勢」の「衆論」、つまり大衆世論に従うほかないからだ。ある政策がまずいとわかっていても世論に従うほかない。役人もすぐに衆論に追従してしまう。衆論がどのように形成されるのかはよくわからないが、衆論の向かうところ天下に敵なしであり、それは一国の政策を左右する力をもっている。だから、行政がうまくいかないのは、政府の役人の罪というより衆論の罪であり、まずは衆論の非を正すことこそが天下の急務である、と。

さらに次のようにもいっている。衆論の非を多少なりとも正すことのできるのは学者であるが、今日の学者はその本分を忘れて世間を走り回り、役人に利用されて目前の利害にばかり関心を寄せ、品格を失っているものもいる。学者たるもの、目前の問題よりも、将来を見通せる大きな文明論にたって衆論の方向を改めさせるべきである。政府を批判するよりも、①衆論の非を改める方が大事である。

書かれたのは1875（明治8）年だが、このような一節を読むと、150年ほどの年月を一気に飛び越してしまうような気にもなる。ここで福澤のいう「学者」を広い意味での知識人層、つまりマスメディア、ジャーナリズム、評論家まで含めて理解すれば、今日の知識人層にも耳の痛い話であろう。まだ民主主義などというものが明確な姿を現していない近代日本の端緒《たんしょ》にあって、福澤は、多数を恃《たの》んで政治に影響を与える大衆世論のもつ力とその危険を十分に察知していたわけである。

さて、本稿執筆中の日本は、[注]自民党の党首選の真っ最中であった。一政党の党首選ではあるものの、ここでも世論が重要な役割を果たしている。候補者の国民的な支持率や人気度が間断なくメディアで報じられ、暗黙のうちに世論が選挙へ影響をおよぼしている。

少なくとも総選挙後の国会召集時までは、自民党の党首は日本国首相となるのだから、確かに、国民世論が一政党の党首選に影響を与えることにも一理はあろう。また、候補者たちも自民党員たちも明らかに世論を気にし、メディアの報道に関心を払っている。

しかしそうであれば、②ここにはある前提が暗黙裡《あんもくり》に存在することになろう。一国の首相は、国民世論の大きな支持を受けて選出されるべきだ、という想定がそれだ。そのことを正面から批判するものはまずいない。なぜなら、一国の最高責任者は主権者である国民によって選出されるべきであり、それこそが民主主義の基本原理だとみなされているからだ。

私は、「民主主義の根本原理は国民主権にあり」というこの疑い得ない命題に対して、ずっとある疑いの念をもってきた。いやもう少し正確に述べれば、この根本原則の解釈の仕方についてである。きわめて単純な事実から述べれば、今日の多くの国で採用されている議院内閣制は、すでにこの民主主義の原則から逸脱している。国民が選出するのは議会の議員と政党である。議会では多数政党の党首が通常は首相となる。これは大統領のような、直接選挙による選出とは［　A　］いる。代表を選ぶにせよ、政策を決定するにせよ、議会（したがって議員）が決定的な役割を担うのである。

念のためにいっておけば、この面倒な間接的方式は、もともと「民主主義の原則からの逸脱」というよりも、「③民主主義の暴走への歯止め」とみなされてきた。この場合の「民主主義の暴走」とは、国民世論にしばしば見られる情緒的な動揺や、過度に短期的で短絡的な反応によって政治が翻弄《ほんろう》されることである。

英語解答

1 (1) something, to show
(2) tried eating (3) was made for
(4) is, little (5) to hear

2 (1) No other dictionary is as useful as this one
(2) The train which goes to Kyoto hasn't left yet
(3) I wonder what she is talking about
(4) let us know when you arrive at the airport

3 (1) kind of music do you listen to
(2) has been covered with snow since
(3) is the second longest river in Japan
(4) The man talking with Ken over there

4 問1 イ 問2 エ 問3 イ
問4 エ 問5 cities
問6 6-A…エ 6-B…ア 問7 ウ
問8 ア 問9 イ 問10 ア，エ

5 問1 (1)…イ (2)…ア (3)…ウ
問2 【A】 artist 【B】 five
問3 (例)パンの間にバターを挟むという考え。
問4 a…ウ b…エ c…オ d…ア
問5 (例)鉛筆の下書きを消すための，乾燥したパン。
問6 ア，エ

1 〔和文英訳─適語補充〕

(1)「～なもの」は‘something＋形容詞’。「あなたに見せたい」は「あなたに見せるための」と考えて，形容詞的用法のto不定詞を使う。

(2)「(試しに)～してみる」はtry ～ingで表せる。

(3)主語がYesterday's dinnerで，文末にby ～があるので，「先生によって作られた」という受け身で表す。「私たちに」は「私たちのために」ということ。madeの代わりにcookedやpreparedとしてもよい。

(4)Thereで始まっているので‘There＋be動詞 ～’「～がある〔いる〕」の構文で表す。milkは‘数えられない名詞’なので，‘be動詞’はisとし，「少し」は‘量’が「少しある」を表すa littleで表す。

(5)「～と聞いてうれしくなった」は，‘感情の原因’を表すto不定詞(副詞的用法)を使って表せる。

2 〔整序結合〕

(1)‘No other＋名詞＋is as … as ～’「～ほど…な─はない」の形をつくる。

(2)主語となる「京都行きの列車」は「京都へ行く列車」と考え，the trainを関係代名詞節で修飾する形で表す。「まだ出発していません」は，現在完了の否定形で，hasn't left yetとする。

(3)「～かしら」はI wonder ～で表せる。‘～’に当たる「彼女は何の話をしているのか」は‘疑問詞＋主語＋動詞...’の語順の間接疑問でwhat she is talking aboutとまとめる。

(4)「私たちに知らせて下さい」は，‘let＋人＋動詞の原形’の形でlet us knowとする。「着いたら」は「着いたときに」と読み換え‘when＋主語＋動詞’の形にまとめる。

3 〔和文英訳─部分記述〕

⑴「どんな種類の音楽」は，what kind of music。この後に一般動詞の疑問文の形を続ける。「～を聴く」は listen to ～。

⑵「～からずっと…(の状態)である」は，‘have/has＋過去分詞’の現在完了(‘継続’用法)で表せる。「～で覆われている」は be covered with ～。「～から〔以来〕」は since ～。

⑶「～番目に…な―」は‘the＋序数＋最上級＋名詞’で表せる。

⑷「ケンと話している男性」は，現在分詞の形容詞的用法を用いて The man talking with Ken と表せる。主格の関係代名詞を使って，The man who is talking with Ken とすることもできる。「向こうで」は over there。

4〔長文読解総合―説明文〕

≪全訳≫❶どの国の人にも，ある種の間違った見方があるように思われる。イギリス人は自国の天気がひどいと思っているが，実際には彼らの国はそれほど寒い国ではないし，夏は快適だ。アメリカ人，または少なくともその一部は，自分たちが民主主義を発明したと考えているようだ。日本にはとても多くの間違った見方があり，私はそれらを知ってさまざまに困惑したり興味深く感じたりいら立ったりしてきた。❷「日本は小さな国だ」　私はこれを何度も聞いてきたし，かつてある外国人作家が1人の日本人男性にあなたは以前ベルギー，シンガポール，日本に住んでいたのだから「小さな国の専門家」に違いないと言われたということを読んだのを覚えている。当然，日本はそれらの場所に比べればとても大きく，アメリカや中国と比べて「小さい」にすぎない。誰かが私に日本は小さいと言ったときには，私はたいてい「そうですね，イギリスの2倍の大きさしかないですもんね！」と言う。日本人はそれを聞くとよく驚く。私に言わせれば，正しい文はこうだ。日本は中くらいの大きさの国だ。❸「日本には四季がある」　日本へ行くほぼ全ての外国人はこう教わり，どう返事をすればいいかわからない。私自身の考えは，全ての国に四季があるというものだった。多くの日本人は，日本が四季のある唯一の場所だと思っているようだが，実際にはそれはとてもありふれたことだ。私が日本に住んでいたときに季節がはっきり判別できたとは言えない。東京には私が住んだことのある他の場所ほど緑地がないので，自然の変化に気づくこともなかった。夏は暑いが，他の季節には気温はそれほど変化しない。結論，日本には，他の多くの国と同じように，四季がある。❹「日本には四季がある」　上述したことはわかっているが，私はこれをまた別の理由で奇妙に思う。日本には雨季(梅雨)がある。日本人は私がこれについて話すと笑う。彼らは，それが「夏の一部」にすぎないと言う。私に言わせれば，その天候はその前の時期ともその後にくる時期ともかなり違い，それは数週間続くので，それ自体が1つの季節だ。結論，日本には主に4つの季節がある。❺「日本は人口過密である」　日本の人口密度は他の国々よりも低い。人はたいてい，日本はオランダ(全く過密に見えない国)よりも人口密度が低いと言う。興味深いことに，日本は私の国イングランド(全体としてのイギリスとは異なる)ほど過密でもないし，イングランドの人口は今も急速に増えつつある。だから，私に言わせればこうなる。日本は人口のとても多くが大都市とその周辺地域に住んでいるため，とても過密のように見える。❻「日本は山が多く，それらの地域には人が住めないために過密である」　日本には確かに多くの山がある。飛行機に乗って日本の上空を飛んでいるとき，私はよく森林に覆われた山々の光景に驚嘆させられる。だが，山に住むことが不可能かどうかはわからない。例えば，イタリア人はそうしていると思う，もちろん，大きな山の「頂上に」という意味ではないが。日本にはとても多くの田舎もあるが，人々は多くの文化的，経済的理由からそこに住みたがらない。結論，日本の都市は，人々がバランスを欠いた人数で住む場所であるがゆえに，とても過密である。❼「日本とイギリスは似ている」　6-A私は日本とイギリスはどちらも私にはとても重要な国なので，姉妹国だと考えるのは好きだ。だが私は，こう思っているイギリス人が多く見つかるとは思わない。確かに私たちは島国で，立憲君主制で，礼儀正しい国民だ…。6-Bだが，日本人とイギリス人がかなり違っている多くの点も容易に見つけることができる。あるいは，私は同じようにイギリス人とドイツ人がよく似ている点を見出すことができる(サッカーやビールや肉料理に興奮する…)。結論，日本とイギリスは似てはいない。❽(7)「日本語はとても難しい言語だ」　母国語を身につけるのがどれほど難しいかを知ることはとても困難だ，というのは，自分で勉強したというよりむしろ，子どものときそれを「身につけた」からだ。日本人が３つの理由から自分たちの言語をとても難しいと考えていることは，私にとって驚くことではない。１つ目は，それをとても上手に話す外国人が多くないこと。２つ目は，外国人がよく日本語はなんと難しいのだろうと言うこと。そして３つ目は，日本人が実際に勉強した部分は，漢字を書くのを覚えることで，それは本当に難しいこと。実際には，日本語はある意味とても論理的な言語で，その発音は難しくない。簡単な部分もあれば難しい部分もある。私は日本語を難しいと思ったが，それは主に私が言語の習得が得意ではないからだ。結論，日本語は難しい言語である可能性がある。❾「日本はとてもお金のかかる国だ」　20年前には真実だったと思うが，(イギリスのような)他の国々が物価の急激な上昇を経験している間，デフレーションによって多くのものの値段が下げられてきた。今では，イングランドよりも日本に，より安い，または少なくともよりお値打ちのものがたくさんある。日本の方が髪を切ったり簡易ホテルに泊まったりするのは安いが，スーパーマーケットでビールを買うのはより高い。結論，日本はかつてお金のかかる国だった。

問１＜適語選択＞第２段落で筆者が述べているのは，日本はアメリカや中国と比べれば小さいが，ベルギーやシンガポール，イギリスと比べれば大きい，つまり，とりたてて「小さい」わけではないということ。これをまとめると，日本は「中くらい」といえる。

問２＜適語句選択＞第３段落で筆者が述べているのは，四季があるのは日本だけではなく，四季はどの国にもあるということ。　like ～「～と同じように」

問３＜適語句選択＞主語の the weather は３文前にある a rainy season(*tsuyu*)のこと。この後筆者は「それは数週間続くので，それ自体が１つの季節だ」と述べている。筆者が梅雨を１つの季節だと思っているのは，その前後と天候が「かなり違う」からである。

問４＜適語句選択＞前の文では，日本は「オランダよりも人口密度が低い」ことが述べられている。直前に also「また」があるので，空所にも日本の人口密度が高くないことを示す内容が入るとわかる。　‘not as ～ as …’「…ほど～ではない」

問５＜適語補充＞第５段落最終文参照。日本で人口が過密なのは，「都市」である。

問６＜適文選択＞6-A．直後にある But に着目し，「こう思っているイギリス人が多く見つかるとは思わない」という内容と‘逆接’の関係になる内容を選ぶ。... who think this の this は，空所前の「日本とイギリスは似ている」という文の内容を指す。　6-B．直後の Or に着目し，Or ではじまる文と‘並列’の関係になるものを選ぶ。ドイツ人だってある意味イギリス人と似ているといえるということは，日本人とイギリス人が特に似ているというわけではないということ。

問７＜適文選択＞第８段落で筆者が述べているのは，日本語が難しいとは言いきれないということ。

各段落の冒頭には，筆者が考える日本人による間違った見方が入ることから，その反対となるものを選ぶ。

問８＜語句解釈＞‘not ～ so much as …’〔‘not so much ～ as …’〕で「～というよりむしろ…」という意味を表す。didn't study it yourself so much as “picked it up” as a childの２つの下線部は対照的な内容になるので，「自分で勉強したというよりむしろ，子どものときに自然に身につけた」といった意味になると推測できる。　pick ～ up〔pick up ～〕「～を身につける」

問９＜適語句選択＞第９段落で筆者が述べているのは，日本の物価が高かったのは以前の話であるということ。　used to ～「かつて～だった」

問10＜内容真偽＞ア…○　第１段落第１，２文の内容に一致する。　イ…×　第２段落最後から２文目参照。「多くの日本人も知っている」わけではない。　ウ…×　第３段落第５文参照。日本の四季が特にはっきり区別されて感じられるわけではない。　エ…○　第５，６段落の内容に一致する。　オ…×　第６段落第４～６文参照。「人が住むのに適していない」，「人々が好んで住める環境」という記述はない。　カ…×　第７段落参照。「礼儀正しい」は，日本人とイギリス人の共通点である。　キ…×　第８段落最後から４文目参照。日本語の発音は難しくない。　ク…×　第９段落第２文参照。日本で物価が低下している間，イギリスなどでは物価が急激に上昇していた。

5〔長文読解総合―物語〕

≪全訳≫❶マーサ・ミーチャムは，角で小さなパン屋を営んでいた。❷マーサは40歳で，預金通帳には2000ドルの貯金があり，優しい心の持ち主だった。結婚する見込みがマーサほど高くない多くの人が結婚していた。❸毎週２，３回，１人の紳士が彼女のパン屋に入ってきた。彼女は彼に関心を持ち始めた。彼は中年で眼鏡をかけ，強いドイツ語なまりの英語を話した。服はやや古くてすり切れていたが，清潔そうでとても礼儀正しかった。❹彼はいつも古くなったパンを２つ買った。新しいパンは１つ５セントだった。古いものは２つで５セントだった。彼は古いパン以外は決して求めなかった。❺一度，マーサは彼の指に赤と茶色の絵の具がついているのに気づいた。そのとき彼女は，彼が画家でとても貧しいのだと確信した。きっと彼は小さな部屋に住んでいて，そこで絵を描き，古いパンを食べ，マーサのパン屋にあるいい食べ物のことを思い浮かべているのだ。❻ある日，彼女は彼が画家であるかどうかについて自分の考えを試してみることにした。彼女は自分の部屋から，その週の初めの方にセールで買った絵を持ってきた。彼女はそれをパンのカウンターの後ろの壁に立てかけて置いた。❼それは教会と海，ボート，美しい夕焼けが描かれたベニスの絵だった。画家なら，それに気づかない者はいないだろう。❽２日後，彼女の紳士が入ってきた。❾「古くなったパンを２つください」と彼は強いなまりで言った。「ここにいい絵がありますね」と，彼は彼女がパンを袋に入れている間に言った。❿「いい絵だと思いますか？」とマーサは言った。⓫「視点と線の向きが，互いに正しくないようですね」と彼はドイツ語交じりで言った。「よい１日を」　彼はパンを持ち，帽子に触れると急いで出ていった。⓬やっぱり，彼は画家に違いない。マーサはその絵を部屋に持ち帰った。眼鏡の奥で，彼の目はなんて穏やかに優しく輝いていたことか。彼はなんてすてきな心を持っているのだろう！　優れた芸術をあんなに速く判断できるなんて。そして古くなったパンで暮らしているとは！　だがもちろん，最高の芸術家にとっても，見出されるまでは生活は苦しいものだ。⓭彼はどんどん痩せて見え始めている，と彼女は思った。彼女の心は，彼の乾いたパンに何かもっと足してあげたいとひどく望んでいた。しかし，彼女は芸術家とは誇り高い人々だと知っており，彼に何かをただであげることでその誇りを傷つけてしまうことを恐れた。14ある日，紳士はいつものように入ってくると，カウンターに5セントを置き，古いパンを2つ求めた。マーサがそれらを取ろうと手を伸ばしている間に，外から大きな音が聞こえた。ベルが大きな音で鳴り始め，男たちが叫んでいて，まもなく数台の大きな消防車がパン屋の前を通り過ぎた。15紳士は，誰でもそうするように，外を見るためにドアへ急いだ。その瞬間，ある考えがマーサの頭に浮かんだ。16カウンターの後ろのテーブルに，つい1時間前にパン屋に持ち込まれた新鮮なバターが1ポンドあった。マーサはすばやく2つのパンのそれぞれに深い切れ目を入れ，それぞれにバターをたっぷり入れ，パンをまたもとどおりにくっつけた。17紳士がようやく振り向いたとき，彼女はすでにパンを袋に入れているところだった。彼が特にすてきなちょっとしたおしゃべりの後で出ていったとき，マーサの心は大きくほほ笑んでいた。18後になって彼女は思った，やりすぎたかしら？　彼は私の小さな贈り物を楽しんでくれるかしら？　でも，レディーが紳士にバターを少々あげたってもちろん問題ないわよね？19その日は長い間，マーサは自分のしたサプライズについて考えた。彼女は，自分の紳士が部屋で美しい絵を描いているところを思い浮かべた。まもなく彼は絵の具を置き，乾いたパンと水という毎日の昼食を食べる準備をするだろう。彼がパンを開くと，ああ！　マーサはそれを見るためにそこにいたいと思った。彼は食べながら，それをそこに入れた手を思い浮かべるかしら？　彼は――20入口のベルが騒々しく鳴った。誰かが大きな音を立てながら入ってくるところだった。マーサは店頭に急いだ。21 2人の男がそこにいた。1人は彼女が初めて見る若い男だった。もう1人は彼女の画家だった。22彼の顔は赤く，帽子は頭の後ろに引っ掛かり，髪はボサボサだった。彼はマーサに向かって怒りながら両手を振り回した。23「ばかな女め！」と彼はドイツ語でわめき，その後には彼女にはわからないいくつかの他の冷たい言葉が続いた。24マーサは急に脱力感を覚えた。彼が言っていることが信じられなかった。ようやく，若い男が彼の腕をつかんだ。25「さあ」と彼は言った，「もう十分言いましたよ」　彼は怒っている方をカウンターから引き離し，ドアから通りへ引っ張り出した。それから彼は戻ってきた。「あなたにはお伝えしておいた方がよいと思いまして」と彼は言った，「何が問題なのかをね。彼はブラムバーガーさんです。建築製図技術者です。私たちは同じ事務所で働いているんです」26「彼は今まで3か月，新しい市役所の建物の図面に一生懸命取り組んできたのです。昨日，インクで線を引き終えました。あの，製図技術者はいつも，インクを使う前にまず鉛筆で製図します。それが終わったら，鉛筆の線を古いパンで消すんです。とてもよく消えるんですよ」27「ブラムバーガーさんはずっとここでパンを買っていました。さて，今日ですが，ええ，おわかりですね，あのバターは，ええ，ブラムバーガーさんの図面は，今ではおそらく火をつける以外の役には立たないのですよ」

問1＜英文解釈＞(1) whose は Many people を先行詞とする所有格の関係代名詞で whose 以下は全て Many people を修飾する関係代名詞節である。to do so は前に出ている動詞 marry の代わりとなる代動詞句。whose 以下は「そうする(＝結婚する)見込みが彼女ほどではない」という意味で，そうした多くの人が結婚していた，ということは，イ.「マーサは，結婚した人たちよりも魅力的だったのに結婚しなかった」と言い換えられる。　(2) Never did he call for ... は，否定語の never が前に出たことによって‘主語＋動詞’が‘do/does/did＋主語＋動詞’の語順に倒置された形。‘否定’を強調した文で，意味は He never called for ... と同じ。call for ～は「～を求める」，anything but ～は「～以外」という意味。staleは第４段落第２，３文の内容から，freshと対照的な意味だと推測できる。パンが新鮮ではないということは乾燥しているということ。以上より，同様の意味を表すのは，ア．「彼は乾いたパンだけを買いたがった」。　(3)勝手にこっそりバターを挟み込んだことについて後で考えている場面。前後の内容から，「やりすぎたか」と思い返しているのだと推測できる。これと同様の意味を表すのは，ウ．「彼女はしなければならないことよりもずっと多くのことをしただろうか」。

問２＜適語補充＞Ａ．店に飾った絵に紳士が興味を示したことで，マーサは紳士が「画家」に違いないと確信したのである。空所の前の不定冠詞がaではなくanであるのもヒントになる。　Ｂ．紳士がいつも買っていたのは２つで「５」セントの古いパンである(第４段落第１，３文)。

問３＜語句解釈＞an ideaの内容を，マーサはこの後実際に行っており，その具体的な内容は，次の第16段落第２文に書かれている。

問４＜適語選択＞ａ．前の段落にあるangrily，空所の後にあるshouted loudlyから，マーサを罵倒する言葉が入ると推測できる。　ｂ．罵倒された後にさらに続く言葉。マーサに対する容赦ない言葉が浴びせられたのである。　unkind「思いやりのない，冷酷な」　ｃ．紳士だと思っていた男性に罵倒され，全身の力が脱けてしまったのである。　ｄ．空所の後のoneは「人」の意味。若い方の男が「怒っている男」を引っ張り出したのである。なお，「興奮した人」となる場合はthe excited oneになるので，選択肢のexcitingは不適。

問５＜文脈把握＞ブラムバーガーがどのようなパンをなぜ必要としていたかは，前文に書かれている。it works so wellのitはstale breadを指し，workは「機能する，効く」という意味。つまり，鉛筆の線をよく消す古いパンを消しゴム代わりに使っていたのである。

問６＜内容真偽＞ア．「マーサのパン屋では，新しいパンは古くなったパンの２倍の値段だった」…○　第４段落第２，３文に一致する。　イ．「ブラムバーガーは，ベニスの絵は偽物だと言った」…×　第９段落第２文および第11段落第１文参照。偽物とは言っていない。　ウ．「マーサは安いパンを売ることでブラムバーガーの誇りを傷つけてしまうことを恐れた」…×　第13段落最終文参照。何かをただであげることで誇りを傷つけるのではと恐れた。　エ．「パン屋の前を消防車が通り過ぎる１時間前，新鮮なバターが１ポンド届いた」…○　第14段落最終文および第16段落第１文の内容に一致する。　オ．「マーサは，ブラムバーガーが彼の部屋で彼女が売ったパンを食べたとわかってとてもうれしかった」…×　第19段落第５文参照。自分が売ったパンを彼が食べるところを見たいと願っているだけである。　カ．「若い男はブラムバーガーを止めたが，彼はマーサについてひどいことを言い続けた」…×　第25段落第１，２文参照。ブラムバーガーは若い男に止められ，店から通りへ引っ張り出された。　キ．「ブラムバーガーは，自分の図面が物を燃やすのに十分役立つと知って喜んだ」…×　そのような記述はない。

2023年度／城北高等学校

数学解答

1 (1) $2+\sqrt{2}$　(2) $x=1$, $y=-3$
(3) $7x-12y$　(4) $\dfrac{7}{18}$

2 (1) 45°　(2) (0, 5)　(3) $\sqrt{3}$
(4) 632π

3 (1) (2, 2)　(2) (1, 4), (4, 1)
(3) $-1\pm\sqrt{11}$

4 (1) $4\sqrt{2}$　(2) $\sqrt{10}$　(3) $\dfrac{4\sqrt{3}}{3}$

5 (1) 30°　(2) π

1〔独立小問集合題〕

(1)＜数の計算＞与式$=(3-2\sqrt{2})^{2023}\times(3+2\sqrt{2})^{2023}\times(3+2\sqrt{2})\times(2-\sqrt{2})=\{(3-2\sqrt{2})(3+2\sqrt{2})\}^{2023}\times(6-3\sqrt{2}+4\sqrt{2}-4)=\{3^2-(2\sqrt{2})^2\}^{2023}\times(2+\sqrt{2})=(9-8)^{2023}\times(2+\sqrt{2})=1^{2023}\times(2+\sqrt{2})=1\times(2+\sqrt{2})=2+\sqrt{2}$

(2)＜連立方程式＞$\dfrac{4}{x}+\dfrac{9}{y}=1$……①，$\dfrac{1}{x}+\dfrac{6}{y}=-1$……②とする。$\dfrac{1}{x}=X$，$\dfrac{1}{y}=Y$とおくと，①は，$4X+9Y=1$……③となり，②は，$X+6Y=-1$……④となる。③－④×4より，$9Y-24Y=1-(-4)$，$-15Y=5$　$\therefore Y=-\dfrac{1}{3}$　これを④に代入して，$X+6\times\left(-\dfrac{1}{3}\right)=-1$，$X-2=-1$　$\therefore X=1$　よって，$\dfrac{1}{x}=1$，$\dfrac{1}{y}=-\dfrac{1}{3}$より，$x=1$，$y=-3$となる。

(3)＜式の計算―因数分解＞$A=3x^2+5xy+2y^2=3x^2+3xy+2xy+2y^2=3x(x+y)+2y(x+y)$，$B=x^2-y^2=(x+y)(x-y)$，$C=2x^2-xy-3y^2=2x^2+2xy-3xy-3y^2=2x(x+y)-3y(x+y)$として，$x+y=M$とおくと，$A=3xM+2yM=M(3x+2y)$，$B=M(x-y)$，$C=2xM-3yM=M(2x-3y)$となる。よって，$AC-6B^2=M(3x+2y)\times M(2x-3y)-6\{M(x-y)\}^2=M^2(3x+2y)(2x-3y)-6M^2(x-y)^2=M^2\{(3x+2y)(2x-3y)-6(x-y)^2\}=M^2\{(6x^2-9xy+4xy-6y^2)-6(x^2-2xy+y^2)\}=M^2(6x^2-5xy-6y^2-6x^2+12xy-6y^2)=M^2(7xy-12y^2)=M^2\times y(7x-12y)=(x+y)^2y\times(7x-12y)$となる。

(4)＜確率―サイコロ＞大小2つのサイコロを同時に投げるとき，目の出方は全部で$6\times6=36$(通り)あるので，a，bの組は36通りある。直線の式$\dfrac{x}{2a}+\dfrac{y}{b}=1$で，$x=0$のとき，$\dfrac{y}{b}=1$より，$y=b$となり，$y=0$のとき，$\dfrac{x}{2a}=1$より，$x=2a$となるので，直線$\dfrac{x}{2a}+\dfrac{y}{b}=1$は，$y$軸と点$(0, b)$で交わり，$x$軸と点$(2a, 0)$で交わる。右図で，その交点をそれぞれA，Bとすると，直線$\dfrac{x}{2a}+\dfrac{y}{b}=1$と$x$軸，$y$軸で囲まれた三角形は△AOBとなり，その面積は$\dfrac{1}{2}\times\mathrm{OB}\times\mathrm{OA}=\dfrac{1}{2}\times2a\times b=ab$と表せる。これが6以下となる$a$，$b$の組は，$a=1$のとき$b=1$，2，3，4，5，6の6通り，$a=2$のとき$b=1$，2，3の3通り，$a=3$のとき$b=1$，2の2通り，$a=4$のとき$b=1$の1通り，$a=5$のとき$b=1$の1通り，$a=6$のとき$b=1$の1通りより，$6+3+2+1+1+1=14$(通り)ある。よって，求める確率は$\dfrac{14}{36}=\dfrac{7}{18}$となる。

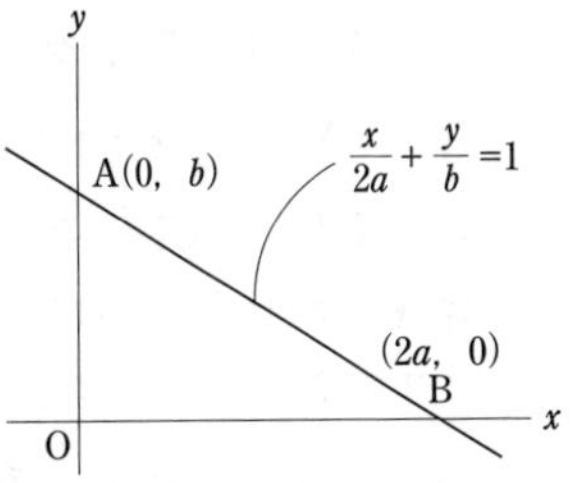

2〔独立小問集合題〕

(1)＜平面図形―角度＞右図1で，四角形ABCDは正方形，△ABEは正三角形だから，AB＝BC，AB＝BEより，BC＝BEとなり，△BCEは二等辺三角形である。また，∠ABC＝90°，∠ABE＝∠AEB＝60°より，∠CBE＝∠ABC－∠ABE＝90°－60°＝30°である。よって，∠BEC＝(180°－∠CBE)÷2＝(180°－30°)÷2＝75°となり，∠AEF＝180°－∠BEC－∠AEB＝180°－75°－60°＝

図1

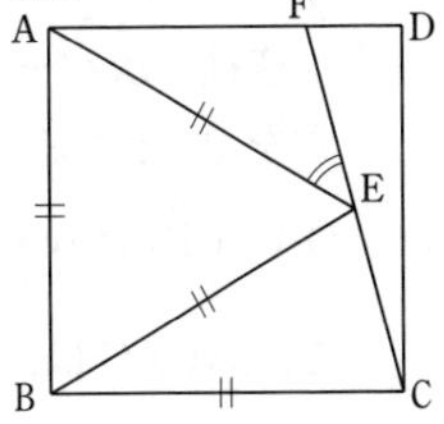

45°である。

(2)＜関数―座標＞右図２で，四角形OABCが長方形より，∠AOC＝∠ABC＝90°だから，長方形OABCの外接円(4点O，A，B，Cを通る円)は，線分ACを直径とする円である。よって，線分ACの中点が円の中心である。円の中心をMとすると，A(4, 4)，C(−1, 1)より，点Mのy座標は$\frac{4+1}{2}=\frac{5}{2}$となる。点Mと２点O，Pを結ぶと，△MOPはMO＝MPの二等辺三角形だから，点MからOPに垂線MHを引くと，点Hは線分OPの中点となる。点Mのy座標よりOH＝$\frac{5}{2}$なので，OP＝2OH＝$2\times\frac{5}{2}=5$であり，P(0, 5)となる。

図２
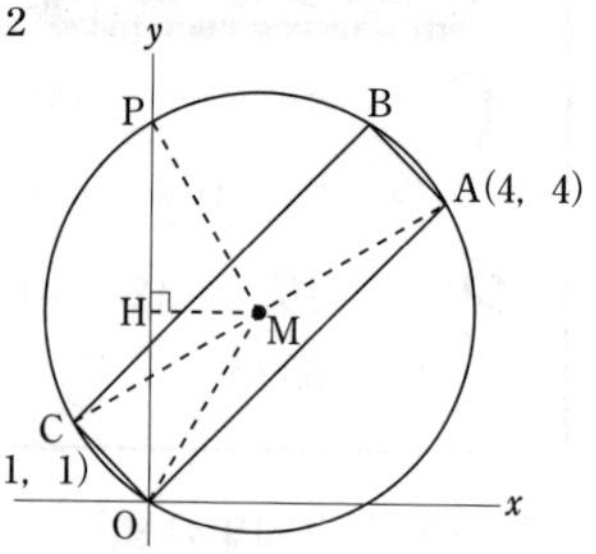

(3)＜平面図形―長さ＞右図３で，△ABCは正三角形なので，AB＝BC＝xとして，点Aから辺BCに垂線AHを引くと，△ABHは３辺の比が$1:2:\sqrt{3}$の直角三角形となり，AH＝$\frac{\sqrt{3}}{2}$AB＝$\frac{\sqrt{3}}{2}x$となる。△ABCの面積が$\sqrt{3}$なので，$\frac{1}{2}\times x\times\frac{\sqrt{3}}{2}x=\sqrt{3}$が成り立ち，$x^2=4$，$x=\pm2$となる。$x>0$だから，$x=2$であり，AB＝AC＝2となる。２点A，Dを結ぶと，△ABD＋△ACD＝△ABCだから，$\frac{1}{2}\times2\times\text{DE}+\frac{1}{2}\times2\times\text{DF}=\sqrt{3}$が成り立ち，DE＋DF＝$\sqrt{3}$となる。

図３
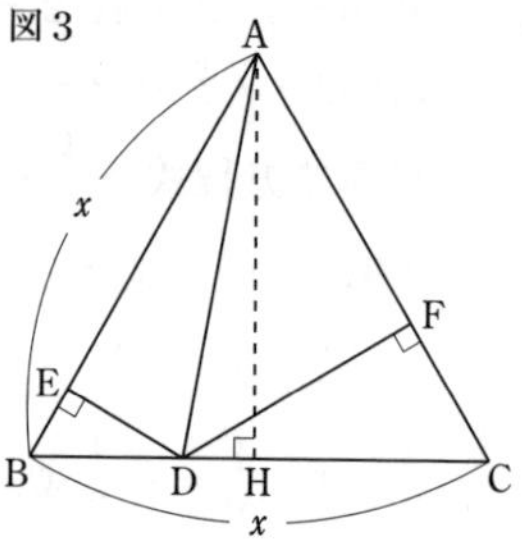

(4)＜空間図形―体積＞右図４のように，点A～点Eを定め，点A，点Eから直線lに垂線AF，EGを引く。図形ABCDEを，直線lを軸として１回転させてできる立体は，△ABCを１回転させてできる立体と△CDEを１回転させてできる立体を合わせたものになる。△ABCを１回転させてできる立体は，長方形ABCFを１回転させてできる円柱から△ACFを１回転させてできる円錐を除いたものだから，体積は，$\pi\times\text{BC}^2\times\text{AB}-\frac{1}{3}\times\pi\times\text{AF}^2\times\text{CF}=\pi\times10^2\times9-\frac{1}{3}\times\pi\times10^2\times9=600\pi$である。また，△CDEを１回転させてできる立体は，△DEGと△CEGを１回転させてできる２つの円錐を合わせたものになる。DC∥ABより，△CDE∽△ABEだから，DE：BE＝CD：AB＝6：9＝2：3であり，EG∥BCより，△EGD∽△BCDだから，EG：BC＝DE：DB＝2：(2＋3)＝2：5となる。よって，EG＝$\frac{2}{5}$BC＝$\frac{2}{5}\times10=4$だから，△CDEを１回転させてできる立体の体積は，$\frac{1}{3}\times\pi\times\text{EG}^2\times\text{DG}+\frac{1}{3}\times\pi\times\text{EG}^2\times\text{CG}=\frac{1}{3}\pi\times\text{EG}^2\times(\text{DG}+\text{CG})=\frac{1}{3}\pi\times\text{EG}^2\times\text{DC}=\frac{1}{3}\pi\times4^2\times6=32\pi$となる。以上より，求める立体の体積は$600\pi+32\pi=632\pi$である。

図４
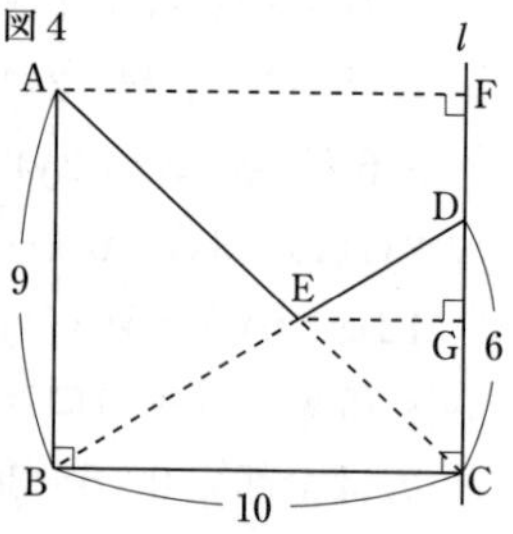

3〔関数―関数$y=ax^2$と一次関数，反比例のグラフ〕

(1)＜座標＞次ページの図１で，点Aは関数$y=\frac{1}{2}x^2$のグラフと関数$y=\frac{4}{x}$のグラフの交点だから，$\frac{1}{2}x^2=\frac{4}{x}$，$x^3=8$，$x^3=2^3$となり，$x=2$である。$y$座標は$y=\frac{4}{2}=2$より，A(2, 2)である。

(2)＜座標＞次ページの図１で，△OAB＝3となる２つの点Bのうち，x座標の小さい方をB_1，大きい方をB_2とする。△OAC＝3となる点Cをy軸上の正の部分にとると，△OAC＝△OAB$_1$だから，OA∥CB$_1$となる。A(2, 2)より，直線OAの傾きは$\frac{2}{2}=1$なので，直線CB$_1$の傾きも１である。また，△OACは，底辺をOCと見ると，点Aのx座標より，高さは２だから，面積について，$\frac{1}{2}\times$

$OC\times2=3$ が成り立ち，$OC=3$ となる。これより，直線 CB_1 の切片は3だから，直線 CB_1 の式は $y=x+3$ となる。点 B_1 は，直線 $y=x+3$ と関数 $y=\dfrac{4}{x}$ のグラフの交点となるから，$x+3=\dfrac{4}{x}$，$x^2+3x-4=0$，$(x+4)(x-1)=0$　$\therefore x=-4,\ 1$　$x>0$ より，$x=1$ だから，点 B_1 の x 座標は1であり，$y=1+3=4$ より，$B_1(1,\ 4)$ である。次に，$\triangle OAD=3$ となる点Dを y 軸上の負の部分にとる。同様にして，$\triangle OAD=\triangle OAB_2$ より，$OA /\!/ DB_2$ となるので，直線 DB_2 の傾きは1となり，$OD=3$ となるので，直線 DB_2 の切片は -3 であり，直線 DB_2 の式は $y=x-3$ となる。点 B_2 は，直線 $y=x-3$ と関数 $y=\dfrac{4}{x}$ のグラフの交点となるから，$x-3=\dfrac{4}{x}$，$x^2-3x-4=0$，$(x+1)(x-4)=0$　$\therefore x=-1,\ 4$　$x>0$ より，$x=4$ だから，点 B_2 の x 座標は4であり，$y=4-3=1$ より，$B_2(4,\ 1)$ である。以上より，求める点Bの座標は，$(1,\ 4)$，$(4,\ 1)$ である。

図1

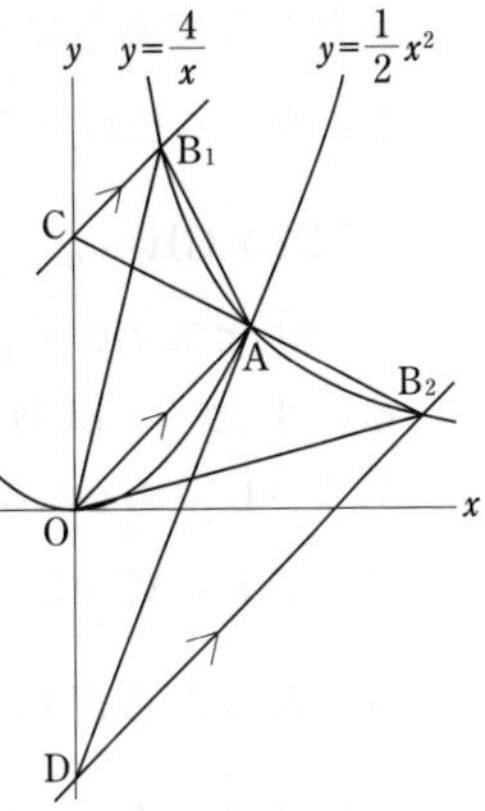

(3)＜x 座標＞右図2のように，関数 $y=\dfrac{1}{2}x^2$ のグラフと直線 B_1B_2 の交点をQ，Rとする。$B_1(1,\ 4)$，$B_2(4,\ 1)$ だから，直線 B_1B_2 の傾きは $\dfrac{1-4}{4-1}=-1$ であり，その式は $y=-x+b$ とおける。点 B_1 を通ることから，$4=-1+b$，$b=5$ となり，直線 B_1B_2 の式は $y=-x+5$ である。よって，2点Q，Rは，関数 $y=\dfrac{1}{2}x^2$ のグラフと直線 $y=-x+5$ の交点だから，$\dfrac{1}{2}x^2=-x+5$ より，$x^2+2x-10=0$ となり，$x=\dfrac{-2\pm\sqrt{2^2-4\times1\times(-10)}}{2\times1}=\dfrac{-2\pm\sqrt{44}}{2}=\dfrac{-2\pm2\sqrt{11}}{2}=-1\pm\sqrt{11}$ となる。よって，求める交点の x 座標は $-1\pm\sqrt{11}$ となる。

図2

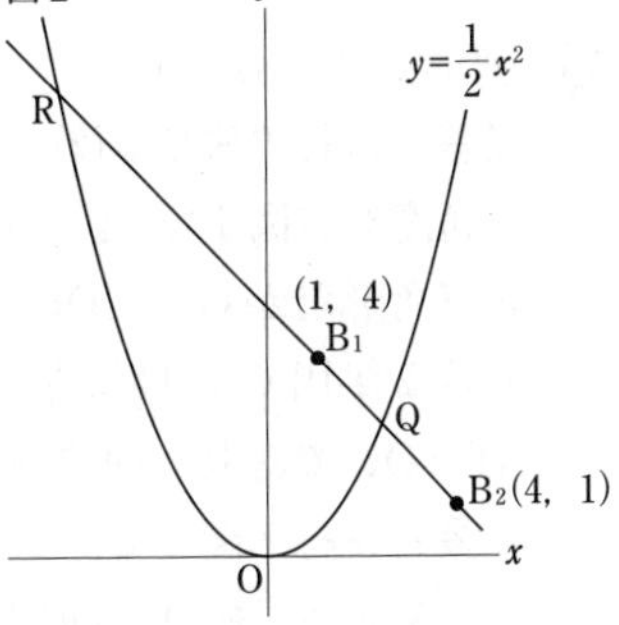

4 〔空間図形—三角錐〕

≪基本方針の決定≫(3)　三角錐EBFGの体積と $\triangle BFG$ の面積を求める。

(1)＜体積＞右図1で，$\angle ABD=\angle CBD=90^\circ$ より，$DB\perp$〔面ABC〕であり，〔面ABD〕$\perp$〔面ABC〕となる。これより，点Gから面ABCに垂線GHを引くと，点Hは辺AB上の点となる。$\triangle ABF:\triangle ABC=AF:AC=2:(2+1)=2:3$ であり，$\angle ABC=90^\circ$ より，$\triangle ABC=\dfrac{1}{2}\times AB\times BC=\dfrac{1}{2}\times3\sqrt{2}\times3\sqrt{2}=9$ だから，$\triangle ABF=\dfrac{2}{3}\triangle ABC=\dfrac{2}{3}\times9=6$ となる。また，$\triangle AGH\backsim\triangle ADB$ となるので，$GH:DB=AG:AD=2:(2+1)=2:3$ であり，$GH=\dfrac{2}{3}DB=\dfrac{2}{3}\times3\sqrt{2}=2\sqrt{2}$ である。よって，〔三角錐ABFG〕$=\dfrac{1}{3}\times\triangle ABF\times GH=\dfrac{1}{3}\times6\times2\sqrt{2}=4\sqrt{2}$ となる。

図1

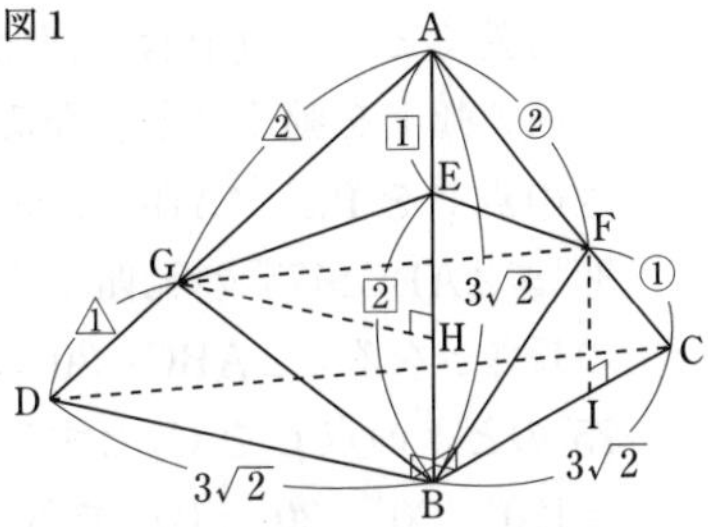

(2)＜長さ—三平方の定理＞右上図1で，点Fから辺BCに垂線FIを引くと，$\triangle ABC\backsim\triangle FIC$ より，$AB:FI=BC:IC=AC:FC=(2+1):1=3:1$ となるので，$FI=\dfrac{1}{3}AB=\dfrac{1}{3}\times3\sqrt{2}=\sqrt{2}$，$IC=\dfrac{1}{3}BC=\dfrac{1}{3}\times3\sqrt{2}=\sqrt{2}$ であり，$BI=BC-IC=3\sqrt{2}-\sqrt{2}=2\sqrt{2}$ となる。よって，$\triangle BFI$ で三平方の定理より，$BF=\sqrt{BI^2+FI^2}=\sqrt{(2\sqrt{2})^2+(\sqrt{2})^2}=\sqrt{10}$ である。

(3)＜長さ＞右上図1で，点Eから平面BFGに引いた垂線の長さは，三角錐EBFGの底面を $\triangle BFG$ と見たときの高さに当たる。$\triangle ABF:\triangle EBF=AB:EB=(1+2):2=3:2$ より，$\triangle EBF=\frac{2}{3}\triangle ABF=\frac{2}{3}\times 6=4$ だから，〔三角錐EBFG〕$=\frac{1}{3}\times\triangle EBF\times GH=\frac{1}{3}\times 4\times 2\sqrt{2}=\frac{8\sqrt{2}}{3}$ である。次に，(2)と同様にして，$BG=\sqrt{10}$ となるから，$BG=BF=\sqrt{10}$ であり，△BFGは二等辺三角形である。また，△BCDは直角二等辺三角形だから，$CD=\sqrt{2}BC=\sqrt{2}\times 3\sqrt{2}=6$ である。$AF:AC=AG:AD=2:(2+1)=2:3$ より，$\triangle AFG\backsim\triangle ACD$ となるから，$FG:CD=AF:AC=2:3$ となり，$FG=\frac{2}{3}CD=\frac{2}{3}\times 6=4$ となる。よって，△BFGは上図2のようになり，点Bから辺FGに垂線BJを引くと，点Jは辺FGの中点となり，$GJ=\frac{1}{2}FG=\frac{1}{2}\times 4=2$ となる。△BJGで三平方の定理より，$BJ=\sqrt{BG^2-GJ^2}=\sqrt{(\sqrt{10})^2-2^2}=\sqrt{6}$ となるので，$\triangle BFG=\frac{1}{2}\times FG\times BJ=\frac{1}{2}\times 4\times\sqrt{6}=2\sqrt{6}$ である。したがって，図1で，求める垂線の長さを h とすると，三角錐EBFGの体積について，$\frac{1}{3}\times 2\sqrt{6}\times h=\frac{8\sqrt{2}}{3}$ が成り立ち，$h=\frac{4\sqrt{3}}{3}$ となる。

図2

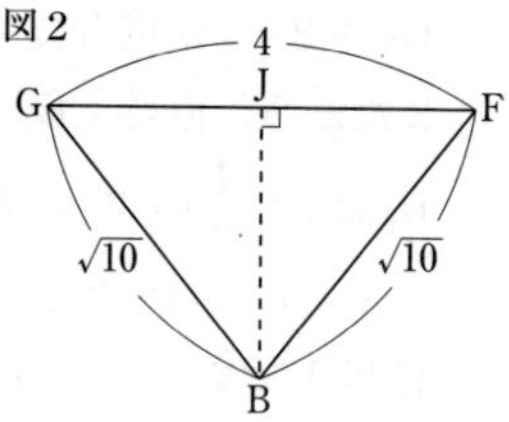

5〔平面図形―半円〕

≪基本方針の決定≫(2)　△ABPがAP＝ABの二等辺三角形であることに気づきたい。

(1)＜角度＞右図1で，2点O，Cを結ぶと，△OBCはOB＝OCの二等辺三角形だから，∠OCB＝∠ABC＝30°となる。直線CHは点Cにおける半円Oの接線なので，OC⊥CHである。AP⊥CHだから，AP∥OCであり，同位角より，∠APB＝∠OCB＝30°となる。

図1

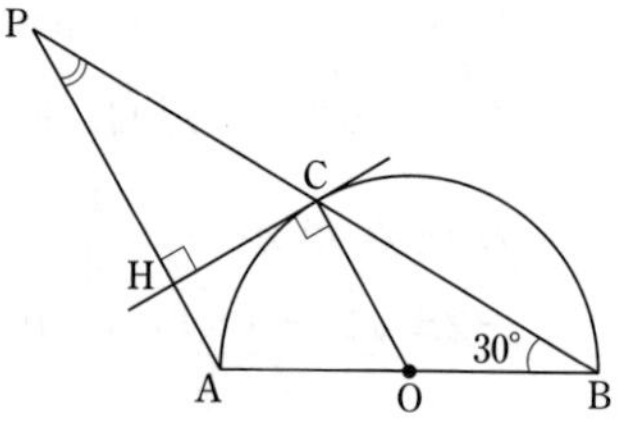

(2)＜長さ＞右下図2で，(1)と同様に考えると，OB＝OCより，∠OCB＝∠ABCであり，OC⊥CH，AP⊥CHより，AP∥OCだから，∠APB＝∠OCBとなる。よって，∠APB＝∠ABCとなるから，△ABPはAP＝ABの二等辺三角形である。AP＝AB＝2OA＝2×1＝2だから，点Cが点A，点Bを除く$\overset{\frown}{AB}$上を動くとき，点Pは，点Aを中心とする半径がAP＝2の円の弧上を動くことになる。よって，∠ABC＝30°のときの点PをP_1，∠ABC＝75°のときの点PをP_2とすると，30°≦∠ABC≦75°の範囲で点Pが動くときの長さは$\overset{\frown}{P_1P_2}$の長さとなる。∠ABC＝30°のときの点CをC_1，∠ABC＝75°のときの点CをC_2とすると，$\angle AP_1B=\angle ABC_1=30^\circ$ より，$\angle P_1AB=180^\circ-\angle AP_1B-\angle ABC_1=180^\circ-30^\circ-30^\circ=120^\circ$ であり，$\angle AP_2B=\angle ABC_2=75^\circ$ より，$\angle P_2AB=180^\circ-\angle AP_2B-\angle ABC_2=180^\circ-75^\circ-75^\circ=30^\circ$ だから，$\angle P_1AP_2=\angle P_1AB-\angle P_2AB=120^\circ-30^\circ=90^\circ$ である。したがって，$\overset{\frown}{P_1P_2}$は，半径がAP＝2，中心角が$\angle P_1AP_2=90^\circ$のおうぎ形AP_1P_2の弧だから，点Pが動いた長さは $2\pi\times 2\times\frac{90^\circ}{360^\circ}=\pi$ となる。

図2

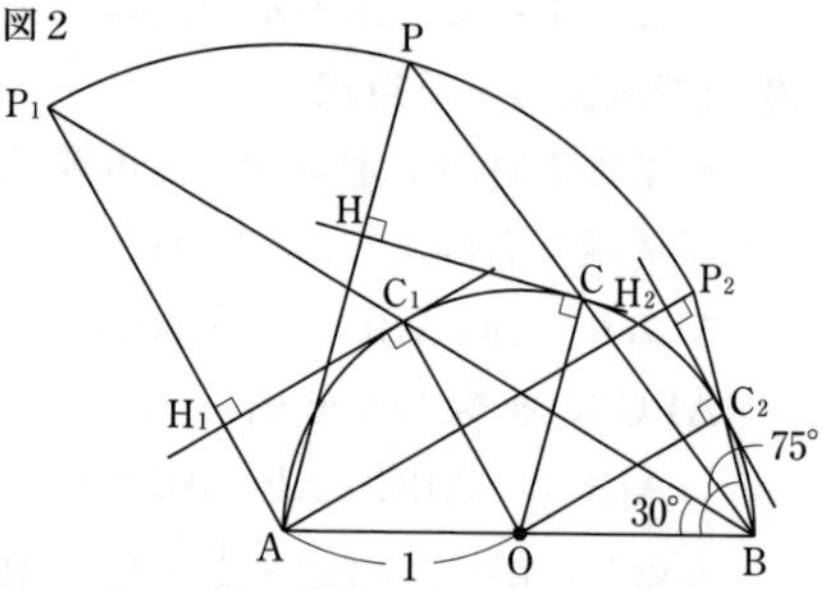

国語解答

一 問1　A…エ　B…イ

問2　政府は衆論に従う必要がある以上，衆論に非がある場合はどれほど政府が優秀でも成果を上げられないから。（49字）

問3　ウ　　問4　大衆世～を防ぐ

問5　エ

問6　論議を尽くしたうえでの投票による意思決定という手続きとして民主主義を理解することで，一時的な感情に流されやすく危うい民意や世論という主権から距離をとることができるから。（84字）

問7　ア　　問8　イ，エ

二 問1　ⓐ…イ　ⓑ…ウ　　問2　ウ

問3　ア

問4　信じていたはずの善十が自分や弥吉を陥れたという思いがけない事実を聞かされ，驚き衝撃を受ける様子。（48字）

問5　イ　　問6　ア　　問7　エ

問8　男たちから，自らの意志を無視されたまま所有物のように扱われていたことを痛感したが，自分の意志で生きていく覚悟を持つことができたから。（66字）

問9　イ

三 1　陳列　　2　傍聴　　3　凡庸

4　粋　　5　憩

一〔論説文の読解―政治・経済学的分野―政治〕出典；佐伯啓思『さらば，欲望　資本主義の隘路をどう脱出するか』。

≪本文の概要≫かつて福澤諭吉は，『文明論之概略』の中で，近年の日本政府が十分な成果を上げられないのは衆論に従うほかないからであり，まずは衆論の非を正すことが急務だと書いていた。「私」は，「民主主義の根本原理は国民主権にあり」という命題の解釈について，疑いの念を持っている。世論は，その時々の情緒や社会の雰囲気に流されやすいものだが，「国民主権の民主主義」は，この不安定な世論を国民の意思と見なし，それに「主権」という絶対的権力を付与する。主権は絶対的なものであるがゆえに，誰も異を唱えることができない。それは大きな危険を内包しているように思われる。では異なる民主主義の理解はありえないのかといえば，ありうる。論議を尽くしたうえでの投票による意思決定という，「手続きとしての民主主義」である。もともと議会主義も議院内閣制も，民意や世論という「主権」からは距離をとるものである。民意を実現しさえすれば政治はうまくいくという理解が，いつのまにか定着しているが，今日，国の将来像についての共通了解が失われ，従来の価値観や方法が世界中で信頼を失い，政治は混迷している。そんな大問題について，民意が答えを出せるはずもない。福澤流にいえば，将来を見渡せる大きな文明論によって民意に抗しつつ，それを動かす必要があり，それを行うのは，学者やジャーナリズムを含めた知識人層の課題であろう。

問1．A＜慣用句＞「一線を画す」は，はっきりと区別する，という意味。国民が「議会の議員と政党」を選出し，「多数政党の党首が通常は首相となる」という議院内閣制は，「大統領のような，直接選挙による選出」とは明確な違いがある。　B＜語句＞「均衡」は，複数の物事の間で，力や重さなどが釣り合っていること。米国の場合，権力を「大統領制」と「議会制」に分割し，さらに議会を「上院，下院に分割」し，政府も「連邦政府と州政府」に分割して，権力を一つに集中させずに釣り合いを保つという政治体制になっている。

問２＜文章内容＞政府は，衆論に非があったとしても，「『多勢』の『衆論』」に「従うほかない」が，それでは，政府が優秀でも，「成果をあげられない」ことになる。したがって，学者は，政府批判より，まず「衆論」が誤った方向に行かないように「衆論の非を改める」ことが大事なのである。

問３＜文章内容＞自民党の党首選では「世論が重要な役割を果たして」いて，「候補者の国民的な支持率や人気度」がメディアで報じられ，候補者たちも自民党党員たちも，世論を気にしている。それは，「一国の首相は，国民世論の大きな支持を受けて選出されるべきだ」という考えが前提にあるためである。

問４＜表現＞「民主主義の暴走」とは，国民の「情緒的な動揺や，過度に短期的で短絡的な反応によって政治が翻弄されること」である。このような「大衆世論の一時的な情緒やある種の扇動によって政治が動揺することを防ぐ」ための方式が，「議院内閣制」のような「間接的方式」である。

問５＜文章内容＞主権者の形成する「国民世論」は，しばしば「短期的で短絡的」になりがちであり，「国民の主権」は「危ういもの」といえる。にもかかわらず，「主権は絶対的」なものであるがゆえに，主権の「正統性」について，「誰も異を唱えることができない」のである。

問６＜文章内容＞民意や世論は，「その時々の情緒や社会の雰囲気」に左右されやすいため，政策の妥当性についての判断を全て任せるのは危うい。だが，普通選挙で選ばれた「代表者」によって「論議を尽くした上」で，「投票による意思決定」をするという手続きとして民主主義を理解すれば，「民意や世論という『主権』」から，「距離をとる」ことができるのである。

問７＜文章内容＞明治初期に，福澤諭吉は，「衆論に追従」するのではなく，「将来を見通せる大きな文明論」によって衆論の方向を改めさせ，国が方向を決める必要があることをすでに主張していた。国の将来像についての「共通了解」が失われ，政治が混迷した今日においては，福澤が主張したような「将来を見渡せる大きな文明論」によって民意を動かしていくことが，「知識人層の課題」なのである。

問８＜要旨＞日本では，「国民主権の民主主義」が絶対的なものとされており，「その時々の情緒や社会の雰囲気」に左右されやすい民意や世論によって，政治が流される面がある。英国の「君主制と議会主義への強いこだわり」や，米国の「直接民主主義である大統領制と間接民主主義である議会制」で権力を分割する政治体制が，政治の動揺を防ぐ仕組みになっていることを考えると，「国民主権という観念」に疑念を持たざるをえない(ア…○)。しかし，「国民主権としての民主主義」とは異なる考え方として，普通選挙によって国民に選ばれた代表者が「論議を尽くした上での投票による意思決定」を行うという，手続きとして民主主義を理解すれば，「民意や世論という『主権』からは距離をとる」ことができる(イ…×，ウ…○)。日本の民主主義運動は，「民意の実現」を目指したものであり，「民意を実現しさえすれば政治はうまくゆく」という理解が定着しているが，今日は，「将来像について」の国民の「共通了解」が失われている。今後は，「将来を見渡せる大きな文明論」によって民意を動かす必要があり，学者やジャーナリズムを含めた「知識人層」が，その役割を担うべきである(エ…×，オ…○)。

二 〔小説の読解〕出典；砂原浩太朗『帰ってきた』。

問１ⓐ＜慣用句＞「虚を衝く」は，相手が油断しているところに，想定外の行動をする，という意味。
ⓑ＜語句＞「精悍」は，顔立ちや振る舞いに鋭さと勇ましさが感じられること。

問２＜表現＞弥吉が「賭場で相手を半殺しに」して，罪に問われるような事態になったことで，おみのは，黒い闇で周りが見えなくなるように人生の展望が見えなくなり，強い「絶望感」にとらわれてしまったのである。

問３＜心情＞弥吉に呼びかけるのに，「お前さん」という夫に対する呼び方が「しぜんと口をついて出た」ことで，おみのは，善十には「ねえ，とか，ちょいと，としか声をかけてこなかった」ことを思い出し，自分がいまだに善十ではなく，弥吉を夫と感じていることを自覚させられたのである。

問４＜表現＞「ぐずでのろまな善十が，おれをはめやがった」という思いもよらない事実を弥吉に突きつけられて，おみのは，弥吉の言葉が「するどい痛み」と感じられるほどに驚き，善十の方を振り返ることもできなかったのである。

問５＜文章内容＞おみのを手に入れるために兄貴分の弥吉を陥れたり，執着のあまりにおみのを暴力的に抑えこむ行動に出たりするような，今までとは全く違う恐ろしい善十の姿を知って，おみのは，顔も声も「はじめて」見聞きする別の人物に接しているような気になり，恐怖を感じたのである。

問６＜表現＞善十が「こ，こいつはおれのもんだ」と言ったのを聞いて，おみのは，意志を持たない品物のように扱われたことに激しい怒りを抱き，善十の意のままにならずに，自分自身の人生を生きようとする意志が生まれて，「あたしはあたしのもんだっ」と叫んだ。

問７＜心情＞善十の身勝手な執着で恐ろしい目にあったばかりのおみのに対して，弥吉が自分の欲望を満たすために「指さきを胸元へ滑りこませようとする」ことに，おみのは，善十に感じたのと同じ怒りを感じ，自分の人生は自分のものだと，弥吉を拒絶したのである。

問８＜文章内容＞善十も弥吉も，おみのの意志を尊重することなく，おみのを所有物のように「おれのもん」として扱った。おみのは，男たちの自分に対する理不尽な扱いにいら立ちを感じたものの，その一方で，男たちから離れ，自分の意志と力で生きる決心をすることができたため，どこかすっきりした思いも感じたのである。

問９＜表現＞善十は気弱なようでいて，おみのへの執着から弥吉を陥れ，最後は暴力的な行動に出るような恐ろしい面を持ち，おみのも男たちに振り回されているようでいて，「あたしはあたしのもんだっ」と叫ぶ強さを持っており，登場人物の描かれ方は単純ではない(ア…×)。おみのが自分の意志を無視され，男たちの身勝手な執着に振り回されて怒りを感じる一方で，川に落ちた善十に対して「生きていてくれれば」と願ったり，善十の暴力的な行動から助けてくれた弥吉に対して「ありがとう」と感謝を述べたりするなどの描写から，人間の感情の複雑さや微妙さが読み取れる(イ…○)。物語は，おみのの視点で進み，おみのの心情や，おみのから見た他の登場人物の表情や行動が描かれている(ウ…×)。舞台は江戸時代だが，身勝手な執着で他人を振り回すような行動や，自分の意志を軽んじる者たちへの怒り，自分の意志で生きる決意など，現代人にも通じるような現実的な人物の心情や行動が描かれている(エ…×)。

三〔漢字〕

１．「陳列」は，客に見せるために品物を並べて展示すること。　２．「傍聴」は，裁判や会議などに，当事者以外の第三者が許可を得て参加し，その内容を聴くこと。　３．「凡庸」は，特に目立った点がなく，ありふれていること。　４．音読みは「純粋」などの「スイ」。　５．音読みは「休憩」などの「ケイ」。

2023年度　城北高等学校（推薦）

【英　語】（50分）〈満点：100点〉

1　各組の英文がほぼ同じ意味になるように，かっこに適語を入れなさい。

(1) This is the biggest fish that I have ever seen.
I have (　　) seen (　　) a big fish.

(2) How old is this building?
When (　　) this building (　　)?

(3) Can you use this machine?
Do you know (　　)(　　) use this machine?

(4) His father is a famous singer in Japan.
His father is a singer (　　)(　　) a lot of people in Japan.

(5) Please tell me the meaning of the word.
Please tell me (　　) the word (　　).

2　それぞれの日本語の意味に合うように，かっこに適語を入れなさい。

(1) 私は公園で散歩することが好きだ。
I am (　　)(　　)(　　) in the park.

(2) ジェーンは，あなたに彼女の赤ん坊の世話をして欲しいと思っています。
Jane (　　) you (　　)(　　) care of her baby.

(3) ケンは顔色が悪い。彼は病気に違いない。
Ken looks pale.　He (　　)(　　) sick.

(4) 私たちの学校は，その博物館の前に立っている。
Our school stands (　　)(　　)(　　) the museum.

3　次のア～ケの中から文法的に正しい英文を**4つ**選び，記号で答えなさい。

ア　Everyone was impressed by his speech.
イ　How long has that gentleman been in Japan?
ウ　He went to school by a bus.
エ　Who were you talking on the phone?
オ　I have forgotten to bring my glasses.
カ　Please give me cold something to drink.
キ　She has many money, but he has much more.
ク　My mother looks happier now than yesterday.
ケ　Many people got too exciting to sit still.

4　次の英文を読んで，あとの問いに答えなさい。

Anne's (1)(　　) birthday was a special one.　On this day, she received the diary that would (2)make her famous years later.

Anne wanted a diary for her birthday very badly.　So, before the day of her birthday, her father

Otto took Anne (3)(　　　) a large bookstore near their house (3)(　　　) find one. Anne chose a diary with a red-and-white-checked *pattern on the cover.

Friday, June 12, 1942, was Anne's birthday. Anne woke up early, at six o'clock. (4)(　　　) she went into the living room, she found all her presents waiting for her on the table. Her diary was among *a bunch of flowers and other gifts. She also received a blue shirt, a bottle of grape juice, a puzzle, some books, and some face cream. (4)(　　　) Anne went to school that day, her classmates danced around her in a circle and sang "Happy Birthday."

That day, Anne wrote in her diary for the first time. She wrote, "I hope I will be able to *confide everything to you, as I have never been able to confide in anyone, and I hope you will be a great *source of comfort and support."

Anne had a birthday party that Sunday, and all her friends came. (5)Anne was very happy to be the center of so much attention. Anne opened more presents, everyone ate strawberry pie, and Otto put on a *"Rin Tin Tin" movie. Anne wrote in her diary that her classmates liked the movie very much.

Anne wrote in her diary all the time. Her friends often wondered what she was writing, but she never showed anyone. She covered the page with her hand as she wrote. She named her diary "Kitty" and wrote in it *as if she were talking to her closest friend.

Anne also put some photographs of herself in her diary. (6)(were / 1940 / were / which / they / taken / photographs / in). Most of the black-and-white photos Anne put in her diary showed her smiling or laughing. But one showed her looking quiet and deep in *thought. Next to this one, she wrote, "This is a photograph of me as I wish I looked all the time. Then I might still have a chance of getting into Hollywood."

（注） pattern：模様　a bunch of ～：大量の～　confide：打ち明ける
source of comfort：いやしの源　"Rin Tin Tin" movie：Rin Tin Tin（犬の名前）の映画
as if she were ～：まるで彼女が～しているかのように　thought：思考

問1　(1)には「13歳の」を表す単語（1語）が入る。その単語を，算用数字ではなく英語のつづりで答えなさい。

問2　(2)の make と同じ使い方をしている make を含む英文を，次のア～エから1つ選び，記号で答えなさい。

ア　A secret makes women beautiful.
イ　He is making a lot of dolls.
ウ　This desk is made of wood.
エ　They made a noise in the classroom.

問3　2か所ある(3)には同じ単語（1語）が入る。その単語を答えなさい。

問4　2か所ある(4)には同じ接続詞が入る。それを次のア～エから1つ選び，記号で答えなさい。

ア　Because　イ　When　ウ　Before　エ　Since

問5　(5)の英文を日本語に直しなさい。

問6　(6)のかっこ内の語を「それらは1940年に撮られた写真でした。」となるように並べかえなさい。なお，文頭に来る単語も小文字で始めてある。

問7　次の定義に合う単語（1語）を，本文中から抜き出して答えなさい。

ア　a book in which you write down the things that happen to you each day
イ　a game or toy that has a lot of pieces that you have to fit together

5 次の英文を読んで，あとの問いに答えなさい。

Cows have helped humans for thousands of years, but few people know about a special *favor that we received (　a　) this animal. In fact, anyone who has ever had a *vaccine to stop a disease can thank cows and an English country doctor who lived more than 200 years ago.

In the late 1780s, a *smallpox *epidemic was killing thousands of people across Europe. Smallpox spreads through human contact. It《 あ 》with a fever. Then people get *spots on their body. Many people die. Others have *scars on their faces and bodies forever. Famous doctors and scientists could not find a treatment (　b　) smallpox. During that time, they were beginning to use scientific methods to do experiments, but they did not understand the body's *immune system and the way it worked.

[　A　] When smallpox began killing his patients, he tried to help. He《 い 》a lot of questions, and he wrote down information (　c　) the disease. He talked to farmers, teachers, and people at stores. People《 う 》him stories. They said that people who caught a disease called *cowpox did not get smallpox.

Jenner decided to do scientific research on cowpox. He learned that people got cowpox from working (　d　) cows. It was not dangerous and never killed anyone. The *milkmaids often got sick, but then they became healthy again and went back to work. Jenner did research, and he discovered that they did not get smallpox. The stories were true.

[　B　] He wanted to know what protected the milkmaids from *infection. He decided to do an experiment. First, he *infected a boy with cowpox. The boy got sick at first, but then he got better. Next, Dr. Jenner did a very dangerous thing. He infected the same boy with smallpox. Would the cowpox *virus in the boy's body stop smallpox? Dr. Jenner thought (ア)<u>so</u>, but he did not know for sure.

Dr. Jenner and the boy's family watched the boy carefully for the next few days. Fortunately, Dr. Jenner's idea was correct. The boy did not get sick, and Dr. Jenner found a way of《 え 》the smallpox epidemic. Dr. Jenner made one of the most important discoveries of the eighteenth century.

[　C　] Dr. Jenner's ideas were very different from the way most doctors and scientists thought about medicine. They said, "How can you give a person one disease to stop another disease?" Jenner did many experiments to show that his idea was right. Finally, people saw that he was right.

Dr. Jenner decided to name his new method after the *Latin for cow (*vacca*) and the Latin for cowpox (*vaccinia*). He called the method a *vaccination*. Doctors then started to *vaccinate people, and the epidemic ended. There is still no way for us to treat smallpox, but the smallpox vaccine (イ)<u>(disease / from / getting / many / people / stops / terrible / this).</u>

[　D　] Disease experts travel all over the world and study *infectious diseases. They try to find vaccines to stop these diseases. Their methods are similar to Dr. Jenner's. His idea of using one disease to fight another disease is still one of the main ways that scientists develop *life-saving medicines.

（注） favor：親切な行為　vaccine：ワクチン　smallpox：天然痘（病気の名前）　epidemic：（病気の）流行
spot：斑点　scar：傷　immune：免疫　cowpox：牛痘（病気の名前）
milkmaid：乳しぼりをする女性　infection：感染　infect：感染させる　virus：ウイルス
Latin：ラテン語　vaccinate：ワクチンを打つ　infectious：感染性の　life-saving：命を救う

問1　(a)～(d)に入る最も適切な語を次のア～オから１つずつ選び，記号で答えなさい。ただし，同じ記号を２度使ってはいけません。

ア　about　　イ　for　　ウ　from　　エ　to　　オ　with

問2　《あ》～《え》に入る最も適切な語を次から選び，必要があれば形を変えて書きなさい。ただし，同じ語を２度使ってはいけません。

ask　　become　　leave　　start　　stop　　tell

問3　[A]～[D]に入る最も適切な文を，次のア～エから１つずつ選び，記号で答えなさい。ただし，同じ記号を２度使ってはいけません。

ア　There was a new challenge, however.

イ　Edward Jenner was a doctor in a small village in England.

ウ　Today, medical researchers are busy with new viruses.

エ　Jenner wanted to test his idea scientifically.

問4　下線(ア)so の内容を，具体的に25～35字の日本語で説明しなさい。ただし，句読点も字数に含めます。

問5　下線(イ)のかっこ内の語を，文脈に合うように並べかえなさい。

問6　本文の内容に合うものを次のア～クから３つ選び，記号で答えなさい。

ア　The first vaccine was discovered 500 years ago.

イ　Milkmaids did not get smallpox.

ウ　Only cows can get cowpox.

エ　Cowpox was more dangerous than smallpox.

オ　Dr. Jenner infected himself with smallpox.

カ　The boy with cowpox got sick, but he didn't die from the disease.

キ　Dr. Jenner's experiment with the boy helped Jenner to find a treatment.

ク　At first, doctors did not believe Dr. Jenner, but they changed their minds later.

【数　学】（50分）〈満点：100点〉

（注意）　1．分度器を使ってはいけません。

　　　　　2．円周率はπを用いて表しなさい。

〈編集部注：実際の試験では，5はiPadを使って解く問題です。〉

※なお，弊社ホームページでは，iPadで使用された図形を見られます。必要な方はアクセスしてください。

1　次の各問いに答えよ。

(1)　$a=3\sqrt{7}$，$b=2\sqrt{7}$ のとき，$15a^2+23ab+4b^2$ の値を求めよ。

(2)　連立方程式 $\begin{cases} ax-2y=-2 \\ 6x+ay=10 \end{cases}$ の解が $x:y=1:3$ を満たすとき，a の値を求めよ。

(3)　y は x に反比例し，$x=p$ のとき $y=8+p$，$x=4$ のとき $y=3+p$ である。このとき，y を x の式で表せ。ただし，p は正の数とする。

(4)　サイコロを3回投げて出た目を順に a，b，c とし，3桁の整数 $100a+10b+c$ を作る。この整数が400以下の9の倍数となる確率を求めよ。

2　次の各問いに答えよ。

(1)　下の図1のように，AB∥DC∥GH，AB＝DC＝5，GH＝2であるとき，BC：EFを求めよ。

図1

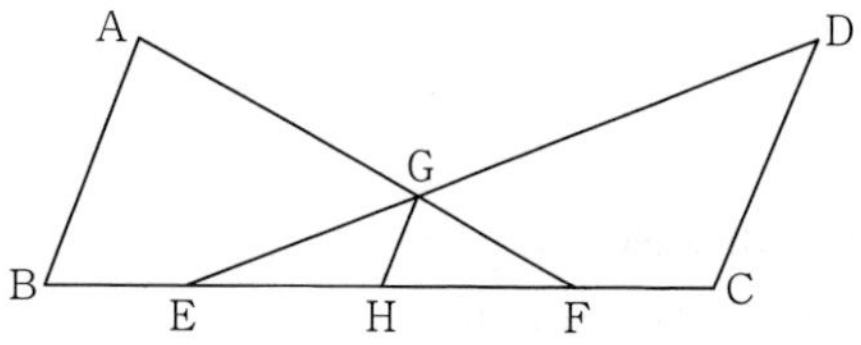

図2

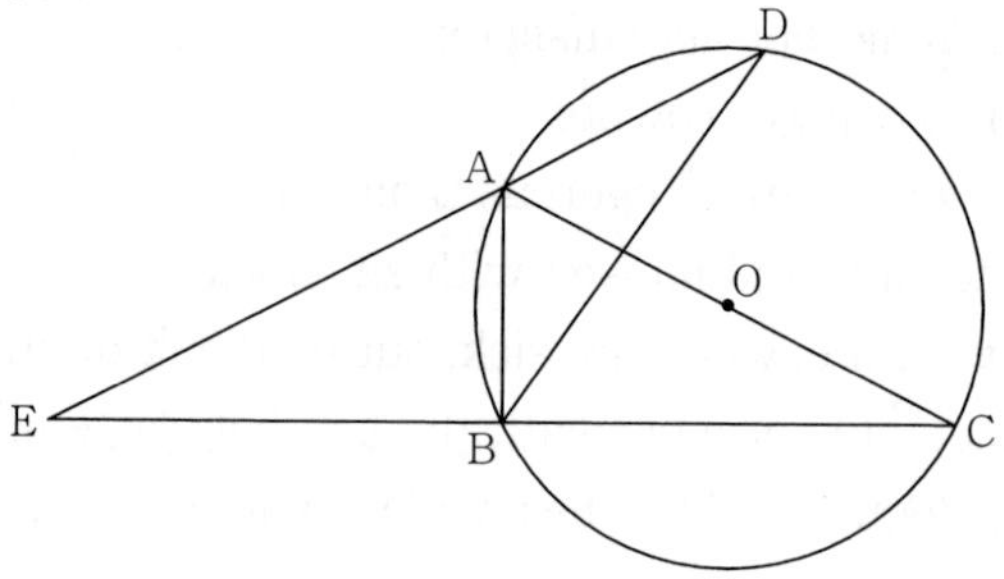

(2)　上の図2のように，円Oの周上に4点A，B，C，Dがあり，DAの延長とCBの延長との交点をEとする。ACが円Oの直径，AC＝AE，BE＝3，AD＝2であるとき，AEの長さを求めよ。

(3)　下の図3は半径3，中心角65°の扇形である。斜線部分の面積を求めよ。

図3

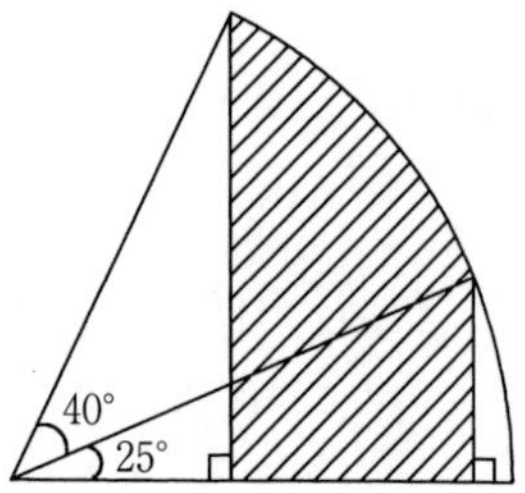

図4

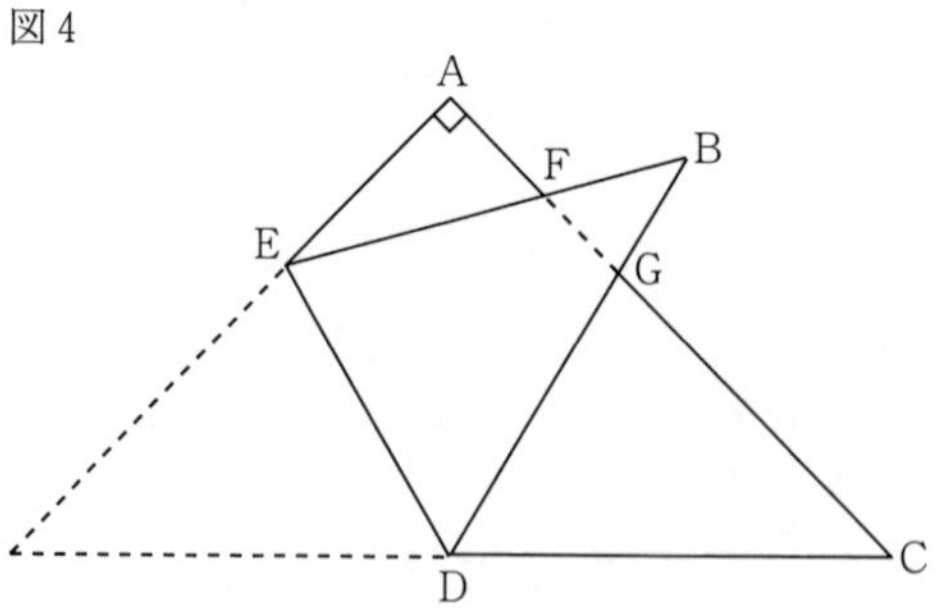

(4)　上の図4は直角二等辺三角形ABCを，辺BCの中点Dと，辺AB上の点Eを結んだ線分DEで折り返した図形である。辺ACとBE，BDの交点をそれぞれF，Gとし，∠BDC＝60°，AE＝1であるとき，DGの長さを求めよ。

3　下の図のように，2つの平行な直線 l，m があり，直線 l 上の2つの点をA，Bとする。2点A，B，直線 m から等しい距離にある点Pを解答欄に作図せよ。ただし，作図には定規，コンパスを使い，作図に用いた線は消さないこと。

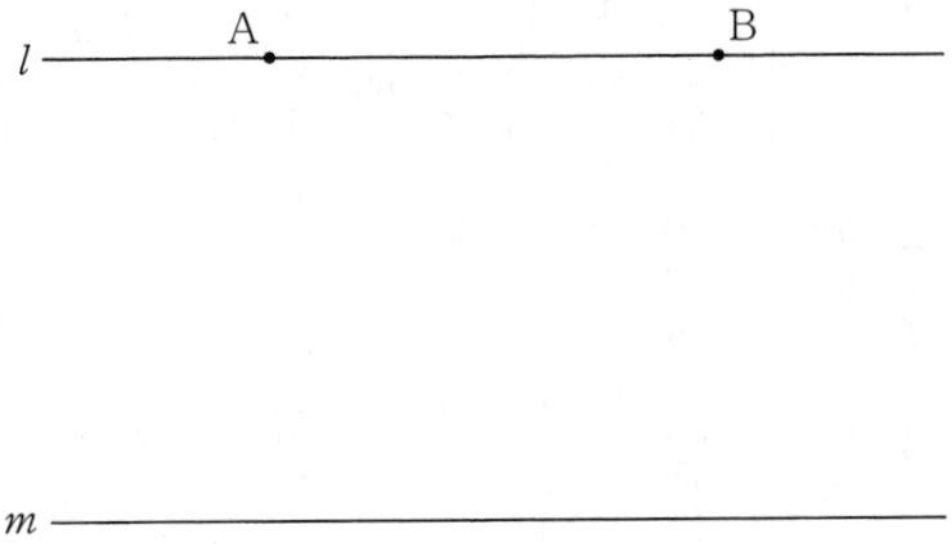

4　右の図のように，直線 l：$y=ax+6$ は放物線 m：$y=bx^2$ と2点A，Bで，y 軸と点Cで交わっている。また，四角形OACDは正方形である。このとき，次の問いに答えよ。

(1)　a と b の値を求めよ。

(2)　点Cを通り△OCBの面積を2等分する直線 l' の式を求めよ。

　直線 l' と直線OBの交点をEとする。

(3)　△OCE＝△OCFとなる直線 l 上の点Fの座標をすべて求めよ。

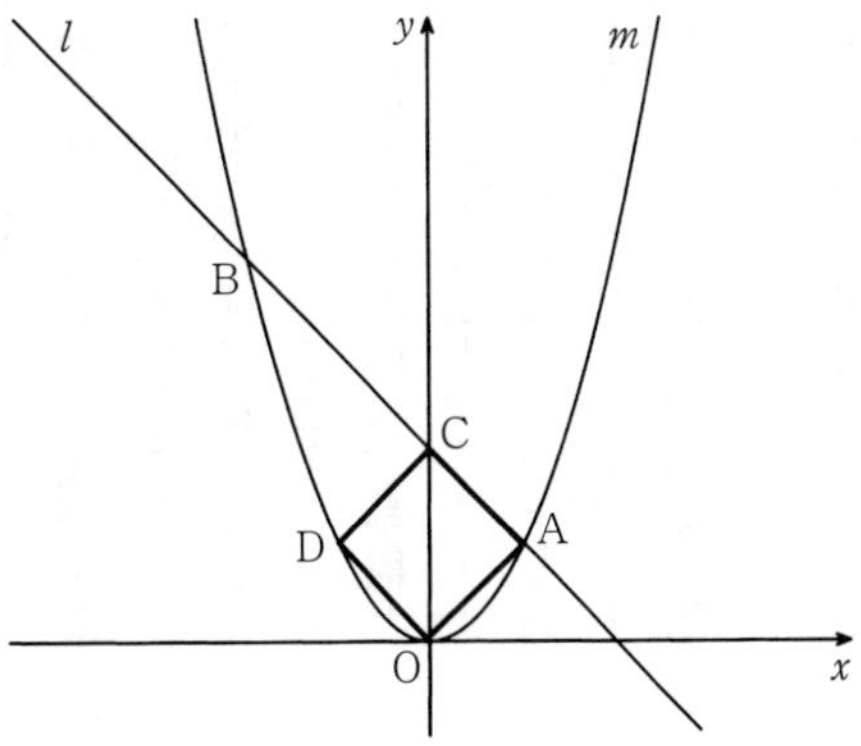

5　右の図のように，AB＝$2\sqrt{15}$，AD＝AE＝6の直方体ABCD-EFGHと，直方体の対角線の交点Oを中心とする球面Sが，面ABCD，EFGHとそれぞれM，Nで接している。辺EF上の点Pに対して，線分MPと球面Sとの交点のうち，点Mでない方を点Qとする。このとき，次の問いに答えよ。

(1)　点Pが辺EFの中点であるとき，線分MQの長さを求めよ。

(2)　点Pが辺EF上を点Eから点Fまで動くとき，点Qが動いた長さを求めよ。

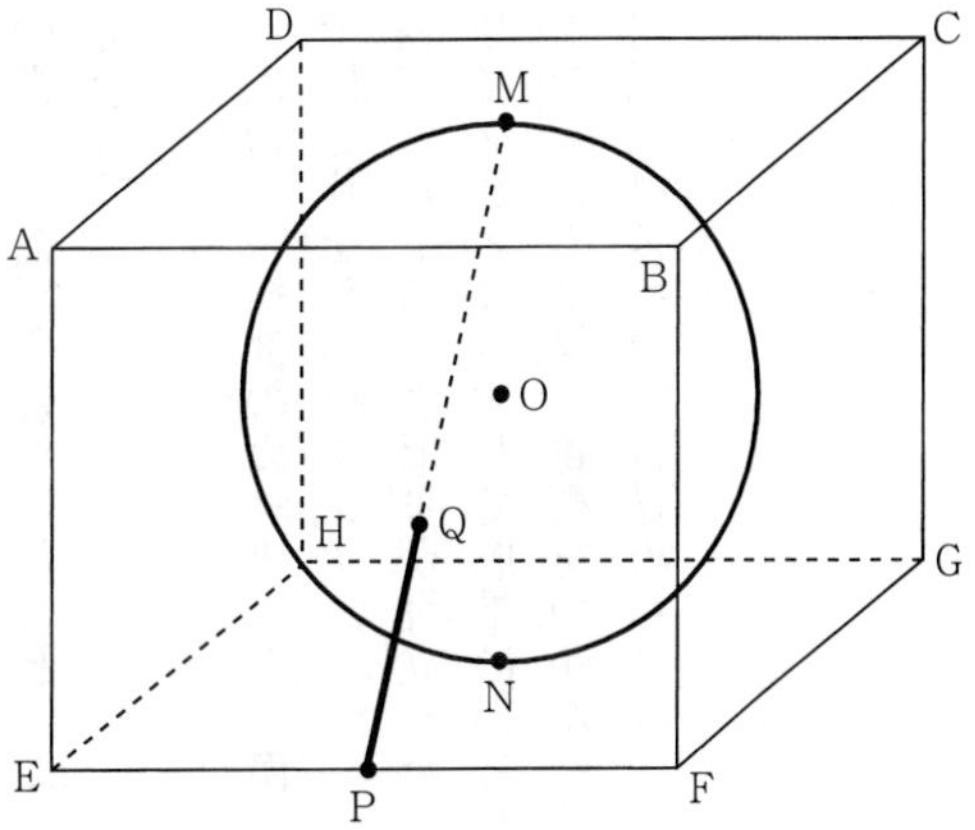

親子としての関係を取り戻すことができたから。

エ　自分に心配をかけたことをしおらしく反省する柊の姿に、親としてはじめて愛しさを感じることができたから。

問6　――⑤「はらはらと目から涙が溢れ出てきた」とありますが、それはなぜですか。その説明として最もふさわしいものを次の中から選び、記号で答えなさい。

ア　柊にとって、唯一の心の支えとなっていたネムくんがいなくなり、今後の柊のことが心配になったから。

イ　想像上の存在などいないという現実を受け止め、成長しようとしている柊の姿に感慨を抱いたから。

ウ　柊が大切にしているネムくんを、柊の不健全な生活の原因だと思っていた自分の浅はかさに呆れたから。

エ　柊がネムくんと話すのは、早織と二人でいる生活に淋しさを感じていたからではないとわかり、安心したから。

問7　――⑥「彼のベランダ生活は通過儀礼なのかもしれない」とありますが、どういうことですか。その説明として最もふさわしいものを次の中から選び、記号で答えなさい。

ア　家から出られない柊がベランダで生活しているのは、外の世界への強い憧れの表れだったのかもしれないということ。

イ　ベランダに出て生活する期間は、今後柊が外に出て成長するために避けられないものだったのかもしれないということ。

ウ　不登校になり、ベランダで生活する期間は、すでに柊にとって過去のものになりつつあるのかもしれないということ。

エ　柊が家にとじこもり、ベランダで生活していたのは、早織と柊の絆を試す試練だったのかもしれないということ。

問8　――⑦「今いる場所がそれほど悪いとも思わなかった」とありますが、「私」がこのように思えるようになったのはなぜですか。その説明となる次の文の（　）にふさわしい言葉を、本文全体を踏まえて80字以内で書きなさい。

☆　かつての恋は成就せず、柊との間には親子の葛藤《かっとう》が続いていたが、（　　　）から。

問9　本文の表現の説明として最もふさわしいものを次の中から選び、記号で答えなさい。

ア　主人公である「私」の一人称で比喩表現などを多用して技巧的に語っている上に、自然についての描写を所々に差しはさんで象徴的に用いることによって、場面の展開をより明確にしている。

イ　主人公である「私」の内面に寄り添う形で物語を展開しつつも、ときに柊の心内表現もそのまま語ることによって作品世界に広がりを持たせ、複雑で多岐にわたる物語内容や登場人物の心情を表現している。

ウ　主人公である「私」の現在の心情を中心に描写しつつも、過去の回想や思いなどを差しはさむことで作品構造を多層化し、過去を引きずりながら現在を生きている「私」のあり方を巧みに表現している。

エ　主人公である「私」の思いや感覚などを一人称の視点で率直に描写するとともに、「私」と柊の会話の応酬や、動作や様子の細かい描写を盛り込むことによって、場面に臨場感を持たせている。

三

次の――線部のカタカナを、漢字に直しなさい。

1　南極大陸をジュウダンする。
2　長年の知識のチクセキが役立った。
3　リスクをオカさずして成果は得られない。
4　タンレンの結果、勝利をつかんだ。
5　自己トウスイから目覚める。

だった同級生からもらったイタリア産のガラス玉。その後、あるトラブルから早織はガラス玉をなくしてしまい、同級生もいつか一緒にイタリアに行くという約束をしたまま転校した。

問1 ～～ⓐ・ⓑの本文中での意味として最もふさわしいものを後の中からそれぞれ選び、記号で答えなさい。

ⓐ「鉢合わせした」

ア 偶然互いの視線が合った
イ 都合良くすれ違った
ウ 思いがけず遭遇した
エ 軽く会釈を交わし合った

ⓑ「むせかえりそう」

ア 息をつまらせるほど激しく泣きそう
イ 混乱が極まり正気を失いそう
ウ 気分の悪さのあまり吐き出しそう
エ 話ができないほど咳き込みそう

問2 ――①「私は玄関のドアを開ける前に、小さく両手を握りしめた」とありますが、このときの「私」の心情を60字以内で説明しなさい。

問3 ――②「1、1、0、を目だけで押す」とありますが、このときの「私」の様子として最もふさわしいものを次の中から選び、記号で答えなさい。

ア どうせ自分で探しても柊は見つからないだろうし、警察にまかせてしまった方が楽だと、投げやりになってしまいそうな気持ちをなんとかおさえている様子。
イ せっかくの花火を見に来ないうえに、急にいなくなるとはなんて身勝手なやつなんだと、柊に対する怒りが爆発しそうになるのを必死にこらえている様子。
ウ もう夜も遅く、柊が見つかるあてもないのだから警察に通報するべきなのだろうが、それでは大事になってしまうので、どうしたものかと悩んでいる様子。
エ 今はまだ通報しないものの、もうしばらく周囲を探して柊が見つからなければ警察に連絡しようと、自分の気持ちを整理してやるべきことを確認している様子。

問4 ――③「私のどこかが壊れたみたいに涙が溢れ出た」とありますが、このときの「私」の様子としてふさわしいものを次の中から**二つ**選び、記号で答えなさい。

ア 不登校になっているうえ、その淋しさを想像上の友人でしか埋めることができない柊を不憫《ふびん》に思う気持ちが、極度の緊張によって溢れ出てしまっている。
イ 柊が夜分遅くなってもどこにいるかわからないという事態に、異常なほど心が張り詰めていたが、無事に見つかったことで安堵し、心が弛緩《しかん》している。
ウ 久しぶりに柊を抱きしめたことで、自分が知らない間に柊が野性を感じさせるほど成長してしまったことに気づき、親子の関係が終わったことを感じている。
エ 大切に育ててきたのに自分を親と認めてくれないうえ、夜分に勝手に外出し、自分を心配させた柊への腹立たしさが拭えず、感情が高ぶっている。
オ 柊が成長した現在とは遠く隔たった、親子として直に触れ合っていた過去を思い出したことで、心の奥に押し込めていた柊への情愛を改めて噛み締めている。

問5 ――④「毎日一緒にいたのに、やっと再会できたような気持ちが込み上げた」とありますが、このように思ったのはなぜですか。その説明として最もふさわしいものを次の中から選び、記号で答えなさい。

ア 長く家に閉じこもっていた柊が夏祭りを機に外に出たことで、やっと普段の生活を取り戻すことができるから。
イ 夏祭りから帰ったときに柊が家におらず、心配して探し回っていたが、ようやく見つけ出すことができたから。
ウ 久々に柊を抱きしめ、お母さんと呼ばれたことで、心通った

ったし。でも、今はよくわかんないんだ」

穏やかな声でそう言って、柊は私から離れた。

「怒ってる？　嘘つきだって思ってる？」

不安げに見上げてくる目に、ううん、と私は首を横に振った。

「ただ、ちょっと戸惑ってる」

私だってUFOが現れるなんて真に受けていたわけではない。それなのに、思いのほか現実を受け止めている息子に、私のほうが動揺していた。

「騙《だま》してやろうと思ってたわけじゃないんだよ。今でもネムくんがいるのかわからないけど、いてほしかったから」

「いてほしかったんだ」

「そりゃそうだよ。ネムくんがいたら、楽しいもん。今は見えないけど、頭の中で喋って、宇宙のことを話していたら、あっというまに時間が経って、それでさ……えっ、なんで、また泣いてるの？」

不可解なものを見る目で柊がまじまじとこちらを見ていた。

まるで何か間違ったボタンを押されたのではないかと探すような目で、私の顔全体を眺めていた。私は頰に手を当てる。すっかり濡れた皮膚を、雑な手つきで拭う。一度止まったはずの涙だったのに、自分の意思とは関係なく、涙腺に小さなポンプがあるみたいに、⑤はらはらと目から涙が溢れ出てきた。

「柊が淋《さび》しいから、ネムくんがいるんだと思っていた。ネムくんがいないほうが、柊は健やかになれるんだって思ってたけど、そうじゃないんだね」

「この間、ベランダで俺に言ったじゃん。俺が家にいたくないんじゃないかって。それは早織のせいなんじゃないかって。全然、違うよ、そんなわけない」

「柊」

「早織が何を言いたかったのかよくわかんないけど、とにかく俺は、早織のことも、ネムくんのことも好きなんだ。それは絶対、そうなんだ。なんでベランダなのかなって言ったら、やっぱさ……外には出たいんだ……と思う。さっき、花火見て、わかった」

蜘蛛の糸ほどに繊細で切れてしまいそうなものを手繰り寄せるように、柊は言葉を繋《つな》いだ。
⑥彼のベランダ生活は通過儀礼なのかもしれない。
しょうがないとしか言えないことはある。どんなに好きでも叶えられない恋がある。スカイツリーの上空にUFOが集結することはなかった。

でも、彼が花火を見てくれてよかった。だって、本当にきれいだったから。柊に見せたい景色だったから。

カーディガンのポケットに手を入れる。柊のためにこっそり持ち帰ってきた青いスーパーボールを取り出して、はい、と柊の手に握らせた。

「何？　スーパーボール？」

「うん。お土産」

「夏祭り実行委員ってお得だね」

「これくらいは」

私が頷《うなず》くと、柊は子供らしい表情で笑いながら小さなボールを眺める。

青と紺のマーブルに金色のラメが入ったそれは、注2あの時になくした蜻蛉玉《とんぼだま》のようだった。

かつて、恋焦がれた人が言ってくれた場所。いつか一緒に行こうと言ってくれたイタリアには、いまだに辿り着いていない。これからも辿り着けるのかわからない。

でも、と思う。
⑦今いる場所がそれほど悪いとも思わなかった。

（尾崎英子《おざきえいこ》『たこせんと蜻蛉玉』より）

注1　「いつか言ったこと」…以前早織は、柊にそろそろ学校に行ったらどうかと提案したが、柊が意にも介さなかったことに腹を立て、不登校の息子を抱える母親の苦労をぶちまけていた。
注2　「あの時になくした蜻蛉玉」…かつて早織が高校生だったとき、好き

「お母さん……ごめん」

お母さんと呼ぶいたいけな声に、私はようやく身体を離した。その顔を見ると、たしかによく知っている柊だった。この十一年、誰よりも長い時間をともにすごしてきた、その人だった。④毎日一緒にいたのに、やっと再会できたような気持ちが込み上げた。

「何をやってたの？」

洟《はな》を啜《すす》って、私は訊いた。

「花火を見に行こうとしたけど、校庭の中は人がいっぱいで、でも塀の向こうから見えたよ。きれいだった。ナイアガラは見られなかったけど。同じクラスの友達が見えて、逃げちゃったから」

「その後、ここに来たの？」

「何となく家に戻りたくなくて。川を見るのも久しぶりだったから、ぼうっと見てた」

「世の中には変な人だっているんだよ。こんな夜に子供一人で川沿いにいたら、危ない目に遭うかもしれないんだよ」

「わかってる」

「全然わかってないよ！」

「だから、ごめんって」

何度謝られても、胸がつぶれるほどに心配させたことへの腹立たしさは拭えなかった。

「俺、早織に迷惑ばっかりかけてるね」

「迷惑？」

方向違いな単語が出てきて、私は訊き返した。

「だって俺がいると不自由だし、心配もさせるし」

「何言ってんの……そんな」

そんなことないよ、と言いたいのに、口に出すのが躊躇《ためら》われた。本当にそんなことない。だけど、こんなふうに彼に言わせてしまったのは自分だ。

「注1いつか言ったことを、そんなふうに捉えちゃったんだね……ごめん。柊がいるせいで、私が迷惑をこうむることなんて何一つないんだよ。それだけはわかって」

今度は私が謝る番になった。私の目を、柊はじっと見つめた。

「学校に行かなくても？」

「うん」

「ＵＦＯを探しても？」

「うん」

「ネムくんと一緒にいても？」

「うん。そういえば、ＵＦＯはどうなった？」

この数カ月、彼が待ち続けてきた夜だということを私は忘れていない。

柊は意外にも軽く笑った。

「ないよ、そんなの」

その返事にこちらが戸惑った。ないというのは、来なかったということだろう。あれほど楽しみにしていたのだから、もっと落ち込んでいても良さそうなのに、その表情は淡々としていた。

「来なかったの？」

「嘘だよ。わかってたんだろう、早織だって」

「……いや」

「いいよ」

「嘘って、どこから？」

「ＵＦＯが集結するっていうのは、作り話。話しているうちに、だんだん本当にそんなことが起こるような気になってきて、一人で盛り上がってたけど、そんなわけないんだよね」

一人で、と柊は言った。

「もしかして、ネムくんも作り話だったの？」

その問いかけに、違うよ、と柊は慌てたように言った。

「ネムくんはいる……っていうか、いた」

その語尾が自信なさそうに弱まる。

「いた？」

「前は、たしかに見えてたんだと思う。嘘をついてたつもりもなか

軽く頭を下げて、私はその場を立ち去った。木下先生は柊が三年生の時の担任だ。私の留守中に柊がいなくなったと話したら、一緒に探してくれるかもしれない。でもそんなことを言ったら大事になりかねない。こんな時間に小学五年生の子供を一人留守番させていたこと自体、責められてしまうのではないか。私のようなシングルマザーは夜遅くまでかかってしまう夏祭りの担当を引き受けるべきではなかったのだろうか。もしも息子が同級生と夏祭りを楽しんで、私と一緒に帰宅したら問題とされないのだろうか。息子が不登校で、友人に子供を託すことができない、預ける先もない私は何をやっても不正解しかないように思えてくる。

柊がいないことの恐怖にⓑむせかえりそうなのに、自分が誰かに責められることにも恐れている。駆け足で正門を出て、もう一度家に向かった。

疲れきった足に鞭《むち》打って走ったのに、柊は戻っていなかった。

もう九時半になる。警察に連絡したほうがいいのかもしれない。

また鍵をかけてアパートの階段を下りきったところで、崩れ落ちるようにその場にしゃがんだ。

どうしよう。どうしたらいいのか。

ジーンズの後ろポケットからスマートフォンを取り出して、電話のアイコンをタップしてキーパッドを表示させた。②1、1、0、を目だけで押す。近所をぐるっと見て回って、それでも見つからなかったら交番に行こう。

顔を上げると、静かに灯るスカイツリーが目に飛び込んできた。あ、そうだ、とぬかるみから這い出るようにして立ち上がり、私はふたたび駆け出した。スカイツリーがよく見える場所にいるのかもしれない。見晴らしがいいところといえば隅田川の河川敷が思い浮かぶ。道路を横切りスロープから遊歩道へと出て、言問橋《ことといばし》のほうへ向かった。街灯があるとはいえ川沿いは暗くて人気も少ない。不安が高まりすぎて泣きそうになったその時、道の先に小さな人影が見えた。柊？　走りながら目を凝らした。近づくにつれて確信し、

「柊！」

大声で叫んだ。暗がりの中で怯《ひる》んだように退いた柊に辿り着いたとたん、安堵《あんど》と腹立たしさが混ざった感情が爆発した。

「何やってんの、こんなところで！　どれだけ捜し回ったと思ってるの！」

怒声が泣き出す直前のように引きつった。私の迫力に気圧されたのか、えっ、あっ、と柊は言葉を詰まらせた。

「学校と家を何度も往復して捜し回ったんだよ！　近所を回ってそれでもいなかったら交番に行こうって……」

一気に言ったら息苦しくなり、私は胸を押さえながら呼吸を整えた。

「大丈夫？」

柊が心配そうに訊《き》いた。

「……外に出るなら、メモの一つでも残しておきなさいよ」

「だって、夏祭り」

「来たの？」

「いや……」

「夏祭りは八時には終わってるんだから家に帰ってなかったらおかしいって心配するでしょう……ほんとに、もう」

言葉が続かなくなって、私はすがりつくように息子を抱きしめた。いつかは髪に触るだけでも拒まれたのに、柊は無防備に身を預けてくる。両腕の中にしまい込むと、大人のように張りのある髪から湿った汗の匂いが鼻孔をくすぐった。この野性的な匂いを鼻先で感じるのは、久しぶりだった。まだ髪が絹糸みたいに柔らかで細かった頃には、毎日のように抱っこしていたのに。髪を撫でて、そのつむじに顔を埋《うず》めると、③私のどこかが壊れたみたいに涙が溢れ出た。

「心配しすぎだって」

私の胸の中で、小さな声がくぐもる。

抱きしめるどころか、ずいぶん触れてさえいなかった、その肩に両腕を回してしがみついて、私はしゃくり上げた。

その挫折、さらに後に結婚した夫との死別を経て、小学生の息子である柊《ひいらぎ》と東京で暮らしている。柊は現在不登校で、家にいるときはベランダに出てスカイツリーを見て過ごし、想像上の友人「ネムくん」の言う通り七月二〇日にスカイツリーにUFOが集結すると信じて待っている。その日はちょうど、早織が小学校のPTAの役員として夏祭りを運営する日だった。

　次の場面は、早織が夏祭り当日の運営に出かけようとしているところである。


「あっ」

　柊が小さく声を上げたので、私は玄関に向かいかけた足を翻《ひるがえ》した。

「どうしたの？」

「咲いてる」

「何が？」

「薔薇《ばら》」

　私は靴下のままベランダに飛び出し、柊の頭の上から覗《のぞ》き込んだ。透明のクリアファイルで作った覆いの中で淡いブルーの蕾《つぼみ》が綻《ほころ》んでいた。

「ほんとだ」

　もう咲かないまま枯れてしまうと思っていた。

「すごい」

「咲いたね」

　前屈みになって並び、隣を見た。声だけじゃなく、顔も笑っていた。こんなに無防備な柊の笑顔を見るのは、久しぶりだった。目が合って、二人で笑い合った。水、あげなくちゃ、と柊はベランダを出て台所へ向かう。

「ねえ、早織」

「うん？」

「この薔薇、自分で咲きたいって思って咲いたのかな。咲こうと思ったら、咲けるのかな」

「思ったのかもね。薔薇の気持ちまではわからないけど」

　台所の流しでマグカップに水を入れている小さな背中に、私は言った。

　もしかすると、柊は花火を見に来られるんじゃないだろうか。ずっと咲かなかった薔薇が咲いたのだ。この部屋に小さな奇跡が起こったように思える。

「じゃ、行ってくるね」
　①私は玄関のドアを開ける前に、小さく両手を握りしめた。

結局、夏祭りに柊は現れず、早織が二十一時ごろに家に帰ると柊はいなかった。


　どういうこと？　どこに行ったの？

　夏祭りに来ていたのかもしれないと思い、外に飛び出して学校へ向かった。走り出してから自転車のほうがよかったかと思うが、駐輪場に取りに戻るとかえって時間がかかりそうで、そのまま道を駆けた。途中で柊に会うだろうか。いや、でもおかしい。夏祭りは三十分以上前に終わって、校庭に人はいなかったはずだ。たとえ夏祭りに来ていたとしても、片付けをした私よりも先に戻っているだろう。走っているうちに不安は膨らんでいった。

　まだ正門は開いていて中に入ってみる。誰もいない校庭を一周するようにして、隅っこにも人影がないか確かめていると、校舎から出てきた警備員さんとⓐ鉢合わせした。

「あれ、どうかしましたか」

「えっと……タオルを忘れてしまい探していました。すみません」

「さっき忘れ物をまとめた箱を木下《きのした》先生が主事室に持っていってましたよ。ご覧になったらどうですか」

「そうですか、ありがとうございます」

めの指針を自分で「自由に」獲得することが求められるから。

問4　――④「強固な地縁社会」とありますが、これはどういうものですか。その説明として最もふさわしいものを本文中から25字以内で探し、最初と最後の3字を書きなさい。

問5　――⑤「もっと身近で端的な例はSNSだろう」とありますが、SNSの利用はどういうことの例ですか。それを説明した次の文の（　）に入る表現として最もふさわしいものを本文中から15字以内で探し、抜き出して答えなさい。

☆　人々が（　　　　）をしようとすること。

問6　――⑥「そこは閉ざされた平和な楽園だ」とありますが、どういうことですか。70字以内で説明しなさい。

問7　――⑦「ウェブやSNSは一時代を築いたが、次にインターネットを支配するのはメタバースかもしれない」とありますが、なぜそう言えるのですか。その説明として最もふさわしいものを次の中から選び、記号で答えなさい。

ア　ウェブやSNSがどれほど手を尽くそうとも自分と異なる他者との衝突を避けられないのに対して、メタバースは更なる完成された世界として高度な技術が用いられているため、他者との軋轢《あつれき》のない理想の世界を作り出してくれるから。

イ　メタバースはウェブやSNSとは異なり自分に都合が良い部分だけを切り取ることができるだけではなく、ウェブよりはるかに高度な技術によって理想の世界を作り上げてくれるため、人々はメタバースから抜け出すことが困難になるから。

ウ　ウェブやSNSが利益をあげるためには人々に長時間利用してもらう必要があるのに対して、メタバースはまるで現実世界のように一つの世界として完成しているために、より短時間の利用で莫大な利益を生み出すことができるから。

エ　メタバースはウェブやSNSと同様に自分と異なる他者からの回避先として機能するだけではなく、SNSより完成した一つの世界として現実と同じように事物を知覚し行動できるため、今後更に巨大な市場価値を持つと考えられるから。

問8　次の場面は、生徒たちが文章で取り上げられたSNSやメタバースについて意見を出し合っているものです。本文の内容を正しく理解したうえでの発言として**明らかに誤っているものを次の中から二つ選び**、記号で答えなさい。

ア　〔生徒A〕　筆者によれば、自分と異なる考えを持つ他者への反応は、攻撃か回避になるらしいよ。攻撃に苦しむくらいなら、SNSという回避先を有効活用した方がましじゃないかな。

イ　〔生徒B〕　SNSからメタバースへと移行していく背景には、僕たちの価値観が大きく変化しつつあることがあるね。その意味でメタバースの利用はより慎重に議論すべきだと思うよ。

ウ　〔生徒C〕　SNSのメリットが述べられていたね。他者を受け入れるより同じ趣味を共有する者でコミュニケーションを取るべきとの主張から、自分ももっとSNSを使おうと思ったよ。

エ　〔生徒D〕　もしメタバースがSNSのフィルターバブルを維持しているとしたら、「世界として完成している」とはいっても現実世界のように他者と交流する機会は失われる危険性があるね。

オ　〔生徒E〕　もし筆者が言うように多くの人が人生の大半をメタバースで過ごすようになったら、テックジャイアントが莫大な利益を得て、世界に強い影響力を持つような危険はないかな。

二

次の文章を読んで、後の問いに答えなさい（作問の都合上、本文の一部を変更してあります）。

宇《う》多《た》津《つ》早《さ》織《おり》（「私」）は、高校時代の同級生との情熱的な恋と

四六時中心穏やかに過ごすことはなかなか難しい。本当であれば、自分と違う他者を受け入れ、違いを尊ぶべきなのだろうが、違いは不平等に直結する。また、寛容はあらゆる行為の中で最も能力と資質、努力を要求するものでもある。

したがって、かなりのケースで「自分と違う他者」に触れた反応は、回避か攻撃になる。そのほうがコストがかからない。その有効な回避先としてSNSがあるわけだ。

ただし、SNSはまだまだ発展途上の技術である。人の手持ちの可処分時間を考えれば、SNSはもっと人から時間を奪える可能性がある。そうなっていないのは、SNSが世界として未完成だからだ。働くときはSNSから離脱しなければならないし、食べるときも、寝るときもそうだ。

SNSがもっと人に使われるサービスになるためには、もっと世界として完成され、ほとんどの時間をSNS内で過ごせるようになる必要がある。生理的な欲求の部分は最後まで現実世界に残り続けるだろうが、それ以外はすべて「そこ」にいられるようなサービスには巨大なビジネスチャンスがある。

私はそれがメタバースだと考える。SNSのように心地よく、風のそよぎや花の香りさえ楽しめ、そこでお金すら稼げるような世界が実装されたら、ほとんどの人生をそこで過ごしてもよいと考える人はたくさん出てくるだろう。それが健全かどうかはわからないが、ニーズは確実にある。

眉をひそめる向きもあるかもしれない。でも、こういうふうにも考えられる。たとえば現実で事故に遭い障害を負ってしまっても、メタバースでなら事故以前のように元気に駆け回れる。事故のところを老いに読み替えてもいい。老いる以前のように、飛んだり泳いだりできる。現実では引きこもってしまって自室から出られないが、メタバースでなら仕事をしてお金を稼げる。そんなもう一つの世界である。なかなか魅力的ではないか。

テックジャイアントと呼ばれる巨大IT企業でさえそう考えているから、メタバースに巨額の開発費を投じている。好むと好まざるとにかかわらず、多くの人がメタバースに回収される未来は近づいている。⑦ウェブやSNSは一時代を築いたが、次にインターネットを支配するのはメタバースかもしれない。

(岡嶋《おかじま》裕《ゆう》史《し》『メタバースとは何か』による)

注1 「イデオロギー」…人々の価値観や行動を規定する、政治や社会に関する考え方。

注2 「クラスタ」…集団、集まりのこと。

問1 ——①「社会構造の変化」とありますが、どういうことですか。40字以内で説明しなさい。

問2 ——②「大きな物語」とありますが、その例として**明らかに誤っているもの**を次の中から選び、記号で答えなさい。

ア 人類は社会主義革命を起こし、平等の実現を目指していくべきだという考え。

イ 一人で生きていくのが好きな者は、結婚せず生きていくべきだという考え。

ウ 結婚後母親となった者は、仕事を辞めて育児と家事に専念すべきだという考え。

エ 人はみな死後の安楽を願い、神の御心にかなう生き方をすべきだという考え。

問3 ——③「端的に言って不安である」とありますが、なぜそう言えるのですか。その説明として最もふさわしいものを次の中から選び、記号で答えなさい。

ア 自由な社会では、決まりに従っていれば守られたかつての社会と違い、自分がどう生きていくかを決める責任があるから。

イ 自由な社会では、尊重されている多様性を軽視する発言をして、人から批判されないかを常に気にしなければならないから。

ウ 自由な社会では、外部から生きる指針を与えてもらえる風通しのよさがある反面、それを自身で実行する必要があるから。

エ 自由な社会では、必然的に差が生じるため、平等の実現のた

な要素から自分に都合のいい部分だけを抜き出して私的な信仰を作るなどの現象を見ることができる。報道や政治家の発言から、自分が嬉しい箇所だけを継ぎはぎして自分の思想を作ることもできる。

⑤もっと身近で端的な例はSNSだろう。SNSはよく、友だちとつながるネットワークと称されるが、実態としてはつながりを絶って人を囲い込む技術だ。小さな空間に同じ属性の人を閉じ込めて、世界を作るのである。

こう書くとSFのように感じられるかもしれないが、私たちは幼稚園や小学校で同じことをしていた。クラスには気の合う子も、気の合わない子もいるが、気の合わない子と敢《あ》えて友だちグループを形成する子は稀《まれ》である。たいていは気の合う子同士でグループを作る。気の合う子とは、同属性者のことだ。

趣味嗜好《しこう》や生活水準、容姿の水準などが似ていれば、あまりフリクション(摩擦、衝突)のない快適な空間を作ることができる。生活の知恵である。

学校の友だちグループは母集団がたかがしれているので、そんなに似た子ばかりを集められるものではないが、数億、数十億の利用者がいるSNSではそれが可能になる。本当に自分と同じ意見、同じ趣味を持つ小集団を作ることが可能なのだ。

そうしたSNSのフィールドでは、何を言っても「いいね!」してもらえるし、他人の発言もうなずけるものばかりだ。気持ちがいいこと請け合いである。

実際、これは本当に魅力的なのだ。人間の極めて根源的な欲望に、承認の欲求がある。居場所を見つけ、誰かに認めてもらい、好きだと言ってもらう。とても安心する瞬間だ。でも、現在この安心を獲得するためのコストが高騰《こうとう》している。

自由を実現した結果、一人一人の考えていることが大きく異なるようになったからである。ボランティアを至上の価値だと考えている人に、「努力してお金持ちになったよ!」と言ってもあまり響かないだろう。褒めてもらえる可能性は薄い。

褒めてもらうのが難しいなら、せめて誰かとコミュニケーションして安心を獲得しようとしても、多様性が極まった社会ではコミュニケーションのリスクは大きい。それこそ、昭和の時代であれば、世間話に「ご結婚は?」くらい言っておけばよかったかもしれないが、結婚を嫌う志向の人が相手だったら地雷を踏み抜いてしまう。

そんな状況で、自分の発言が認めてもらえる、他者の発言に共感できる場は本当に貴重である。それを演出しているのがSNSだ。

SNSはフィルタリングにフィルタリングを重ね、慎重に設計されたグループの中に利用者を囲い込む。その囲い(フィルターバブル)の中はパラダイスだ。あまりにも快適で、つい長い時間を過ごしてしまう。その長い時間の間に広告を見せるのがSNSのビジネスである。

もちろん、一皮むけばフィルターバブルのすぐ外には、まったく相容れない価値観を持ついやな相手がいるのかもしれない。実際にそれらが接触してしまうことで起こる現象が炎上だ。でも、ウェブの検索結果と同じで、利用者にとって見えないことは存在しないことと同義である。炎上するまでは、⑥そこは閉ざされた平和な楽園だ。しかも利用者の視線では、この閉鎖空間は広大に広がる世界に見えるのだ。

たとえばユーチューブ(YouTube)と聞いて、あまりフィルターバブルを連想はしないと思う。フィルターバブルはあくまでフェイスブックやインスタグラムといったサービスで起こる現象で、ユーチューブでは特に友だち登録などしないではないかと。しかし、ユーチューブの強力なレコメンド機能は、この世にまるで自分の好きな動画しか存在しないかのような空間を作り上げる。猫好きは猫好きの注2クラスタに、時事問題好きは時事問題好きのクラスタに囲い込まれ、あまり好きでない動画を目にして興醒《きょうざ》めするような体験は慎重に排除されている。

健全でない、と多くの読者は思うかもしれないが、このビジネスはおそらく今後も拡大する。自分と違いすぎる他者だらけの空間で、

二〇二三年度
城北高等学校（推薦）

【国　語】（五〇分）〈満点：一〇〇点〉

（注意）解答するときには、句読点や記号も一字と数えます。

一　次の文章を読んで、後の問いに答えなさい（作問の都合上、本文の一部を変更してあります）。

メタバースは色々な文脈で使われるが、meta（超えた）－universe（世界、宇宙）からの合成語である。これを高次世界とすると、三次元空間に対する四次元空間のように上下関係があるかのように印象づけてしまうので、「もう一つの世界」がいいと思う。

なぜそんなものが流行っているのか、流行ろうとしているのかについては、①社会構造の変化を整理しておく必要がある。私が書くのは口幅《くちはば》ったいが、どうしてそうなるのかを理解するために、少しだけまとめておこうと思う。

キーワードは、ずいぶん懐かしいが「②大きな物語」と「ポストモダン」である。定義は色々あるが、本書では大きな物語を「みんなの価値観が狭いレンジにまとまっている状態」、ポストモダンを「それがほどけた状態」としておく。これらの用語は２０１６年のセンター試験でも出題され、定説になっていると言っていいだろう。

大きな物語というと注1イデオロギーや宗教が思い浮かぶかもしれないが、そこまで大上段に構えなくても、人生観やジェンダー観、将来設計などでもいい。たとえば、ぼくの年代だと「男の子はこうあるべき」「女の子はこうあるべき」などと、ふつうに学校の教室で教わったし、ある程度の年齢になったら結婚して家を構えて、子どもをもうけるのが当たり前だとすり込まれた。

もちろん、当時からそれに反発する人はいたけれども、反発するという行為も含めて、そうした価値観をみんなが認識していたわけである。

でも、今同じことを言ったら、たとえば私が自分の講義で「男の子はこうあるべき」「女の子はこうあるべき」などと言ったら単なるハラスメントである。「性別を意識させてしまうから、『くん』づけはやめて『さん』で統一しよう」と大学から指導される時代だ。その日のうちに首が飛ぶだろう。その程度には社会は多様化して、一人一人の考えていること、信じていることはほどけたのである。

その結果、私たちはたくさんの自由を獲得した。会社に行く時間もけっこう選べるようになったし、結婚しない人生もありになった。私が女装して教壇に立っても（やらないけど）、事務局の人たちは表だって抗議はしないだろう。

だが、自由を獲得すると、もれなく責任がついてくる。能力や資源に恵まれた人はいいのだけれど、そうでない人にとっては自由はけっこうしんどい。自由平等と何の気なしに言うが、自由と平等は食い合わせが悪い。自由にすると差が生じ、平等を推し進めると自由でなくなる。

今は自由によりフォーカスが当たっている状態だと考えられるので、多くの人にとって割とつらい社会になっている。しきたりや旧弊《きゅうへい》でがんじがらめになっている社会は不自由であるけれども、文句を言いながらもそれに従っていれば自分の居場所は割と確保されていた。いやなはずの地縁社会や共同体に守ってもらえた。

それに対して自由な社会は、風通しはいいけれど、生きる指針や安全・安心は外部から与えてもらえなくなる。自分で「自由に」獲得しなければならないのだ。③端的に言って不安である。

だから、不安を埋めてくれる予感にみんな飛びつく。

先に記しておくが、大きな物語的な国粋主義や④強固な地縁社会に戻ろう、という選択肢はおそらくない。そういう志向の人たちもいるが、やはり一度知ってしまった自由はそう簡単に手放せるものではない。人々が狙うのは自由と安心のいいとこ取りである。

宗教であれば、古典的・体系的なそれではなく、宗教が持つ様々

英語解答

1 (1) never, such (2) was, built
(3) how to (4) known to
(5) what, means

2 (1) fond of walking
(2) wants, to take (3) must be
(4) in front of

3 ア, イ, オ, ク

4 問1 thirteenth 問2 ア
問3 to 問4 イ
問5 (例)アンネはこれほど大きな注目の的になることがとてもうれしかった。
問6 They were photographs which were taken in 1940
問7 ア diary イ puzzle

5 問1 a…ウ b…イ c…ア d…オ
問2 あ starts い asked
う told え stopping
問3 A…イ B…エ C…ア D…ウ
問4 (例)少年の体内の牛痘ウイルスが，天然痘のウイルスを止めるということ。(32字)
問5 stops many people from getting this terrible disease
問6 イ, カ, ク

数学解答

1 (1) 2023 (2) 3 (3) $y=\dfrac{20}{x}$
(4) $\dfrac{2}{27}$

2 (1) $3:2$ (2) $-1+\sqrt{19}$ (3) π
(4) $\sqrt{2}$

3 右図

(例)

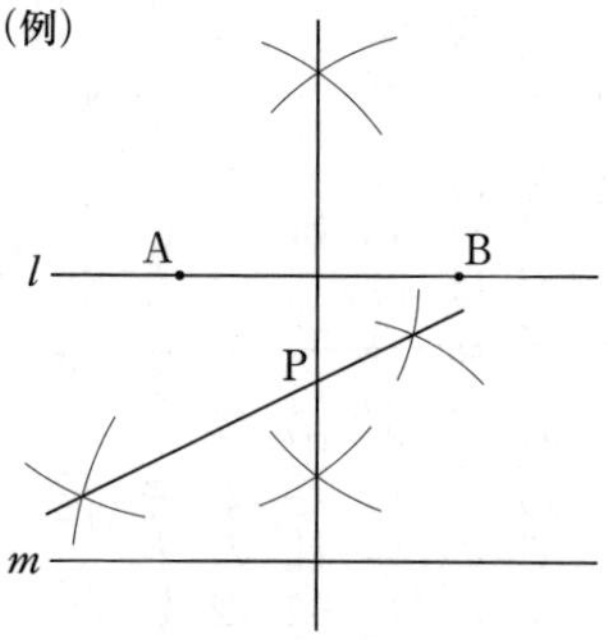

4 (1) $a=-1$, $b=\dfrac{1}{3}$ (2) $y=6$
(3) $(-3,\ 9)$, $(3,\ 3)$

5 (1) $\dfrac{12\sqrt{5}}{5}$ (2) $\dfrac{4\sqrt{5}}{5}\pi$

国語解答

一 問1 価値観が狭いレンジにまとまっていた状態からほどけ，多様化したということ。(36字)

問2 イ　問3 ア

問4 しきた～る社会

問5 自由と安心のいいとこ取り

問6 SNS上の空間は，自分と異なる価値観を持つ他者との接触が断たれ，互いに摩擦や衝突なく手軽に安心安全を獲得できる場所だということ。(64字)

問7 エ　問8 イ，ウ

二 問1 ⓐ…ウ　ⓑ…ア

問2 咲かなかった薔薇が咲くという奇跡を見て，家に閉じこもっていた柊が花火を見に来られるかもしれないという期待を抱いている。

(59字)

問3 エ　問4 イ，オ　問5 ウ

問6 エ　問7 イ

問8 柊と久しぶりに母としてふれ合い，自分が柊にとって大切な人間だったと再確認できたうえ，柊が着実に成長していることを実感し，母親としてうれしく思った(72字)

問9 エ

三 1 縦断　2 蓄積　3 冒

4 鍛錬〔練〕　5 陶酔

2022年度　城北高等学校

【英　語】（60分）〈満点：100点〉

1　次の日本語の意味になるように，かっこ内の語(句)を並べかえて英文を完成させなさい。ただし，文頭にくる語も小文字で始めてあります。

(1)　スマートフォンはとても便利だと私は思いました。
　(smartphones / I / very / found / useful).

(2)　とても天気が良いので駅まで歩きたい。
　(I / walk / is / nice / the weather / so / want / that / to) to the station.

(3)　日本から韓国までどれくらいの距離があるか知っていますか。
　(do / Japan / from / far / how / is / it / know / to / you) Korea ?

(4)　マンボウを見たかったのですが，そこにはいませんでした。
　The sunfish (there / wanted / was / to / not / see / I).

2　次の日本語の意味に合うように，かっこ内に適語を入れなさい。

(1)　これは母が作った朝ごはんです。
　This is the breakfast (　　) (　　) my mother.

(2)　ヒトシは夏休みにロシア人の学生と友達になった。
　Hitoshi (　　) (　　) (　　) a student from Russia during summer vacation.

(3)　子供たちにとって8時間以上寝ることは大切です。
　(　　) is important (　　) children (　　) (　　) for more than eight hours.

(4)　コジロウはクラスの中で最も速く走る子のうちの一人です。
　Kojiro is one (　　) (　　) (　　) (　　) in his class.

3　次の日本語を英語になおしなさい。

(1)　父は私にソーシャルメディア(social media)を使うのをやめなさいと言った。

(2)　リコ(Riko)はちょうど歯磨きを終わらせたところです。

4　次の文章を読み，後の問いに答えなさい。

Partners and children appear later in our lives.　Parents usually leave us too early.　But brothers and sisters are often with us for almost all our lives for better or for worse. . . .

Bringing up two or more kids under the same roof often means trouble. [　ア　] *Siblings take each other's things and fight for their parents' (1)(　　　). In fact, a recent study in England showed that 31 percent of children were unhappy because a sibling fought with them a lot.

But these fights can be good for us, too.　They are a chance to face problems in an *emotionally safe environment.　A fight at breakfast is forgotten by lunch.　As British poet Dylan Thomas once said, "I made a *snowman and my brother knocked it down and I knocked my brother down and then we had tea."

It seems especially helpful for us to have sisters. [　イ　] A study at the University of

Ulster in the U.K. found that when we have girls for siblings, honest communication in the family increases. This is《 あ 》for our *emotional health.

Now let's think about another family matter! What do Barack Obama, Ben Affleck, and JK Rowling have in common? They're all rich, successful, and first-born children. In fact, more than half of US Presidents and Nobel Prize winners were first-born. A study by the newspaper USA TODAY found that 43 percent of the *bosses of large companies were also first-born. Why can this be?

Well, parents usually give more attention to first-born children, and they *expect great things from them. As a result, these children are often《 い 》and confident. They do well at school, and some studies (2)【are / than / suggest / they / their / siblings / smarter / younger】. But the first-born can have weak points, too. They sometimes expect too much of themselves and try too hard to be perfect. This can make them worry and feel《 う 》of making mistakes.

Last-born children—the "babies of the family"—usually get a lot of attention, too. They are often loving, sociable, and *charming. They are freer than their older siblings and more *likely to do unusual or《 え 》things. They often break the rules, like the Polish scientist Copernicus. (3)He was the youngest of all the children in his family. In 1543, he shocked the world when he wrote a book saying that the Earth moves around the Sun. [ウ] At that time, everybody was sure that the Sun moved around the Earth, and some people were very angry when Copernicus said they were wrong.

What about the poor kids in the middle? [4]

Is it sad to be brought up as an only child, with no brothers and sisters to play with? [エ] But lots of recent studies show that only children are often happy and successful. The actress Natalie Portman once said that her parents allowed her to become an actress because she was an only child. Her parents didn't have to worry about her being seen as "special" or《 お 》from any siblings. She didn't steal attention away from anyone. She could be happy doing everything she wanted.

Lastly, we have the question of *multiple births. How does it feel to be a *twin? (5)Twins can have extremely close relationships, and this can help them get through life. But sometimes it's difficult for twins to show their own characters. They have to remind people: "Please, it's not us. It's me!"

（注） sibling：(男女の別なく)きょうだい　emotionally：感情面において　snowman：雪だるま
emotional：感情面の　boss：上司　expect：～を期待する　charming：魅力的な
be likely to～：～する可能性が高い　multiple：複合的な，多数の　twin：双子

問１ 下線部(1)の空所に当てはまる単語を本文中から探し，１語で書きなさい。

問２ 下線部(2)の【 】内の語を文脈に合うように並べかえなさい。

問３ 下線部(3)を以下のように言い換えた場合，空所に入る語句を答えなさい。［A］は１語，［B］は３語で書きなさい。

He was [A](　　) than [B](　　)(　　)(　　) in his family.

問４ 空所［４］には以下の４つの文が入る。意味の通る文章にするために適切な順番に並べかえ，ア～エの記号で答えなさい。

ア Bill Gates, John F. Kennedy, and Madonna are all middle children.

イ But don't worry if you're a middle child.

ウ There are some great members in your club.

エ Studies say they get less attention and are not usually favorites.

問５　下線部(5)について，双子であることの利点と懸念点を以下のように説明するとき，①②に当てはまる内容を，①は５字以内，②は15字以内の日本語でそれぞれ説明しなさい。ただし，句読点も字数に含めます。

双子は，非常に（　①　）関係であることが彼らの人生において支えになるが，一方で時に（　　②　　）ことが難しい，という側面もある。

問６　本文中にあるべき次の１文が入る箇所を ア ～ エ から１つ選び，記号で答えなさい。

In the past, people thought so.

問７　空所《あ》～《お》に入る最も適切な形容詞を次のア～オから選び，それぞれ記号で答えなさい。ただし，同じ記号を２度使ってはいけません。

ア　different　　イ　good　　ウ　dangerous　　エ　afraid　　オ　responsible

5　次の文章を読み，後の問いに答えなさい。

I know I'm not an (1)ordinary ten-year-old kid.　I do ordinary things.　I eat ice cream.　I ride my bike.　I have an Xbox.　And I feel ordinary inside.　But ordinary children run away from me in the *playground.　And ordinary people *stare at me in the street or at the supermarket.

I walk down the street and people look at me, and then they look away.

My older sister, Via, doesn't think I'm ordinary.　She gets angry if people talk about me or if they stare at me.　She shouts at them.　She loves me, but she doesn't think I'm ordinary.

Mom and Dad don't think I'm ordinary, either.　They think that I'm extraordinary.

I think I *am* ordinary, but nobody sees it.

Mom is beautiful, and Via is beautiful, too.　And Dad is *handsome.　My name is August.　What do I look like ?　I'm not going to tell you.　But it's worse than you think.　Here's something not ordinary about me : (2)I have never been to school.　People think I haven't been to school because of how I look.　But it isn't that.　It's because I've been in hospital a lot—twenty-seven times in ten years.　I've had a lot of *plastic surgery and other things.　So, my parents didn't send me to school.　Mom taught me at home.

My last visit to hospital was eight months ago, and I don't have to go back for two years.

One day this summer, my parents were talking about schools.

"What are you talking about ?" I asked.

"Do you think you're ready for school ?" asked Mom.

"No," I said.

"I can't teach you much more," she said.　"You know I am bad at math."

"What school ?" I asked.

"Beecher Prep.　Near our house."

"I really don't want to," I said.

"OK," said Mom.　"We'll talk about it later."

I didn't want to go.　But I knew Mom was right.

And she is really bad at math.

In the summer vacation, we went to the school to see the school principal, Mr. Tushman.

"Hi, Mr. Tushman, nice to see you again," said Mom.　"This is my son, August."

Mr. Tushman shook Mom's hand, and then mine.

"Hi, August," said Mr. Tushman.　He looked at me.　Not many people do that.　"I'm very happy to meet you. Your mom and dad have told me a lot about you."

"What have they told you?"

"That you like to read. That you're a great artist. And that you really like science. Is that right?"

"Yes," I said. "I do."

"We have some great science teachers here," said Mr. Tushman. "Now, you need to visit the school."

I liked Mr. Tushman.

Outside the door of Mr. Tushman's office I could hear children's voices. Suddenly, I was *frightened again. I'm OK with little children. Sometimes they say *cruel things, but they don't want to hurt you. But (3)older children are more difficult. So, I have long hair because then I can't see things if I don't want to.

"August," said Mr. Tushman, "I want you to meet some other fifth-grade students."

"I don't want to meet any kids," I said to Mom.

Mr. Tushman looked into my eyes. "This is going to be OK, August," he said. "These are nice people." And he opened the door.

"Come in, children," he said, and two boys and a girl walked in. They didn't look at me or Mom. They stood near the door and looked at Mr. Tushman. They were frightened, too.

"Thank you for coming," said Mr. Tushman.

"I want you to meet August, a new student. He'll be in your homeroom. So, this is August. August, this is Jack."

Jack looked at me and put out his hand. I shook it. He smiled, said "Hey," and looked down quickly.

"This is Julian," said Mr. Tushman.

Julian did the same as Jack. He shook my hand, smiled and looked down.

"And Charlotte."

Charlotte had really *blonde hair. She didn't shake my hand, but she waved and smiled. "Hi, August. Nice to meet you," she said.

"Hi," I said, looking down. She had green shoes.

"OK," said Mr. Tushman. "Maybe you can show the school to August. Take him to your homeroom, and then show him the science room and the computer room. Don't forget the cafeteria."

The three children went out the room. I had to follow them.

Jack, Julian, Charlotte, and I walked across a hall and up some stairs. Nobody said a word. We stopped at a door with the number 301 on it.

"This is our homeroom," said Julian. "We have Ms. Petosa. She's OK."

Julian walked down the hall. He stopped at another door and opened it a little. "This is the science room." He stood in front of the door, and he didn't look at me. "The best science teacher is Mr. Haller."

"Open the door more for August to see inside," said Jack, and he pushed the door some more. Julian moved out the way quickly because he didn't want to touch me. But he pointed to some of the things in the room. "That big thing is the board. Those are desks, and those are chairs."

"I'm sure he knows that," said Charlotte.

"I have a question," I said. "What is homeroom?"

"It's your group. You go there in the morning," said Charlotte. "Your homeroom teacher checks that everybody is in school. You see her every day. Do you understand ?"

"Yes, thanks," I said.

Next, they showed me the theater—Charlotte's favorite place—and the library.

Then, Julian said, "Can I ask a question ?"

"OK," I said.

"(　　4　　) ?"

"Julian !" said Charlotte. "You can't ask that. He was born like that. Mr. Tushman told us. You weren't listening !"

"Come on, August," said Jack. He opened the library door and looked me in the face. I looked back at him and smiled. He smiled, too. "Julian's (5)a jerk," he said, quietly.

"Were they nice to you ?" asked Mom, at home.

"Jack was OK," I said, "but not Julian."

"You don't have to go to school if you don't want to," Mom said.

"It's OK, Mom. I want to." It was true.

（注） playground：運動場　stare：じろじろ見る　handsome：かっこいい　plastic surgery：整形手術
frightened：おびえている　cruel：残酷な　blonde：金髪の

問１　下線部(1)の意味として最も適切なものを，次のア～エから１つ選び，記号で答えなさい。
ア　normal　イ　serious　ウ　careless　エ　poor

問２　下線部(2)の理由を，15字程度の日本語で説明しなさい。ただし，句読点も字数に含めます。

問３　下線部(3)とはどういうことですか。最も適切なものを，次のア～エから１つ選び，記号で答えなさい。
ア　年齢の進んだ生徒は，先生にとって扱いが難しいということ。
イ　年齢の進んだ生徒は，意図的に人を傷つけることを言うということ。
ウ　年齢の進んだ生徒は，生きづらさをより感じるということ。
エ　年齢の進んだ生徒は，複雑な家庭環境を持つことが多いということ。

問４　空所（４）に入る英文として最も適切なものを，次のア～エから１つ選び，記号で答えなさい。
ア　Why didn't you come to school ?　イ　Why is your face like that ?
ウ　Why didn't you know homeroom ?　エ　Why did you choose this school ?

問５　下線部(5)の意味として最も適切なものを，次のア～エから１つ選び，記号で答えなさい。
ア　a friendly person　イ　a person who often tells a lie
ウ　a person who works hard　エ　a person who doesn't behave well

問６　Julianが主人公に対して良い印象を持っていないことが行動として表れている描写が，本文中にいくつかあります。そのうちの１つを，下線部(3)から空所（４）までの範囲から，記号類を含めずに６語で抜き出しなさい。

問７　本文の内容と合っているものを次のア～エから１つ選び，記号で答えなさい。
ア　Via gets angry at August because he runs away from other people.
イ　August's mother doesn't like studying science.
ウ　Charlotte was sure August already knew some of the things Julian explained.
エ　August didn't want to make his mother sad, so he decided to go to school.

【数　学】（60分）〈満点：100点〉

（注意）　1．コンパス・定規・分度器を使ってはいけません。

　　　　　2．円周率はπを用いて表しなさい。

1　次の各問いに答えよ。

(1)　$\sqrt{2023\times2021-4044+2}$ の値を求めよ。

(2)　$x^2-4x+2xy-6y+3$ を因数分解せよ。

(3)　6つの面に1，1，1，2，3，3の目が書かれたサイコロを2回投げるとき，出た目の和が4になる確率を求めよ。

(4)　x の2次方程式 $2^2\times3^4\times x^2+(2^7+3^6)\times x+2^5\times a=0$ の解の1つが，$x=-\dfrac{2^5}{3^4}$ であるとき，a の値と，もう1つの解を求めよ。ただし，答えは指数を使わずに表すこと。

2　次の各問いに答えよ。

(1)　下の図1の四角形ABCDは，1辺の長さが15の正方形であり，AFは∠DAEの二等分線である。このとき，DFの長さを求めよ。

図1

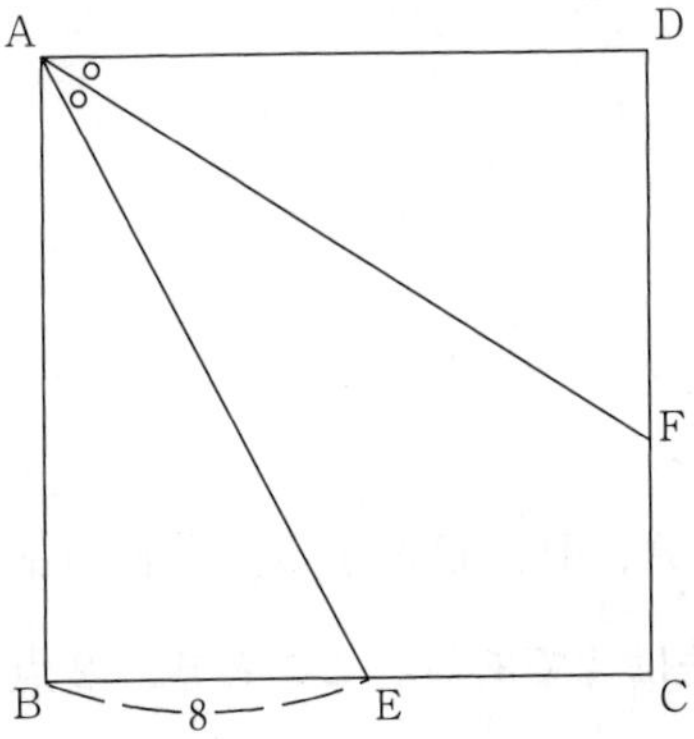

図2

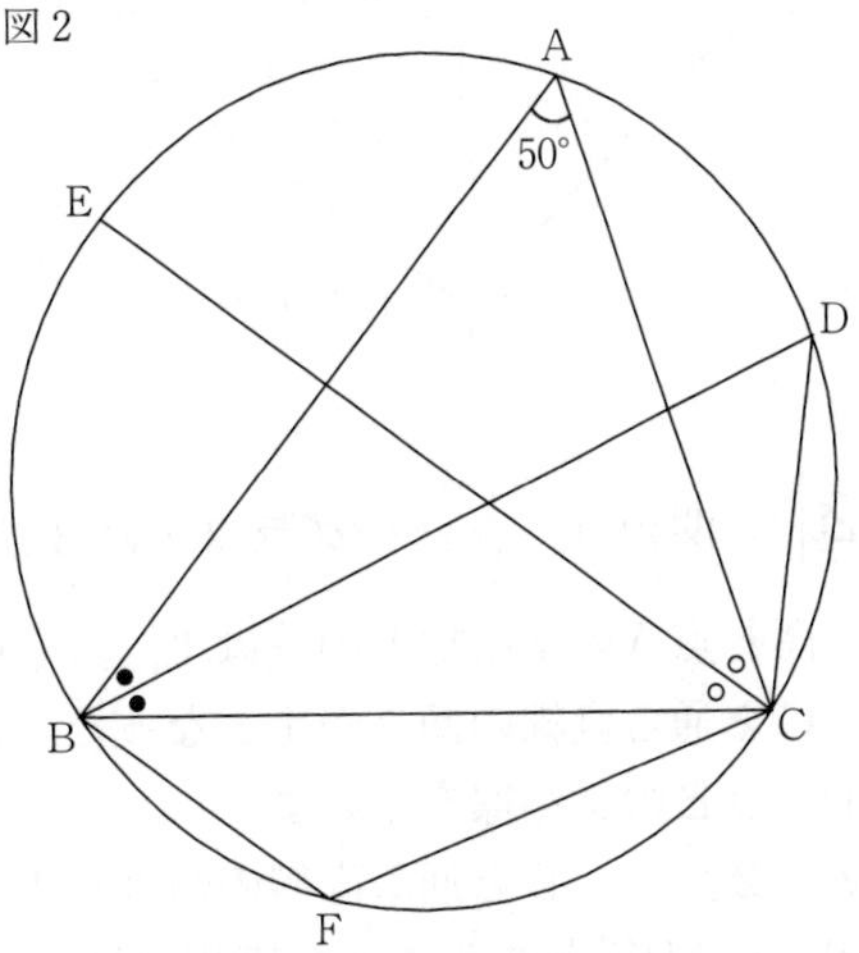

(2)　右の図2において，線分BD，CEはそれぞれ∠ABC，∠ACBの二等分線であり，EC∥BFである。このとき，∠DCFの大きさを求めよ。

(3)　下の図3は直角三角形でDB＝DCである。線分ADを折り目として折り返したとき，重なった部分の面積を求めよ。

図3

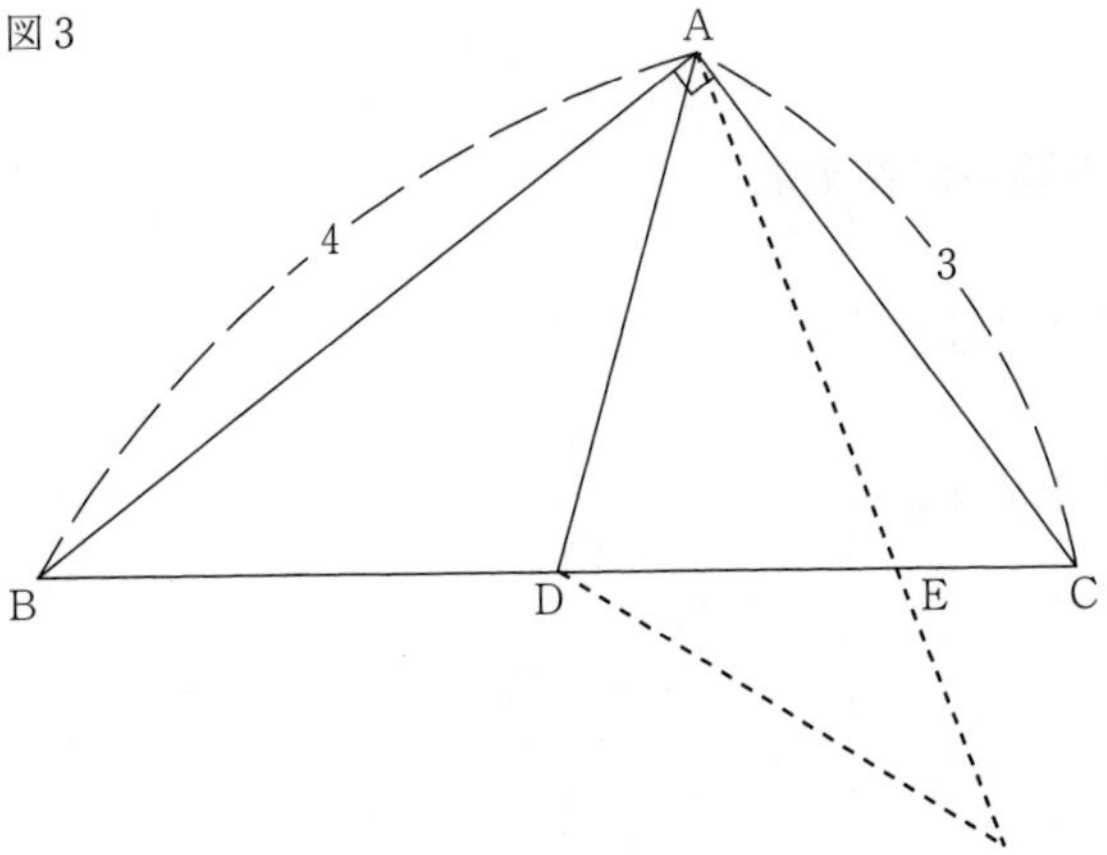

3　図のようにすべての辺の長さが6の三角柱ABC-DEFがある。点Pは辺BE上にあり，点Qは辺CFの中点である。次の問いに答えよ。

(1)　△DBQの面積を求めよ。

(2)　△DPQがPD＝PQの二等辺三角形となるとき，EPの長さを求めよ。

(3)　平面DPQで三角柱ABC-DEFを切断する。立体D-EFQPの体積がもとの三角柱の体積の $\frac{1}{5}$ 倍となるとき，EPの長さを求めよ。

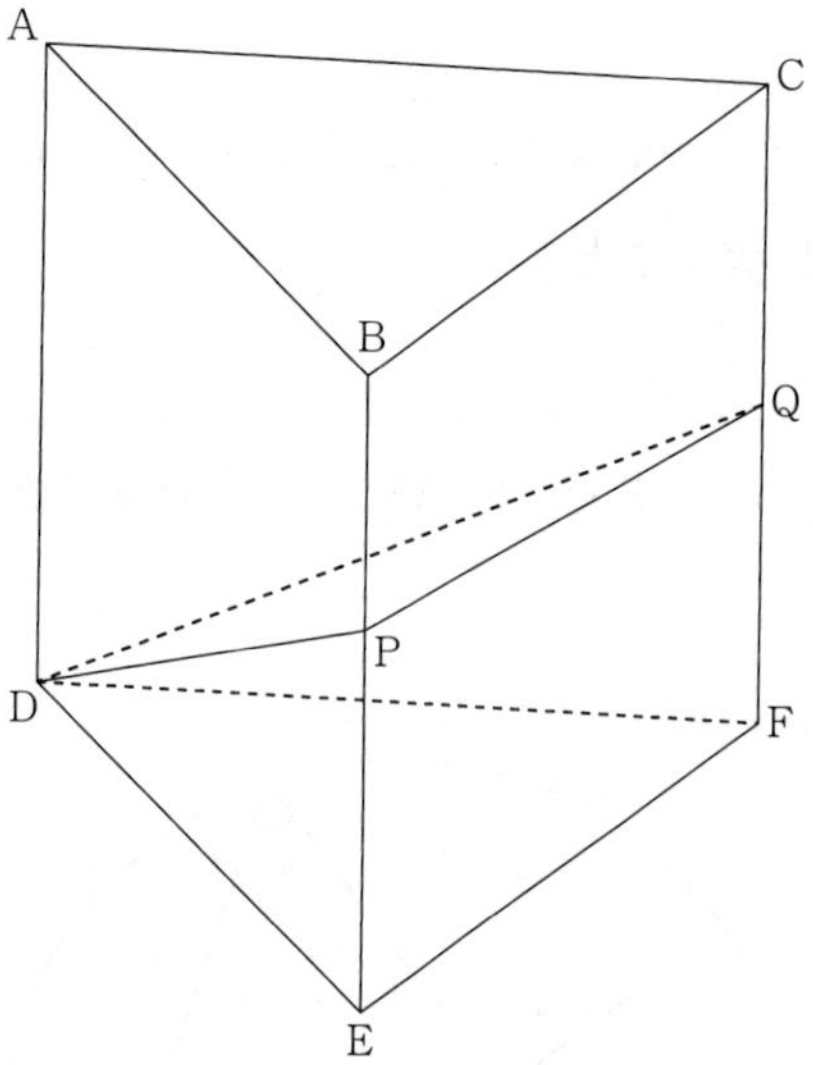

4　関数 $y=\frac{1}{2}x^2$ のグラフ上に3点をとり，x 座標の小さい順にA，B，Cとする。点Bの x 座標と点Aの x 座標との差は1，点Cの x 座標と点Bの x 座標との差は4である。このとき，2点B，Cを通る直線の傾きが1となった。次の問いに答えよ。

(1)　点Bの x 座標を求めよ。

(2)　2点A，Bを通る直線の傾きを求めよ。

(3)　△ABCを通るように直線ABと平行な直線 l を引く。l が線分ACと交わる点をD，線分BCと交わる点をEとする。△ADEの面積が△ABCの面積の $\frac{3}{16}$ 倍となるとき，l と y 軸の交点の座標をすべて求めよ。

5　$N=3^4\times7^4$，$M=2^3\times3^3\times7^3$ とするとき，次の問いに答えよ。

(1)　Nの正の約数の個数を求めよ。

(2)　Nの正の約数で，一の位が3である数の個数を求めよ。

(3)　Mの正の約数の個数を求めよ。

(4)　Mの正の約数で，一の位が2である数の個数を求めよ。

イ　突如として自分に訪れた病気という不幸を憂えているうちに、病状が一段と重くなってしまったから。

ウ　一人慎《つつ》ましく生きてきた自分に突然降りかかった不運を前にして、怒りが湧いてきてしまったから。

エ　入院の準備を済ませて何の不安もなく手術に臨めると考えたら、安心して気が抜けてしまったから。

問5　――④「わざとのろのろと靴を脱いだ」とありますが、ここから読みとれる恭平の様子の説明として最もふさわしいものを次の中から選び、記号で答えなさい。

ア　親しい人にも余計な心配をかけまいと気を遣う様子。

イ　相手の厚意に心を打たれつつもまだ信じ切れない様子。

ウ　自分よりも周りにいる大切な人の利益を優先する様子。

エ　意地を張って自分の弱い姿を素直に見せられない様子。

問6　――⑤とありますが、恭平は遼賀のどのような点を「ちゃんと兄貴」だったと評しているのですか。30字以内で答えなさい。

問7　――⑥「熱をもった携帯を耳に押し当てたまま無言で頷いている」とありますが、この時の遼賀の様子を説明したものとして最もふさわしいものを次の中から選び、記号で答えなさい。

ア　恭平が語る強かった過去の自分と、病魔に冒された弱い今の自分との落差を思い知り、愕然《がくぜん》としている様子。

イ　恭平からのあたたかい言葉を受けて、自分の孤独を恭平は理解してくれていたと感じ、心が晴れた様子。

ウ　恭平の言葉から自分を励まそうとする強い意志を感じ、その言葉と思いをじっくりと噛み締めている様子。

エ　恭平のあまりにも楽観的な励ましを聞いて、やはり自分の苦しみは誰にも理解されないと感じ、落ち込む様子。

問8　――⑦「見憶えのあるオレンジ色に、体温が上がる」とありますが、これはどういうことですか。その説明として最もふさわしいものを次の中から選び、記号で答えなさい。

ア　恭平とどんな時でも一緒にいた過去に、懐かしさを覚えたということ。

イ　冬山で遭難したことを想起し、死への恐怖がよみがえったということ。

ウ　かつて遭難を生き延びた経験を思い出し、気持ちが高ぶったということ。

エ　恭平の思いやりに気づけなかった自分を、恥ずかしく感じたということ。

問9　――⑧「いつしか震えは止まっていた」とありますが、それはなぜですか。80字以内で説明しなさい。

三

次の傍線部を漢字で記しなさい。

1　この国は一年中シツジュンな気候である。

2　直立二足歩行から人類のエイイは始まった。

3　問題の解決にフシンする。

4　ザンテイ的な処理を施す。

5　満天の星空をアオぐ。

屋を片付け、でも山の道具だけは捨てられなかったのだ。押入れの奥深く、紙袋に包んで隠すようにして置いていたことを恭平は知っていたのだろうか。

段ボール箱に手を伸ばし、その古びた靴に触れてみた。ずいぶん色褪《いろあ》せてはいたが、⑦見憶《みおぼ》えのあるオレンジ色に、体温が上がる。

遼賀は立ち上がり、登山靴を手に玄関に向かった。

狭い三和土に靴を並べ、思いきって足を入れてみると、全体的に硬くはなっていたが、それでも足背や足裏に吸いついてくる心地よさがあった。踵《かかと》で地面をコツコツと打ちつけ足全体に馴染《なじ》ませると、さらに違和感はなくなる。

この靴を送ってきた恭平の気持ちを考えると、やっと止まった涙がまた込み上げてくる。

そうだった。あの日のおれは、生きるために吹雪の中を進んでいったのだ。十五歳の自分は逃げ出したいなんて、一度たりとも思わなかった。

この靴を履いて、病院に戻ろう。

そう決めると、遼賀はいったん靴を脱ぎ、部屋の中に置いていた紺色のスポーツバッグを取りに行った。⑧いつしか震えは止まっていた。

（藤岡陽子《ふじおかようこ》『きのうのオレンジ』による）

注1 「昌美」…恭平の妻。

注2 「三和土」…玄関の床のこと。

注3 「おまえが出した手紙」…遼賀は病気を告知された際に、母親に向けて胃ガンであることを手紙に綴《つづ》って投函《とうかん》している。

注4 「山で遭難した時のこと」…遼賀と恭平は十五歳の時、父親に連れられ登った冬山で遭難している。

注5 「ママカリ」…岡山特産のニシン科の魚のこと。

問1 空欄 A ～ C にふさわしい言葉を次の中からそれぞれ選び、記号で答えなさい。

・合点が A

ア つく　イ きく　ウ いく　エ でる

・嗚咽《おえつ》が B

ア 漏れる　イ 垂れる　ウ 滞る　エ 降りる

・息を C

ア ついた　イ のんだ　ウ いれた　エ ひそめた

問2 ――①「陽が照っているわけでもないのに目を細めている自分がいた」とありますが、この時の遼賀の気持ちを40字以内で説明しなさい。

問3 ――②とありますが、「つまらないことに引っかかっている自分に呆れ」るとはどういうことですか。その説明として最もふさわしいものを次の中から選び、記号で答えなさい。

ア 大病にかかったからといってすぐに今までの居場所が失われる社会のあり方に不満を抱いたが、病気になった今そんなささいなことを考えても仕方ないと思ったということ。

イ 自分の人生や存在意義は自分で思っていたよりも軽いものなのではないかと思ってむなしくなったが、この期《ご》に及んで小さなことにこだわりすぎだと思い直したということ。

ウ 一人欠ければすぐに代わりを用意できる会社の余裕を知って、今まで働いてきたことを無駄だと感じたが、それも社会で生きている者の宿命だと思い返したということ。

エ 自分が帰属している場所が意外にも自分とは希薄な関係だったことに思い至り、孤独さを噛《か》み締めていたが、それが自分の選んだ生き方だと改めて気づいたということ。

問4 ――③「急に全身から力が抜けて、その場にへたりこむ」とありますが、それはなぜですか。その説明として最もふさわしいものを次の中から選び、記号で答えなさい。

ア 思い当たる原因もないのに若くして大病を患ったことに不条理を感じ、気力を失ってしまったから。

な』

「ああ、家だ。おまえからの荷物が届くのを待ってたところで……」

　泣いていたことに気づかれないよう遼賀は立ち上がり、背筋を伸ばした。姿勢が声を作るというのは、接客業をして気づいたことだ。

『注3おまえが出した手紙、お母さん読んだみたいだ』

「……そっか。なんか言ってた？」

『なんも。まあ……泣いとったけど』

「そっか」

　それから数秒、沈黙が落ちた。恭平の息遣いが、耳に押しつけた携帯から聞こえてくる。

『あのな、遼賀』

　しばらく間を置き、恭平がゆっくりと言葉を継ぐ。いつもの大きな声ではなく低く落ち着いた口調で、注4山で遭難した時のことを話し始める。

『おれはあの時、自分が助かることしか考えてなかった。それなのにおまえは、自分の靴と、水がたっぷり沁《し》み込《こ》んだおれの靴を取り換えようって言い出したんだ』

　靴を交換しようと遼賀に言われ、「そんなことしなくていい」と断った。だが強がる自分に、遼賀は「交換するのはおれのためだ。おまえのためじゃない」と真剣な表情で言ってきた。それで④わざとのろのろと靴を脱いだ。本当は足先が氷のように硬く冷たく、怪《け》我《が》をした左足の感覚はすでに失われていた。遼賀がオレンジ色の登山靴を自分に向かって差し出してくれた時は、正直泣きそうになったのだと恭平は話す。ほっとして涙が出そうだったと。

『あの後登山をやめたのも、道具を全部捨てたのも、本当は情けない自分を思い出したくなかったからだ。遼賀はあんな時でも⑤ちゃんと兄貴で、おれはただ助けられるだけの存在だった』

　電話の向こうで恭平が真面目な声を出す。

「どうしたんだ？　急にそんな話」

『おまえは強いよ。だから』
⑥恭平の声が一瞬途切れ、『だから大丈夫だ』と太い声が続く。
　熱をもった携帯を耳に押し当てたまま無言で頷いていると、インターホンのチャイムが鳴った。電話口の恭平に、「おまえの荷物かも」と告げ、電話を切った。

「はい？」

　玄関先で魚眼レンズをのぞけば、思ったとおり宅配便のドライバーらしき顔が見える。

「笹本遼賀さんですか。こちら、お届け物です」

　ドアを開け、両手で抱えられるくらいの大きさの、だが見かけよりずしりと重い段ボール箱をドライバーから受け取った。おそらくまだ二十代の前半だろう、緑色のキャップを被った若いドライバーは荷物を届けると「失礼します」と勢いよく去っていった。

　手に持った箱を左右に振って、中身を想像してみる。

　あいつ、なにを送ってきたんだろう。

　岡山銘菓かとも思ったが、それならあれほどもったいぶることはないだろう。ばあちゃん手作りの注5ママカリの甘露煮だろうか。でも生ものならクール便だろうし……。

　箱を抱えながら部屋に戻り、留守の間にうっすらと埃の積もった床の上に置いた。恭平の字で書かれた送り状を剝《は》がすと、マスカットの黄緑色のイラストが出てくる。

　蛍光灯の白い灯《あか》りの下、蓋《ふた》の合わせ目に貼ってあるガムテープをゆっくり引っ張って外し、左右に開いた。このところ開封する小包といえばネット注文したものばかりなので、人から贈られた荷物を開けるのは少しどきどきする。胸を弾ませつつ箱の中をのぞく。

「あ……」

　中に入っていた意外な届け物に、遼賀は息を［　C　］。

　箱の中に納まっていたのは、十五歳の遼賀が履いていた登山靴だった。

　そういえば東京に出てくることになった時、兄弟で使っていた部

ある。短い廊下の先に擦《す》りガラスの扉があり、手で押し開けたら東京に出てきてから今日までの、笹本遼賀のすべてが詰まっている。

「ただいま」

自分の部屋の匂いを思いきり吸い込んだ。脂っぽいような、埃《ほこり》くさいような。けっしていい香りとはいえないけれど落ち着く匂いだ。病院では手首に巻かれたネームバンドとベッドに付けられたネームプレート以外に、自分が笹本遼賀であることを証明するものはなにもなかった。わずか数日入院しただけで自分が何者で、これまでなにをして生きてきたのか、そんなことすらあやふやになっていた。人はいとも簡単に、それまでいた場所から離脱できるものなのだ。

テレビの前に置いてある座椅子に座り、背もたれに体重をかけた。二日後の手術までにしなくてはいけないことを、ひとつひとつ頭に思い浮かべる。上司には手術が決まった日に連絡を入れた。事情を話すと一か月間は休暇を取るようにと言われ、ありがたかった。ただ年末年始の忙しい時期にあっさり休ませてもらえたことに拍子抜けしている自分もいる。自分の代わりはいくらでもいる。そんなことをうっすらと考え、どこかで寂しく思っている。

「気にしない、気にしない……」

②つまらないことに引っかかっている自分に呆《あき》れ、呟《つぶや》いた。もちろんその呟きに答えてくれる人はいない。ひとりで生きるというのは、自分の弱さや脆《もろ》さにもひとりきりで立ち向かわなくてはいけないということなのだ。そんな当たり前のことを病気になってようやく実感する。ひとりは気楽、自由だと言っていられるのも、降りかかる火の粉を自分の力で払いのける力があるうちだけだ。若かろうが老いていようが、男だろうが女だろうが、病気は怖いし、死ぬのはもっと怖い。その底知れぬ恐怖を垣間《かいま》見《み》たいま、この先ひとりで生きていく覚悟を持たなければいけない。

遼賀は小さく息を吐き、さっきポストに入っていた不在連絡票を手に取った。そこに記載されている番号に電話をかけると、すぐさまドライバーに繋《つな》がる。今日の六時までなら家にいるので、再配達してほしい。そう告げると、「間に合うように行きます」と張りのある若い男の声が返ってきた。

「これでよし、と」

次は病院で渡された「入院のしおり」を読みながら、シャツやパンツ、スリッパやひげ剃《そ》りなどの生活用品を準備していく。足りないものは帰りに買っていけばいい。いま家にあるものだけを紺色のスポーツバッグに詰め込んでいくと、あっという間に荷造りは終わった。だがあとは荷物を受け取って病院に戻るだけ、となったところで③急に全身から力が抜けて、その場にへたりこむ。

どうして、おれなんだろう。

煙草《たばこ》は吸わない。アルコールもつき合い程度。普段はできるかぎり自炊をして、時間のない時はスーパーの総菜を買って食べる。睡眠時間が日によって違うことを除けば、この年で病気になるような生活は送っていないはずだった。

それなのに、胃がんになった。

どうしておれなんだろう……。

俯《うつむ》いた拍子に、フローリングの床に涙が落ちる。喉の奥から嗚咽《おえつ》が［B］。

病室と違ってここでは思いきり泣けるという安心感からか、涙がとめどなく溢れてきた。嗚咽以外の音が絶え、冷えた部屋で遼賀は泣いた。寒さなのか恐怖なのか、さっきから全身が小刻みに震えている。エアコンをつけ、布団にくるまり体を温めたが、それでも震えはとまらず、いつしか病院に戻る気力などどこにもなくなっていた。

一時間はそうしていただろうか。携帯の着信音が聞こえてきてゆっくりと顔を上げる。両方の鼻の穴から大量の鼻水が垂れて顔を濡《ぬ》らした。ティッシュで鼻を押さえながら画面を見れば、「恭平」の二文字が浮かんでいる。

「もしもし」

『あ、遼賀。いま家か？　今日いったん自宅に戻るって言ってたよ

医療技術の進歩がそれを可能としたのは大きな変革だと思うな。

イ　〔生徒B〕　オリンピックでは開会式で地球を形づくったドローンが印象的だったな。最近のドローン技術の進歩が目覚ましくて、ドライバー不足が心配される日本の物流業界にも大きな変化をもたらしてくれるんじゃないかな。

ウ　〔生徒C〕　技術といえば、「持続可能な開発目標」の一環なのか、環境に配慮した自動車のCMを最近よく見かけるな。「持続可能な社会」という目標を世界で共有していることが、環境に配慮した技術開発に繋《つな》がっているんだね。

エ　〔生徒D〕　僕たちの生活に関しては、ここ数年の通信技術の発達も著しかったね。自宅にいながら授業を受けられたり仕事に取り組めたりと、通信技術の発達は人々が自宅から勉強や仕事に参加できることを当たり前にしてくれたよ。

二

次の文章を読んで、後の問いに答えなさい（作問の都合上、本文の一部を変更してあります）。

> 三十三歳独身の笹本遼賀《ささもとりょうが》はある日、医者から胃ガンであることを告げられ、検査のために入院していた。そんな遼賀の元を故郷の岡山から弟の恭平《きょうへい》が訪ねてきた。

恭平は売店で缶コーヒーを一本買い、病室に戻ってからひと息に飲んだ。喉を鳴らしながら飲み干す姿が、試合の途中でスポーツドリンクをがぶ飲みしていた、学生時代の恭平を彷彿《ほうふつ》とさせる。自分はこんな勢いで飲み物を欲することはなかったし、これからももうないだろう。自分の体内の臓器を……胃を摘出して生きるというのはどういう感じなのだろう。突き出した喉ぼとけが上下する様を見つめながらそんなことを考えていた。

「入院で必要なものがあったらリストアップしといてくれ。今度持ってくる」

「おまえがわざわざ来る必要ないって。手術前にいったん自宅に戻るつもりだから」

「いつ？」

「へ？」

「いつ自宅に戻るんだ？」

「今日とか明日はクリスマスで街に人が溢《あふ》れてそうだから、三日後にしようかな」

「よしわかった。三日後、二十七日だな」

とても重要なことを確認するかのように、恭平が大きく頷《うなず》く。

「じゃあな、また来るわ」

「遠いところ悪かったな。それからお母さんによろしく。注1昌美《まさみ》さんにも」

缶コーヒーを飲み終えると、恭平は帰って行った。病気など寄せつけそうにない頑健な体で家族の待つ家に戻っていくその姿が眩《まぶ》しくて、①陽《ひ》が照っているわけでもないのに目を細めている自分がいた。

それから三日後、遼賀は外出届けを出していったん自宅に戻った。手術をした後は二週間ほど入院する必要があるので、足りない着替えを取りに帰る。

エントランスに足を踏み入れ、ポストに溜《た》まっていた郵便物を引っ抜くと、「差出人　笹本恭平」と書かれた宅配業者の不在連絡票がぱらりと一枚、足元に落ちてきた。そういえばこの前病院に見舞いに来てくれた時、「いつ自宅に戻るんだ」としつこく訊《き》いてたっけ。なにか送りたいものがあったのかと合点が［　A　］。

エレベーターで三階まで上がり、自宅玄関のドアを開けた。小さな注2三和土《たたき》には黒い革靴とグレーのスニーカーが脱ぎ散らかして

問4 ――③「『ポスト・ヒューマン』とは、『他者としての自然』が消滅した状況を指している」とありますが、「『他者としての自然』が消滅した状況」とはどのような状況ですか。50字以内で説明しなさい。

問5 ――④「こうした現実」とありますが、これはどのような現実ですか。その説明として最もふさわしいものを次の中から選び、記号で答えなさい。

ア　感染症に対する人類の知識や対処法は限られたものにすぎないという現実。

イ　新型コロナウイルスに打ち克つには経済活動を縮減せざるを得ないという現実。

ウ　新型コロナウイルスが次第に強毒化して人類の生命を脅かしているという現実。

エ　感染症は集団免疫の獲得によってでしか収束することがないという現実。

問6 ――⑤「しかし、この考え方は真実ではありません」とありますが、なぜそう言えるのですか。その説明として最もふさわしいものを次の中から選び、記号で答えなさい。

ア　ＡＩの進化によって社会が激変するという議論が極端な事例であるように、技術決定論の多くの考え方は単なる極論にすぎないから。

イ　社会の在り方はその社会の持つ技術によって決定されるという考え方は現代社会で信奉されているが、とうてい真実とは言えないから。

ウ　社会は利用可能な技術をすべて利用しているわけではなく、どの技術を利用するかはその社会の権力者の一存で決まるものであるから。

エ　正確な時間を知る技術は工業社会でなければ必要とされなかったように、社会の在り方こそが技術の用いられ方を決定しているから。

問7 ――⑥「『ポスト・ヒューマン』なる観念が、資本主義の過剰なまでの高度化の産物だ」とありますが、これはどういうことですか。90字以内で説明しなさい。

問8 ――⑦「新型コロナウイルスの大流行によって、私たちは大いなる気づきの機会を与えられた」とありますが、ここで筆者が述べようとしているのはどのようなことですか。その説明として最もふさわしいものを次の中から選び、記号で答えなさい。

ア　新型コロナウイルスの大流行は、人命のために経済活動を自主的に縮小せざるを得ない事態をもたらしたため、人類はこうした現実にも対応可能な資本主義の在り方を見つけなければならなくなっているということ。

イ　新型コロナウイルスの大流行を通して、科学技術によって自然を征服することなどできないという真理に直面した人類は、科学技術の革新を求め続ける現代社会の在り方を見直すべき局面に差し掛かっているということ。

ウ　新型コロナウイルスの大流行は、自然界には未知のことが無数にあるという現実を思い出させてくれたため、社会をＡＩに委ねて自ら探求することを放棄しようとする現代社会の潮流は問い直されるべきだということ。

エ　新型コロナウイルスの大流行を通して、現代の技術水準では救えない命が数多くあることを知った人類には、世界全体の福祉と幸福のために科学技術を更に発展させていかなければならないという課題があるということ。

問9 次の会話文は、本文で言及された技術と社会の関係性について、生徒たちが身の回りの生活に当てはめて話し合っているものです。この中で筆者の考えに合致する発言をしているものを一つ選び、記号で答えなさい。

ア　〔生徒A〕　去年の東京オリンピックでは元男性の選手が女性として出場したことが話題になったね。自分が男性か女性かというのは昔は選びようがなかったけれど、

例を挙げるなら、ＳＮＳは注2衆愚制を生み出すのではなくて、衆愚制を活気づけ拡大するのです。

　技術と社会のこうした関係が転倒して、技術が社会の在り方を決定しているように見えるのは、まさに社会が現実をそのように見せるような在り方をしているからです。そしてそれは、資本主義社会に特有の現象であると考えられます。というのは、資本主義社会では生産力を絶えず向上させることが至上命令になっているからです。「もう十分」とか「ほどほどにしておこう」といった常識に基づく判断は、資本主義社会では通用しません。生産力・生産性を際限なく上げ続けなければならないメカニズムが、ビルトインされているからです。

　ですから、より高度な生産性の実現を求めて、技術革新もここでは際限のないものとなり、それがもたらす社会の変化も間断《かんだん》なきものとなります。しかし、こうして技術革新が社会の在り方を変え続けているように見えるけれども、本当のところは、そうした絶えざる革新を求めているのはその社会の在り方の根本（すなわち、資本主義社会であるという社会の在り方）なのですから、その根本が際限なく強化され続けているだけのことなのです。あらゆるものが変化しているように見えて実は何も変わってはいません。

　このように考えてみると、⑥「ポスト・ヒューマン」なる観念が、資本主義の過剰なまでの高度化の産物だということは明らかであるように思われます。端的に言って、それは人間とその社会を技術に隷属させる非常識な考え方であり、その非常識を現代人の逃れられない宿命として押しつけてくるのです。

　してみると、⑦新型コロナウイルスの大流行によって、私たちは大いなる気づきの機会を与えられたと言うべきではないでしょうか。感染症のメカニズムについて、また私たち自身の免疫系のメカニズムについて、人類がまだ知らないことは山ほどあるのです。そしておそらくは、私たちがそれについてまだ知らないということさえ知らないことも、数知れずあるに違いないのです。「自然の他者性」は、強烈なインパクトを伴いながら、私たちの許《もと》に返ってきました。私たちの社会が、人類の福祉と幸福のために、どのような知識や技術を発展させるべきなのかということが、あらためて問われているのです。

（白井《しらい》　聡《さとし》「技術と社会――考えるきっかけとしての新型コロナ危機」による）

注1　「好事家」…変わったことに興味を持つ人。
注2　「衆愚制」…衆愚政治。多くの愚かな民衆による政治の意で、民主政治を蔑《さげす》んだ呼び方。

問1　本文中の［Ａ］・［Ｂ］に当てはまる言葉の組みあわせとして最もふさわしいものを次の中から選び、記号で答えなさい。

ア　Ａ　一時　Ｂ　漸進
イ　Ａ　再帰　Ｂ　本質
ウ　Ａ　一面　Ｂ　全体
エ　Ａ　保守　Ｂ　合理
オ　Ａ　画期　Ｂ　根本

問2　――①「その結果、私たちの日常生活の有り様は、次々に激変してきた」とありますが、「近代」的な生活の有り様の例として、ふさわしいものを次の中から**全て選び**、記号で答えなさい。

ア　農作物がよく生育するよう、殺虫剤により害虫を駆除する。
イ　効率的な食糧の確保のために、動植物の品種改良を試みる。
ウ　水害や疫病が生じると、祟《たた》りを鎮めるための寺社を建造する。
エ　毎年、ある時期には豊作を願って神に祈りを捧《ささ》げる祭りを催す。
オ　気象予報に基づいて住民の被害を予測し、事前に対策をとる。

問3　――②「ポスト・ヒューマン」とありますが、ここでの「ポスト・ヒューマン」とはどのような考え方ですか。それを説明した次の文の（　）に当てはまる表現として最もふさわしいものを本文中から25字以内で探し、最初と最後の3字を書きなさい。

☆（　　　　　）という考え方。

止めることができるようになったものも多いとはいえ、[B]的には何ら解決されていないのです。気が遠くなるほどの長い歳月にわたって、多くの優れた知性が時に自らの命を危険にさらしながら感染症の脅威と戦い、その正体を見極めようと努力を重ねてきたにもかかわらずいまだにわからないことだらけで、ある感染症の流行が収束した理由もよくわからないものがほとんどなのです。例えば、約100年前に起こったインフルエンザのパンデミック、いわゆるスペイン風邪（1918～1920年）は、全世界で1700万人から5000万人もの命を奪ったと見られますが、これが収まったのも集団免疫の獲得によってであろうということまではわかっていますが、なぜそのタイミングで、どのようにして収束したのか、またウイルスの起源も、いまだわかっていません。

そして、今回の新型コロナウイルスの登場です。いま世界中の専門家がこのウイルスの研究に取り組んでいますが、一筋縄ではいきません。なにせウイルスは次々と変異し、強毒化することもあれば、弱毒化することもあります。ですから、対処として何が正解であるのかも一概には言えません。ロックダウンのために、欧米ではGDPが30％以上も下落しました。日本のGDPも30％近い下落をマークしました。それほどまでに私たちは活動を縮小させて新型コロナウイルスに打《う》ち克《か》とうとしてきたわけですが、このやり方が正しかったのかどうかもよくわかりません。

④こうした現実は、「私たちは自然を征服した」という「ポスト・ヒューマン」の観念を吹き飛ばすに十分なものではないでしょうか。AIが人間の思考を無用のものとする日を想像するよりも、ウイルスの変異メカニズムや、新型コロナウイルスをきわめて危険な感染症としている理由であるところの人間の免疫系の過剰反応（サイトカインストーム）の発生メカニズムを解明することの方が、はるかに重大な課題であることは言うまでもないでしょう。

もっと言えば、新型コロナによる危機が訪れる前、私たちはなぜ、「科学技術による自然の征服」という妄想にとり憑《つ》かれていたのか、立ち止まって考えてみるべきではないでしょうか。私たちはいま、常識に引き戻されたのです。

技術の発展は社会の在り方をどんどん変えてゆく、すなわち社会の在り方はその社会の持つ技術によって決定される、という考え方は「技術決定論」と呼ばれます。新聞記事などでよく見かける「AIの進化によって社会は激変する！」といった考えは、典型的な技術決定論です。技術決定論は、技術を独立変数として設定し、社会の在り方をその関数としてとらえます。そして、技術は進化し続けるものと想定されます。ですから、「ポスト・ヒューマン」の観念も技術決定論の一種、そのかなり極端なヴァージョンであると言えるでしょう。技術は進化し続けて、人間に成り代わって世界の中心になると言うのですから。

⑤しかし、この考え方は真実ではありません。なぜなら、社会はその時々に利用可能な技術をすべて利用するわけではないからです。例えば、日本の江戸時代には、正確に時を刻むことのできる時計がすでにありました。しかしそれは広く使われることはなく、注1好《こう》事《ず》家《か》の珍しい玩具《がんぐ》として流通しただけでした。なぜなら、江戸時代の人々は、正確な時間を知る必要のある生活を送っていなかったからです。工業社会化しない限り、分単位の正確な時間を知ることなど全く必要ないのです。

つまり、利用可能な技術のうち、どの技術が用いられ、どの技術が用いられないかを決めているのは、その社会の在り方なのです。このことは、技術の発展にも当てはまります。どんな技術が盛んに発展し、どんな技術が発展しないのかを決めているのは、技術そのものではなくて、その技術を利用する社会の在り方なのです。技術決定論の主張とは逆に、社会の在り方が独立変数であり、技術はその関数なのです。

もちろん、技術が社会の在り方に影響することは多々ありますが、それはその社会の中にすでに存在していたもの、すでに存在している傾向に刺激を与え増幅させる、ということにすぎません。身近な

二〇二二年度 城北高等学校

【国語】（六〇分）〈満点：一〇〇点〉

（注意）解答するときには、句読点や記号も一字と数えます。

一 次の文章を読んで、後の問いに答えなさい（作問の都合上、本文の一部を変更してあります）。

ここ10年程の間、学問の世界では「ポスト・ヒューマン」という概念・言葉がキーワードになってきていました。これは、近代＝人間中心主義（ヒューマニズム）の時代が終わったという時代認識を示しています。

前近代が神中心の時代だったのに対して、近代は人間中心の時代である。人間を世界の中心に据えたからこそ、「神をも畏《おそ》れぬ」仕方で自然に手を入れられるようになり、自然の法則を解明してそこに介入する技術が飛躍的に発展してきました。①その結果、私たちの日常生活の有り様は、次々に激変してきたわけですが、多くの場合、これらの変化は「便利で安全で快適になった」ととらえられています。

こうして技術発展の万能性が信奉されるようになると、今度は世界の中心を占めるのは人間ではなく科学技術である、ということになってきます。こうした考え方の典型が、AI（人工知能）は人間を超えるといったような議論です。一部の論者によると、人間がやってきたさまざまな知的活動は、AIによってことごとくとって代わられるのだそうです。もう人間は「世界の中心」ではない――これが「②ポスト・ヒューマン」という言葉の核心にある考え方です。

しかし、「ポスト・ヒューマン」は同時に、極端なまでの人間中心主義（ヒューマニズム）でもあるのです。なぜなら、科学技術をつくり出すのはもちろん人間なのですから、科学技術が万能だとすれば、それは人間の万能性を意味するからです。

ただし、「ポスト・ヒューマン」を脱人間中心主義と見るにせよ、究極の人間中心主義と見るにせよ、ひとつのことは確実に言えると思います。それは、③「ポスト・ヒューマン」とは、「他者としての自然」が消滅した状況を指している、ということです。ここで言う「他者」とは、「自分の思う通りにはどうしてもならない相手」というような意味だととりあえず了解してください。近代の人間中心主義は、自然の他者性をどんどん縮減してきました。たとえ自然の成り立ちにわからないところがあっても、それは「まだ」わからないにすぎない（＝いつか必ずわかる）ものとしてとらえられるわけで、近代自然科学は自然の他者性を原理的には消去しているわけです。

こうして、近代の始まりと同時に自然の他者性は原理的に縮減し始めたわけですが、現代世界で起こった重要な変化は、人間の外界としての自然だけでなく、私たちの内なる自然、つまり「自然としての人間」に対する態度が変わってきた、ということです。それは、自然物としての人間に対して手を入れる技術が飛躍的に発展してきたことと関係しています。臓器移植、遺伝子治療、遺伝子操作、脳科学による脳の操作等々、「生命の神秘」にかかわる領域の操作可能性が大幅に高まってきたのです。

私の考えでは、新型コロナによる危機が吹き飛ばしたのは、こうした「人間の開発した技術は世界の謎を解明し尽くして、思うがままに自然を改変することができる」といった観念ではなかったでしょうか。繰り返しますが、感染症に対する人類の知識が限られていることには、驚きを禁じ得ません。新型コロナ危機に促されて、私も専門家が書いた本を読むなど感染症に関するにわか勉強を少々してみましたが、そこですぐにわかったことは、「感染症というものはよくわからないものだ」ということでした。

人類が意図的な努力によって撲滅できた感染症は天然痘ただ一つにすぎず、ペスト、エイズ、結核、エボラ等々の多様な感染症の問題は、［ A ］的な薬やワクチンの開発によってその被害を食い

英語解答

1
(1) I found smartphones very useful
(2) The weather is so nice that I want to walk
(3) Do you know how far it is from Japan to
(4) I wanted to see was not there

2
(1) made〔cooked〕by
(2) made friends with
(3) It, for, to sleep
(4) of the fastest runners

3
(1) My father told me to stop using social media.
(2) Riko has just finished brushing her teeth.

4
問1 attention
問2 suggest they are smarter than their younger siblings
問3 [A]…younger
[B]…any other child
問4 エ→イ→ウ→ア
問5 ① (例)親密な
② (例)それぞれの個性をはっきりさせる
問6 エ
問7 あ…イ　い…オ　う…エ　え…ウ　お…ア

5
問1 ア
問2 (例)手術などで，入院することが多かったから。
問3 イ　問4 イ　問5 エ
問6 Julian moved out the way quickly
問7 ウ

1〔整序結合〕

(1) ‘find＋目的語＋形容詞’「～が…とわかる〔思う〕」の形にまとめる。

(2) ‘so ～ that …’「とても～なので…」の構文をつくる。「駅まで歩きたい」の主語は「私」。

(3)「(あなたは)知っていますか」→Do you know で始め，「どれくらいの距離があるか」を‘疑問詞＋主語＋動詞...’の語順の間接疑問で表す。疑問詞は how far「どれくらい遠く」。

(4)「マンボウを見たかったのですが」を「私が見たかったマンボウは」と読み換え，‘名詞＋主語＋動詞...’の形で The sunfish I wanted to see という主語をつくる。

2〔和文英訳―適語補充〕

(1)「母が作った朝ごはん」は，文末に my mother があるので「母によって作られた朝ごはん」と読み換え‘名詞＋過去分詞＋by ～’の形で表す。

(2) make〔become〕friends with ～ で「～と友達になる」。

(3) ‘It is ～ for ― to …’「―にとって…することは～だ」の形式主語構文。

(4) ‘one of the＋最上級＋複数名詞’「最も～な…の1つ〔1人〕」の形。

3〔和文英訳―完全記述〕

(1)「～を使うのをやめなさいと言った」は「～を使うのをやめるように言った」ということなので‘tell＋人＋to ～’「〈人〉に～するように言う」の形で表せる。「～するのをやめる」は stop ～ing。

(2)「ちょうど～したところ」は，現在完了の‘have/has＋just＋過去分詞...’の形で表せる(‘完了’用法)。「～するのを終わらせる」は「～を終えた」ということなので，finish ～ing で表せばよい。

4〔長文読解総合―説明文〕

≪全訳≫❶パートナーと子どもは，後になってから私たちの人生に現れる。親はたいてい私たちのもとをずいぶん早く去る。しかし，兄弟姉妹は多くの場合，良かれ悪《あ》しかれ私たちの人生のほぼずっと，私たちと一緒にいる…。❷1つ屋根の下で2人以上の子どもを育てることは，しばしば問題を意味する。きょうだいは互いのものを取り合い，両親の関心をめぐって争う。実際，イングランドの最近の研究では，子どもの31パーセントはきょうだいとよくけんかをするので不満を感じていることがわかっている。❸しかしこのようなけんかは，私たちにとって良いものでもありうる。それは感情面において安全な環境で問題に直面する機会だ。朝食でのけんかは昼食までには忘れられている。イギリスの詩人ディラン・トマスがかつて言ったように，「私は雪だるまをつくり，兄はそれをぶち壊し，私は兄をぶっとばし，それから私たちはお茶を飲んだ」❹姉妹を持つことは，私たちにとって特に助けになるようだ。イギリスのアルスター大学での研究では，きょうだいに女の子がいると，家族内での正直なコミュニケーションが増えることがわかった。このことは私たちの感情面の健康にとって良いことだ。❺さて，また別の家族問題について考えてみよう。バラク・オバマ，ベン・アフレック，J・K・ローリングの共通点は何だろうか。彼らは全員裕福で，成功していて，第1子だ。実際，アメリカ合衆国大統領とノーベル賞受賞者の半数以上は第1子だった。USAトゥデイ紙による研究では，大企業の社長の43パーセントもまた第1子だということがわかった。なぜこのようなことになるのだろうか。❻実は，親は普通，第1子により注意を払い，彼らからすばらしいものを期待する。その結果，この子どもたちは信頼が置けて自信に満ちていることが多い。学校では成績がよく，彼らが年下のきょうだいよりも賢いことを示す研究もある。しかし，第1子には弱点もある。自分自身に期待しすぎ，完璧であるためにがんばりすぎるときがあるのだ。このことは彼らを不安にさせ，間違うことを恐れさせる。❼「一家の最年少者」である末っ子もまた，普通は大いにかまってもらう。彼らは愛情に満ち，社交的で魅力的であることが多い。年上のきょうだいよりも自由で，より変わったことや危険なことをしがちだ。ポーランドの科学者コペルニクスのように規則を破ることも多い。彼は家族全員の子どもたちの中で最年少だった。1543年，彼は地球が太陽の周りを動いていると述べる本を書いて，世界に衝撃を与えた。当時は誰もが太陽が地球の周りを動いていると確信しており，コペルニクスが彼らは間違っていると言ったとき，一部の人はとても腹を立てた。❽真ん中のかわいそうな子はどうだろう。／→エ．研究では，彼らはあまりかまってもらえず，たいてい(親の)お気に入りではないことを示している。／→イ．しかし，もしあなたが真ん中の子でも，心配しないでほしい。／→ウ．あなたのチームにもすばらしい仲間がいる。／→ア．ビル・ゲイツ，ジョン・F・ケネディ，マドンナは全員真ん中の子だ。❾一緒に遊ぶ兄弟姉妹のいない一人っ子として育てられるのは寂しいことだろうか。エかつて，人々はそう考えていた。しかし，最近の多くの研究では，一人っ子は幸せで成功していることが多いことがわかっている。女優のナタリー・ポートマンはかつて，自分が一人っ子だったため，両親は女優になることを許してくれたと言った。彼女の両親は，彼女がきょうだいと比べて「特別な」，つまり違っている存在に見られることを心配する必要がなかった。彼女は誰からも関心を奪うことはなかった。したいこと全てをして，幸せでいることができたのだ。❿最後に，多生児の問題がある。双子であるということは，どのように感じるものなのか。双子はきわめて親密な関係を持ちうるし，このことは彼らが人生を生きていく助けともなるだろう。しかし，双子は自身の個性を示すのが難しいときもある。彼らは人々に思い出させなくてはならない。「ねえ，私たち，ではないんですよ。私，なんです！」と。

問1＜適語補充＞fight for ～は「～のために闘う」という意味。きょうだいたちが親の何を求めてけんかをするのかを考える。第9段落には，一人っ子だった女優のナタリー・ポートマンについての記述でShe didn't steal attention away from anyone.とある。attentionには「注目，関心，配慮，世話」という意味がある。

問２＜整序結合＞some studiesに続く動詞にsuggestを置き，'suggest (that)＋主語＋動詞…'「～ということを示唆する」の形をつくる。'主語＋動詞…'に当たる部分には，文脈から「彼ら（＝first-born children）が下のきょうだいより賢い」という文をつくる。

問３＜書き換え―適語補充＞'比較級＋than any other＋単数名詞'「他のどんな…より～」の形は，最上級と同じ意味を表せる。

問４＜文整序＞真ん中の子について述べた段落。前文の「真ん中の子はどうだろう」という問いに対する答えとしてネガティブな研究結果を示すエを最初に置く。このネガティブな結果に対し'逆接'のButで「しかし心配することはない」とつなぐイ，その理由として「すばらしい仲間がいる」ことを挙げるウ，その具体的な人物名を紹介するアの順にまとめる。

問５＜要旨把握＞twin「双子」の利点は下線部を含む文に，懸念点はその次の文に書かれている。ここでのcloseは「親密な，親しい」という意味の形容詞。懸念を示す文は'it is ～ for ― to …'「―が〔にとって〕…することは～だ」の形式主語構文。character(s)は「特徴，特性」という意味。

問６＜適所選択＞脱落文のIn the pastと，空所エの直後の文にあるrecent studiesが，'逆接'のButで対比されていることを読み取る。soは前文の「一緒に遊ぶ兄弟姉妹のいない一人っ子として育てられるのは寂しいこと」という内容を受けている。

問７＜適語選択＞あ．直前のThisは，前文の「家族内での正直なコミュニケーションが増える」という内容を指す。このことは，私たちの感情面の健康にとって「良い」と考えられる。　い．第１子は，親から他のきょうだいよりも手厚い配慮を受け期待される結果として，confidentと並んでどうなるかを考える。responsibleには「責任がある」という意味のほかに「信頼できる，頼りになる」という意味がある。　う．直後のofにつながるのはafraid。'feel＋形容詞'「～な感じがする」の形。　え．他のきょうだいに比べ自由な末っ子は変わったことや「危険な」ことをしがちだと考えられる。　お．直後のfromにつながるのはdifferent。一人っ子は他のきょうだいと比べて違うなどと思われる心配がないということ。

5〔長文読解総合―物語〕

≪全訳≫❶自分が普通の10歳児ではないことはわかっている。することは普通だ。アイスクリームを食べる。自転車に乗る。Xボックスを持っている。内面は普通だと感じる。でも，普通の子どもたちは運動場で僕から逃げる。そして，普通の人々は通りやスーパーマーケットで僕をじろじろ見る。❷僕が通りを歩くと人々は僕を見て，それから目をそらす。❸姉のヴィアは僕を普通だとは思っていない。彼女は，人々が僕について話したり，僕をじろじろ見たりすると怒る。彼女は彼らを怒鳴りつける。僕を愛してはいるが，僕を普通だとは思っていない。❹ママとパパも僕を普通だとは思っていない。普通から外れていると思っている。❺僕は自分が本当に普通だと思っているが，誰にもそれがわからない。❻ママはきれいだし，ヴィアもきれいだ。そしてパパはかっこいい。僕の名前はオーガストだ。僕の見た目はどうかって？　あなたに話すつもりはない。でも，あなたが思っているよりは悪い。僕に関して普通ではないことを言おう。僕は学校へ行ったことがないのだ。人々は，見た目のせいで僕が学校へ行ったことがないと思っている。でもそんなことではない。学校へ行ったことがないのは，たくさん――10年間で27回――入院してきたせいだ。たくさんの整形手術やその他のことを受けてきた。だから，両親は僕を学校へやらなかった。ママが家で僕に教えてくれた。❼最後に病院に行ったのは８か月前で，２

年間は行かなくていい。8この夏のある日，両親が学校について話していた。9「何を話しているの？」と僕は尋ねた。10「あなたは学校へ通う準備ができていると思う？」とママが尋ねた。11「ううん」と僕は言った。12「私はもうあまりあなたに教えることはできないわ」と彼女は言った。「知ってるでしょ，私は算数が苦手なの」13「何て学校？」と僕は尋ねた。14「ビーチャー小学校。うちの近くよ」15「本当に行きたくないんだ」と僕は言った。16「そう」とママは言った。「そのことは後で話しましょう」17僕は行きたくなかった。でもママが正しいことはわかっていた。18そして彼女は本当に算数が苦手なことも。19夏休みに，僕たちは校長のタシュマン先生に会いに学校へ行った。20「こんにちは，タシュマン先生，またお会いできてうれしいです」とママは言った。「これが息子のオーガストです」21タシュマン先生はママと握手をし，それから僕ともした。22「こんにちは，オーガスト」とタシュマン先生は言った。彼は僕をじっと見た。そうする人は多くない。「君に会えてとてもうれしいよ。君のお母さんとお父さんは，君について私にたくさん話してきてくれたんだ」23「何を話していましたか？」24「君が読書が好きなこと。すばらしく絵がうまいこと。それから理科が大好きなこと。合ってるかい？」25「はい」と僕は言った。「そのとおりです」26「ここにはとてもいい理科の先生たちがいる」とタシュマン先生は言った。「すぐに，学校に来たらいい」27僕はタシュマン先生が好きになった。28タシュマン先生の部屋のドアの外では，子どもたちの声が聞こえた。突然，僕はまた怖くなった。小さな子どもたちといるのは大丈夫だ。彼らは残酷なことを言うときもあるが，相手を傷つけたいと思っているわけではない。でも，年齢の進んだ子どもたちはもっと難しい。だから僕は髪を伸ばしている。そうすれば，見たくないものは見えないからだ。29「オーガスト」とタシュマン先生は言った。「何人か他の５年生たちに会ってほしいんだ」30「子どもには会いたくない」と僕はママに言った。31タシュマン先生は僕の目をのぞき込んだ。「大丈夫だよ，オーガスト」と彼は言った。「いい子たちだよ」　そして彼はドアを開けた。32「みんな入って」と彼は言い，男子２人と女子１人が入ってきた。彼らは，僕のこともママのことも見なかった。ドアのそばに立って，タシュマン先生を見ていた。彼らもおびえていた。33「来てくれてありがとう」とタシュマン先生は言った。34「新入生のオーガストに会ってほしいんだ。君たちのホームルームに入るんだよ。さあ，こちらがオーガストだ。オーガスト，こちらはジャックだよ」35ジャックは僕を見て，手を差し出した。僕は握手をした。彼は笑みを浮かべて「やあ」と言い，すぐに下を向いた。36「こちらはジュリアン」とタシュマン先生は言った。37ジュリアンはジャックと同じことをした。僕と握手をして，笑みを浮かべて，下を向いた。38「そしてシャーロット」39シャーロットは本当に金色の髪をしていた。僕と握手はしなかったが，手を振ってにこっとした。「こんにちは，オーガスト。初めまして」と彼女は言った。40「こんにちは」と僕は言って，下を向いた。彼女は緑色の靴を履いていた。41「よし」とタシュマン先生は言った。「オーガストに学校を案内してくれるかな？　ホームルームに連れていって，それから理科室とコンピュータ室を案内してほしい。食堂も忘れずにね」42３人の子どもたちは部屋を出ていった。僕はついていかざるをえなかった。43ジャック，ジュリアン，シャーロットと僕は廊下を横切り，階段を上がった。誰も一言も話さなかった。僕たちは301という番号のついたドアの所で止まった。44「ここが僕たちのホームルームだよ」とジュリアンが言った。「先生はペトサ先生だ。まあまあだよ」45ジュリアンは廊下を歩いていった。別のドアで立ち止まると，それを少し開けた。「これが理科室だよ」　彼はドアの前に立ち，僕を見なかった。「一番いい理科の先生はハラー先生だよ」46「もっとドアを開けてオーガストが中を見られるようにしなよ」とジャックが言って，もう少し大きくドアを開けた。ジュリアンはすばやくどいた。僕に触りたくなかったからだ。でも，彼は教室の中のいくつかのものを指さした。「あの大きなのが黒板。あれが机で，あれが椅子」47「それくらい知ってるわよ」とシャーロットが言った。48「質問があるんだけど」と僕は言った。「ホームルームって何？」49「あなたのグループのことよ。朝はそこへ行くの」とシャーロットが言った。「担任の先生が，みんなが学校に来ていることを確認するの。先生には毎日会うのよ。わかった？」50「うん。ありがとう」と僕は言った。51次に，彼らは僕を講堂――シャーロットが一番好きな場所――や図書室に案内した。52それから，ジュリアンが言った。「きいてもいい？」53「いいよ」と僕は言った。54「どうして君の顔はそんななの？」55「ジュリアン！」とシャーロットが言った。「それはきいちゃだめ。生まれつきよ。タシュマン先生が言ったでしょ。聞いてなかったのね！」56「来なよ，オーガスト」とジャックが言った。彼は図書室のドアを開けて，僕の顔をのぞき込んだ。僕は彼を見返して笑った。彼も笑った。「ジュリアンはしょうがないやつだ」と彼は静かに言った。57「あの子たちは親切にしてくれた？」と，家でママが尋ねた。58「ジャックはよかった」と僕は言った。「でもジュリアンはそうじゃなかった」59「行きたくなければ学校へ行かなくてもいいのよ」とママは言った。60「大丈夫だよ，ママ。僕は行きたいよ」　それは本当だった。

問１＜単語の意味＞この後に，I do ordinary things. とあり，10歳児がする ordinary things の具体例が列挙されている。アイスクリームを食べたり，自転車に乗ったりすることは，10歳児にとって normal「普通の」ことである。

問２＜文脈把握＞「僕」が学校へ行っていない理由は，下線部の３文後の It's because で始まる文とその次の文に書かれている。その前で否定されているように how I look「(私がどう見えるか→)私の見た目」が理由ではない。　be in hospital「入院している」

問３＜英文解釈＞前の文からの流れを読み取る。little children は残酷なことを言うときはあっても相手を傷つけたいとは思っていないが，older children は難しい，ということは，年齢が進むと意図的に相手を傷つけることを言うということだと考えられる。

問４＜適文選択＞この後のシャーロットの He was born like that.「(彼はそのように生まれた→)生まれつきよ」という発言から判断できる。

問５＜単語の意味＞先生の話を聞いていなかったために，主人公に対してするべきではない質問をしたジュリアンは「ちゃんとした振る舞いをしない人」といえる。

問６＜要旨把握＞ジュリアンが主人公に対して良い印象を持っていないことを示す行動の中で６語という条件に合うものを選ぶ。move out the way は「どく，よける」といった意味。理科室の中を見るために前に進もうとする主人公に触らないようによけたのである。

問７＜内容真偽＞ア.「ヴィアは，オーガストが他の人たちから逃げるので彼を怒る」…×　第３段落第２文参照。ヴィアが怒るのは，人々が「僕」のことを話したりじろじろ見たりするとき。
イ.「オーガストの母親は，理科を勉強するのが好きではない」…×　第12段落第２文および第18段落参照。母親が苦手なのは算数。　ウ.「シャーロットは，ジュリアンが説明したもののうちのいくつかをオーガストがすでに知っているとわかっていた」…○　第46，47段落に一致する。シャーロットの言葉の中にある that は，その直前の That big thing ～ those are chairs. までのジュリアンの発言を受けている。　エ.「オーガストは母親を悲しませたくなかったので，学校へ行くことにした」…×　最後の２段落参照。学校へ行きたいというのは主人公の意志である。

数学解答

1 (1) 2021　(2) $(x-3)(x+2y-1)$　(3) $\frac{13}{36}$　(4) $a=9$, $x=-\frac{9}{4}$

2 (1) 9　(2) 115°　(3) $\frac{25}{13}$

3 (1) $9\sqrt{6}$　(2) $\frac{3}{2}$　(3) $\frac{3}{5}$

4 (1) -1　(2) $-\frac{3}{2}$　(3) $\left(0,\ \frac{3}{2}\right)$, $\left(0,\ \frac{13}{2}\right)$

5 (1) 25個　(2) 6個　(3) 64個　(4) 12個

1〔独立小問集合題〕

(1)＜数の計算＞$2022=x$ とすると，$2023\times2021-4044+2=(x+1)(x-1)-2x+2=x^2-2x+1=(x-1)^2$ となるから，与式$=\sqrt{(2022-1)^2}=\sqrt{2021^2}=2021$ である。

(2)＜式の計算—因数分解＞与式$=(x^2-4x+3)+(2xy-6y)=(x-1)(x-3)+2y(x-3)$として，$x-3=A$ とおくと，与式$=(x-1)A+2yA=A(x-1+2y)$となり，A をもとに戻すと，与式$=(x-3)(x+2y-1)$ となる。

(3)＜確率—サイコロ＞サイコロの6つの目を1_A，1_B，1_C，2，3_A，3_B とする。出る目は1回目も2回目も6通りあるから，出る目の組は全部で$6\times6=36$(通り)ある。このうち，出た目の和が4になる場合は，(i)1の目と3の目が1回ずつ出る場合と，(ii)2の目が2回出る場合がある。(i)の場合で，1回目が1のとき，(1回目，2回目)$=(1_A,\ 3_A)$，$(1_A,\ 3_B)$，$(1_B,\ 3_A)$，$(1_B,\ 3_B)$，$(1_C,\ 3_A)$，$(1_C,\ 3_B)$の6通りあり，2回目が1のときも6通りあるから，合わせて$6\times2=12$(通り)ある。(ii)の場合，(1回目，2回目)$=(2,\ 2)$の1通りある。よって，目の和が4になる場合は$12+1=13$(通り)あり，求める確率は$\frac{13}{36}$である。

(4)＜二次方程式—解の利用＞x の二次方程式に解の $x=-\frac{2^5}{3^4}$を代入すると，$2^2\times3^4\times\left(-\frac{2^5}{3^4}\right)^2+(2^7+3^6)\times\left(-\frac{2^5}{3^4}\right)+2^5\times a=0$，$\frac{2^{12}}{3^4}-\frac{2^{12}}{3^4}-2^5\times3^2+2^5\times a=0$，$-2^5\times3^2+2^5\times a=0$，$a=3^2$，$a=9$ となる。よって，もとの二次方程式は $2^2\times3^4\times x^2+(2^7+3^6)\times x+2^5\times3^2=0$ である。したがって，$2^2\times3^4\times x^2+(2^7+3^6)\times x+2^5\times3^2=0$ より，$x^2+\left(\frac{2^5}{3^4}+\frac{3^2}{2^2}\right)\times x+\frac{2^5}{3^4}\times\frac{3^2}{2^2}=0$，$\left(x+\frac{2^5}{3^4}\right)\left(x+\frac{3^2}{2^2}\right)=0$ となり，$x=-\frac{2^5}{3^4}$，$-\frac{3^2}{2^2}$である。これより，もう1つの解は，$x=-\frac{3^2}{2^2}=-\frac{9}{4}$である。

2〔独立小問集合題〕

(1)＜平面図形—長さ＞右図1で，直線AFと直線BCの交点をGとする。AD∥BGより，△ADF∽△GBAだから，DF：BA＝DA：BGである。△ABEで三平方の定理より，$AE=\sqrt{AB^2+BE^2}=\sqrt{15^2+8^2}=\sqrt{289}=17$ となる。また，AD∥BGより，錯角は等しいから，∠AGE＝∠DAG となり，∠GAE＝∠DAGだから，∠AGE＝∠GAEである。よって，△AEGは二等辺三角形だから，EG＝AE＝17であり，BG＝BE＋EG＝8＋17＝25となる。したがって，DF：15＝15：25が成り立つから，DF×25＝15×15より，DF＝9である。

図1

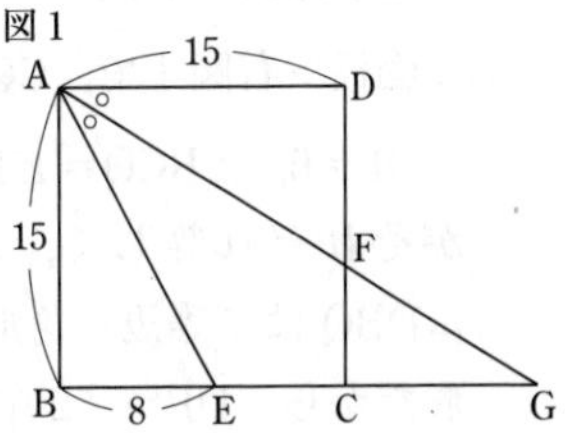

(2)＜平面図形—角度＞次ページの図2で，∠DCF＝∠ECF＋∠DCEである。EC∥BFより錯角は等しく，∠ECB＝∠CBFだから，$\overset{\frown}{EB}=\overset{\frown}{CF}$となる。よって，$\overset{\frown}{EB}+\overset{\frown}{BF}=\overset{\frown}{CF}+\overset{\frown}{BF}$であり，$\overset{\frown}{EBF}=\overset{\frown}{BFC}$だから，∠ECF＝∠BAC＝50°となる。また，$\overset{\frown}{AD}$に対する円周角より，∠ACD＝∠ABDだから，

∠ABD＝∠CBD＝a，∠ACE＝∠BCE＝b とすると，∠ACD＝a であり，∠DCE＝∠ACD＋∠ACE＝$a+b$ となる。△ABC で，$2a+2b$＝180°－50°＝130° より，$a+b$＝65° だから，∠DCE＝65° である。したがって，∠DCF＝50°＋65°＝115° となる。

図2

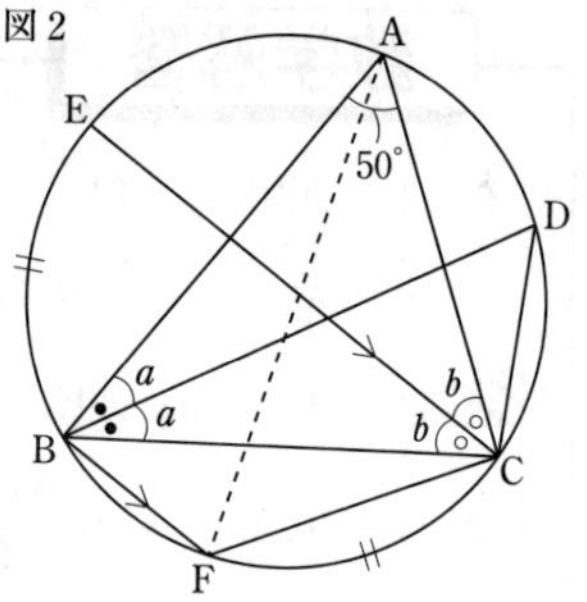

≪別解≫図2で，2点A，Fを結ぶ。EC∥BF より，錯角は等しいから，∠BCE＝∠CBF であり，$\overset{\frown}{\mathrm{CF}}$ に対する円周角より，∠CBF＝∠CAF だから，∠BCE＝∠CAF である。また，$\overset{\frown}{\mathrm{BF}}$ に対する円周角より，∠BCF＝∠BAF だから，∠ECF＝∠BCE＋∠BCF＝∠CAF＋∠BAF＝∠BAC＝50° となる。よって，上で求めたように，∠DCE＝65° だから，∠DCF＝50°＋65°＝115° である。

(3)＜平面図形―面積＞右図3で，△ABC を線分 AD を折り目として折り返したとき，点Bが移動した点をFとし，点Fと2点B，Cをそれぞれ結ぶ。また，点Aから辺 BC に垂線 AH を引くと，重なった部分である △ADE の面積は，△ADE＝$\dfrac{1}{2}$×DE×AH で求められる。DB＝DC，折り返した図形だから，DF＝DB であり，∠BAC＝90° だから，点F，Aは点Dを中心とする直径 BC の円周上の点であり，∠BFC＝90° である。また，半径 AD の延長と弦 BF の交点をGとすると，△ABD と △AFD は AD について対称なので，2点B，Fは AG について対称となり，AG⊥BF，BG＝FG である。よって，∠BGA＝∠BFC＝90° だから，AG∥CF となり，△ADE∽△FCE で，DE：CE＝AD：FC となる。2点D，Gはそれぞれ辺 BC，辺 BF の中点だから，△BFC で中点連結定理より，FC＝2GD である。ここで，DA＝DB より，△DAB は二等辺三角形で，∠DAB＝∠DBA である。これより，∠GAB＝∠ABC となり，△GAB∽△ABC だから，AG：BA＝AB：BC となる。△ABC で三平方の定理より，BC＝$\sqrt{\mathrm{AB}^2+\mathrm{AC}^2}=\sqrt{4^2+3^2}=\sqrt{25}=5$ だから，AG：4＝4：5 が成り立ち，これを解くと，AG×5＝4×4 より，AG＝$\dfrac{16}{5}$ となる。したがって，AD＝$\dfrac{1}{2}$BC＝$\dfrac{1}{2}$×5＝$\dfrac{5}{2}$ より，GD＝AG－AD＝$\dfrac{16}{5}-\dfrac{5}{2}=\dfrac{7}{10}$ となるから，FC＝$2\times\dfrac{7}{10}=\dfrac{7}{5}$ であり，DE：CE＝$\dfrac{5}{2}:\dfrac{7}{5}$＝25：14 となる。よって，DE＝$\dfrac{25}{25+14}$DC＝$\dfrac{25}{39}\times\dfrac{5}{2}=\dfrac{125}{78}$ である。さらに，△HBA∽△ABC であり，AH＝$\dfrac{3}{5}$AB＝$\dfrac{3}{5}\times4=\dfrac{12}{5}$ だから，△ADE＝$\dfrac{1}{2}\times\dfrac{125}{78}\times\dfrac{12}{5}=\dfrac{25}{13}$ となる。

図3

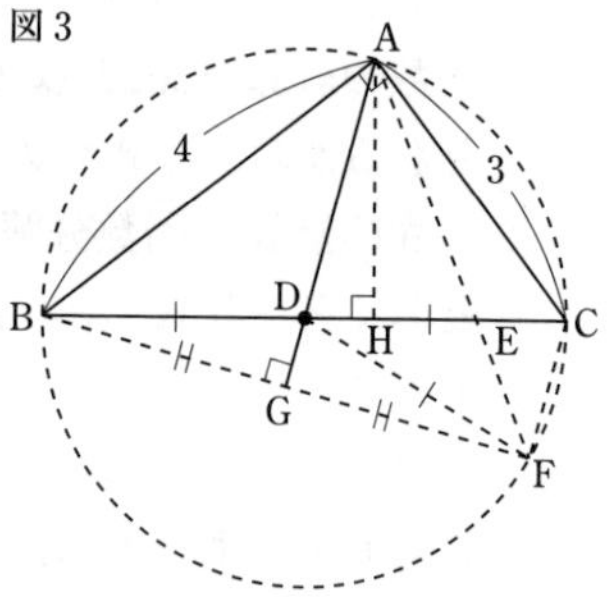

3〔空間図形―三角柱〕

≪基本方針の決定≫(1)，(2)　合同な三角形を利用する。

(1)＜面積＞右図1で，CQ＝FQ＝$\dfrac{1}{2}$CF＝$\dfrac{1}{2}$×6＝3 である。これと BC＝DF＝6，∠BCQ＝∠DFQ＝90° より，2組の辺の長さとその間の角がそれぞれ等しく，△BCQ≡△DFQ だから，BQ＝DQ となり，△DBQ は二等辺三角形である。ここで，△ADB は直角二等辺三角形だから，DB＝$\sqrt{2}$AD＝$\sqrt{2}\times6=6\sqrt{2}$ であり，△BCQ で三平方の定理より，BQ＝$\sqrt{\mathrm{BC}^2+\mathrm{CQ}^2}=\sqrt{6^2+3^2}=\sqrt{45}=3\sqrt{5}$ だから，BQ＝DQ＝$3\sqrt{5}$ である。点Qから辺 DB に垂線 QH を引くと，点Hは底辺 DB の中点で，BH＝$\dfrac{1}{2}$DB＝$\dfrac{1}{2}\times6\sqrt{2}=3\sqrt{2}$ となる。よって，△BQH で三平方の定理より，QH＝$\sqrt{\mathrm{BQ}^2-\mathrm{BH}^2}=\sqrt{(3\sqrt{5})^2-(3\sqrt{2})^2}=\sqrt{27}=3\sqrt{3}$ だから，△DBQ＝$\dfrac{1}{2}$×DB×QH＝$\dfrac{1}{2}\times6\sqrt{2}\times3\sqrt{3}=9\sqrt{6}$ であ

図1

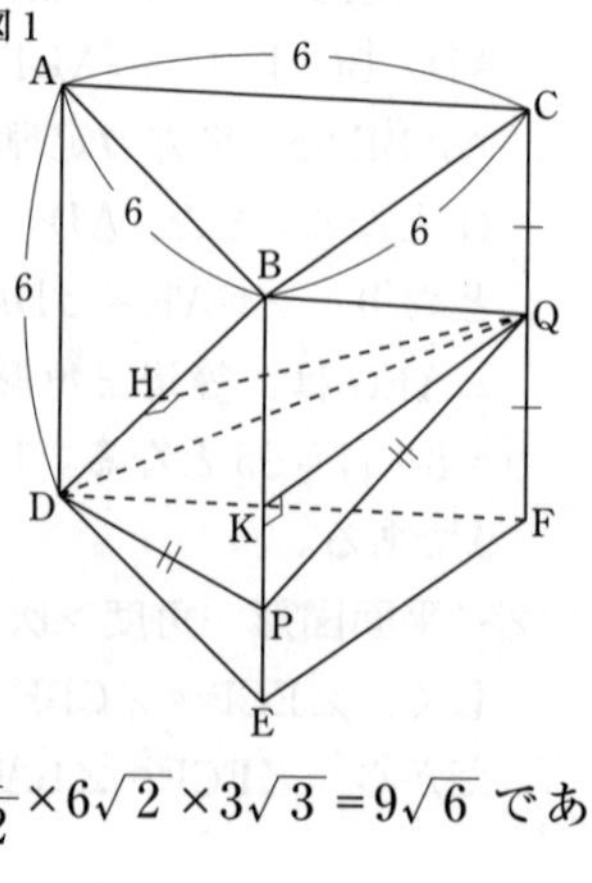

る。

(2)＜長さ＞前ページの図1で，点Qから辺BEに垂線QKを引く。PD＝QPであるとき，QK＝FE＝6より，DE＝QK＝6，∠DEP＝∠QKP＝90°であり，直角三角形の斜辺と他の1辺がそれぞれ等しいから，△DEP≡△QKPである。よって，EP＝KP＝$\frac{1}{2}$KE＝$\frac{1}{2}$QF＝$\frac{1}{2}\times 3=\frac{3}{2}$となる。

(3)＜長さ＞右図2で，点Dから辺EFに垂線DMを引くと，△DEMは3辺の比が1：2：$\sqrt{3}$の直角三角形となるから，DM＝$\frac{\sqrt{3}}{2}$DE＝$\frac{\sqrt{3}}{2}\times 6=3\sqrt{3}$である。よって，△DEF＝$\frac{1}{2}\times 6\times 3\sqrt{3}=9\sqrt{3}$となるから，〔三角柱ABC-DEF〕＝$9\sqrt{3}\times 6=54\sqrt{3}$である。ここで，EP＝$x$とすると，〔四角錐D-EFQP〕＝$\frac{1}{3}$×〔四角形EFQP〕×DM＝$\frac{1}{3}\times\left\{\frac{1}{2}\times(x+3)\times 6\right\}\times 3\sqrt{3}=3\sqrt{3}(x+3)$と表される。これが三角柱ABC-DEFの体積の$\frac{1}{5}$倍になるとき，$3\sqrt{3}(x+3)=54\sqrt{3}\times\frac{1}{5}$が成り立つ。したがって，$x+3=\frac{18}{5}$，$x=\frac{3}{5}$となる。

図2

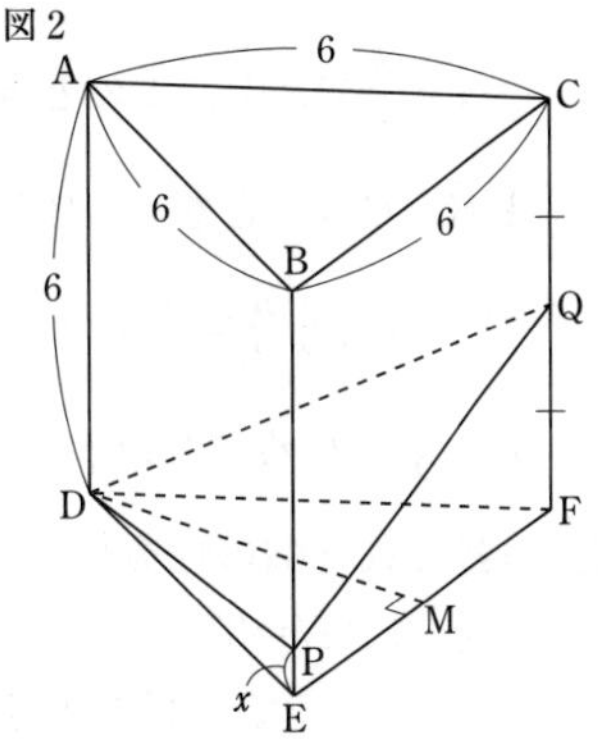

4 〔関数―関数$y=ax^2$と一次関数のグラフ〕

≪基本方針の決定≫(3)　l∥ABだから，AD：AC＝BE：BCとなる。

(1)＜x座標＞点Bのx座標をbとすると，点Cのx座標は$b+4$とおける。y座標は，点Bが$\frac{1}{2}b^2$，点Cが$\frac{1}{2}(b+4)^2=\frac{1}{2}b^2+4b+8$と表され，直線BCの傾きが1であることから，$\left\{\left(\frac{1}{2}b^2+4b+8\right)-\frac{1}{2}b^2\right\}\div\{(b+4)-b\}=1$が成り立つ。これを解くと，$\frac{4b+8}{4}=1$より，$b=-1$となる。

(2)＜傾き＞(1)より，点Bのy座標は$\frac{1}{2}\times(-1)^2=\frac{1}{2}$となり，B$\left(-1,\ \frac{1}{2}\right)$である。また，点Aの$x$座標は$-1-1=-2$となるから，$y=\frac{1}{2}\times(-2)^2=2$より，A$(-2,\ 2)$である。よって，直線ABの傾きは$\left(\frac{1}{2}-2\right)\div\{-1-(-2)\}=-\frac{3}{2}$となる。

(3)＜切片＞(2)より，A$(-2,\ 2)$，B$\left(-1,\ \frac{1}{2}\right)$であり，点Cの$x$座標は$-1+4=3$で，$y=\frac{1}{2}\times 3^2=\frac{9}{2}$より，C$\left(3,\ \frac{9}{2}\right)$であるから，△ABCは右図のようになる。$l$∥ABより，AD：AC＝BE：BC＝$m$：1とおける。このとき，△AEC＝$\frac{\text{EC}}{\text{BC}}$×△ABC＝$\frac{1-m}{1}$×△ABC＝$(1-m)$△ABCとなり，△ADE＝$\frac{\text{AD}}{\text{AC}}$×△AEC＝$\frac{m}{1}\times(1-m)$△ABC＝$m(1-m)$△ABCと表せるから，△ADE＝$\frac{3}{16}$△ABCとなるとき，$m(1-m)=\frac{3}{16}$が成り立つ。これを解くと，$16m(1-m)=3$，$16m^2-16m+3=0$，解の公式を利用して，$m=\frac{-(-16)\pm\sqrt{(-16)^2-4\times 16\times 3}}{16\times 2}=\frac{16\pm\sqrt{64}}{32}=\frac{16\pm 8}{32}=\frac{2\pm 1}{4}$より，$m=\frac{2+1}{4}=\frac{3}{4}$，$m=\frac{2-1}{4}=\frac{1}{4}$となる。$m=\frac{1}{4}$のとき，BE：EC＝$\frac{1}{4}:\left(1-\frac{1}{4}\right)=\frac{1}{4}:\frac{3}{4}=1:3$だから，直線$l$は図の直線$l_1$となり，直線$l_1$が線分AC，BCと交わる点をそれぞれ$D_1$，$E_1$とする。一方，$m=\frac{3}{4}$のとき，BE：EC＝$\frac{3}{4}:\left(1-\frac{3}{4}\right)=\frac{3}{4}:\frac{1}{4}=3:1$より，直線$l_2$となり，直線$l_2$が線分AC，BC

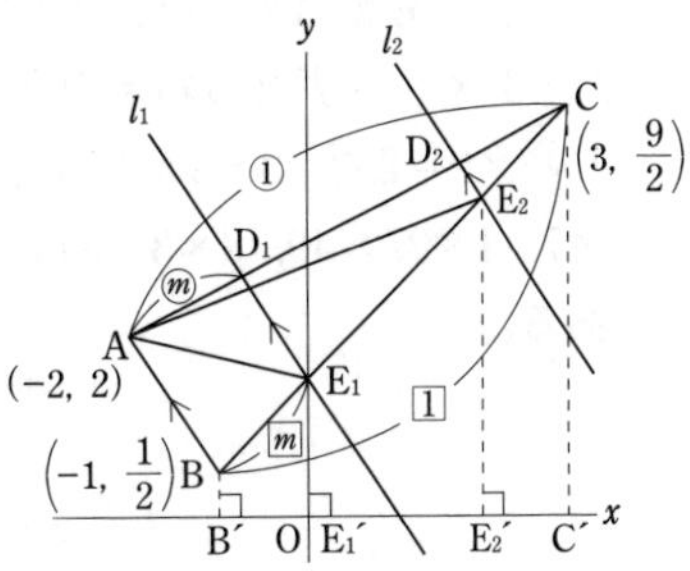

と交わる点をそれぞれD_2，E_2とする。4点B，C，E_1，E_2からx軸にそれぞれ垂線BB'，CC'，E_1E_1'，E_2E_2'を引くと，$B'C'=3-(-1)=4$だから，$BE_1:E_1C=1:3$のとき，$B'E_1':E_1'C'=1:3$となり，$B'E_1'=\frac{1}{1+3}B'C'=\frac{1}{4}\times4=1$だから，点$E_1'$の$x$座標が$-1+1=0$より，直線$l_1$と$y$軸の交点$E_1$は直線BCと$y$軸との交点と一致する。直線BCの傾きは1で，$B\left(-1,\ \frac{1}{2}\right)$を通るから，その式は$y=x+\frac{3}{2}$であり，このときの$y$軸との交点の座標は$\left(0,\ \frac{3}{2}\right)$である。$BE_2:E_2C=3:1$のとき，$B'E_2':E_2'C'=3:1$となり，$B'E_2'=\frac{3}{3+1}B'C'=\frac{3}{4}\times4=3$だから，点$E_2$の$x$座標が$-1+3=2$である。よって，$y=2+\frac{3}{2}=\frac{7}{2}$より，$E_2\left(2,\ \frac{7}{2}\right)$であり，直線$l_2$の式を$y=-\frac{3}{2}x+k$とすると，$\frac{7}{2}=-\frac{3}{2}\times2+k$，$k=\frac{13}{2}$となる。したがって，このときの$y$軸との交点の座標は$\left(0,\ \frac{13}{2}\right)$である。

5〔数と式―数の性質〕

(1)<約数>$N=3^4\times7^4$の1以外の約数は，a，bを1以上4以下の整数とすると，3^a，7^b，$3^a\times7^b$と表せる。よって，3^aと表せる約数は$a=1$～4の4個あり，7^bと表せる約数は$b=1$～4の4個，$3^a\times7^b$と表せる約数は$4\times4=16$(個)から，全部で，$1+4+4+16=25$(個)ある。

(2)<一の位の数>(1)より，3^aと表せる約数は3，9，27，81で，7^bと表せる約数は7，49，343，2401だから，一の位が3である数は，3，343の2個ある。また，$3^a\times7^b$と表せる約数の一の位の数は，3^aと7^bの一の位の数の積より求められるから，このような約数のうち，一の位が3である数は，3×2401，9×7，27×49，81×343の4個ある。よって，求める約数は全部で$2+4=6$(個)ある。

(3)<約数>(1)と同様に考えると，$M=2^3\times3^3\times7^3$の1以外の約数は，c，d，eを1以上3以下の整数とすると，2^c，3^d，7^e，$2^c\times3^d$，$2^c\times7^e$，$3^d\times7^e$，$2^c\times3^d\times7^e$と表せる。よって，2^c，3^d，7^eと表せる約数はそれぞれ3個あり，$2^c\times3^d$，$2^c\times7^e$，$3^d\times7^e$と表せる約数はそれぞれ$3\times3=9$(個)，$2^c\times3^d\times7^e$と表せる約数は$3\times3\times3=27$(個)ある。したがって，全部で$1+3\times3+9\times3+27=64$(個)ある。

(4)<一の位の数>一の位が2である数は偶数だから，素因数として2を必ず持つ。(3)より，2^cと表せる約数は2，4，8だから，一の位が2の数は，2の1個ある。また，3^dと表せる約数は3，9，27で，7^eと表せる約数は7，49，343だから，$2^c\times3^d$，$2^c\times7^e$と表せる約数のうち，一の位が2である数は，一の位の積が$4\times3=12$，$8\times9=72$となる場合で，4×3，4×343，8×9，8×49の4個ある。さらに，$2^c\times3^d\times7^e$と表せる約数のうち，一の位が2である数は，一の位の積が$2\times3\times7=42$，$2\times9\times9=162$，$4\times7\times9=252$，$8\times3\times3=72$，$8\times7\times7=392$となる場合で，$2\times3\times7$，$2\times9\times49$，$2\times27\times343$，$4\times9\times7$，$4\times27\times49$，$8\times3\times343$，$8\times27\times7$の7個ある。よって，求める約数は全部で$1+4+7=12$(個)ある。

国語解答

一　問1　オ　　問2　ア，イ，オ

問3　世界の～である

問4　科学技術により外界としての自然だけでなく，人間自身の内部までもが思うとおりに操作可能となった状況。(49字)

問5　ア　　問6　エ

問7　資本主義社会が絶えず生産力の向上を求めるため，技術革新にも際限がなくなった結果，科学技術が人間に代わって世界の中心を占めるという「ポスト・ヒューマン」の観念が生まれたということ。(89字)

問8　イ　　問9　ウ

二　問1　A…ウ　B…ア　C…イ

問2　自分とは違い，健康な体と家族を持っている恭平のことを羨ましく思う気持ち。(36字)

問3　イ　　問4　ア　　問5　エ

問6　自分の命が危ないときでも，弟を優先して助けようとした点。(28字)

問7　ウ　　問8　ウ

問9　恭平から送られてきた登山靴を見て，かつて雪山で遭難したときに懸命に生きようとしたように，逃げずに病気と向き合う勇気を持つことができるようになったから。(75字)

三　1　湿潤　　2　営為　　3　腐心

4　暫定　　5　仰

一〔論説文の読解―自然科学的分野―技術〕出典；白井聡「技術と社会――考えるきっかけとしての新型コロナ危機」(『ポストコロナ期を生きるきみたちへ』所収)。

≪本文の概要≫ここ10年ほどの間，学問の世界では，「ポスト・ヒューマン」がキーワードになってきていた。これは，世界の中心を占めるのは人間ではなく，科学技術だという考え方であり，「他者としての自然」が消滅し，技術による自然の操作可能性が高まった状況を指す。だが，新型コロナによる危機により見えた現実は，「私たちは自然を征服した」という「ポスト・ヒューマン」の観念を吹き飛ばすに十分なものではないだろうか。「ポスト・ヒューマン」の観念は，社会のあり方がその社会の持つ技術によって決定されるという「技術決定論」の一種である。しかし，この考え方は真実ではなく，社会のあり方こそが，技術の用いられ方を決定しているのである。技術が社会のあり方を決定しているように見えるのは，資本主義社会に特有の現象である。絶えざる革新を求めているのは，実際は資本主義社会のあり方の根本であり，その根本が際限なく強化され続けているだけなのである。このように考えると，「ポスト・ヒューマン」は，資本主義の過剰なまでの高度化の産物といえる。新型コロナウイルスの流行によって，「自然の他者性」は，強烈なインパクトを伴って，私たちのもとに返ってきた。私たちの社会が，人類の福祉と幸福のために，どのような知識や技術を発展させるべきなのかが，改めて問われているのである。

問1＜表現＞人類が撲滅できた感染症は天然痘だけであり，「多様な感染症の問題」は，時代を変えるような新しい「薬やワクチンの開発」によって(…A)，「その被害を食い止めることができるようになったものも多い」が，問題のおおもとになる部分は「何ら解決されて」いない(…B)。

問2＜文章内容＞ア．殺虫剤を開発して自然に「介入する」ことで，「害虫を駆除」するのは，「近代」的な生活の例である(…○)。　イ.「動植物の品種改良」という技術で自然に「介入」することで,「効率的な食糧の確保」を試みるのは,「近代」的な生活の例である(…○)。　ウ. 水害や疫病が生じたときに,「祟りを鎮めるための寺社を建造」するのは, 神の力にすがるという「前近代」の生活の例である(…×)。　エ. 豊作を願って「神に祈りを捧げる祭り」を催すのは,「神中心」だった「前近代」の生活の例である(…×)。　オ.「自然の法則」を解明する技術に基づく「気象予報」によって,「住民の被害を予測」するのは,「近代」的な生活の例である(…○)。

問3＜文章内容＞「近代＝人間中心主義(ヒューマニズム)の時代」になって科学技術が発展し, 生活が「便利で安全で快適になった」ととらえられるようになったことで,「技術発展の万能性が信奉」されるようになると, 今度は「世界の中心を占めるのは人間ではなく科学技術である」という「ポスト・ヒューマン」の考え方が生まれた。

問4＜文章内容＞科学技術によって「自然に手を入れられるように」なったことで, 自然は人間にとって,「自分の思う通りにはどうしてもならない相手」ではなくなった。「ポスト・ヒューマン」の現代は, 科学技術によって「人間の外界としての自然」はもちろんのこと,「自然物としての人間」に対しても臓器移植などの「操作可能性」が高まってきた状況になっている。

問5＜指示語＞人間が長年, 感染症の脅威と戦い続けてきたにもかかわらず,「感染症に対する人類の知識が限られて」おり,「対処として何が正解であるのか」も明確ではないという現実は,「ポスト・ヒューマン」の観念を吹き飛ばすに十分なものである。

問6＜文章内容＞江戸時代の日本には, すでに「正確に時を刻む」時計があったが,「工業社会化」していなかった当時は「正確な時間を知る」必要がなく, 普及しなかった。つまり「どの技術が用いられ, どの技術が用いられないか」は,「その社会の在り方」によって決まるのであって,「社会の在り方はその社会の持つ技術によって決定される」という考え方は, 真実とはいえないのである。

問7＜文章内容＞資本主義社会では,「生産力を絶えず向上させることが至上命令」であるため,「より高度な生産性の実現」を求めて, 技術革新も「際限のないもの」になる。資本主義の思想のもとで技術革新が進んだ結果,「世界の中心を占めるのは人間ではなく科学技術である」という「ポスト・ヒューマン」の観念が生まれたのである。

問8＜文章内容＞新型コロナウイルスの流行によって,「感染症のメカニズム」や,「免疫系のメカニズム」について,「人類がまだ知らないこと」が山ほどあり,「科学技術による自然の征服」が「妄想」であるということに, 私たちは気づかされた。したがって, 人類は, 科学技術の「絶えざる革新」を求める現代社会のあり方を見直し,「人類の福祉と幸福のために, どのような知識や技術を発展させるべきなのか」について, 改めて考えなければならないのである。

問9＜主題＞ア.「医療技術の進歩」の影響で,「男性か女性か」を選べるようになったのではなく, 性別を選ぶことを求める「社会の在り方」に,「医療技術の進歩」が影響を与えたにすぎない(…×)。　イ.「ドローン技術の進歩」の影響で,「日本の物流業界」に変化が起きる可能性が生まれたのではなく,「日本の物流業界」の変化を求める「社会の在り方」に,「ドローン技術の進歩」が影響もたらす可能性があるにすぎない(…×)。　ウ.「持続可能な社会」という「世界で共有している」目標の達成を目指して,「環境に配慮した技術開発」が進むという例は,「社会の在り方」が, どの技術が用いられるかを決めるという筆者の考えに合っている(…○)。　エ.「通信技術の発達」の影響で,「自宅から勉強や仕事に参加できる」ようになったのではなく,「自宅から勉強や仕事に参加できる」ようになることを求める「社会の在り方」に，「通信技術の発達」が役に立ったにすぎない(…×)。

二〔小説の読解〕出典；藤岡陽子『きのうのオレンジ』。

問1＜慣用句＞A．「合点がいく」は，ある事情について納得できる，という意味。　B．「嗚咽が漏れる」は，こらえきれずに声を詰まらせながら泣く，という意味。　C．「息をのむ」は，驚きや緊張などで一瞬息を止める，という意味。

問2＜心情＞「病気など寄せつけそうにない頑健な体」と，家で待つ「家族」を持つ恭平が，遼賀には輝いて見えて，胃がんになってしまった自分との違いを感じ，羨ましくなったのである。

問3＜文章内容＞上司に連絡したとき，「年末年始の忙しい時期」だったにもかかわらず，「あっさり休ませてもらえた」ため，遼賀は，「自分の代わりはいくらでもいる」と感じ，自分の存在が軽んじられているように思われて，「どこかで寂しく思って」しまった。そして，そのような「つまらないこと」にこだわっている自分に「気にしない，気にしない」と言い聞かせて，気を取り直そうとした。

問4＜文章内容＞「この年で病気になるような生活は送っていないはずだった」のに，「胃がんになった」という理不尽な状況に対して，遼賀は，「どうして，おれなんだろう」という悔しさを強く感じ，気丈さを保つだけの「気力」がなくなって，へたり込んだのである。

問5＜心情＞恭平は，「水がたっぷり沁み込んだ」靴を履いていて，「足先が氷のように硬く冷たく，怪我をした左足の感覚はすでに失われて」いるという状態だったので，内心ではつらさや不安を感じていた。だが，遼賀に「靴を交換しよう」と言われて，恭平は，「情けない自分」を遼賀に見せたくないと思い，強がって，わざと平気な様子で「のろのろと靴を脱いだ」のである。

問6＜文章内容＞山での遭難というせっぱつまった状況で，恭平は「自分が助かることしか考えてなかった」のに，兄である遼賀は，自分の靴と，恭平の「水がたっぷり沁み込んだ」靴を取り換えて，恭平の負担を軽くしようとした。命が危ないときでも，自分のことより，けがをした弟を優先して気遣った遼賀を，恭平は，「あんな時でもちゃんと兄貴」だったと感じている。

問7＜心情＞「お前は強いよ」「だから大丈夫だ」という恭平の声から，胃がんに立ち向かわなければならない自分を励まし，勇気づけようとする思いを感じ取り，遼賀は，胸がいっぱいになって言葉が出ず，ただ恭平の言葉と思いを，しみじみと心に刻み込んでいたのである。

問8＜表現＞恭平から送られてきた登山靴が，山で遭難したときに履いていたものだと気づき，「吹雪の中を進んで」いって，ついに生き延びることができた思い出がよみがえり，遼賀は，心が高揚したのである。

問9＜文章内容＞遼賀は，恭平が送ってくれた登山靴を見て，遭難した十五歳の自分が「生きるために吹雪の中を進んでいった」とき，「逃げ出したいなんて，一度たりとも思わなかった」ことを思い出した。そして，遭難したときと同じように，生きるため，逃げ出さずに病気に立ち向かおうとする勇気が生まれて，一度は失われた気力がよみがえってきたのである。

三〔漢字〕

1．「湿潤」は，水分が多く湿度が高いこと。　2．「営為」は，人が継続的に仕事や生活を営むこと。　3．「腐心」は，何かをやり遂げるために心を使うこと。　4．「暫定」は，正式に決定するまでに一時的な取り決めをしておくこと。　5．音読みは「仰天」などの「ギョウ」と，「信仰」などの「コウ」。

2022年度 城北高等学校(推薦)

【英　語】(50分)〈満点：100点〉

1　次の日本文の意味に合うように，かっこに適語を入れなさい。

(1) 山田先生は教えるのが上手な先生です。
　Mr. Yamada is a teacher (　　) is good (　　) (　　).

(2) 窓を開けたままにしないでください。
　Please don't (　　) the (　　) (　　).

(3) 雨が降り出さないうちに，家に帰らなければなりません。
　We must get home (　　) it (　　) (　　).

(4) 私たちは先生にこの問題について真剣に考えてもらいたい。
　We (　　) our teacher (　　) (　　) about this problem seriously.

(5) 私たちはみんな学園祭を楽しみにしていました。
　We all were (　　) (　　) (　　) the school festival.

2　次の英文を完成させるために，選択肢から適語を選びかっこに入れなさい。必要に応じて単語の形を変えること。ただし，同じ単語を２度使ってはいけません。

(1) I (　　) him to drive the car, though he didn't want to drive.

(2) In Japan, school (　　) in April.

(3) The number of traffic accidents is (　　) these days.

(4) At last, he (　　) himself in a dark forest.

(5) The leaves have already (　　) yellow.

[bring / find / give / increase / order / start / turn]

3　次の日本語を英語になおしなさい。(2)はかっこ内の語を使うこと。

(1) 次のバスが何時に出発するか知っていますか。

(2) この問題はあまりに難しすぎて，私には答えられなかった。(too)

(3) これは兄が私に買ってくれた自転車です。

4　次の文章を読み，あとの問いに答えなさい。

Dave wonders : "Why don't Japanese people hold the door open for each other ?　They do so many other things more politely than this !　Why not do this one little thing ?　I don't think I am a very polite person, but at least I do (1)this !　It's easy !"

"I guess politeness means different things in different cultures," continues Dave.　"For example, in Japan, it is okay to pick your nose in public, but not blow your nose.　In America, it is the opposite ; you can blow your nose in public, (　2　) you can't pick.　But when you think about it, they're both equally *gross."

Or maybe it isn't a question of politeness at all, Dave wonders.　"Maybe people in Tokyo think it's natural to use *automatic doors ?　Or because traditional *sliding doors don't hit people in the face like Western doors ?　So (3)they never developed a habit of holding open the door for people ?　I don't know !"

About a week passed when the first door *slammed in his face. He *expected the person in front of him to hold the door, but that person didn't. Dave was right behind the person. So he *literally walked right into the door ! (8a)

"I felt really *stupid," says Dave. "I looked like an *idiot. But still, I thought this was an *exception. (4)It took【for me / my lesson / more doors / learn / a few / to】."

(8b) He still holds the door open for people.

"Really, I'm not trying to be nice. It's just a habit. But some people seem really surprised by it. (8c) Then they *bow and say thank you ! I feel *guilty. This gives me *the idea that I don't really *deserve their thanks !" (8d)

Sometimes, however, (5)this habit causes confusion. Dave explains : the point isn't to hold the door all the way—just to hold the door until the next person can put their hand out to catch it. But because people in Japan don't have this custom, sometimes they don't reach for the door !

"I've found that I hold the door open for several people *in a row. I just keep standing there while I am holding the door. Once, I think I held the door open for about twenty women. I believe they thought it was my job !"

Dave wonders *if he should give up holding the door for people, or continue doing it.

"I'd like to take the best from both cultures. Take the good things about American culture and the good things about Japanese culture and put them together : that may be the best. I think it is nice to hold the door open for the people ; it's friendly. But on the other hand, doing so *makes me (6)stand out. It gives me the idea that I am a foreigner."

"Anyway," Dave says, "I'm (7) there are so many automatic doors in Japan, so I don't have to worry about it too much."

（注） gross：気持ちの悪い　automatic doors：自動ドア　sliding doors：引き戸　slam：バタンと閉まる
expect 人 to 動詞(原形)：人が～することを予期する，期待する　literally：文字通り
stupid：愚かな　idiot：愚か者　exception：例外　bow：お辞儀をする
guilty：後ろめたい，罪の意識がある　the idea that：(that 以下)という考え　deserve：～に値する
in a row：連続で　if：～かどうか　make 人 動詞(原形)：人に～させる

問１　下線部(1)の内容を具体的に20字程度の日本語で説明しなさい。ただし，句読点も字数に含めます。

問２　空所（２）に入る最も適切な語を次のア～エから１つ選び，記号で答えなさい。

ア so　イ but　ウ or　エ then

問３　下線部(3)が指し示しているものとして最も適切なものを次のア～エから１つ選び，記号で答えなさい。

ア traditional sliding doors　イ Western doors
ウ people in America　エ people in Tokyo

問４　下線部(4)の【　】内の語(句)を文脈に合うように並べかえなさい。

問５　下線部(5)に confusion とありますが，日本人のどのような状況を表しているでしょうか。最も適切なものを次のア～エから１つ選び，記号で答えなさい。

ア Japanese people hold the door all the way.
イ Japanese people put their hand out to catch the door.
ウ Japanese people don't reach for the door.

エ　Japanese people keep standing at the door.

問6　下線部(6)の日本語の意味として最も適切なものを次のア～エから1つ選び，記号で答えなさい。

ア　勘違いをする　　イ　目立つ

ウ　イライラする　　エ　戸惑う

問7　空所(7)に入る最も適切なものを次のア～エから1つ選び，記号で答えなさい。

ア　surprised　　イ　happy　　ウ　afraid　　エ　worried

問8　本文から以下の一文が抜けている。それを補うべき場所を次のア～エから1つ選び，記号で答えなさい。

Still, it is hard for Dave to break his habit.

ア　(8a)　　イ　(8b)　　ウ　(8c)　　エ　(8d)

5　次の文章を読み，あとの問いに答えなさい。

Netty Sargent lived with her uncle in that lonely house just outside the grounds of the *squire's big house. She was a tall young woman, with black hair and dancing eyes. All the young men of that time were (1)after her, but in the end she decided that Jasper Cliff was her favorite. He was good-looking. He liked Netty too, but he was more (2) in her uncle's house.

The house was built by Netty's great-great-grandfather, and had a garden. But it was a *leasehold house, because the ground belonged to the squire.

"And what happens," Jasper asked Netty one day, "when your uncle dies ?"

"The house and garden will go back to the squire," said Netty. "But if Uncle pays (3) pounds, he can *renew the leasehold and put another name on it. Then the squire can't get the house back until that person dies."

"And (4)【your / do / what / to / uncle / going / is】?" asked Jasper.

"Oh, he's going to renew the leasehold, and put my name on it. He told me that months ago."

Netty's uncle still didn't renew the leasehold. He didn't like Jasper Cliff, so perhaps he didn't want Jasper to marry Netty and live in the house when he was dead.

At last old Mr. Sargent fell ill, and Jasper got tired of waiting. "(5)Why doesn't your uncle do it ?" he asked Netty. "I tell you, if you lose the house and ground, I won't marry you. And that's the end of it."

Poor Netty hurried indoors to talk to her uncle.

"Please do something, Uncle !" she said. "If I don't get the house, I won't get a husband !"

Old Mr. Sargent didn't want to make Netty (6A), so he asked for a meeting with the squire's *agent. The squire's agent got the new papers ready for old Mr. Sargent to sign.

By now Netty's uncle was really ill, and couldn't leave the house. The agent agreed to visit him. "I'll come at five o'clock on Monday," he told Netty, "and Mr. Sargent can pay the money and sign the papers then."

ア

At three o'clock on that Monday Netty brought her uncle a cup of tea. When she came in the room, her uncle gave a little cry and fell forward in his chair. Netty ran to him, but he could not speak or move. And in a few minutes, she saw that his face and hands were cold and white. He was dead.

イ

Netty was very (6B). "Why didn't he live at least (7) more hours ?" she thought. "Now I've lost everything—house, garden, field, and a home for myself and my lover. What am I going to do now ?"

Then, suddenly, she knew what to do. First, she locked the front door. Then she moved her uncle's table in front of the fire. Her uncle's body was still in his chair on wheels. She pushed the chair to the table. Its back was *half-turned to the window.

ウ

When she heard the agent's knock at five o'clock, she hurried to the door.

"(8A)," she whispered. "Uncle's so ill tonight. I'm afraid he can't see you. We can do the business about the leasehold, can't we ?"

"(8B). He must pay the money, and sign the leasehold papers in front of me. I have to be a *witness."

Netty looked worried. "Uncle is so afraid of business things like this. His hands were shaking when I told him that you were coming today."

"Poor old man—(8C)," said the agent. "But he must sign the papers, and I must be a witness."

"(8D)," said Netty. She thought for a minute. "You have to see him. But can you still be a witness, sir, if he doesn't see you ?"

"How do you mean, girl ?" said the agent.

"Come with me." she said.

エ

She took him into the garden and round to the window. Inside, the agent could see, at the other end of the room, the back and side of the old man's head, and his arm. He could see the glasses on his nose, and the book and the candle on the table.

"He's reading his Bible, sir," said Netty.

"Yes, I see that," said the agent.

"I think he's sleeping a little at the moment. Now, sir, can you stand here at the window and *see him sign the papers ?"

"No, problem. Have you got the (9) ready ?" said the agent.

"Yes," said Netty. She hurried inside, and brought out the money. The agent counted it, then gave Netty the leasehold papers. "Uncle's hand is very shaking now," she said. "And he's so sleepy. I don't think he signs his name very well."

"He doesn't have to have beautiful writing. He just has to sign," said the agent.

"(10)【hand / I / help / his / hold / to / can】 him ?"

"That'll be all right."

Netty went into the house. The agent saw Netty put the pen and the papers in front of her uncle, and touch his arm. She showed him where to write his name on the papers, and put the pen in his hand. Then she stood behind him, and held his hand. The agent could still see a bit of his head, and he saw the old man's hand write his name on the papers.

Then Netty came out and gave the (11) to the agent, and the agent signed his name as witness. He gave her the papers signed by the squire, and left.

So *that's how Netty Sargent lost her house and field, and got them back again—with (12).

(注) squire：大地主　leasehold：賃貸の，借家権　renew：～を更新する　agent：代理人

half-turned to：〜に少し向いて　witness：証人　see 人 動詞(原形)：人 が〜するのを見る
that's how 〜：こうして〜

問１　下線部(1)と同じ意味・用法で使われている after を含む文を次のア〜エから１つ選び，記号で答えなさい。

ア　She closed the door after her.
イ　Repeat this sentence after her.
ウ　I was named Lucy after her.
エ　I went after her and talked with her.

問２　空所(２)に入る i で始まる最も適切な単語１語を書きなさい。

問３　空所(３)に入る最も適切な語(句)を次のア〜エから１つ選び，記号で答えなさい。

ア　a few　　イ　a little　　ウ　little　　エ　no

問４　下線部(4)(10)の【　】内の語を文脈に合うように並べかえなさい。ただし，文頭に来る語も小文字で示してあります。

問５　下線部(5)の理由を説明している１文を本文中から見つけ，その文の始めと終わりの２単語をそれぞれ書きなさい。終わりの単語にピリオドは含めません。なお，文とは大文字で始まりピリオドで終わるものを意味します。

問６　空所(6A)(6B)に入る最も適切な語の組み合わせとしてふさわしいものを，次のア〜エから１つ選び，記号で答えなさい。

ア　(6A)　happy　(6B)　unhappy
イ　(6A)　happy　(6B)　happy
ウ　(6A)　unhappy　(6B)　happy
エ　(6A)　unhappy　(6B)　unhappy

問７　空所(７)に入る数字を英語のつづりで書きなさい。

問８　空所(8A)〜(8D)に入る最も適切なセリフを次のア〜エから１つずつ選び，記号で答えなさい。ただし，同じ記号を２度使ってはいけません。

ア　I'm sorry for him.
イ　Yes, I understand that, sir.
ウ　Of course not.
エ　I'm sorry, sir.

問９　空所(９)(11)に入る最も適切な単語１語を本文の空所(９)以降の部分から抜き出し，それぞれ英語で書きなさい。

問10　空所(12)に入る最も適切な語句を次のア〜エから１つ選び，記号で答えなさい。

ア　an uncle　　イ　a husband　　ウ　a house　　エ　a money

問11　本文から以下の段落が抜けている。それを補うべき場所を本文中のア〜エから１つ選び，記号で答えなさい。

On the table she put the large family Bible open in front of him, and put his finger on the page. Then she opened his eyes a little, and put his glasses on his nose. When it got dark, she *lit a candle and put it on the table beside the Bible. Then she sat down to wait.

（注） lit：light(〜に火をつける)の過去形

【数　学】　(50分)　〈満点：100点〉

(注意)　1．分度器を使ってはいけません。

　　　　2．円周率はπを用いて表しなさい。

〈編集部注：実際の試験では，大問 5 はiPadを使って解く問題です。〉

※なお，弊社ホームページでは，iPadで使用された図形を見られます。必要な方はアクセスしてください。

1　次の各問いに答えよ。

(1)　$a=\sqrt{3}+1$，$b=2\sqrt{3}-1$のとき，$ab+a-b-1$の値を求めよ。

(2)　$\dfrac{a+3b-2c}{3}-\dfrac{2a-5b}{6}-\dfrac{3b+c}{4}$を計算せよ。

(3)　大小2つのさいころを同時に投げて，大きいさいころの出た目をa，小さいさいころの出た目をbとするとき，$(a-2)(a-b)=0$となる確率を求めよ。

(4)　20以下の自然数nのうち，$(n+1)^2+(n+3)^2+(n+5)^2$が7の倍数となるものは何個あるか求めよ。

2　次の各問いに答えよ。

(1)　下の図1のようにAB∥EDである五角形ABCDEがあり，点Pは∠Cと∠Dのそれぞれの二等分線の交点である。このとき，∠CPDの大きさを求めよ。

図1

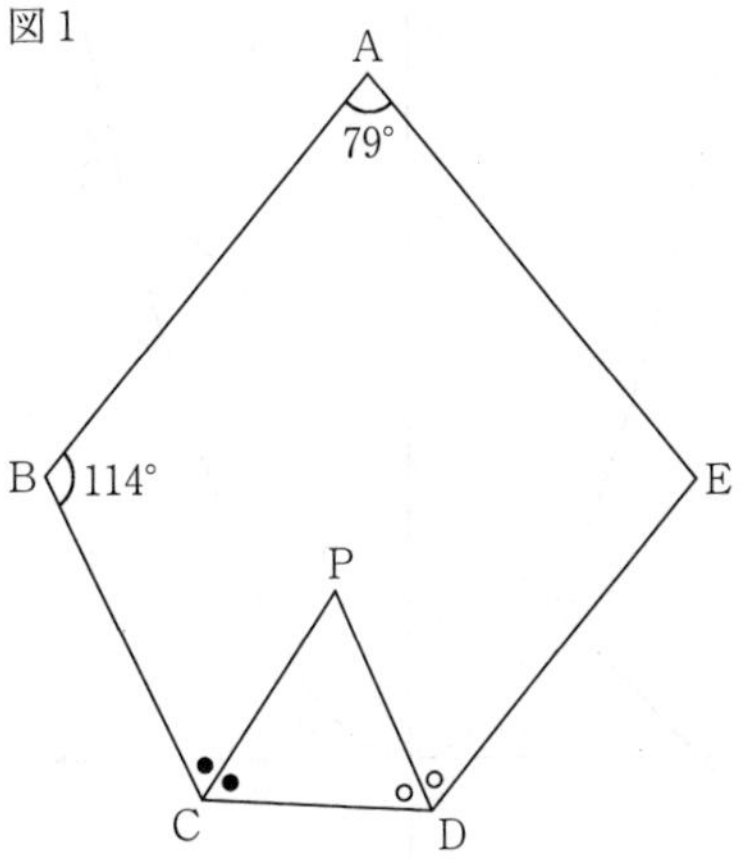

図2

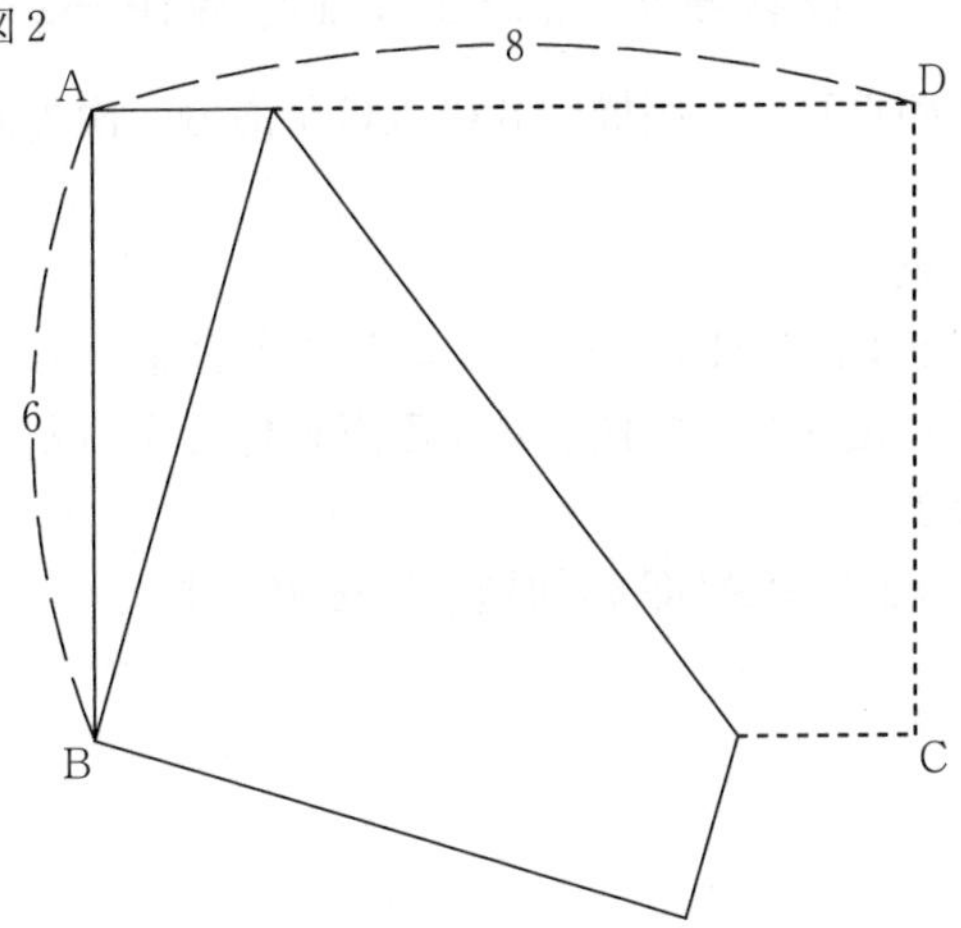

(2)　上の図2は長方形ABCDを頂点Dが頂点Bと重なるように折り返したものである。重なった部分の面積を求めよ。

(3)　右の図3で，ACは円の接線で，AEは∠BADの二等分線である。BEの長さを求めよ。

図3

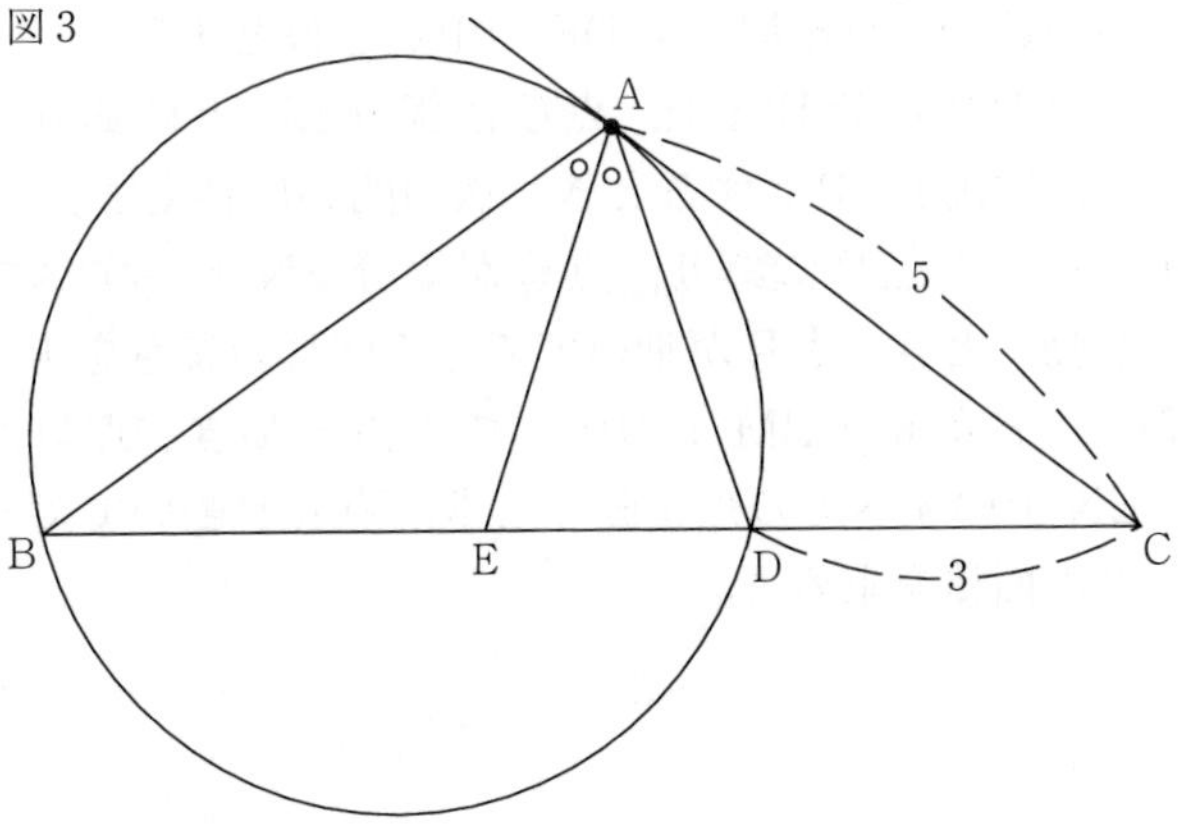

3　次の①，②の順に，条件を満たす3つの点O，P，Qを解答欄に作図せよ。

①　［条件］　点Aで直線 l に接し，点Bを通る円の中心O

②　［条件］　円O上の点で2直線AO，ABから等しい距離にある3点のうち，点Aとは異なる2点P，Q

ただし，作図には定規，コンパスを使い，作図に用いた線は消さないこと。

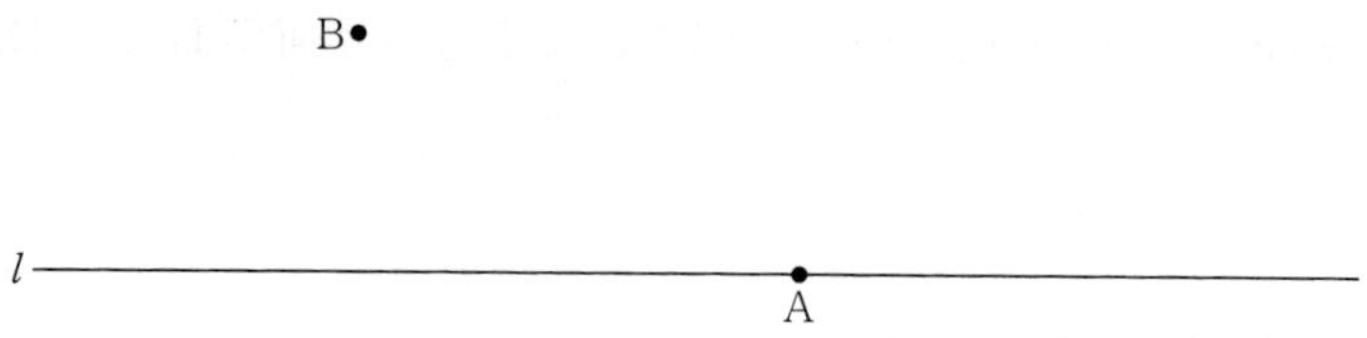

4　右の図のように放物線 $y=\frac{1}{2}x^2$ 上に x 座標が -2 の点A，x 座標が1の点B，y 座標が8の点Cがある。次の問いに答えよ。

(1)　直線ACの式を求めよ。

(2)　線分AC上にAP：PC＝1：4となるように点Pをとる。直線BPと放物線の交点のうちBと異なる点をQとするとき，点Qの座標を求めよ。

(3)　(2)のとき，△ABQと△ABCの面積の比を求めよ。

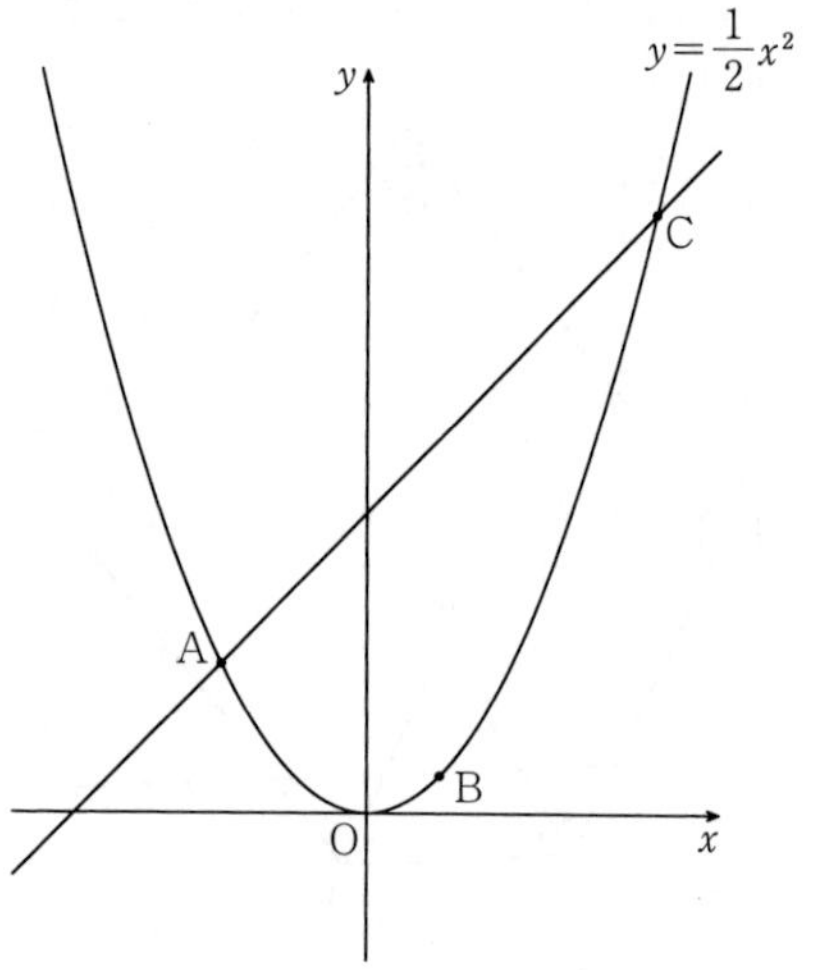

5　1辺の長さが12である正八面体ABCDEFにおいて，辺ACの中点をM，辺DFの中点をNとする。

点Pは線分BM上，点Qは線分EN上にあり，線分PQの中点をRとするとき，次の問いに答えよ。

(1)　点Pが点Bにあり，点Qが線分EN上のすべての点を動くとき，点Rが動いてできる図形の長さを求めよ。

(2)　点Pが線分BM上のすべての点を動き，点Qが線分EN上のすべての点を動くとき，点Rが動いてできる図形の面積を求めよ。

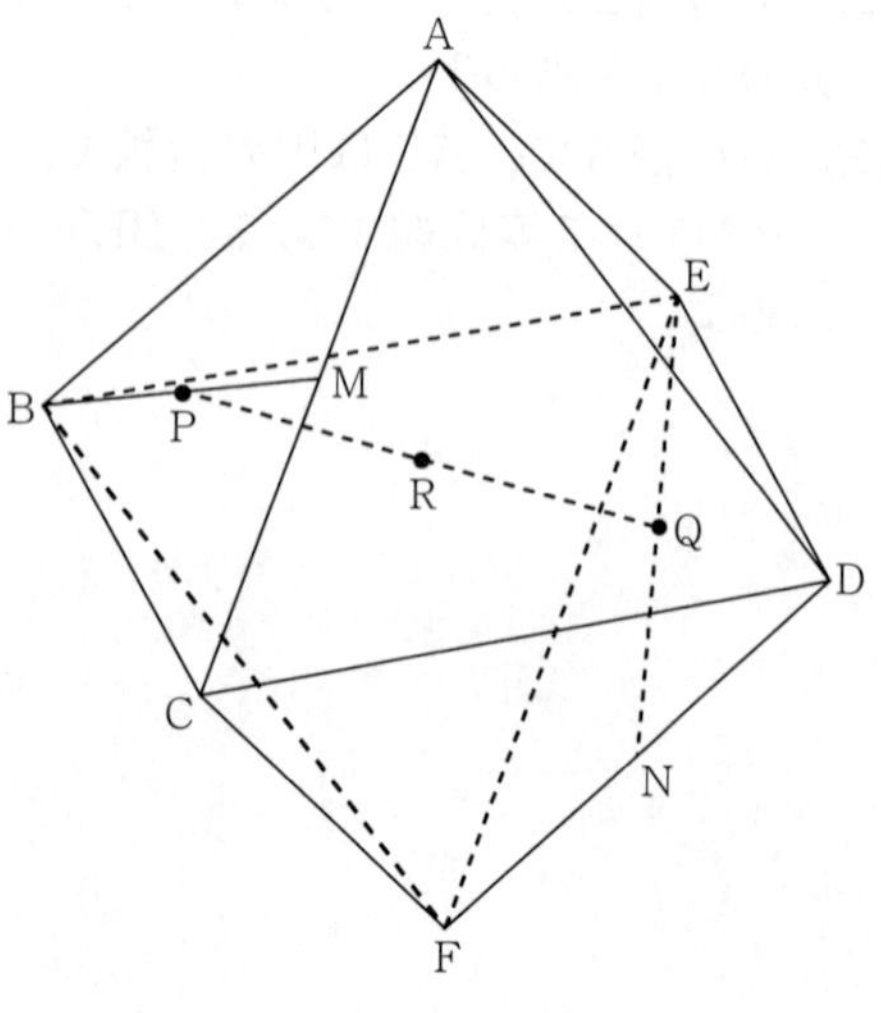

イ　莉子が、人に囲まれている梅に美月を重ね、最も近しい自分を差し置いて美月の周りを取り囲んでいた友人たちを思い出し、不愉快に思っていること。

ウ　莉子が、魅力を振りまき、周りの人まで明るくさせる梅に美月を重ね、魅力がなく暗い自分が美月の側にいる資格はないと感じ、絶望していること。

エ　莉子が、美しく照り映え、人をひきつける見ごろの梅に美月を重ね、地味な自分とは遠い存在である美月へのあこがれを改めて感じていること。

問7　――⑥「さっきまでの梅苑とはどこか違って見えた」とありますが、この時の莉子の心情を説明したものとして、最もふさわしいものを次の中から選び、記号で答えなさい。

ア　新しい人間関係に慣れることができるか不安に思っていたが、様々な種類の梅が共存している様子を見て、自分も上手くやっていけるのではないかと思い始めている。

イ　卒業後の展望を明るく思い描けていなかったが、遅咲きの梅もいつかは実を結ぶということばに励まされて、前向きになってもいいのではないかと思い始めている。

ウ　無事に受験を終えることができるか心配だったが、雪の中でも初々しく咲きはじめる梅の様子に希望を見出して、安心して受験に臨めるのではないかと思い始めている。

エ　優秀な美月に劣等感を抱いていたが、早咲きでも遅咲きでも懸命に咲く梅の様子に気づきを得て、これからは臆せず付き合っていけるのではないかと思い始めている。

問8　――⑦「春が待ち遠しくなった」について以下の設問に答えなさい。

(Ⅰ)「春が待ち遠しくなった」と莉子が考えるようになったきっかけとはどのようなことですか。最もふさわしいものを次の中から選び、記号で答えなさい。

ア　美月が卒業後も自分とお茶を習いたいと考えていたことを知ったこと。

イ　美月と自分の願い事が実は同じものであったということが判明したこと。

ウ　美月と同じ大学に合格できるのではないかという希望が芽生えたこと。

エ　美月が自分のことを親友だと考えてくれていたことを自覚したこと。

(Ⅱ)「春が待ち遠しくなった」と莉子が考えるようになったのはなぜですか。80字以内で説明しなさい。

問9　本文の表現に関して述べたものとして最もふさわしいものを次の中から選び、記号で答えなさい。

ア　莉子と美月それぞれの内面を丁寧に描くことで、思春期の少女たちの心の揺らぎを巧みに表現している。

イ　自然の風物に重ね見た心情を丁寧に描写することで、莉子の心情の変化をわかりやすく表現している。

ウ　梅が蕾から咲き誇っていく様子に重ねることで、直接的には表れていない莉子の心情を間接的に表現している。

エ　莉子の心情を過去の回想を交えながら重層的に描き出すことで、莉子の悩みが深いことを表現している。

三

次の傍線部を漢字で記しなさい。

1　その作品はフキュウの名作だ。
2　イギョウを成し遂げる。
3　フクセンを張る。
4　彼はニュウワな人だ。
5　改革には痛みをトモナう。

ⓐ「太鼓判押してた」
ア　心から応援していた　　イ　十分に保障していた
ウ　完全に信じ込んでいた　　エ　はっきりと見抜いていた

ⓑ「気後れした」
ア　圧倒されて弱気になった　　イ　緊張して嫌気がさした
ウ　臆して面倒になった　　エ　不安でやるせなくなった

ⓒ「野暮ったい」
ア　洗練されていない　　イ　真面目である
ウ　格式張っている　　エ　ややもの足りない

問2　――①「薄く雲のかかった寒空の下にいる梅たち」を莉子はどのようなものとして捉えていると考えられますか。最もふさわしいものを次の中から選び、記号で答えなさい。
ア　様々な形や色があっても表面的には調和しているもの。
イ　様々な形や色があってもすべて対等に扱われているもの。
ウ　様々な形や色があってそれぞれが個性を発揮しているもの。
エ　様々な形や色があってその咲き方を比較されているもの。

問3　――②「せっかく膨らんだ楽しい気分が、急に萎んでいく」に関して以下の設問に答えなさい。
(Ⅰ)「せっかく膨らんだ楽しい気分が、急に萎んでいく」とありますが、そのきっかけとなったこととして最もふさわしいものを次の中から選び、記号で答えなさい。
ア　まだ蕾の状態の梅に自分の境遇を重ねて見たこと。
イ　遅咲きの梅の様子にはかないものを感じたこと。
ウ　周囲の明るく賑やかな様子に圧倒されたこと。
エ　受験生を見たことで自分の立場を思い出したこと。
(Ⅱ)「せっかく膨らんだ楽しい気分が、急に萎んでいく」とはどういうことですか。50字以内で説明しなさい。

問4　――③「美月は笑わずに『そんなの、結果が出てみないと分かんないじゃん』と、語気を強めた」とありますが、ここから読み取れる美月の様子として最もふさわしいものを次の中から選び、記号で答えなさい。
ア　最初からあきらめている莉子を励ますと同時に、自分も絶対に合格すると心を奮い立たせる様子。
イ　二人で合格祈願にきたのだから、そのご利益で二人とも志望校に合格すると信じて疑わない様子。
ウ　自分と同じ大学に入学するという莉子を応援し、最後まで合格を信じ続けようとしている様子。
エ　同じ大学に行こうと約束していたのに、半ばあきらめている莉子に対して腹を立てている様子。

問5　――④「入部してすぐ先輩から習ったことが、莉子の頭を時折よぎった」のはなぜですか。最もふさわしいものを次の中から選び、記号で答えなさい。
ア　先輩から習った内容が、友人の少ない自分でも、茶道部にいる時であれば対等な友人を作ることができると感じさせたから。
イ　先輩から習った内容が、人間関係の窮屈さに悩んでいた自分でも、茶道部の部員でいる時であれば自由に振る舞えると感じさせたから。
ウ　先輩から習った内容が、自分とは住む世界の違う美月と、茶道部の部員でいる時だけは親しく付き合っていけると感じさせたから。
エ　先輩から習った内容が、学年が変わり交流の少なくなった美月と、茶道部にいる時だけは会うことができると感じさせたから。

問6　――⑤「何人もの参拝客がカメラを向けている光景を、莉子はまぶしく見つめた」からどのようなことを読み取ることができると考えられますか。最もふさわしいものを次の中から選び、記号で答えなさい。
ア　莉子が、長い冬を耐え抜き、美しく開花した見ごろの梅に美月を重ね、まもなく美月も才能を開花させるであろうことを予感し、祝福していること。

嬉《うれ》しそうに言った。

「そう、お手伝いしにね。二人は？」

「合格祈願のお参りです。明日、私たち二次試験があるんです」

「あら、大事な日じゃない。私もあとで、二人の健闘をお祈りしておくわ。そうだ、よかったらこれ、お土産にどうぞ召し上がれ。明日の餞別《せんべつ》よ」

そう言って、中川先生は小さな袋をひとつずつ手渡した。

「なんですか？」

「お茶会で余ったお菓子。雪の降るなか初々しく咲きはじめた梅をイメージしてあるんだって」

「ありがとうございます」

中身を少しのぞくと、白と薄紅の混じったやわらかそうな注3金《きん》団《とん》が箱越しに見えた。

中川先生はおいしいお菓子をいつも部活の場に持参してくれる。いくら部員が遅刻しても、お点前を憶えられなくても、味を楽しむだけでも立派なお稽古であるとして、みんなにふるまうのが中川流らしい。

「梅見のお茶会はどうでしたか」と、美月は訊《たず》ねる。

「すごく贅沢だったわよ。私ね、昔から桜よりも梅の方が好きなのよ。梅は早咲きもあれば遅咲きもあって、長く楽しめるでしょう。それに桜と違って、梅は実を結ぶって言うじゃない」

中川先生はどこまでもつづく広大な梅苑を眺めながら、しみじみと話した。莉子もつられて、その視線を追う。

不思議なことに、⑥さっきまでの梅苑とはどこか違って見えた。相変わらず、空はどんよりとした灰色で、地面にも所々冷たい水溜《みずた》まりが残る。日陰に植えられた梅は、まだ真冬の只中《ただなか》にいるようだ。

しかし莉子はそのとき、静かな息吹を感じとっていた。

遅咲きの梅も、いつかは花を咲かせ、実を結ぶ。長い目で見れば、きっと大丈夫、そう激励されているようでもあった。

「じゃあ、また来週」

中川先生はいつものお稽古と同じく、最後にすっとお辞儀をした。

「はい、ありがとうございました」

二人は声を揃《そろ》えて、お辞儀を返す。去って行く姿を見送ったあと、二人はしばらく黙って駐輪場まで歩いた。

「卒業しても、中川先生のところでお茶、習いたいな」

受け取った袋の重さをたしかめながら、莉子が言うと、美月は目を輝かせた。

「ほんとに？　私も同じこと思ってたの。わー、さっそく願いが叶っちゃった」

「え？」

「さっきお賽銭投げたあと、また莉子とお茶が習いたいってお祈りしたんだ」

「合格祈願したんじゃなかったの？」

「そんなの、どうせ今から頼んだって結果は変わらないから、最初に心に浮かんだお願いをしたの」

莉子は拍子抜けして、しばらくなにも言えなかった。

まさかこんな形で、こっちのお願いまで叶うとは。

自分なんて、今までもこれからも陰に生きる運命だと思っていた。日向《ひなた》に生きる美月とはなにもかもが違い、外見も性格もぱっとせず、お点前を憶えるのも苦手で、努力したところで受験もうまくいかない、と。

でも美月とは、お茶室だけの友だちではなかったのかもしれない。
⑦春が待ち遠しくなった。

（一色《いっしき》さゆり「春告草」による）

注1　「センター試験」…一次試験に近いもの。この試験の結果と二次試験の結果を合わせて合否を判定される。
注2　「お点前」…茶道における所作や作法のこと。
注3　「金団」…お菓子の名称。

問1　〰〰ⓐ～ⓒの語句の意味として最もふさわしいものをそれぞれ後の中から選び、記号で答えなさい。

っぱり素人、と自称する高杉先生とは昔からの仲らしい。

「中川先生からお茶を習えるのも、来週のお稽古で最後か」

「寂しくなるね」

莉子は同意しつつも、内心は美月と離れることの方が寂しかった。同じ茶道部に入っていなければ、美月とはほとんど口もきかないままに卒業していただろう。二人の接点といえば、そのくらいしかないからだ。

はじめて茶道部のオリエンテーションで声をかけられたとき、クラスでもっとも地味な部類に属する自分の名前を憶《おぼ》えてくれていることに驚いた。

――同じクラスの松岡さんだよね、知ってる人がいてよかった。松岡さんも茶道部に入るの？

人なつこい笑顔を向けられ、莉子は気がつくと肯いていた。

偶然二人とも自転車通学で、帰る方面も唯一同じだったせいか、他の部員より親しくなれた、少なくとも莉子はそう感じている。

自分が着るとⓒ野暮ったい制服でも、美月が着るとどこかおしゃれで、彼女がそこにいるだけで場がぱっと明るくなった。ガリ勉タイプではないのに成績もよく、気さくで誰に対しても思いやりがある。そんな彼女のまわりにはいつも人がいた。

――茶室には、みな頭を低くしてなかに入ります。これは茶室のなかでは、身分の高い人も低い人も対等なのだ、という考えの表れです。
④入部してすぐ先輩から習ったことが、莉子の頭を時折よぎった。
莉子にとって茶室とは、二年生からはクラスが離れてしまい、付き合うグループも授業のレベルも異なる美月と、つかのま同じ時間を過ごせる特別な空間だった。普段は廊下ですれ違えば手をふり合うくらいの関係でも、ともにお茶を飲み、ともに帰るあいだだけは親しい友だちでいられる気がした。

授業の補習や塾の講習会についていくのに精一杯のなか、三年生の最後まで部活を一度も休まなかったのは、美月に会うためだったと言ってもいい。

サボりやすそうだからという不純な理由で茶道部を選んだ莉子と違って、小さい頃から茶道に憧れていたという美月は、驚くほど早くお点前を憶えて上達した。

――あなた、きれいな扱い方をするわね。

中川先生から褒められる場面もよくあった。

莉子にとって美月は別世界の存在で、近くで彼女のお点前が見られることや、帰り道にくだらない話ができることは、つねにランク付けされる息苦しい日々のなかで、夢のようなオアシスだった。だから莉子は美月の第一志望をひそかに真似したのだ。

広々とした本殿の脇には、まさに見ごろを迎えた一本の梅が、悠々と枝を伸ばして日差しを受けていた。みずみずしい薄紅色の八重咲きである。⑤何人もの参拝客がカメラを向けている光景を、莉子はまぶしく見つめた。

「莉子、一緒に鳴らさない？」

気がつくと、順番が回ってきていた。財布から出した五円玉を握りしめ、莉子は「うん、いいよ」と答える。

賽銭《さいせん》を投げ、二人で鈴を鳴らす。二拝してから、ぱんぱんと拍手を打ち、手を合わせた。薄く開けた目で美月を見ると、わざわざマスクをとって目を閉じていた。うっすらと頬《ほお》を染めたその横顔に、莉子は見とれてしまう。

「よし、完璧」

にっこり笑って彼女がこちらを見た。

――カミサマ、彼女の願いを叶《かな》えてあげてください。莉子は心のなかでそう祈っていた。

学業成就のお守りを買ったあと、大通りに向かって境内を歩いていると、うしろから声をかけられた。

ふり返ると、着物姿の中川先生が立っていた。

「先生、やっぱりいらしてたんですね。お茶会ですか」と、美月が

だ。

「ちょっと待って」と、莉子はあわてて眼鏡をはずす。

「私も前髪をととのえなきゃ。撮るよ、はい、チーズ！」

シャッターを切ったあと写真を確認しながら、美月は「二人とも寒そー」と笑い声をあげた。

「どれどれ？　ほんとだ、寝不足って顔してる」

それまでの鬱々《うつうつ》とした日々を忘れて、二人ははしゃいだ。

境内では、一足早い春の訪れを喜ぶかのように、にぎやかで祝祭的なムードが漂っていた。砂利道を踏む音にまじって聞こえてくるのは、雅楽の演奏である。参道の脇《わき》にはたこ焼きやフライドポテトなどの屋台も立ち並ぶ。

人混みをかき分けるように、二人は本殿に向かって参道を進んだ。ここ数日続いた雪まじりの雨で、濡《ぬ》れそぼった石段を滑らないようにのぼると、重厚感のある楼門が現れる。手水舎《ちょうずや》で身を清めるのさえも順番待ちで、人の流れに押されるように「天満宮」という額の掲げられた中門を過ぎる。

やっと参拝を待つ行列の最後尾につくことができた。

「それにしても、受験生多いね」

美月はしみじみと言う。たしかに二人と同じく、マスクをつけた制服姿の参拝客が目立つ。

「合格祈願といえば、やっぱり天神さんだもんね」

彼らの肩越しに、梅の木々が見えた。莉子は華々しく満開を迎えたものよりも、まだ蕾を固く閉ざしたものの方が気になってしまう。
②せっかく膨らんだ楽しい気分が、急に萎んでいくのが分かった。
ここ半年悩まされている腹痛の気配がして、ピーコートのポケットに入れた手が自然と薬にふれる。しかし泣いても笑っても、二人が受験する大学の二次試験は明日だった。

「いよいよだね」

「今から緊張してるよ」

「美月なら大丈夫だって、高杉先生もⓐ太鼓判押してたじゃん」

「なっちゃん、けっこう適当だからなー」

そう言って、美月はマフラーに首をうずめた。なっちゃんこと高杉夏美先生は、二人が所属する茶道部の顧問だ。たしかに担任を受け持ってはいないので、生徒たちの学力にもそこまで詳しいわけではないが、決して口先の励ましではないだろうと莉子は思う。

「莉子は緊張しないの？」

「ぜんぜん。だって私にとっては記念受験だから」

自虐《じぎゃく》的な冗談を飛ばすが、③美月は笑わずに「そんなの、結果が出てみないと分かんないじゃん」と、語気を強めた。

しかし莉子は注1センター試験の自己採点を持って、担任に相談に行く前から、その大学はかなり難しいだろうと自覚していた。ストレートに言うとよほどショックを受けると思ったのか、担任は遠回しに莉子を励ました。

——他の大学も受けてるわけだし、いざとなれば浪人という選択肢もある。一番大事なのは、後悔しないことだと思うよ。

そんな風に受からないことを前提にされてもなお、莉子には明日の試験にチャレンジしたい理由があった。

「それにしても、すっごい賑《にぎ》やかだから、なにか行事でもあるのかな？」

莉子は明るい声で話題を変えた。

「さっき看板で見たけど、梅苑《ばいえん》の公開だけじゃなくて、お茶会があるみたいだよ」

「梅を見ながらお茶を点《た》ててもらうなんていいな、贅沢《ぜいたく》」

「ね、中川先生も来てたりして」

二人が所属している茶道部には、中川修子さんという茶人が教えに来ている。週に一度の活動では、校内に設けられた小さな茶室に集まって、部員だけの自主練習が行われるが、月に一度は中川先生が高校に来て注2お点前《てまえ》を指導したり、中川先生のお母さんが開いている茶道教室に呼ばれたりする。中川家には茶室があってⓑ気後れしたけれど、本人は話しやすく親しみの持てる人だ。茶道にはさ

問5　――⑤「その栄養となるものはやはり芸術であり文化なのです」とありますが、筆者は芸術や文化をどのようなものととらえていますか。その説明として最もふさわしいものを次の中から選び、記号で答えなさい。

ア　人々が物質的な豊かさだけでなく、精神的な豊かさをもって生きていくのに必要となるもの。

イ　人々が道徳心を身に付ける助けとなることで、精神が劣化し、野蛮化するのを防ぐもの。

ウ　どのような時代状況になっても、人々が権力に屈することなく、自由に生きられるようにするもの。

エ　社会の経済的生産性を高めることで、人々の生活を豊かにし、健康に暮らせるようにするもの。

問6　――⑥『世間体の戒律』とありますが、これはどのようなものですか。その説明として最もふさわしいものを次の中から選び、記号で答えなさい。

ア　社会主義国の統制よりも窮屈なものでありながら、日本人には慣れ親しんだ秩序の一つとして歓迎されているもの。

イ　程度の差はあるがどの民族の社会においても存在するものであり、あいまいなルールによって個人の言動を制限するもの。

ウ　その時々の社会的な傾向や人々の言動から影響を受け、内容が不明瞭なままに明文化されて規範となってしまったもの。

エ　個人の行動に対して世間が批判を加えることで形成された、明文化されていなくとも日本人の行動を縛っているもの。

問7　――⑦「けれども今、～気がしてなりません」とありますが、筆者は今、日本人がどのような状況に置かれていると述べていますか。80字以内で説明しなさい。

問8　次の場面は、生徒たちが本文について話し合っているものです。この中で本文の内容と合致しているものを二つ選び、記号で答えなさい。

ア　〔生徒A〕　本文では、文化芸術の重要性が述べられていたね。日本は文化芸術を愛でる環境は整っていても本当の意味でのその重要性が培われてはいないから、大学の文系学部への支援をもっと行うべきだと思うよ。

イ　〔生徒B〕　日本人は文化芸術の本質的な意味について、もっと考えるべきじゃないかな。日本では経済的豊かさや体の健康といった目先のことにとらわれて、文化芸術によって心を豊かにするという視点を欠いている気がするよ。

ウ　〔生徒C〕　これからもっと、日本は変わっていく必要があるね。明文化されていない「世間体の戒律」など無視して、自分の信念を貫こうとすることが、日本に民主主義を根付かせるのに必要だと書かれていたしね。

エ　〔生徒D〕　日本は教育の段階からヨーロッパの良いところを吸収する必要があるね。周囲の意見に左右されずに自分の意見を発言し、行動していく訓練を積み重ねなければならないよ。

オ　〔生徒E〕　教育といえば、筆者は歴史上の事例についても触れていたね。強力なリーダーに扇動された社会が犯してしまった恐ろしい失敗を反省し、再発を防止することが教育の使命であるわけだね。

二

次の文章を読んで、後の問いに答えなさい。

白梅、紅梅、一重咲き、八重咲き、大輪、小輪。ぱっと見では一括りに梅林だが、注意を払えば、花びらの数や色がぜんぜん違う。なかにはまだ小さく目立たない蕾《つぼみ》もある。①薄く雲のかかった寒空の下にいる梅たちは、点数をつけられ、比べられ、競争させられる自分たちの必死な姿と重なるように、莉子の目にはうつった。

「ねえ、記念撮影しようよ」

ケータイのカメラを梅に向けていた美月がふり返り、莉子を呼ん

いる。これはけっして望ましいこととは言えません。

ヨーロッパではたとえ家族同士でも批判をぶつけ合うことが日常的で、学校でも自分の考えを述べることに価値があると教えられます。子どもたちはそうした日々の体験を通して、人間はやはり発言しないといけない生き物なのだということを理解していくのですが、これは日本の教育に欠落している部分だと言えるでしょう。自由に生きるためには、やはり教育の段階で、長いものに巻かれずに自らの意見を発言し、行動する訓練が必要なのです。（中略）

日本に根付いていないのは文化芸術の重要性だけではなく、民主主義も同様です。民主主義とはどういうものか、日本は明治以来、既に民主主義が完成した西洋諸国から学んできました。それらの国々が二〇〇〇年以上の歴史の中で試行錯誤しながら民主主義を築いてきたことを考えれば、日本はまだ過渡期にあるということでしょう。こうした状況をすぐに変えていくのは無理かもしれません。今後五〇年、一〇〇年かけて変わっていくのだろうと考えています。

まずは、「これではいけない」と気がついた人から、少しずつ改革をしていけばよいのではないでしょうか。これは私自身が日本で子育てをしたときに経験したことですが、表面上は「世間体の戒律」に従わなければならない状況があったとしても、自分の内面にある違和感を持ち続けていくことが大切だと感じています。異論を保ち続けるというのは面倒で厄介ではあるけれども、それに慣れていくことによって多角的に事象を捉えるスキルが鍛えられますし、その積み重ねがやがては日本や日本の国民に適した民主主義をつくり上げ、強固なものにすることにつながっていくと思います。

（ヤマザキマリ「『世間体の戒律』から自由になるには」による）

問1 ――①「政府が文系学部を軽視している」とありますが、どういうことですか。それを説明した次の文の（　）に入る表現を、30字以内で答えなさい。

☆ 日本政府が（　　　）と考えている、ということ。

問2 ――②「日本の文化芸術に対する意識」とありますが、これはどういうことですか。それを説明した次の文の（　）に入る表現を、この傍線部より後の本文中から10字以上15字以内で探し、抜き出して答えなさい。

☆ 日本社会では、文化芸術が（　　　）だと認識されている、ということ。

問3 ――③「なぜ世界各国では～進められたのでしょうか」とありますが、西洋で文化芸術への支援がこのように行われたのはなぜですか。その理由として最もふさわしいものを次の中から選び、記号で答えなさい。

ア 西洋は日本と比べて文化芸術を愛でる環境が整っていないため、各国の政府が積極的に支援をしていく必要があるから。

イ 西洋では、文化芸術は社会や人々の精神を健全に保つということにおいて、必要不可欠なものであると考えられているから。

ウ 西洋は日本よりも平等意識が進んでおり、文化芸術に携わる人々にも他の職業と同様の支援をしなければならないとされているから。

エ 西洋においては、文化芸術に携わる人々は長い歴史と伝統を受け継ぐ貴重な存在であるとみなされているから。

問4 ――④「脆弱化した社会」とありますが、その説明として最もふさわしいものを次の中から選び、記号で答えなさい。

ア 人々が経済的に豊かでありさえすればよいとし、文化芸術の活動に対する関心を持たず、関わろうともしない社会。

イ 人々がただ生存することだけを目的とし、その他の事をしたり考えたりする余裕がなく、それらを排除してしまう社会。

ウ 人々が目先のことにとらわれて、このままでは恐ろしい事態になるとわかっていながら、それをどうすることもできずにいる社会。

エ 人々が強大な権力を持つ指導者にすがりつき、自分で考えて判断することができず、その者の言う通りに行動してしまう社会。

人々はやはり激励された気持ちになるはずです。一方、コロナ禍で仕事がなくなり、支援もなかなか届かない状況に置かれた日本のアーティストたちは、「世の中にとって、自分たちはなくてもいいに等しい存在なのか」と悲観的にならざるを得なかったのではないでしょうか。

経済的生産性がなければ排除してよいというのは先進国の考え方とは言えませんし、そもそも「先進国イコール経済的発展」という日本の姿勢に、私は大いに疑問を感じます。

日本では、経済的に豊かになり、人々の体が健康であればよいという考え方が主流です。それがゆえに、文化や芸術はあってもなくてもよい余剰とみなされてしまうのでしょう。しかし、ただ金さえあればいい、お腹がいっぱいになればいいというわけではありません。なぜなら、人間は体だけの生き物ではないからです。

精神が劣化し野蛮化した人間の怖さは、たとえば一〇〇年前のドイツに見ることができます。当時、同時期に起こったスペイン風邪のパンデミックと第一次世界大戦によって多くの人口を失い、敗戦国として多額の負債を課せられたドイツの人々は「ただ生き延びられればよい」というある種の野蛮性に基づいた発想しかできない状況に置かれていました。そこに現れたのが、飛び抜けた言論的リーダーシップを張れる男、ヒトラーです。脆弱化した社会の中、ドイツ国民はヒトラーが説く理念がどのようなものかということより、とにかく自分たちを生き延びさせてくれるのはこの人だと、彼についていってしまった。その結果、何が起こったかは言うまでもないでしょう。

こうした事例は歴史上、枚挙《まいきょ》に遑《いとま》がありません。宗教の発生、あるいは強力なリーダーシップを取れる人間の登場はすべて、そうした④脆弱化した社会で民衆が心のよりどころを必要とする状況から生まれたと言えます。そしてそれは、恐ろしい出来事の引き金になりかねない側面があるわけです。

こうしたことを踏まえれば、やはり体だけではなく脳の感受性に対しても栄養をきちんと与えないといけない、ということになります。そして、⑤その栄養となるものはやはり芸術であり文化なのです。

これは芸術文化に限らないことですが、日本における自由について考えていくと、⑥「世間体の戒律」というものに行き当たります。世間体の戒律は、どこかに明文化されたものがあるわけでもなく、その都度その都度の社会的な傾向や人々の言動によって、なんとなく象られてきたものだと思います。そうした不透明なルールを自分たちの判断で解釈していかなければいけないというのは、非常に難しいことです。

厳しい戒律というとイスラム国家の例を思い浮かべますが、日本は宗教国家ではないにもかかわらず、「こういうことをすると、世間からあれこれ言われる」という縛りが非常に強く、「戒律」から外れた人間に対するジャッジも厳しい。統制が強い社会主義国よりよほど自由を許されない窮屈さを感じます。コロナ禍になったことで私は家族がいるイタリアにも帰れず、一年以上も日本に滞在し続けていますが、個人的なそうした事情も含め、これまで生きてきた中でこんなにも自由が許されなかった期間はありません。

とはいえ、私は世間体の戒律自体がいけないと思っているわけではありません。これは長い間日本人が慣れ親しんできた一つの秩序なのだと思います。⑦けれども今、その戒律が厳しくなり過ぎているという気がしてなりません。ネットの責任もあるとは言え、昔であれば言えたことが言えなくなり、何かしようとすれば、すぐにバッシング材料になってしまうなど、表現の範囲がどんどん狭まっていると感じます。たとえば、一九七〇－八〇年代のメディアにはもっと言論の自由があったと思いますが、その自由は今、差別と偏見という言葉に置き換えられ、少し触れただけで爆発するようなものになってしまっています。皆がそのことを恐れ、言いたいことがあっても我慢し、長いものに巻かれている安堵《あんど》を選ぶ状況が生まれて

二〇二二年度 城北高等学校（推薦）

【国語】（五〇分）〈満点：一〇〇点〉

（注意）解答するときには、句読点や記号も一字と数えます。

一　次の文章を読んで、後の問いに答えなさい（作問の都合上、本文の一部を変更してあります）。

　私が日本における文化芸術の自由について疑問を持ち始めたのは、コロナ禍においてが初めてではありません。二〇一五年、文部科学省が国立大学の文系学部廃止を通達したというニュースが海外でも報道され、「日本では、利便性や経済的生産性がないとみなされた学術はすべて排除してよいと考えられているのか」と、物議を醸しました。なぜなら、西洋では紀元前のギリシャ哲学以来、あらゆる経済活動や生産性の基軸となるのは人文系の学術であるとされているからです。ところが、日本の政府はそうした基軸となる学問を生産性がないと短絡的に判断し、あまつさえ排除しようとしている。結果的にこれら一連の報道は経緯を見誤ったものでしたが、①政府が文系学部を軽視している傾向は否定できず、私はそのことに大きなショックを受けました。

　そのショックを自分の中で消化しきれないうちにコロナ禍になり、ヨーロッパ各国は苦境に陥ったアーティストへの支援策をいち早く打ち出しました。これはヨーロッパだけのことではありません。アメリカ、カナダ、シンガポール、アラブ首長国連邦、オーストラリアなど世界の国々が次々とアーティストたちへの緊急支援を進めていた二〇二〇年三月時点、日本は具体的な文化芸術支援を何一つ表明していませんでした。日本では、芸術を含めた人文系学術は、経済的利便性と直接つながる理系の学問より下に見られている、もっと言えば、なくてもいいものという扱いを受けていることをまざまざと見せつけられた気がします。

　こうした学術の扱いは、教育でも言えることです。私は自分の子どもをいろいろな国で育ててきましたが、日本のように、学術を社会に出ていくための学歴を手に入れる手段と捉え、にわか作業で知識を頭に詰め込んでよしとする国はどこにもありませんでした。

　結局、文化芸術というものの重要性がまだ日本人の根底に入っていないということなのでしょう。確かに、文化芸術を愛でる環境という点では日本は非常に恵まれていますが、それはあくまで大衆文化として自分たちが慣れ親しむという域にとどまっています。それに対し西洋では、宗教画にしても教会建築にしても、文化芸術は社会の統制を担う一つの機能を成していたわけで、社会における重みがまったく違うのです。たとえば、メルケル首相が二〇二〇年五月九日に行った演説で「私たちは文化芸術によってさまざまな心の動きと向き合い、自ら感情や新しい考えを育み、また興味深い論争や議論を始める心構えをする」と文化芸術の重要性について述べたように、西洋の人々にとっての文化芸術は、たとえば何か自分たちが知らないものを提示されたときに、そこからどう自分の考えを深めていくかということにつながるものと言えます。ヨーロッパでは何千年もの時間をかけて文化芸術の重要性が培われてきたのだということを考えると、②日本の文化芸術に対する意識が変化するまでには、もう少し時間がかかるのかもしれません。

　日本と違い、③なぜ世界各国では文化芸術への支援がスピード感をもって進められたのでしょうか。たとえばドイツは最大五〇〇億ユーロ（約六兆円）とヨーロッパでも最大級の財政パッケージを組んでアーティストの支援を行いましたが、その理由としてモニカ・グリュッタース文科相は「（特にコロナ禍のような社会が脆弱《ぜいじゃく》化した状況においては）アーティストは生命維持に必要不可欠な存在である」と述べています。そんなふうに政府が自分たちの価値を認め、生活を支える政策を速やかに実行してくれたら、文化芸術に携わる

英語解答

1 (1) who〔that〕, at teaching
(2) leave, window(s) open
(3) before, starts〔begins〕 raining
(4) want, to think
(5) looking forward to

2 (1) ordered (2) starts〔begins〕
(3) increasing (4) found
(5) turned

3 (1) (例) Do you know what time the next bus will leave?
(2) (例) This question was too difficult for me to answer.
(3) (例) This is the bike (that) my brother bought for me.

4 問1 (例)次の人のためにドアを持って開けておくこと。(21字)
問2 イ　問3 エ
問4 a few more doors for me to learn my lesson
問5 ウ　問6 イ　問7 イ
問8 イ

5 問1 エ　問2 interested
問3 ア
問4 (4) what is your uncle going to do
(10) Can I hold his hand to help
問5 始め…He didn't
終わり…was dead
問6 エ　問7 two
問8 8A…エ　8B…ウ　8C…ア
8D…イ
問9 (9) money　(11) papers
問10 イ　問11 ウ

数学解答

1 (1) 6　(2) $\frac{13b-11c}{12}$　(3) $\frac{11}{36}$
(4) 5個

2 (1) 57°　(2) $\frac{75}{4}$　(3) $\frac{10}{3}$

3 右図

4 (1) $y=x+4$　(2) $(-4,\ 8)$
(3) 5：9

5 (1) $3\sqrt{3}$　(2) $\frac{27\sqrt{3}}{2}$

(例)

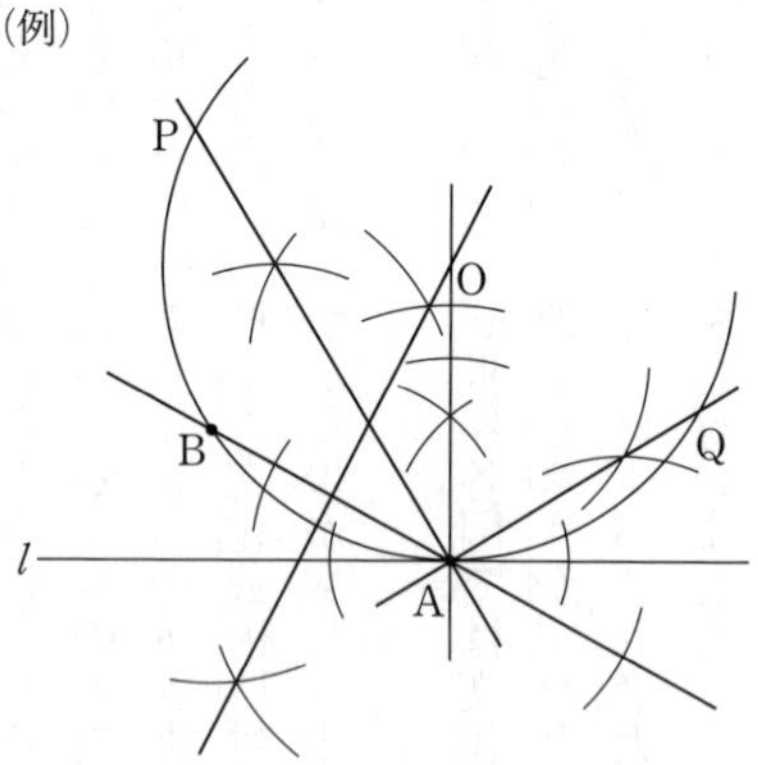

国語解答

一 問1 利便性や経済的生産性が低い人文系の学術は支援する価値がない（29字）

問2 あってもなくてもよい余剰

問3 イ　問4 イ　問5 ア

問6 エ

問7 かつては許容されていた発言も差別や偏見として世間から批判されるため，みんながそれを恐れて自分の言いたいことが言えず，世間の考えに同調することで安心している状況。（80字）

問8 イ，エ

二 問1 ⓐ…イ　ⓑ…ア　ⓒ…ア

問2 エ

問3 (I)…ア

(II) 美月と合格祈願に来て浮かれていた莉子の気分が，受験に対する不安を思い出して沈んでしまったということ。（50字）

問4 ウ　問5 ウ　問6 エ

問7 イ

問8 (I)…ア

(II) 同じ大学に合格する望みが薄く，自分とは住む世界が違って，高校を卒業すれば接点がなくなると考えていた美月と，今後も親しいつき合いが続いていくことが予感されたから。（80字）

問9 イ

三 1 不朽　2 偉業　3 伏線

4 柔和　5 伴

2021年度 // 城北高等学校

【英　語】（60分）〈満点：100点〉

1　次の文章を読み，あとの問いに答えなさい。

It was the day of the big match. In homes and offices, schools and factories, everyone was talking about it.

'Today *ought to be a holiday,' Fred Wills said to his friend as they went to work. 'Then everybody could stay at home and watch the match on the television.'

His friend laughed. 'Many people will stay at home,' he said. 'They'll say that they are ill or that someone in their family has died.'

'That's right,' Fred said, 'It's a good (1)excuse.'

Fred worked as a clerk, and when he got to the office, he found a letter on his desk. He opened it.

'Dear Mr. Wills,' the letter began. 'I am writing to thank you for《 あ 》me the other day. With this letter I am sending you a ticket for the big match. I bought it for myself, but I have《 い 》my leg and must stay at home.'

Fred looked at the ticket. He could not believe that he had it. Many thousands of people tried to get tickets for the match and now he, Fred Wills, got one.

'You're looking very happy,' the girl sitting in the next desk said. 'What's happened ?'

'(2)I've . . .' Fred stopped. 'I *had better not tell anyone,' he thought. 'Oh, it's nothing,' he said. 'Just a letter from an old friend.'

The girl looked away and got on with her work. Fred looked at the ticket. He held it under his desk so that no one could see it. What could he do with it ? How could he get away from the office ? He could not tell the *manager that he was ill. He knew that he did not《 う 》ill.

Fred thought and thought. He could not do any work. Then, half way through the morning, he knew what to do. He got up from his desk and went out of the office. He walked to the telephone at the corner of the street and telephoned his sister, Jean.

'Is that you, Jean ? It's Fred here,' he said. 'Listen, I want you to do something for me. At twelve o'clock, I want you to telephone my office. Ask to speak to the manager. Tell him that you are speaking from the hospital. Tell him that Fred Wills' mother is ill. Do you understand ?'

'Yes, but why ?' Jean asked.

'I'll tell you this evening,' Fred said. 'Now please do *what I ask.'

He put the telephone down and went back to the office. A few minutes after twelve, the manager walked up to him.

'I have bad news for you, Fred,' he said. 'Someone from the hospital has telephoned me. Your mother is ill. You had better go and see her.'

Fred put on a sad face. 'Thank you, sir,' he said. 'I'll go now. And I'll come back as soon as I can.'

Fred《 え 》the office quickly. When he was outside, he began to laugh. He got on a bus and went to the sports ground. The big match did not begin until three o'clock, but Fred wanted to get to the ground early. He wanted to get a place for himself at the front.

The match was very exciting. Both teams were very good and the television cameras showed every move. The *spectators shouted and cheered. Sometimes the television cameras pointed at the spectators. 【excited / everyone / showed / how / was / the cameras】.

The next morning when Fred came to work all the clerks looked at him, but no one《 お 》. Then the manager walked up to him.

'How is your mother today ?' he asked.

'Oh, she's a little better, thank you,' Fred said.

'Go home and look after her,' the manager said, 'and don't come to this office again.' He walked away.

'But . . . but I don't understand,' Fred said.

The girl sitting next to Fred lifted her arm and pointed to a *cupboard in the office. There was a television on the cupboard. 'The manager brought it in yesterday. He wanted us all to see the match. We didn't only see the football players,' the girl said. 'We also saw some of the spectators.'

Fred looked at the television, and then (3)<u>he understood</u>.

（注） ought to ～：～すべきだ　had better ～：～したほうが良い　manager：部長
　　what I ask：私が頼むこと　spectator：観客　cupboard：食器棚

(1) 下線部(1)の本文中での意味として最も適切なものを，次のア～エから１つ選び，記号で答えなさい。

ア　不幸
イ　口実
ウ　謝罪
エ　欠勤

(2) 下線部(2)で省略された語を補うように，次の空所に入る英語を本文から抜き出して１語ずつ書きなさい。

I've (　　　) the (　　　).

(3) 【　】内の語(句)を文脈に合うように並べかえなさい。ただし，文頭にくる語も小文字で始めてあります。

(4) 《あ》～《お》に入る最も適切な語を下から選び，必要があれば形を変えて書きなさい。ただし，同じものを２度以上使ってはいけません。

break　help　leave　speak　take　look

(5) 下線部(3)について，Fred が理解した内容を以下のように説明する時，①は15字以内，②は35字以内の日本語でそれぞれ説明しなさい。ただし，句読点も字数に含めます。

（　①　）ため，（　②　）ことを理解した。

(6) 本文の内容に合うものを次のア～カから２つ選び，記号で答えなさい。

ア　When Fred got a letter, he was very glad because he thought that there would be a ticket in it.
イ　Fred didn't tell anyone that he got a ticket for the match.
ウ　The manager got a call from Jean around noon.
エ　The next morning the manager told Fred to go home because his mother was still sick.
オ　The manager was kind enough to put a television in the office so that the workers could watch the match.
カ　Fred understood why the manager got angry as soon as he came to the office.

2　次の文章は，世界の不思議(World Wonders)とその１つであるグランドキャニオン(Grand Canyon：アメリカのアリゾナ州にある峡谷)についてのものです。全文を読み，あとの問いに答えなさい。

(1)Which is the tallest building in the world ?　Which is the oldest building ?　Which is the most beautiful lake ?　Which mountain is the highest ?　Perhaps you know the answer to these questions—or perhaps you do not.　But each of these questions has only one answer.　And your answer is either right or wrong.

But you can ask different questions.　Which is the best waterfall ?　Which place in the world is the most wonderful ?　Each of us has different answers to these questions.　And no one's answer is right or wrong.　So why do we ask the questions ?　Because the world is full of wonders, and we cannot see them all.　But we want to learn about them, because perhaps—one day—we will see some of them.　And because we like to know that they are still there.

When you visit a mountain, you arrive at the bottom, and you look up at the mountain.　But when you visit a canyon, you can often arrive at the (　2　), and look down into the earth.　And when you look down into the Grand Canyon, you look down a long way.　At the bottom, about 1.2 kilometers below you, you see the Colorado River.　But when you look at the tall, red sides of the canyon, you are looking at the wonderful story of the earth.

The Spanish word *colorado* means 'full of (　3　)'.　This *describes the Grand Canyon very well.　Its walls are made of *layers of stone—some red, some yellow, and some brown or orange.　Each layer of stone lies on top of the other layers like a great sandwich.

In this way, the canyon was made—just like a sandwich.　But this sandwich began nearly 2 billion years ago !

At that time, the world was a very different place.　No animals lived on the land, and there were only a few in the sea.　The land was different, too.　[　4　]　They were the first layer—the bottom layer—of the sandwich.　Now we call them the Vishnu Basement Rocks.

There are nearly forty different layers of rocks in the walls of the Grand Canyon.　We usually describe them in three groups of layers : the Vishnu Basement Rocks, the Grand Canyon Supergroup Rocks, and the Layered Paleozoic Rocks (Paleozoic means 'Old Life').　The second group, the Supergroup, was even slower than the first.　It took them about 700 million years to arrive.　(5)And they could not stay still.　They moved around, and fell over—slowly—until the next group of rocks arrived.

The final group is the top layer in the sandwich—the *flat layers of red, yellow, and brown rock.　They did not move around.　They stayed flat, so they make interesting pictures.　When you visit Grand Canyon, you can take pictures of these layers !

Most of this story happened under the sea, and many of the layers were made there.　Then, about 75 million years ago, something big happened.　Something pushed the land up out of the sea.　It made the Rocky Mountains, and it pushed the Grand Canyon three kilometers up out of the sea.

Of course it was not a canyon then.　It was a piece of flat land, hard and dry, like the top of a table.　But the land moved a little, and a river—the Colorado River—started to move across the land and to cut very slowly down into the rock.　That was about 7 million years ago.　Now the Grand Canyon is 446 kilometers long and from 6 to 29 kilometers across.　And when you look at it, you are looking at the long, slow story of the (　6　).

（注） describe：～を描写する　layer：層　flat：平らな

(1) 下線部(1)について，文脈上取り除くべき文を次のア～エから１つ選び，記号で答えなさい。

ア Which is the tallest building in the world？

イ Which is the oldest building？

ウ Which is the most beautiful lake？

エ Which mountain is the highest？

(2) （２）に入る最も適切な語を次のア～エから１つ選び，記号で答えなさい。

ア mountain　イ bottom　ウ top　エ wall

(3) （３）に入る最も適切な語を考えて書きなさい。ただし，ｃで始まる単語とする。

(4) ［４］に以下の４つの文を意味が通るように並べかえて入れる時，その順番を答えなさい。

ア Then some new islands, made of very hard stone, pushed up out of the sea.

イ In the end, they crashed into Laurentia, and stayed there.

ウ Slowly — during about the next 200 million years — they moved across the sea.

エ There was a large piece of land called Laurentia near North America.

(5) 下線部(5)の内容として最も適切なものを次のア～エから１つ選び，記号で答えなさい。

ア その岩石層はその場にとどまらなかった。

イ その岩石層には人々が住むことはできなかった。

ウ その岩石層はいまだに建材には適さない。

エ その岩石層は７億年たってもなお堆積しなかった。

(6) （６）に入る最も適切な語を本文中から抜き出して答えなさい。

(7) グランドキャニオンの岩石層について正しいものを次のア～エから１つ選び，記号で答えなさい。

ア The layer of the Grand Canyon Supergroup Rocks lies over the Vishnu Basement Rocks and the Layered Paleozoic Rocks.

イ The layer of the Vishnu Basement Rocks is older than the other two groups of layers: the Grand Canyon Supergroup Rocks and the Layered Paleozoic Rocks.

ウ The layer of the Layered Paleozoic Rocks moved around until the next group of rocks arrived.

エ The Layered Paleozoic Rocks was under the sea about 7 million years ago.

3 次の日本語の意味に合うように，かっこに適語を入れなさい。

(1) 彼女がこれらの問題を解くのは難しかった。

(　　) was difficult (　　) her (　　) solve these problems.

(2) 私の犬はあなたの犬よりずっと速く走る。

My dog runs (　　) (　　) (　　) yours.

(3) ボブはそこに１人で行かなければなりませんでした。

Bob (　　) (　　) go there by (　　).

(4) １時間前に雨が降り始めました。

It (　　) (　　) an hour ago.

(5) ボールで遊んでいるあの子どもたちを見てごらん。

Look at those children (　　) (　　) a ball.

4 次の各組の英文がほぼ同じ意味になるように，かっこに適語を入れなさい。

(1) There was no food in the fridge.
There was (　　) (　　) eat in the fridge.

(2) Shall we go to the movie this weekend ?
How (　　) (　　) to the movie this weekend ?

(3) Ms. White moved to a new house three years ago and she still lives there.
Three years (　　) (　　) (　　) Ms. White moved to a new house.

(4) My father can play the violin.
My father knows (　　) (　　) play the violin.

(5) This summer I swam in Okinawa. I enjoyed it very much.
This summer I (　　) (　　) in Okinawa very much.

5 次の日本語の意味になるように，かっこ内の語(句)を並べかえなさい。ただし，それぞれに不足している語が1語ずつあります。また，文頭にくる語も小文字で始めてあります。

(1) その木の周りには何人の子どもたちがいましたか。
(how / children / the / there / many / tree / were) ?

(2) 彼らには暖かい服も住む家もありませんでした。
They had (a house / clothes / in / live / neither / to / warm).

(3) 父は妹の約2倍の体重があります。
My father is about (as / heavy / my / as / sister).

(4) あの壊れたドアにさわってはいけません。
(door / touch / that / don't).

(5) 兄は正しいと私は信じていました。
(right / my brother / believed / I / that).

【数　学】（60分）〈満点：100点〉

（注意）　1．コンパス・定規・分度器を使ってはいけません。

2．円周率はπを用いて表しなさい。

1　次の各問いに答えよ。

(1)　$(x+y-5)(x-y-5)+20x$ を因数分解せよ。

(2)　$x^2-x-1=0$ の解のうち，大きい方を a とする。このとき，$3a^2-a-3$ の値を求めよ。

(3)　$\sqrt{10x}+\sqrt{21y}$ を2乗すると自然数になるような，自然数$(x,\ y)$の組のうち，$x+y$ の最小値を求めよ。

(4)　連立方程式 $\begin{cases} \dfrac{1}{x-y}+\dfrac{2}{x+y}=\dfrac{5}{3} \\ \dfrac{2}{x-y}-\dfrac{1}{x+y}=\dfrac{5}{3} \end{cases}$ を解け。

2　次の各問いに答えよ。

(1)　下の図1の平行四辺形ABCDにおいて，BE：EC＝1：2，CF：FD＝2：3であり，対角線BDとAE，AFとの交点をそれぞれG，Hとする。平行四辺形ABCDと△AGHの面積比を求めよ。

図1

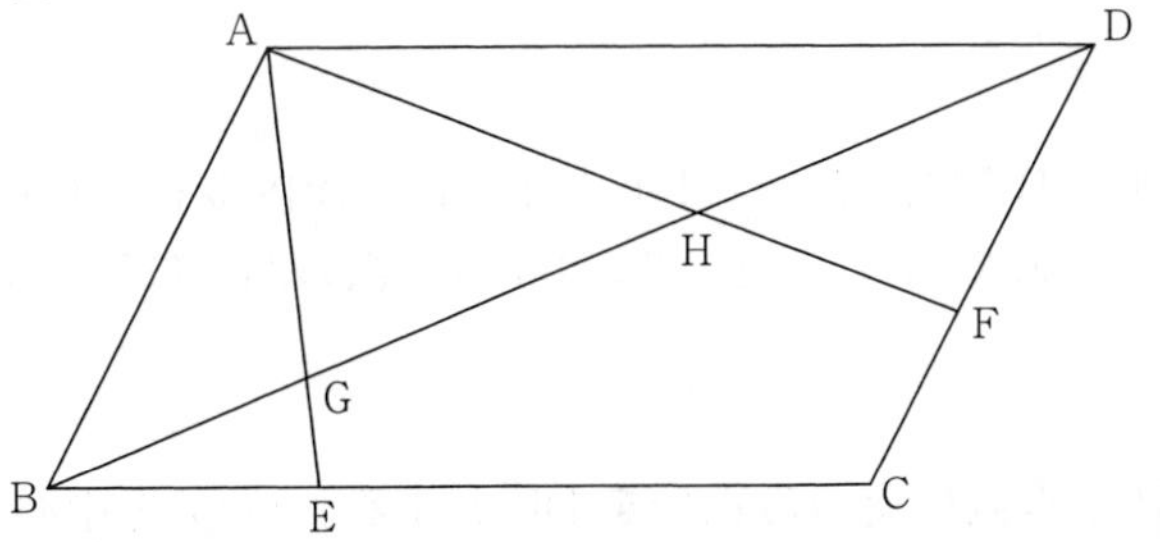

図2

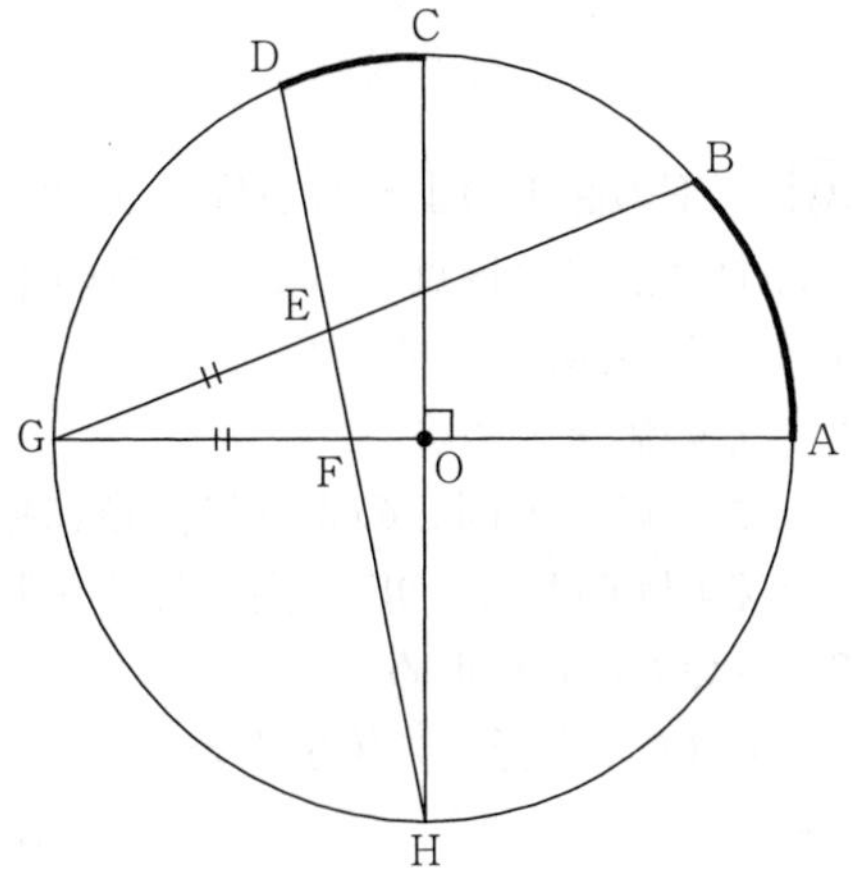

(2)　右の図2において，点Oは円の中心であり，AG⊥CH，EG＝FGである。このとき，太線部分の$\widehat{AB}$と$\widehat{CD}$の長さの比を求めよ。

(3)　下の図3のように三角すいO-ABCがある。点Gは△ABCの重心であり，OP：PG＝3：4である。

①　三角すいP-ABCと三角すいO-ABCの体積比を求めよ。

②　三角すいP-OBCと三角すいO-ABCの体積比を求めよ。

図3

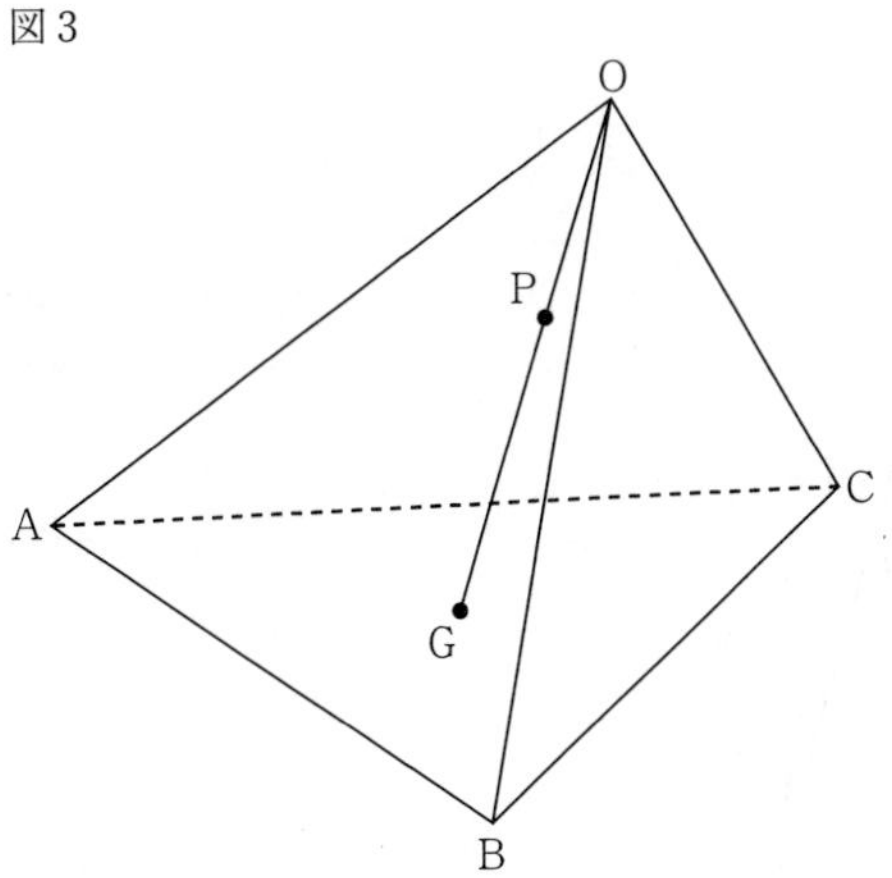

3　座標平面上に点 A(3, 2), B(2, 3), C(3, 3)がある。大小 2 つのさいころを同時に 1 回投げて，大きいさいころの出た目の数を a，小さいさいころの出た目の数を b とし，図の直線 l を $y=\dfrac{b}{a}x$ とする。次の問いに答えよ。

(1)　b が a よりも大きくなる確率を求めよ。

(2)　直線 l が点Cを通る確率を求めよ。

(3)　直線 l が線分 AB を通る確率を求めよ。

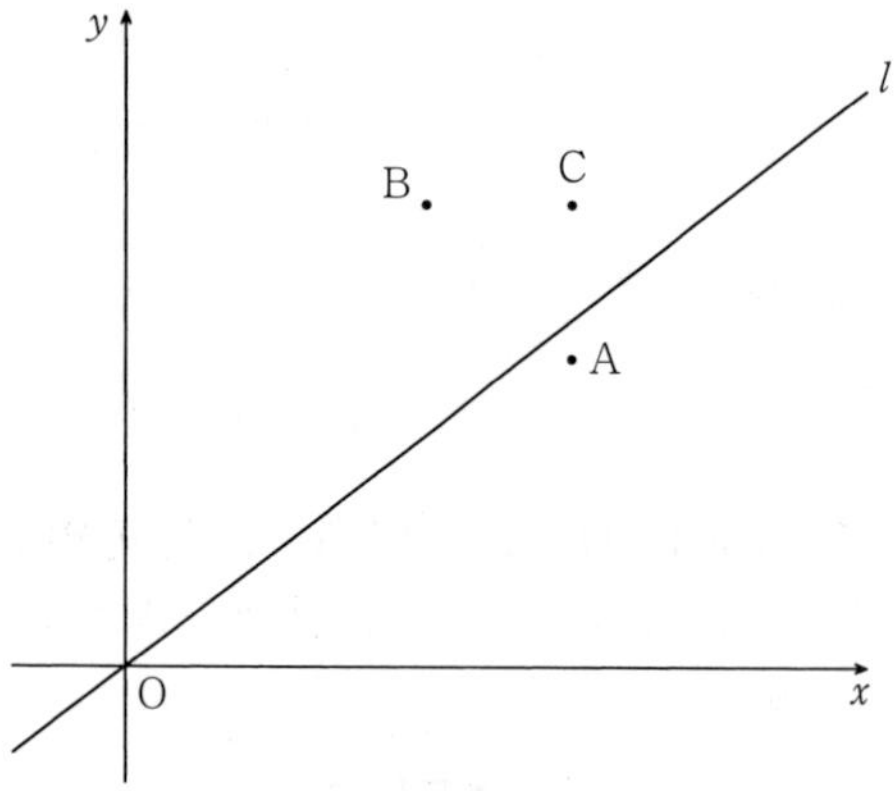

4　下の図 1 のような AB＝AC の二等辺三角形 ABC に，点Oを中心とする円Oが内接しており，点Pと点Mは接点である。円Oの半径が21，BC＝56 であり，AP＝$3k$ とする。次の問いに答えよ。

(1)　AP：AM を求めよ。

(2)　k の値を求めよ。

　さらに下の図 2 のように円Oに接して辺 AB と垂直に交わる線分を DE とする。点 O′ を中心とする円 O′ は △ADE に内接しており，点Qは接点である。

(3)　AQ：QO′ を求めよ。

(4)　円 O′ の半径 x の値を求めよ。

図 1

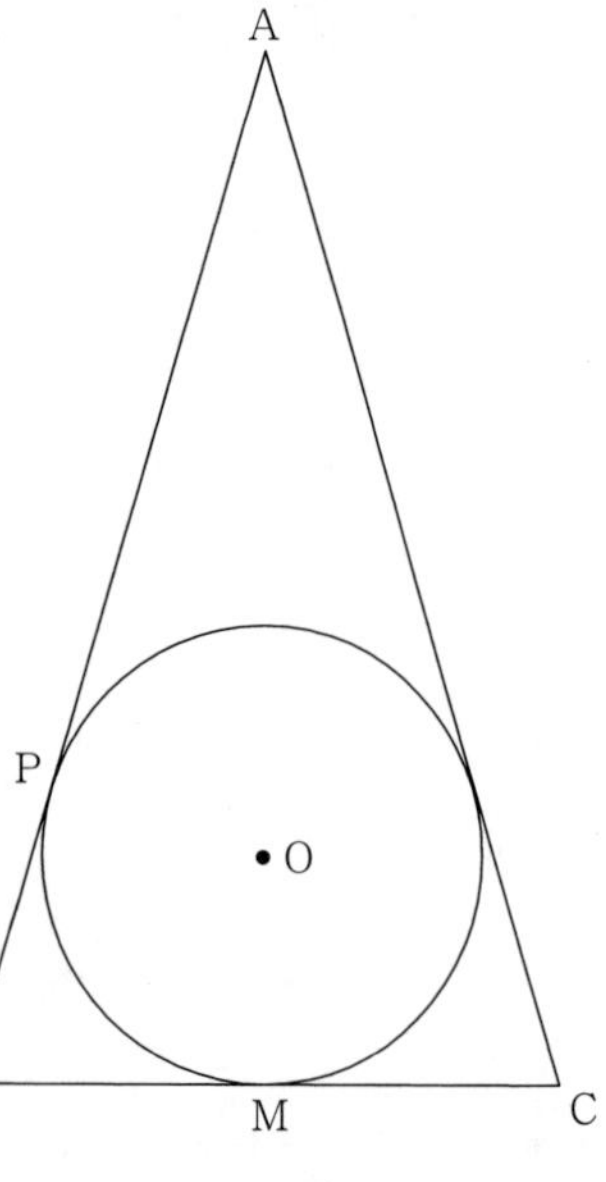

図 2

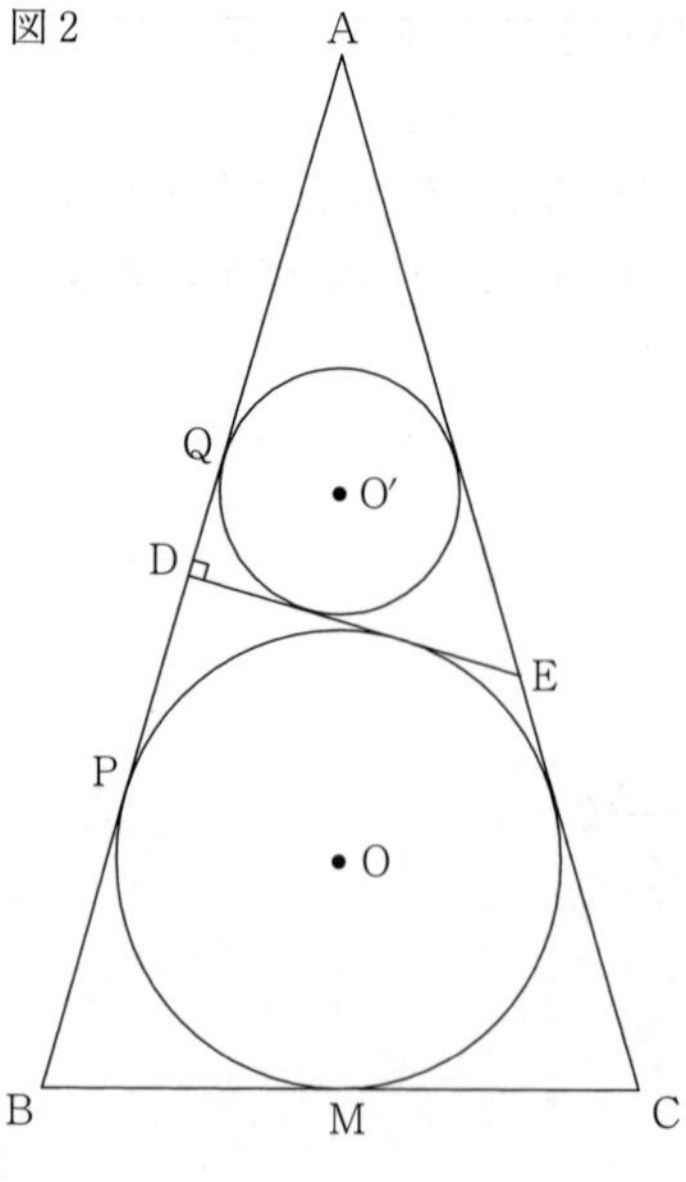

5　次の各問いに答えよ。

(1)　右の図において①，②はそれぞれ y が x の２乗に比例する関数のグラフである。そこに１辺の長さが４の正方形を２個描いたところ図のようになった。①，②の関数の式をそれぞれ求めよ。

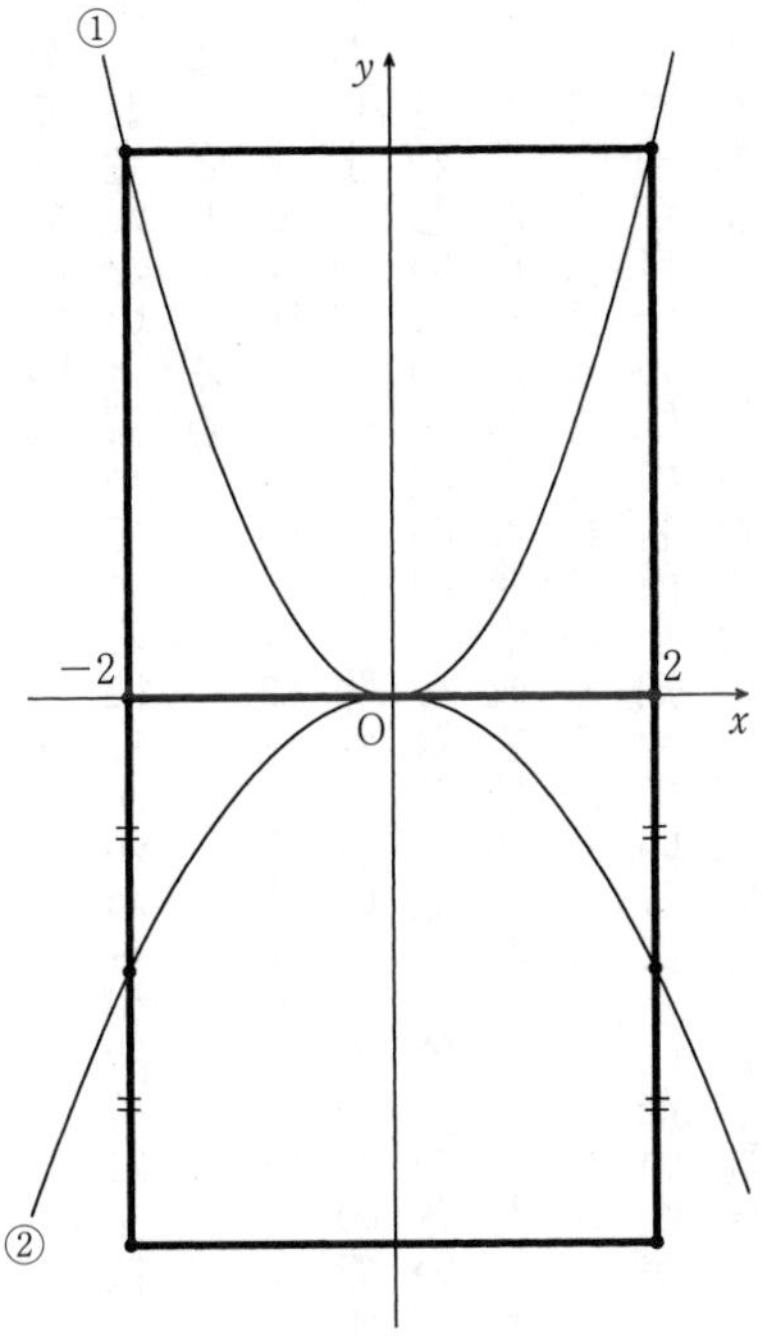

(2)　(1)の図を正方形の部分でそれぞれ切り取り，下の図のように１辺の長さが４の立方体に貼り付けた。図の４点P，Q，R，Sは同じ平面上にあり，この平面は面GCDHと平行である。

(ア)　PQ＝RSのとき，PQの長さを求めよ。

(イ)　(ア)のとき，３点A，F，Pを通る平面でこの立方体を切断した。この平面と辺CDが交わる点をTとする。DTの長さを求めよ。

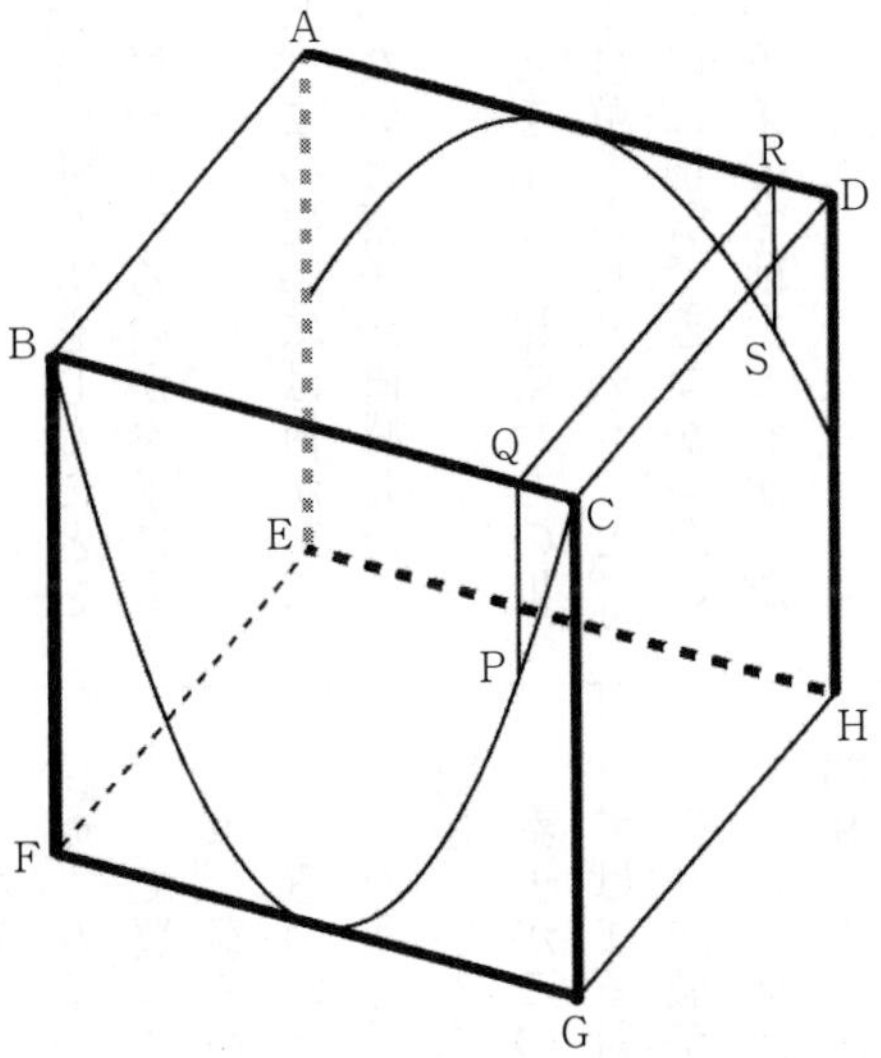

を次の中から選び、記号で答えなさい。

ア　沙織が弟の名前を普通とは異なる独特の呼び方をしたことを示し、それだけ沙織がこの弟を大切に思っているのが泰子にも伝わったということ。

イ　真哉という名前がもつ違和感を示し、この兄弟には何か普通とは異なる特殊な事情があるにちがいないと泰子が直感したということ。

ウ　弟の名前を沙織が無感情で言ったことを示し、兄弟たちの世話で沙織が疲弊《ひへい》しているのが泰子にも理解できたということ。

エ　急に沙織が出した名前を泰子がすぐには理解できなかったことを示し、ちょっと考えて目の前にいる弟の名前だとわかったということ。

問6　――⑤「心底呆れたような声」とありますが、沙織は泰子のどのような点に対して「呆れたような声」を出したのですか。最もふさわしいものを次の中から選び、記号で答えなさい。

ア　目線さえ合わせれば真哉と打ち解けて話せるようになるはずだと信じている点。

イ　どの家庭にもきちんとした夕飯が準備されているのを前提として話している点。

ウ　いくら中学校の先生であるとはいえ小学生の好みをまるで理解できていない点。

エ　お金がないと言っているにもかかわらず沙織に支払いをさせようとしている点。

問7　――⑥「照れくさいときに見せる彼女の小さな変化だった」とありますが、沙織はなぜ「照れくさい」と思ったのですか。最もふさわしいものを次の中から選び、記号で答えなさい。

ア　泰子が自分たちの家族構成を把握《はあく》するなど、ふだんから自分のことを気遣ってくれているのがわかり、うれしかったから。

イ　泰子が自分の妹の名前を知っていることに驚いたが、その理由があまりにも簡単だったので、驚いたことが恥ずかしかったから。

ウ　泰子が自分や弟のオムライスだけでなく、家にいる妹の分まで買ってくれようとしていることを、申し訳ないと思ったから。

エ　泰子が自分たちを咎めているのではなく、心配してくれているのだとわかり、反抗的な態度をとってしまったことを反省したから。

問8　――⑦「ろくに食べるものもないのだろう」とありますが、泰子がこのように考えた理由について説明した次の文の（　）に当てはまる言葉を、本文中の表現を用いて、25字以内で答えなさい。

☆　沙織がチョコレートを「ごはんの代わり」だと言っていたことに加えて、真哉が（　　　）ように見えたから。

問9　――⑧「言ってしまってから沙織は、はっとした顔になった」とありますが、それはなぜですか。50字以内で説明しなさい。

問10　――⑨「チョコレートをポケットにねじ込んででも沙織が守りたかったものがあるのに」とありますが、ここで泰子は沙織のどのような気持ちを読み取ったのですか。60字以内で説明しなさい。

三　次の文の傍線部を漢字で記しなさい。

① 家屋がトウカイする。

② 事件のケイイは以下の通りである。

③ セイジャクを破る物音がした。

④ 重要な任務のイチヨクを担っている。

⑤ 感動の余韻《よいん》にヒタっていたい。

泰子の鼻先に突きだす。
「いいよ、先生。先生がいるところと私らが住む場所は違う。それだけのことなんやから」
泰子がチョコレートを手に取ると、「真哉、行こう」と言って沙織は、握った弟の手をぐいっと引き寄せて去っていった。
正しいことをただ口にするのは簡単なことだ。危《あや》うげなふたりの姿を見ていると、チョコレートひとつで凌《しの》ごうとした沙織たちの夜を否定しきれないような気持ちになる。
⑨チョコレートをポケットにねじ込んででも沙織が守りたかったものがあるのに、と泰子は唇を噛《か》む。

（咲沢《さきさわ》くれは「眠るひと」による）

問1 〰〰ⓐ「からからと」ⓑ「あどけなく」ⓒ「卑屈になって」の意味として最もふさわしいものをそれぞれ後の中から選び、記号で答えなさい。

ⓐ「からからと」
ア 表情ひとつ変えることもなく
イ 明らかに無理している様子で
ウ くよくよする様子を見せずに
エ 感情を抑えている声の調子で

ⓑ「あどけなく」
ア 大人っぽくて、美しく
イ 清潔で、感じが良く
ウ 小さくて、弱々しく
エ 無邪気で、愛らしく

ⓒ「卑屈になって」
ア 自分をいやしめ、相手におもねって
イ 急なことにおびえ、逃げようとして
ウ 必要なことをせず、勝手なことをして
エ 目の前のことを嫌《いや》がり、言い訳をして

問2 ——①「その言葉ほどには、男の子を咎めていないことがわかる口調だった」とありますが、それはなぜですか。理由を説明した次の文の（　）に当てはまる言葉を、Ａは自分で考えて、Ｂは本文中から抜き出して、いずれも5字以内で答えなさい。

☆ 男の子が首を横にふったのは、（Ａ）を言っているのではなく、（Ｂ）をすることを嫌がっているのだと、沙織は理解していたから。

問3 ——②「言葉よりも先に泰子は動いていた」とありますが、それはなぜですか。最もふさわしいものを次の中から選び、記号で答えなさい。
ア 沙織の担任として、沙織のことを気にかけているのを理解してもらう良い機会だから。
イ 沙織の担任として、沙織がこのまま万引きすることを見過ごすわけにはいかないから。
ウ 沙織の担任として、沙織に男の子が嫌がっていることを気づかせる必要があったから。
エ 沙織の担任として、沙織と男の子が本当に欲しいと思う物を買ってあげたかったから。

問4 ——③「彼女は挑むような目をして」とありますが、この時の沙織の気持ちとして最もふさわしいものを次の中から選び、記号で答えなさい。
ア 弟のためにやったことを咎めようとする泰子に対して、激しく怒る気持ち。
イ 自分たちが悪いことをしたのを罰するつもりではないかと、泰子を疑う気持ち。
ウ 勝手に世話をやく泰子に対して、余計なことをしないで欲しいと抗議する気持ち。
エ 自分たちにはお金がないので、泰子にチョコレートを買って欲しいと願う気持ち。

問5 ——④「シンヤ」について、このようにカタカナで表記することで、どのようなことを表していますか。最もふさわしいもの

そらす。その頬に少し赤みが差している。⑥照れくさいときに見せる彼女の小さな変化だった。

泰子はオムライスをあと三つ取って、カゴに入れた。

「そんなにいらないよ」と沙織は言ったが、その声から刺々《とげとげ》しさは消えていた。

「お母さんも食べるでしょ、夕飯」

「え、えっと」沙織は急にもじもじとして真哉を見下ろす。

まさか、もしかすると母親は何日も帰ってきていないのではないか。

「やっぱりいいよ、先生。こんなに買ってもらっても、お金、返せないかもしれないし」

でも⑦ろくに食べるものもないのだろう。だから、この子たちはアーモンドチョコで空腹をごまかそうとしていたのだ。

「今夜はチョコレート食べて、明日の朝はどうするつもり?」

沙織は、「朝ごはんなんていつも食べてないよ」と笑った。ⓒ卑《ひ》屈《くつ》になっているのでもなんでもなくて、そんなのどうってことないから、と言うみたいに。

「でもね」泰子が言うと、つっと沙織の顔から笑みが消えた。

「とりあえずおにぎり、いくつか買っておきましょう。冷蔵庫に入れておけば明日の夜でも食べられるから」

こんなことをして何になるという思いもあった。母親が不在だとして、それがいつまで続くのかもわからない。その間、毎日食べ物を買い与えるわけにもいかない。つまり、何をしてもその場しのぎでしかなく、根本的な解決には至らないのだ。といってほうっておくわけにもいかない。

「先生、もういいよ。ずっとこんなこと続けられないでしょ。それにこんなこと続けたとして、全部でいくらになるん? そんなのママが帰ってきても払えないよ、きっと」
⑧言ってしまってから沙織は、はっとした顔になった。
泰子はおにぎりを掴んでカゴに入れながら「今はいいんよ。そういうときもあるんやから、お金だって返さなくても」と、無理に明るい声で言った。

「かわいそうやから?」

泰子は手を止めた。かわいそうって、と言葉が滑り落ちる。沙織たちを憐《あわ》れんでいるわけではない。だが子どもが四人もいても母親は家を出ていくものなのだろうか。出ていかなければならないどんな事情があるのだろうと思う。

「もしも今先生が助けてくれても、じゃあ、明日は? 明後日は? これから先もずっとだれかが助けてくれるのかな。助けてもらってやっと、私たちは生きていけるのかな」

沙織はまっすぐ泰子を見上げていた。頬の赤みが消えた彼女の、切れ込んだ瞼《まぶた》に目がいく。人目を惹《ひ》くというのとは違う、澄んだ美しさを感じさせる顔立ちだった。沙織から表情が消える。店内の照明がうつり込んでいるはずなのに、その瞳はやけに黒く見える。

「今日助けてもらっても、その先に生きていく方法がないなら、一緒なんよ」

「だから万引きをするの?」

咎めるつもりはなかった。万引きせざるをえない今の状況についてを訊きたかったのに、と咄嗟に悔やむ。他人ではなく、親の庇護《ひご》をこの子は待っているんじゃないか、とも思った。

だが沙織は、ふっ、と笑った。

「こんなん、別に今日が初めてやないから。ここにはこんなにたくさんのものがあるんやもん。チョコレートのひとつくらい、別にいいやんか」

「でも」

「贅沢《ぜいたく》なんて言うてない。チョコレートひとつ、やで」

「ほうっておけって言うの?」

「ほら、それ。自分がそうしたいってだけで、私らの気持ちはそこにはないやん」

沙織はカゴのなかからチョコレートをひょいと摘まみ上げると、

だとわかると「先生、なんで？」と、驚いた様子を見せた。

泰子はチョコレートを持ったまま歩きだした。途中、陳列棚の端に積んであるカゴをひとつ手に取り、そこにチョコレートを放り込む。

「それ、どうするつもりなん？」あとを追いかけてきた沙織が言う。

「買うんよ」

泰子が持っていたカゴを沙織が後ろから引っ張った。ふりむくと③彼女は挑むような目をして、「お金、ないから」と言った。

「チョコレート、どうするつもりやったん？」

「④シンヤが食べたいって言うから」

泰子は男の子を見た。真哉。たしか今年小三になった沙織の弟だ。この真哉の二歳上、つまり沙織とは四歳違いで小五の妹もいる。美《み》鈴《すず》という名前だったと記憶している。そして真哉の下にもうひとり、今年一歳になる弟がいたはずだ。今年の春、沙織を受け持つことになったばかりのころ、「去年弟ができた」と彼女は泰子に告げたのだ。

真哉の姿を初めて目にする。真哉は沙織のスカートの裾《すそ》をぎゅっと摑《つか》んだまま、おずおずと泰子を見上げる。

「真哉くん」泰子は中腰になって真哉に目線をあわせた。

やや垂れ気味で目尻がすっと切れ込んだ目が、沙織とそっくりだった。

真哉はあとずさって、さらに沙織に体を寄せた。

小三にしては少し背が低いと思った。それにかなり痩《や》せている。

「でもこんな時間にチョコレートなんて食べたら、夕飯、きちんと食べられるのかなぁ」

昔、泰子も母に同じようなことを言われた覚えがある。

「だからごはんの代わり」沙織の⑤心底呆《あき》れたような声が、泰子の頭のうえに降ってきた。

沙織はまるで当然だという表情で泰子を見下ろしている。この子がごはんよりもチョコレートを望んでいるのだと、彼女の目は言っているようだった。

「一緒に買い物しよう」

「でも時間ないよ。早く帰らんとカズマが起きるから」

カズマというのは、今年一歳になる弟のことだろう。

「お母さんは？　仕事？」

「そんな感じ」

そういえばこの子は授業中に眠ることが増えたなと思う。母親が忙しくて、沙織がそのカズマの世話をしているのだろうか。

「とにかく、こっち、おいで」

泰子はまた歩き始めた。店の奥にある惣菜《そうざい》売り場へと向かう。少し乱暴に床を蹴飛ばすような沙織の足音の合間に、真哉のぱたぱたとした足音が交ざる。

惣菜売り場につくと、泰子に追いついた沙織の後ろに真哉が立っている。不安そうに沙織の手を握っている真哉の目を覗き込む。

「真哉くん、何が好きなん？」

真哉は怯《おび》えているようだった。

「大丈夫。怖くないから好きなもの、教えて」

真哉は「オムライス」と、遠慮がちに呟《つぶや》いた。

泰子は「そう」と彼に笑いかけ、オムライスを取り、そうっとカゴに入れた。

「あんたは何が好きなんよ」

観念したように沙織が、「えっと、私もオムライス、かな」とぼそりと言った。

「美鈴ちゃんも同じでいい？」

沙織がぽかんと口を開けて、それから探るような目つきで泰子を見た。

「何よ」泰子はぶっきらぼうに言った。

「美鈴の名前、知ってたん？」

「だって家族構成、届けてるでしょ」

「ふうん」と沙織がやっと聞こえるような声で呟いて、ぷいと顔を

ウ　読者が興味のない話題も客観的に収集して、公平でバラエティに富んだ話題の提示を心がけて発信すること。

エ　たとえ権力者から疎《うと》まれても、客観的で公平な立場をつらぬいて社会悪を暴こうという姿勢で発信すること。

問9　次の場面は、本文を読んだ後で生徒たちが「ジャーナリズム」について感想を述べ合っているものです。この中で本文の内容とは合わない発言をしているものを選び、記号で答えなさい。

ア〔生徒A〕　ネットニュースで新聞を読むとき、ついつい芸能人の話題に目がいきがちだったけれど、それが商業主義に走った新聞の在り方だったと気づかされたよ。

イ〔生徒B〕　確かに、新聞は売り上げも大事にしなければならないけれど、私たち情報の受け手からすると、重大な出来事に関する情報発信を丁寧《ていねい》に扱ってほしいところだね。

ウ〔生徒C〕　それだけでなく、新聞が行き過ぎた報道をしている可能性にも留意する必要があると思ったな。

エ〔生徒D〕　そもそも、メディアが正確な情報を流しているとは限らないから、メディアの情報は信用しないで、実際に自分の目で確かめなければならないと感じたよ。

二　次の文章を読んで、後の問いに答えなさい。

道を曲がるとスーパーがあった。駐輪場に乱雑に駐《と》められた何台もの自転車が見える。そのあいだを川口沙織《かわぐちさおり》が歩いていた。

沙織は泰子が受け持っている三年二組の生徒だった。制服のままの彼女は、小さな男の子の手を引き、スーパーの入口に向かっていく。そして、まるで吸い込まれるように店内に入っていった。

泰子は沙織たちの後ろ姿を追った。二学期にあった二度の進路懇《こん》談《だん》にも母親は姿をあらわさず、事情を訊《き》いても沙織はⓐからからと笑って、「ママは忙しいから」と答えた。そんなことを思い出したからだ。

沙織の母親はまだ三十代前半だった。一学期の懇談のときに一度顔をあわせている。色白でふっくらとした丸みを帯びた頰《ほお》と、薄いピンクの口紅に彩《いろど》られた、ややぽってりとした唇《くちびる》が印象に残っている。ⓑあどけなくて、笑みを浮かべると少女のようで、あくせくと働く姿はイメージしにくかった。

沙織を追って店内に入る。煌々《こうこう》とした灯りの下で、陳列台に盛られている果物や野菜の鮮やかな色が目につく。沙織の姿はそのずっと奥にあった。

泰子は、買物客のなかに見え隠れする沙織の姿を見失わないように近づいていった。

菓子類が並んだ陳列棚の前に沙織はいた。そのすぐそばで、男の子が沙織にぴたりと体を寄せて立っている。

泰子も立ち止まる。

「これでいい？」沙織は陳列棚からアーモンドチョコの箱をひょいと摘《つ》まみ上げて、男の子の前に差し出す。男の子の身長は沙織の胸の辺りまでしかなく、沙織は腰をかがめて男の子の顔を覗《のぞ》き込む。

男の子は首を横にふった。

「だってアーモンドチョコが食べたいって言うたやん」

①その言葉ほどには、男の子を咎《とが》めていないことがわかる口調だった。

「だって」男の子は沙織の手をみつめ、そして目をそらした。どこか遠慮しているように見えた。

「大丈夫や」沙織は笑みを浮かべると、ほら、と、男の子が穿《は》いていたズボンのポケットにアーモンドチョコの箱をねじ込んだ。

それ――。②言葉よりも先に泰子は動いていた。

「沙織」泰子は男の子のズボンのポケットから、アーモンドチョコの箱を取り上げた。

「ちょっと、何するん！」咄嗟《とっさ》に沙織は声をあげたが、相手が泰子

ア　他と連携《れんけい》をとること
イ　続けざまに行うこと
ウ　油断をしないこと
エ　大量に生み出すこと

ⓒ「傍若無人」
ア　年齢に関係なく行うこと
イ　媚《こ》びへつらった態度のこと
ウ　無茶で実現不可能なこと
エ　勝手気ままにふるまうこと

問2　——①「皮肉なこと」とありますが、どのようなことが「皮肉」なのですか。最もふさわしいものを次の中から選び、記号で答えなさい。
ア　批判の対象であるはずのトランプ政権により、NYタイムズの発行部数が伸びたこと。
イ　本来、紙で発行すべき新聞のデジタル化によって、紙を必要としなくなっていること。
ウ　政権批判を目的としていたNYタイムズが、かえってトランプ人気に火をつけたこと。
エ　新聞の発行部数を伸ばすためのデジタル発信が、業績不振につながってしまったこと。

問3　——②「キャンペーン・ジャーナリズムには、読者の信頼を失うリスクもある」のはなぜですか。最もふさわしいものを次の中から選び、記号で答えなさい。
ア　曖昧で不明瞭な情報が増えることで、読者が納得し信頼を寄せていたメディアの絶対性が失われてしまうから。
イ　露骨に操作されたとわかる情報を流すことで、読者が望んでいた公的機関に対する信用性が失われてしまうから。
ウ　偏った情報が多くなることで、読者が正しい判断を行うために求めていた情報の正確性が失われてしまうから。
エ　新聞以外の様々なメディアから情報が発信されることで、読者が感じていた新聞の権威性が失われてしまうから。

問4　——③「ジャーナリストが娯楽と商業主義に引きずられて、閲覧数ばかりを気にするようではいけない」とありますが、それはなぜですか。最もふさわしいものを次の中から選び、記号で答えなさい。
ア　読者に人気のある情報を優先するあまり、重要な問題に関する情報の正確な発信を蔑《ないがし》ろにしてしまうから。
イ　娯楽を中心に報道する姿勢は、広く社会に公益をもたらす新聞の役割からは遠く離れたものだといえるから。
ウ　権力者の不正を暴く役割を持つ新聞は、時には売り上げを無視してでも、真実を報道しなければならないから。
エ　新聞がエンターテインメント重視の報道姿勢をつらぬこうとしても、紙という発信形態では限界があるから。

問5　——④「バイアスがない知識を求めている」のはなぜですか。それを説明した次の文の（　）に当てはまる言葉を13字で抜き出して、その最初の5字を答えなさい。
☆　バイアスがない知識が、読者に（　　　　）を与えてくれるから。

問6　——⑤「揺り戻し」とはどういうことですか。70字以内で説明しなさい。

問7　——⑥「商業主義に駆られてキャンペーン・ジャーナリズムが行き過ぎると、新聞は信頼を損なって読者を失う」のはなぜですか。60字以内で説明しなさい。

問8　本文全体を読んで、「ジャーナリズム」に求められることとはどのようなことだと考えられますか。最もふさわしいものを次の中から選び、記号で答えなさい。
ア　社会の不正や重大な関心事について、対立する意見を公平に提示しつつも、客観的な視点で発信すること。
イ　様々な話題を公平かつ客観的に取り入れつつ、流行を敏感に捉《とら》えて読者の興味をひくように発信すること。

意見ばかりに肩入れして改憲派の意見はごくわずかしか紹介しない。こうした報道姿勢では、読者は「自分たちはジャーナリストによって情報操作されている」と感じてしまう。すると、「ちょっと待て、改憲派の言うことにも一理あるはずだ」と必ず⑤揺《ゆ》り戻しが生じるのだ。

「manipulation（情報操作）」と「empowerment」（情報を提示して選択する力を与えること）は対極的だ。反トランプのキャンペーン報道に熱を上げるあまり、「特定のアジェンダに寄りすぎている」「これではmanipulationそのものではないか」と感じた読者がNYタイムズから離れることがありはしないか。私はその点を危惧している。

新聞社の経営者が新聞を売りたいと思うのは当たり前だ。売れない新聞を作っていたら、赤字ばかりが膨《ふく》らんで会社は潰《つぶ》れてしまう。だが⑥商業主義に駆られてキャンペーン・ジャーナリズムが行き過ぎると、新聞は信頼を損なって読者を失う。

今はトランプと共和党の政策を激しく批判すれば、読者を簡単に喜ばせることができる。もちろん、大統領のウソや権力の濫用《らんよう》、ⓒ傍若無人な政策を批判することは、ジャーナリズムにとって重要な仕事だ。だが「トランプのやることは常に間違っている」と言わんばかりに彼の存在を全否定し、まともである政策ですら悪しざまに罵《ののし》るようではいけない。それこそ彼の手法を皮肉にも繰り返すことになる。

トランプ批判をすれば、一部の熱狂的な読者から拍手喝采《かっさい》を浴び、短期的には部数が伸びるだろう。だが長期的に見たとき、そうした報道姿勢は取り返しのつかない損害をもたらしかねない。「政治的ポルノ」とも言うべき行き過ぎた報道があったとき、そのまずさに読者は敏感に気づくものだ。

トランプ旋風が巻き起こって以来、アメリカ国内はトランプ派と反トランプ派で世論が真っ二つに分断されてしまっている。両者が先鋭的に衝突《しょうとつ》を繰り返すだけでは、社会のひずみはますます深まっていく。対立を乗り越え、両者が妥協《だきょう》できるギリギリのラインをどうやって見出していくのか。社会の分断を煽《あお》る尖兵《せんぺい》役になるのではなく、右でも左でもないバランスの取れたパースペクティブ（視点）を提示する。ジャーナリズムには、その役割が求められていると思うのだ。

（マーティン・ファクラー『フェイクニュース時代を生き抜く　データ・リテラシー』による）

注1　アジェンダ…提案内容。ここでは主張・意見程度の意。
注2　スクラムを組む…力を合わせて事にあたること。
注3　ハーヴェイ・ワインスタイン事件…ハリウッドの有名映画プロデューサーのセクハラが明るみになった事件のこと。複数のメディアの報道が積み重ねられることで、その全貌《ぜんぼう》が徐々《じょじょ》に明らかになった。
注4　ゲートキーパー…門番。
注5　ジャスティン・ビーバーやレディー・ガガ…共に海外の人気アーティスト。
注6　シリア…シリア・アラブ共和国。内戦の続いている地域。
注7　アレッポ…シリア・アラブ共和国北部の都市。内戦によって多数の犠牲者が出ている。
注8　リテラシー…物事を正確に理解し、活用できること。

問1　〜〜〜ⓐ「溜飲を下げる」、ⓑ「矢継ぎ早」、ⓒ「傍若無人」の意味として最もふさわしいものをそれぞれ後の中から選び、記号で答えなさい。

ⓐ「溜飲を下げる」
ア　不満が解消して気が晴れること
イ　鬱憤《うっぷん》がたまって怒りをあらわにすること
ウ　真実を知って義憤にかられること
エ　不明瞭な部分が理解できて納得すること

ⓑ「矢継ぎ早」

ただし②キャンペーン・ジャーナリズムには、読者の信頼を失うリスクもある。これまで指摘してきたように、ジャーナリストには、インターネットやスマートフォンで飛び交う膨大《ぼうだい》な情報を精査し、取捨選択する注4ゲートキーパーとしての役割が期待されている。読者からの信頼を得られている限りにおいて、ジャーナリストはゲートキーパーとして責務を果たし続けることができる。公正で客観的であるという職業倫理《りんり》を守るからこそ、ジャーナリストはこれまで読者から支持されてきた。

読者はジャーナリズムに対し、自分たちを取り巻く世界の出来事を理解するための確かな情報を提供してほしいと期待する。大前提として、フェイクニュースや偏《かたよ》った情報を排除《はいじょ》しなければ、正しい判断などできない。正確な情報に基づく理解ができて初めて、読者は自ら選択を下せる。つまり、行動に移るための納得と自信を与えてくれる(empower)ジャーナリズムを読者は望んでいるのだ。

新聞社の会議では、どの記事が多くのページビューを獲得したかランキングが発表される。注5ジャスティン・ビーバーやレディー・ガガのロングインタビューを動画つきで掲載すれば、何百万件、何千万件というすさまじいページビューを稼《かせ》げるだろう。だが③ジャーナリストが娯楽《ごらく》と商業主義に引きずられて、閲覧《えつらん》数ばかりを気にするようではいけない。

例えば私は今まで注6シリアには一度も行ったことがないので、紛争《ふんそう》の現場で何が起きているのか、注7アレッポの現状について正確な情報を知りたいと思う。ページビュー至上主義、ランキング至上主義で仕事をしていると、シリア内戦という重要なテーマは隅《すみ》っこに追いやられてしまう。

ジャーナリズムの本質は、センセーショナルな見出しをつけて読者を惹《ひ》きつけることでもコマーシャリズムでもない。「読者をempowerする」ことこそが原点だ。ジャーナリズムが逆に読者から注8リテラシーを奪《うば》い、判断力を失わせることがあってはならないのだ。

スマートフォンおよびソーシャル・メディア全盛の今、信頼性の低い噂話《うわさばなし》やフェイクニュース、バイアス(偏り)がかかった不誠実な情報が満ちあふれている。有象無象のデータが洪水《こうずい》のように押し寄せてくる時代だからこそ、ジャーナリズムの必要性がいや増していると思う。

ジャーナリストが記事を書くときには、自身の思いこみや感情論を排した客観性(objectivity)が重要だ。アンチ・トランプのキャンペーンに必死になるあまり、客観性が犠牲《ぎせい》になってしまうようではいけない。くどいようだが、読者は正確な情報、④バイアスがない知識を求めているのだ。

ジャーナリストが客観性の境界をちょっとでも踏み越えると、たちまち危険が生じる。もし読者が「この記事を書いている人は、特定のアジェンダを私たちに押しつけようとはしていないか」という疑念を抱けば、ジャーナリズムはあっという間に支持を失う。

しかし、調査報道とアジェンダのキャンペーンを分ける一線はとても曖昧《あいまい》だ。だからジャーナリストは、自分の意見と客観性との区別の難しい判断を常に求められていると言える。

日本を例にとって考えてみよう。「日本国憲法第9条は一言一句いじるべきではない」と言う護憲派もいれば、「憲法9条に第3項を追加して、自衛隊の存在を明記するべきだ」と主張する改憲派もいる。どちらが正しいか正しくないか、いきなり結論は出さずいったん脇《わき》に置いて考えてみよう。護憲派にも改憲派にも双方《そうほう》に言い分はあるからだ。

一方の主張のみを前面に押し出し、もう一方の主張には耳を貸さない。メディアがこういう姿勢では、憲法9条をめぐる二種類の基本的論点を読者が認識することすらできない。護憲派と改憲派どちらかに肩入れするのではなく、双方の意見を公平に提示することも、ジャーナリズムが果たすべき仕事だと私は思う。

護憲派と改憲派という異なる意見をもつ人がいるのに、護憲派の

二〇二一年度 城北高等学校

【国語】（六〇分）〈満点：一〇〇点〉

（注意）解答するときには、句読点や記号も一字と数えます。

一 次の文章を読んで、後の問いに答えなさい。

2016年11月、アメリカ大統領選挙で共和党のドナルド・トランプが下馬評を大きく覆《くつがえ》して民主党のヒラリー・クリントンを破り、翌年1月、世界が「まさか」と予想だにしなかったトランプ大統領が誕生した。①皮肉なことに、トランプのおかげでNYタイムズは、史上かつてない黄金時代を迎えている。

AAM（アメリカ版「日本ABC協会」）の統計によると、紙版NYタイムズの過去最高部数は1995年の150万部だった。それが20年後の15年には90万部も部数を減らし、62万5000部まで落ちこんでしまった。ところが、深刻なピンチに陥《おちい》ったNYタイムズは急速に購読《こうどく》者を増やし、V字回復に成功する。

その大きな要因は2つある。第一に、非常に使い勝手がよく読みやすいスマートフォン用アプリを作り、紙ではなくデジタル空間に向けてニュースを発信するようになったことだ。もはやNYタイムズにとって、紙はまったくと言っていいほど重要ではない。NYタイムズは紙の新聞を作る会社ではなく、スマートフォン用にニュースを作る会社へと生まれ変わったのだ。

第二に、トランプ政権への強い反発も影響した。トランプ大統領のやり方を好きな人もいれば、大嫌《だいきら》いな人もいる。トランプを支持しない人々は、彼の主張とは違った注1アジェンダとモノの見方を示してくれるメディアを求めている。そのニーズに応えたのがNYタイムズだったのだ。

（中略）

スマートフォンアプリを活用して世界中に記事を発信し、新しいキャンペーン・ジャーナリズムを展開したことは、NYタイムズに良い結果をもたらしたとは思う。ただし、その成功とは裏腹に、危《き》惧《ぐ》するべき落とし穴もある。黄金時代を迎えたNYタイムズのジャーナリズムが、違う方向へ暴走する危険性があるのだ。

2016年のアメリカ大統領選挙でトランプ旋風《せんぷう》が吹き荒れ、誰もが当選圏外だと見ていた彼が当選してしまう。選挙戦を通じて、彼はCNNやNYタイムズを名指しで攻撃した。17年1月に正式に大統領に就任すると、トランプのメディア攻撃はさらに苛烈《かれつ》さを増す。

彼が何か言葉を発するたびに、NYタイムズはアンチ・トランプの取材記事やオピニオン（論説）を連日のように掲載《けいさい》した。彼の言動や突拍子もない政策転換《てんかん》に憤《いきどお》る読者は、NYタイムズのキャンペーンを読んでⓐ溜飲《りゅういん》を下げる。今まで新聞を読んでいなかった反トランプの読者が新たに購読を申しこみ、彼らを満足させるために、NYタイムズはますますキャンペーンを激化させるサイクルが生まれた。

ジャーナリストにとって最も重要な使命は、権力者のウォッチドッグ（番犬）になることだ。大統領がウソをついたり間違いを犯したり、誤った政策を実行したとき、ウォッチドッグは大統領を正面から告発することに躊躇《ちゅうちょ》してはならない。その点、NYタイムズの記者はアメリカの最高権力者から会見場で吊《つ》るし上げられようが臆《おく》することなく戦い、結果として多くの新しい読者を獲得したわけだ。

社会に何らかの不正があったとして、たった1本の記事を書いただけで問題がなくなったりはしない。何本も何十本もⓑ矢継ぎ早に記事を書き続け、時にはほかのメディアとも注2スクラムを組む粘《ねば》り腰のキャンペーン・ジャーナリズムによって、初めて大きな社会変革は成し遂《と》げられる。前述した注3ハーヴェイ・ワインスタイン事件が典型だ。

英語解答

1 (1) イ　(2) got〔gotten〕, ticket
(3) The cameras showed how excited everyone was
(4) 《あ》 helping 《い》 broken
《う》 look 《え》 left
《お》 spoke
(5) ① (例)職場の同僚がテレビで自分を見た(15字)
② (例)母親が病気だと嘘をついて試合を見に行ったことがばれた(26字)
(6) ウ, オ

2 (1) ウ　(2) ウ　(3) color(s)
(4) エ→ア→ウ→イ　(5) ア
(6) earth　(7) イ

3 (1) It, for, to
(2) much〔far〕 faster than
(3) had to, himself
(4) began〔started〕 raining
(5) playing with

4 (1) nothing to　(2) about going
(3) have passed since　(4) how to
(5) enjoyed swimming

5 (1) How many children were there around the tree
(2) neither warm clothes nor a house to live in
(3) twice as heavy as my sister
(4) Don't touch that broken door
(5) I believed that my brother was right

1〔長文読解総合―物語〕

≪全訳≫❶ビッグマッチ(重要な試合)の日だった。家庭でも仕事場でも，学校でも工場でも誰もがそのことを話していた。❷「今日は休みにするべきだよな」と仕事に向かいながらフレッド・ウィルスは友人に言った。「そうしたらみんな家にいてテレビで試合が見られるのに」❸友人は笑った。「家にいる人は多いだろうよ」と彼は言った。「病気とか，親戚の誰かが死んだとか言って」❹「そうだな」とフレッドは言った。「それはいい口実だ」❺フレッドは事務員として働いていたが，会社に着くと机の上に手紙があった。彼はそれを開いた。❻「ウィルス様」とその手紙は始まっていた。「先日お世話になったお礼が言いたくてお手紙を書いています。この手紙と一緒にビッグマッチのチケットをお送りします。自分用に購入したものですが，脚を骨折してしまって家にいなければならないのです」❼フレッドはチケットを見つめた。自分がそれを持っていることが信じられなかった。何千人もの人がその試合のチケットを入手しようとしたが，今，彼，フレッド・ウィルスがそれを手に入れたのだ。❽「すごくうれしそうね」と隣の席に座っている若い女性が言った。「どうしたの？」❾「今ね…」　フレッドはやめた。「誰にも言わない方がいい」と彼は考えた。「ああ，何でもないよ」と彼は言った。「ただの昔の友達からの手紙だ」❿女性は向きを変えて自分の仕事を始めた。フレッドはチケットを眺めた。誰にも見られないようにそれを机の下で持っていた。これをどうしよう？　どうやって会社から抜け出そうか？　部長に病気だとは言えなかった。自分が病気に見えないことはわかっていた。⓫フレッドは考えに考えた。仕事は全く手につかなかった。そして午前の半分が過ぎた頃，どうすればよいかわかった。彼は席から立ち上がり会社を出た。通りの角の電話まで歩き，妹〔姉〕のジーンに電話をかけた。⓬「ジーン，君かい？　フレッドだ」と彼は言った。「聞いてくれ。頼みがあるんだ。12時になったら僕の会社に電話してほしい。部長につないでくれって頼んで。彼に病院から電話していると言うんだ。彼にフレッド・ウィルスの母親が病気だと言って。わかった？」[13]「ええ，でもどうして？」とジーンはきいた。[14]「今晩話すよ」とフレッドは言った。「さあ，頼むから言ったとおりにして」[15]彼は受話器を置いて会社に戻った。12時数分過ぎに部長が彼のところにやってきた。[16]「悪い知らせだ，フレッド」と彼は言った。「病院から誰かが私に電話してきた。お母様が病気だ。お母様に会いに行ってあげた方がいい」[17]フレッドは悲しそうな表情をつくった。「ありがとうございます」と彼は言った。「すぐ行きます。そしてできるだけ早く戻ってきます」[18]フレッドはすばやく会社を出た。外に出ると，彼は笑い出した。彼はバスに乗りグラウンドに行った。ビッグマッチは3時まで始まらなかったが，フレッドは早くグラウンドに行きたかった。前列の席を取りたかったのだ。[19]試合は大熱戦だった。両チームともよく戦い，テレビカメラは全ての動きを映した。観客は叫び，声援を送った。ときどきテレビカメラは観客に向いた。カメラは誰もがどれほど興奮しているかを映し出した。[20]翌朝，フレッドが出社すると事務員全員が彼の方を見たが，誰も口を開かなかった。そして部長が彼のところにやってきた。[21]「今日はお母様はどうだ？」と彼は尋ねた。[22]「ああ，おかげさまで少しよくなりました」とフレッドは言った。[23]「家に帰ってお母様の世話をしてあげなさい」と部長は言った，「そして二度とこの会社に戻ってくるな」　彼は去っていった。[24]「でも，…でも，僕にはわからない」とフレッドは言った。[25]フレッドの隣に座っている若い女性が腕を上げて会社の食器棚を指さした。食器棚の上にはテレビがあった。「部長があれを昨日持ってきたの。私たちみんなに試合を見せてやろうって。私たちはフットボールの選手だけを見たわけじゃないわ」と女性は言った。「一部の観客も見えたのよ」[26]フレッドはテレビを見つめ，そしてそのとき彼は理解した。

(1)＜**語句解釈**＞excuse は「口実，言い訳」という意味。病気や家族の死は仕事を休むのにいい口実になるということ。

(2)＜**適語補充**＞手紙を見てうれしそうな顔をしているフレッドに「どうしたの？」ときいてきた隣の女性に答える場面。「チケットを手に入れた」と言いかけてやめたと考えられる。I've の後には過去分詞を入れて現在完了(‘完了’用法)とする。

(3)＜**整序結合**＞‘主語＋動詞’の組み合わせを考えると，everyone was (excited) と the cameras showed の2つができる。後者を前に置いて show の目的語を ‘how＋形容詞＋主語＋動詞’ の感嘆文の形にまとめる。

(4)＜**適語選択・語形変化**＞《**あ**》‘thank＋人＋for ～ing’ で「～してくれたことで〈人〉に感謝する」。感謝しているのは，「助けて」くれたからだと考えられる。　《**い**》break ～'s leg で「脚を骨折する」。have の後ろなので過去分詞にする。　break－broke－broken　《**う**》直後に形容詞 ill がきていることに着目する。‘look＋形容詞’ で「～(の状態)に見える」。did not の後なので原形のままでよい。　《**え**》この後外にいるので，会社を「出た」のである。　leave－left－left　《**お**》試合の翌日，出社したフレッドを迎えた同僚たちの気まずい雰囲気を表すよう，「誰もしゃべらなかった」とする。　speak－spoke－spoken

(5)＜**要旨把握**＞フレッドは，同僚の女性から会社のテレビで試合と観客を見たことを聞いて初めて自分の身に起こっていることを理解したのである。指定字数内で，①はテレビに映ってしまった，②

は嘘をついたことがばれてしまった，といった内容にする。部長に「会社に戻ってくるな」と言われて戸惑っている様子を考慮すれば，②には会社をくびになったことを含めてもよいだろう。

(別解例)嘘をついて試合を見に行ったことがばれて会社をくびになった(28字)

(6)＜**内容真偽**＞ア．「手紙を受け取ったとき，フレッドはその中にチケットがあると思ったのでとても喜んだ」…×　手紙を開けて初めて知った。　イ．「フレッドは試合のチケットが手に入ったことを誰にも言わなかった」…×　第14段落参照。ジーンへの電話で「(頼みの理由を)今夜話す」と言っているので，チケットのことも話したと考えられる。　ウ．「部長は正午頃にジーンからの電話を受けた」…○　第15，16段落参照。フレッドはジーンに部長に電話するよう頼んだので，電話してきた「誰か」はジーンだと考えられる。　エ．「翌朝，部長はフレッドに，母親の具合がまだ悪いから家に帰るように言った」…×　オ．「部長は従業員が試合を見られるようにわざわざ会社にテレビを置いてくれた」…○　第25段落第３，４文に一致する。　カ．「フレッドは会社に来てすぐ，なぜ部長が腹を立てているのか理解した」…×　同僚の女性の話を聞くまではわからなかった。

2〔**長文読解総合―説明文**〕

≪**全訳**≫❶世界で一番高い建物はどれか。一番古い建物はどれか。(一番美しい湖はどれか。)一番高い山はどれか。もしかすると皆さんはこれらの質問の答えを知っているかもしれない――あるいは，知らないかもしれない。しかし，これらの質問はどれも答えが１つだけだ。そしてあなたの答えは正しいか間違っているかだ。❷でもあなたは違う質問をすることができる。最高の滝はどれか。世界で最もすばらしい場所はどこか。これらの質問には私たちそれぞれが異なる答えを持っている。そして誰の答えも正しいとか間違っているとかいうことはない。では，なぜ私たちはその質問をするのだろうか。それは世界が驚きに満ちていて，しかも私たちはそれらを全部見ることができないからだ。でも，私たちはそれらについて知りたいと思う，なぜならもしかすると――いつか――私たちはそれらの一部を見るかもしれないからだ。そしてそれらがまだそこにあることを知りたいと思うからだ。❸山を訪れるとき，あなたはふもとに着いて，山を見上げる。しかし峡谷を訪れるときは，多くの場合頂上に着いて，大地の中をのぞき込むことができる。そしてグランドキャニオンをのぞき込むときは，はるか遠くまでを見下ろす。眼下約1.2キロの底にはコロラド川が見える。しかし高く赤い峡谷の壁を見るとき，あなたは地球の驚くべき歴史を見ているのだ。❹スペイン語のcoloradoという単語は「色に満ちた」という意味だ。これはグランドキャニオンを非常によく言い表している。その壁は岩の層――あるものは赤くまたあるものは黄色く，茶色やオレンジのものもある――でできている。それぞれの岩の層は他の層の上に重なって巨大なサンドイッチのようだ。❺このように峡谷はつくられた――ちょうどサンドイッチのように。しかしこのサンドイッチは20億年近く前に始まったのだ！❻当時，世界はずいぶん違った場所だった。地上に動物は生息せず，海の中にほんの少しだけいた。陸地も違っていた。／→エ．北アメリカの近くにローレンシアという大陸があった。／→ア．その後いくつかの，非常に硬い岩でできた新しい島々が海上に押し出された。／→ウ．ゆっくりと――その後２億年ほどをかけて――それらは海を移動した。／→イ．最後にそれらはローレンシアにぶつかり，そこにとどまった。／それらはサンドイッチの最初の層―― 一番下の層――になった。現在，私たちはそれをヴィシュヌ片岩と呼んでいる。❼グランドキャニオンの壁には40ほどの岩の層がある。私たちは通常それを３つのグループに分けて記述する。ヴィシュヌ片岩，グランドキャニオン超層群岩，そして古生代層岩(paleozoicは「古生」を意味する)である。2つ目のグループ，超層群は最初のグループよりさらにゆっくりだった。それらが到着するのに約7億年かかったのだ。そしてそれらはじっとしていることができなかった。それらは次の岩のグループが到着するまで，動き回りゆっくりと重なっていった。❽最後のグループはサンドイッチの一番上の層──赤や黄色，茶色の岩の平らな層である。それらは動き回らなかった。それらは平らなままで，だからおもしろい光景になった。グランドキャニオンに行けば，これらの層の写真を撮ることができるのだ。❾この歴史のほとんどは海底で起こり，多くの層はそこでつくられた。その後，約7500万年前，大きな出来事が起こった。何かが土地を海の外に押し出したのだ。それはロッキー山脈をつくり，グランドキャニオンを海から3キロ押し上げた。❿もちろん，当時それは峡谷ではなかった。それはテーブルの天板のような，平らで固く乾いた土地だった。しかし，その土地は少し動き，1本の川──コロラド川──が地面を横切って流れ始め，岩を非常にゆっくり，下へと削り始めた。それはおよそ700万年前のことだった。現在，グランドキャニオンは446キロの長さで，幅は6キロから29キロである。そしてそれを眺めるとき，あなたは地球の長い，ゆっくりと進む歴史を見ているのだ。

(1)＜**不要文選択**＞下線部の後の2文目に「これらの質問はどれも答えが1つだけだ」とある。「一番美しい湖」は主観的なもので人によって答えが変わるので，これは文脈に合わない。

(2)＜**適語選択**＞山に登るときはまずふもとに着いて見上げる，という前の文と対照的な内容になっていることを読み取る。空所の直後に「大地の中をのぞき込む」とあることも手がかりとなる。

(3)＜**適語補充**＞この後にグランドキャニオンの岩壁の層を構成するさまざまな「色」が具体的に述べられている。ここでは単数形でも複数形でもどちらでもよい。

(4)＜**文整序**＞太古の地球の様子とその変化を述べた部分。アの Then「それから」に注目すると，アで述べられる新しい島々の前に大きな陸地(ローレンシア)があったと考えられるので，エ→アとする。イとウの they はともにアの some new islands を受けていると考えられるが，イの In the end「最後に」に注目して，ウ→イと並べると，島々が移動し，最後にローレンシアにぶつかるという自然な流れになる。

(5)＜**英文解釈**＞stay still は「じっとしている」という意味。次の文に moved around とあることからも意味を推測できる。

(6)＜**適語補充**＞本文の内容から，グランドキャニオンの地層は，「地球」の歴史でもあることが読み取れる。なお，第3段落の最終文は空所を含む本文最終文とよく似た文になっている。

(7)＜**内容真偽**＞ア．「グランドキャニオン超層群岩の層はヴィシュヌ片岩と古生代層岩の上に乗っている」…×　第7段落参照。グランドキャニオン超層群岩は中間にある。　イ．「ヴィシュヌ片岩の層は他の2つのグループの層，すなわちグランドキャニオン超層群岩と古生代層岩より古い」…○　第7段落に一致する。　ウ．「古生代層岩の層は次のグループの岩が来るまで動き回っていた」…×　第8段落第2文参照。　エ．「およそ700万年前，古生代層岩は海底にあった」…×　第9段落参照。グランドキャニオンの地層は約7500万年前に海上に押し上げられた。

3 〔**和文英訳─適語補充**〕

(1)'It is ～ for … to ─'「…が〔…にとって〕─することは～だ」の形式主語構文にする。

(2)比較級の文。「～より速く」は faster than ～。比較級を「ずっと」と強調するには much または

far を比較級の前に置く。

(3)「～しなければならなかった」は have to ～ の過去形 had to ～ で表せる。「1人で」は1語なら alone だが，本問では by があるので by ～self を使う。

(4)「～し始める」は begin〔start〕 to ～ または begin〔start〕 ～ing で表せる。本問では空所の数より～ing を用いる。動詞を過去形にするのを忘れないこと。

(5)「ボールで遊ぶ」は play with a ball。ここでは play を「～している」の意味で名詞を修飾する現在分詞の playing にする。

4 〔書き換え―適語補充〕

(1)no food「食べ物がない」を nothing to eat「食べる(ための)ものがない」に書き換える。　「冷蔵庫の中には食べるものが何もなかった」

(2)Shall we ～？は「～しませんか」という‘勧誘’の表現。これは How about ～ing？「～するのはどうですか」で書き換えられる。　「今週末，映画に行きませんか」

(3)「ホワイトさんは3年前に新しい家に引っ越して，まだそこに住んでいる」→「ホワイトさんが新しい家に引っ越してから3年たった」　下の文では three years が主語になっているので，‘時間＋have/has passed since ～’「～してから(時間が)たつ」の形に書き換える。

(4)「私の父はバイオリンが弾ける」→「私の父はバイオリンの弾き方を知っている」　how to ～「～の仕方」の形を使って書き換える。

(5)「この夏私は沖縄で泳いだ。私はそれをとても楽しんだ」→「この夏私は沖縄で泳ぐのをとても楽しんだ」　enjoy ～ing「～するのを楽しむ」の形に書き換える。

5 〔整序結合〕

(1)「何人の子どもたち」→How many children で始め，「いましたか」→were there を続ける。「その木の周りに」は around を補って around the tree とする。

(2)「*A* も *B* もない」は‘neither *A* nor *B*’で表せるので nor を補う。「住む家」は「住むための家」と考え a house to live in とまとめる。

(3)「～の…倍―」は‘倍数詞＋as＋原級＋as ～’で表せる。「2倍」を意味する twice を補う。

(4)「壊れたドア」は「壊されたドア」と考え，broken を補って broken door とする。

(5)「私は～と信じていました」→I believed that の後ろに「兄は正しい」を続ける。「兄は正しい」は my brother is right だが，ここでは主節の believed が過去形なのでそれに合わせて is も過去形になることに注意(時制の一致)して was を補う。

2021年度／城北高等学校

数学解答

1 (1) $(x+y+5)(x-y+5)$

(2) $1+\sqrt{5}$　(3) 29

(4) $x=2$, $y=1$

2 (1) 16：3　(2) 2：1

(3) ① 4：7　② 1：7

3 (1) $\dfrac{5}{12}$　(2) $\dfrac{1}{6}$　(3) $\dfrac{4}{9}$

4 (1) 3：4　(2) 24　(3) 24：7

(4) $\dfrac{357}{31}$

5 (1) ①…$y=x^2$　②…$y=-\dfrac{1}{2}x^2$

(2) (ア) $\dfrac{4}{3}$　(イ) $\dfrac{48-16\sqrt{6}}{3}$

1〔独立小問集合題〕

(1)＜因数分解＞与式$=(x-5+y)(x-5-y)+20x$として，$x-5=A$とおくと，与式$=(A+y)(A-y)+20x=A^2-y^2+20x=(x-5)^2-y^2+20x=x^2-10x+25-y^2+20x=x^2+10x+25-y^2=(x+5)^2-y^2$となる。$x+5=B$とおくと，与式$=B^2-y^2=(B+y)(B-y)=(x+5+y)(x+5-y)=(x+y+5)(x-y+5)$である。

(2)＜式の値＞二次方程式$x^2-x-1=0$を解くと，解の公式より，$x=\dfrac{-(-1)\pm\sqrt{(-1)^2-4\times1\times(-1)}}{2\times1}=\dfrac{1\pm\sqrt{5}}{2}$となる。よって，大きい方の解は$x=\dfrac{1+\sqrt{5}}{2}$だから，$a=\dfrac{1+\sqrt{5}}{2}$である。これより，$3a^2-a-3=3\times\left(\dfrac{1+\sqrt{5}}{2}\right)^2-\dfrac{1+\sqrt{5}}{2}-3=3\times\dfrac{1+2\sqrt{5}+5}{4}-\dfrac{1+\sqrt{5}}{2}-3=\dfrac{9+3\sqrt{5}}{2}-\dfrac{1+\sqrt{5}}{2}-3=\dfrac{9+3\sqrt{5}-(1+\sqrt{5})-6}{2}=\dfrac{9+3\sqrt{5}-1-\sqrt{5}-6}{2}=\dfrac{2+2\sqrt{5}}{2}=1+\sqrt{5}$である。

≪別解≫$x=a$は二次方程式$x^2-x-1=0$の解だから，$a^2-a-1=0$が成り立つ。これより，$a^2=a+1$となるから，$3a^2-a-3=3(a+1)-a-3=3a+3-a-3=2a$となる。$a=\dfrac{1+\sqrt{5}}{2}$なので，$3a^2-a-3=2\times\dfrac{1+\sqrt{5}}{2}=1+\sqrt{5}$となる。

(3)＜数の性質＞$(\sqrt{10x}+\sqrt{21y})^2=10x+2\sqrt{210xy}+21y$となり，$x$，$y$は自然数だから，$10x$，$21y$は自然数である。よって，$(\sqrt{10x}+\sqrt{21y})^2$が自然数になるとき，$\sqrt{210xy}$は自然数である。$\sqrt{210xy}=\sqrt{2\times3\times5\times7\times xy}$だから，これが自然数となる最小の$xy$の値は，$xy=2\times3\times5\times7$，つまり$xy=210$である。これを満たす自然数$x$，$y$は，1と210，2と105，3と70，5と42，6と35，7と30，10と21，14と15であり，このとき$x+y$の値は，それぞれ，211，107，73，47，41，37，31，29となる。したがって，$x+y$の最小値は29である。

(4)＜連立方程式＞$\dfrac{1}{x-y}+\dfrac{2}{x+y}=\dfrac{5}{3}$……①，$\dfrac{2}{x-y}-\dfrac{1}{x+y}=\dfrac{5}{3}$……②とする。$\dfrac{1}{x-y}=A$，$\dfrac{1}{x+y}=B$とおくと，①は，$A+2B=\dfrac{5}{3}$，$3A+6B=5$……①′となり，②は，$2A-B=\dfrac{5}{3}$，$6A-3B=5$……②′となる。①′，②′の連立方程式を解くと，①′+②′×2より，$3A+12A=5+10$，$15A=15$，$A=1$となり，これを①′に代入して，$3+6B=5$，$6B=2$，$B=\dfrac{1}{3}$となる。これより，$\dfrac{1}{x-y}=1$，$\dfrac{1}{x+y}=\dfrac{1}{3}$となるので，$x-y=1$……③，$x+y=3$……④である。③+④より，$x+x=1+3$，$2x=4$　$\therefore x=2$
これを④に代入して，$2+y=3$　$\therefore y=1$

2〔独立小問集合題〕

(1)**<図形—面積比>**右図1で，AD∥BCより，△AGD∽△EGBである。これより，DG：BG＝DA：BE＝BC：BE＝(1＋2)：1＝3：1なので，BG＝$\frac{1}{3+1}$BD＝$\frac{1}{4}$BDとなる。また，AB∥DCより，△AHB∽△FHDである。これより，BH：DH＝AB：FD＝CD：FD＝(2＋3)：3＝5：3なので，BH＝$\frac{5}{5+3}$BD＝$\frac{5}{8}$BDとなる。GH＝BH－BG＝$\frac{5}{8}$BD－$\frac{1}{4}$BD＝$\frac{3}{8}$BDだから，BD：GH＝BD：$\frac{3}{8}$BD＝8：3となり，△ABD：△AGH＝8：3となる。よって，△AGH＝$\frac{3}{8}$△ABDとなる。▱ABCD＝2△ABDだから，▱ABCD：△AGH＝2△ABD：$\frac{3}{8}$△ABD＝16：3である。

図1

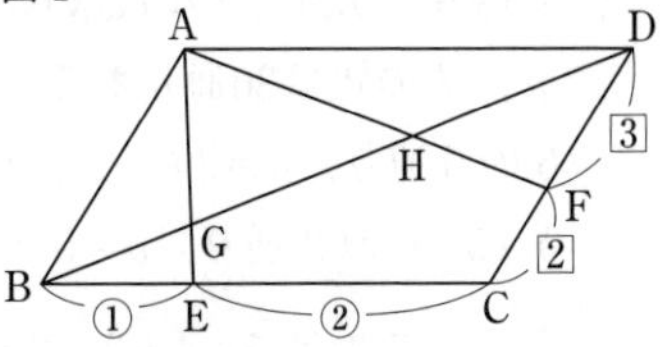

(2)**<図形—長さの比>**右図2で，$\overset{\frown}{AB}$：$\overset{\frown}{CD}$＝∠EGF：∠FHOである。∠EGF＝aとすると，△EGFはEG＝FGの二等辺三角形だから，∠GFE＝(180°－a)÷2＝90°－$\frac{1}{2}a$となる。対頂角より，∠HFO＝∠GFE＝90°－$\frac{1}{2}a$となり，∠HOF＝90°だから，△OFHで，∠FHO＝180°－$\left(90°-\frac{1}{2}a\right)$－90°＝$\frac{1}{2}a$となる。よって，∠EGF：∠FHO＝$a$：$\frac{1}{2}a$＝2：1だから，$\overset{\frown}{AB}$：$\overset{\frown}{CD}$＝2：1である。

図2

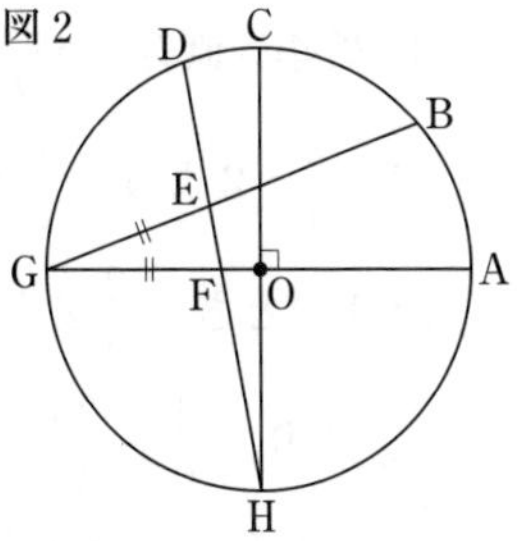

(3)**<図形—体積比—相似>**①右図3で，点P，点Oから面ABCにそれぞれ垂線PH，OIを引く。底面を△ABCと見ると，体積の比は高さの比で表されるので，〔三角錐P-ABC〕：〔三角錐O-ABC〕＝PH：OIである。このとき，△PHG∽△OIGだから，PH：OI＝PG：OG＝4：(3＋4)＝4：7となる。よって，〔三角錐P-ABC〕：〔三角錐O-ABC〕＝4：7である。　②図3で，〔三角錐P-OBC〕：〔三角錐OGBC〕＝△OPB：△OGB＝OP：OG＝3：(3＋4)＝3：7となるから，〔三角錐P-OBC〕＝$\frac{3}{7}$〔三角錐OGBC〕である。次に，点Gは△ABCの重心だから，AGの延長と辺BCの交点をM，CGの延長と辺ABの交点をNとすると，点M，点Nはそれぞれ辺BC，辺ABの中点となる。よって，点Mと点Nを結ぶと，△ABCで中点連結定理より，NM∥AC，NM＝$\frac{1}{2}$ACとなる。これより，△GAC∽△GMNとなり，GC：GN＝CA：NM＝AC：$\frac{1}{2}$AC＝2：1となる。点Oと点Nを結ぶと，〔三角錐OGBC〕：〔三角錐ONBC〕＝△GBC：△NBC＝GC：NC＝2：(1＋2)＝2：3となるから，〔三角錐OGBC〕＝$\frac{2}{3}$〔三角錐ONBC〕である。また，〔三角錐ONBC〕：〔三角錐O-ABC〕＝△NBC：△ABC＝NB：AB＝1：2となるから，〔三角錐ONBC〕＝$\frac{1}{2}$〔三角錐O-ABC〕である。以上より，〔三角錐P-OBC〕＝$\frac{3}{7}\times\frac{2}{3}$〔三角錐ONBC〕＝$\frac{3}{7}\times\frac{2}{3}\times\frac{1}{2}$〔三角錐O-ABC〕＝$\frac{1}{7}$〔三角錐O-ABC〕となるから，〔三角錐P-OBC〕：〔三角錐O-ABC〕＝$\frac{1}{7}$〔三角錐O-ABC〕：〔三角錐O-ABC〕＝1：7である。

図3

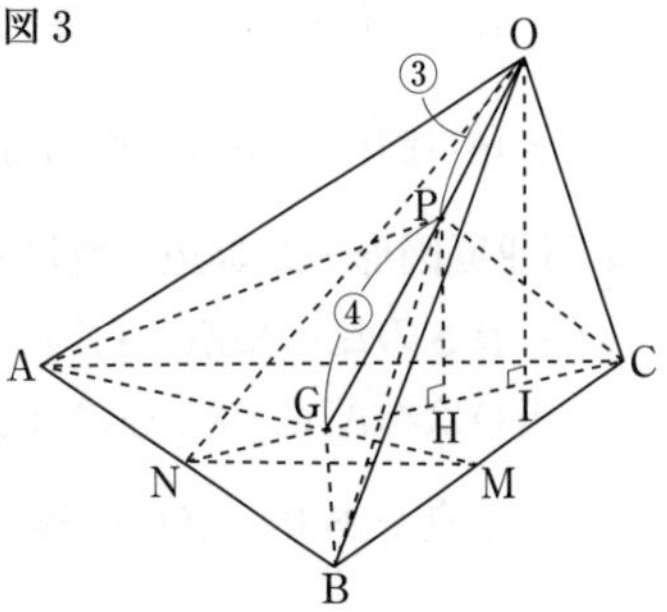

3　**〔確率—さいころ〕**

⑴＜**確率**＞大小２つのさいころを同時に１回投げるとき，目の出方は全部で$6\times6=36$(通り)あるから，a，bの組は36通りある。このうち，bがaよりも大きくなるのは，$a=1$のとき$b=2$，3，4，5，6の５通り，$a=2$のとき$b=3$，4，5，6の４通り，$a=3$のとき$b=4$，5，6の３通り，$a=4$のとき$b=5$，6の２通り，$a=5$のとき$b=6$の１通りあり，$a=6$のときはない。よって，bがaよりも大きくなるのは$5+4+3+2+1=15$(通り)あるから，求める確率は$\dfrac{15}{36}=\dfrac{5}{12}$である。

⑵＜**確率**＞直線$y=\dfrac{b}{a}x$がC(3，3)を通るとき，$3=\dfrac{b}{a}\times3$より，$1=\dfrac{b}{a}$，$a=b$である。よって，36通りのa，bの組のうち，直線$y=\dfrac{b}{a}x$が点Cを通るのは$(a,\ b)=(1,\ 1)$，$(2,\ 2)$，$(3,\ 3)$，$(4,\ 4)$，$(5,\ 5)$，$(6,\ 6)$の６通りあるので，求める確率は$\dfrac{6}{36}=\dfrac{1}{6}$である。

⑶＜**確率**＞直線$y=\dfrac{b}{a}x$がA(3，2)を通るとき，$2=\dfrac{b}{a}\times3$より，$\dfrac{b}{a}=\dfrac{2}{3}$となり，B(2，3)を通るとき，$3=\dfrac{b}{a}\times2$より，$\dfrac{b}{a}=\dfrac{3}{2}$となるので，直線$y=\dfrac{b}{a}x$が線分ABを通るとき，$\dfrac{2}{3}\leqq\dfrac{b}{a}\leqq\dfrac{3}{2}$である。$a=1$のとき，$\dfrac{2}{3}\leqq\dfrac{b}{1}\leqq\dfrac{3}{2}$より，$\dfrac{4}{6}\leqq\dfrac{6b}{6}\leqq\dfrac{9}{6}$だから，$b=1$の１通りある。$a=2$のとき，$\dfrac{2}{3}\leqq\dfrac{b}{2}\leqq\dfrac{3}{2}$より，$\dfrac{4}{6}\leqq\dfrac{3b}{6}\leqq\dfrac{9}{6}$だから，$b=2$，3の２通りある。以下同様にして，$a=3$のとき$b=2$，3，4の３通り，$a=4$のとき$b=3$，4，5，6の４通り，$a=5$のとき$b=4$，5，6の３通り，$a=6$のとき$b=4$，5，6の３通りある。よって，直線$y=\dfrac{b}{a}x$が線分ABを通る$a$，$b$の組は$1+2+3+4+3+3=16$(通り)だから，求める確率は$\dfrac{16}{36}=\dfrac{4}{9}$である。

4〔**平面図形—二等辺三角形と円**〕

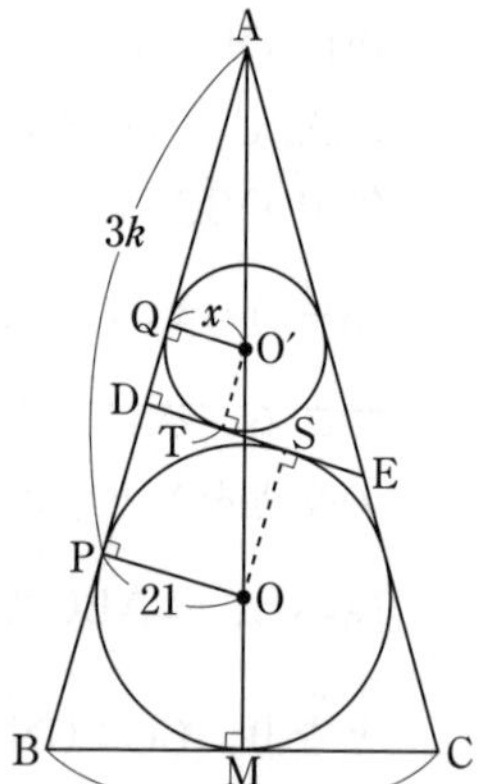

⑴＜**長さの比—相似**＞右図において，△ABCはAB＝ACの二等辺三角形で，円Oは△ABCの３辺に接しているから，図形の対称性より，点Mは辺BCの中点であり，点Oは線分AM上の点となる。このとき，$\mathrm{BM}=\dfrac{1}{2}\mathrm{BC}=\dfrac{1}{2}\times56=28$，$\angle\mathrm{AMB}=90^\circ$である。２点O，Pを結ぶと，$\angle\mathrm{APO}=90^\circ$となるから，$\angle\mathrm{APO}=\angle\mathrm{AMB}=90^\circ$，$\angle\mathrm{PAO}=\angle\mathrm{MAB}$より，$\triangle\mathrm{APO}\backsim\triangle\mathrm{AMB}$である。よって，AP：AM＝OP：BM＝21：28＝3：4である。

⑵＜***k*の値—三平方の定理**＞右図で，⑴より，AP：AM＝3：4だから，$\mathrm{AM}=\dfrac{4}{3}\mathrm{AP}=\dfrac{4}{3}\times3k=4k$となり，$\mathrm{AO}=\mathrm{AM}-\mathrm{OM}=4k-21$である。△APOは$\angle\mathrm{APO}=90^\circ$の直角三角形だから，三平方の定理より，$\mathrm{AP}^2+\mathrm{PO}^2=\mathrm{AO}^2$であり，$(3k)^2+21^2=(4k-21)^2$が成り立つ。これを解くと，$9k^2+441=16k^2-168k+441$，$7k^2-168k=0$，$k^2-24k=0$，$k(k-24)=0$より，$k=0$，24となり，$k>0$だから，$k=24$となる。

⑶＜**長さの比—相似**＞右上図で，⑴と同様に，図形の対称性より，点O′は線分AM上の点となる。２点O′，Qを結ぶと，$\angle\mathrm{AQO'}=\angle\mathrm{APO}=90^\circ$，$\angle\mathrm{QAO'}=\angle\mathrm{PAO}$より，$\triangle\mathrm{AQO'}\backsim\triangle\mathrm{APO}$だから，AQ：QO′＝AP：POである。⑵より，$\mathrm{AP}=3k=3\times24=72$だから，AP：PO＝72：21＝24：7であり，AQ：QO′＝24：7となる。

⑷＜**長さ**＞右上図で，２つの円O，O′と線分DEとの接点をそれぞれS，Tとすると，SO＝PO，

TO′＝QO′，∠OPD＝∠PDS＝∠OSD＝90°，∠O′QD＝∠QDT＝∠O′TD＝90°より，四角形OPDS，四角形O′QDTはともに正方形となる。これより，DP＝PO＝21，QD＝QO′＝xとなる。また，(3)よりAQ：QO′＝24：7だから，AQ＝$\frac{24}{7}$QO′＝$\frac{24}{7}x$である。よって，AQ＋QD＋DP＝APより，$\frac{24}{7}x+x+21=72$が成り立つ。これを解くと，$\frac{31}{7}x=51$，$x=\frac{357}{31}$となる。

5 〔関数―関数と図形〕

図1

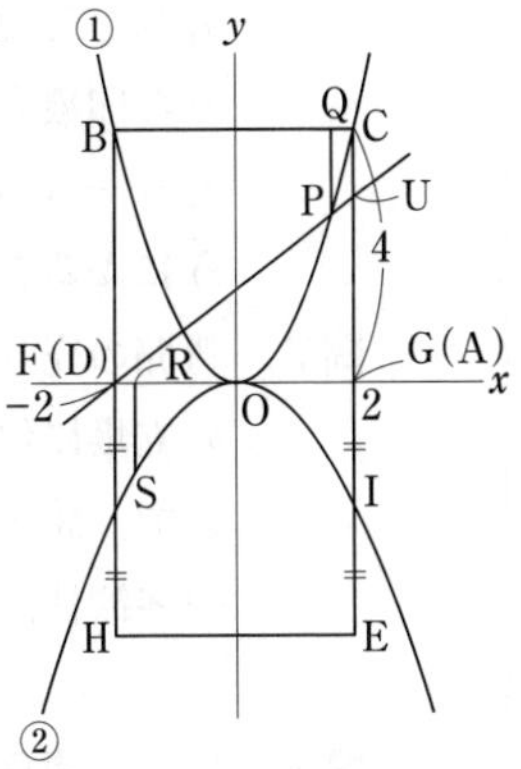

(1)<関数の式>右図1で，①，②はそれぞれyがxの2乗に比例する関数のグラフなので，①，②の関数の式はそれぞれ$y=ax^2$，$y=bx^2$とおける。図1のように点Cを定めると，正方形の1辺の長さは4なので，C(2，4)となる。点Cは関数$y=ax^2$のグラフ上の点なので，$4=a\times2^2$より，$a=1$となり，①の関数の式は$y=x^2$となる。2点G，Eを定め，GEと②の交点をIとすると，E(2，−4)となり，点Iは線分GEの中点だから，y座標は$\frac{0+(-4)}{2}=-2$より，I(2，−2)である。点Iは関数$y=bx^2$のグラフ上の点なので，$-2=b\times2^2$より，$b=-\frac{1}{2}$となり，②の関数の式は$y=-\frac{1}{2}x^2$となる。

図2

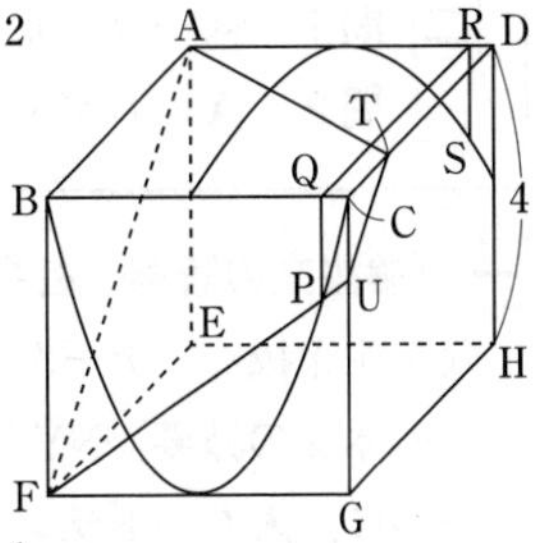

(2)<長さ>(ア)右図2で，〔面PQRS〕//〔面GCDH〕より，CQ＝DRとなる。正方形BCGFと正方形ADHEを座標平面上で考える。右上図1で，点Pのx座標をtとおくと，点Pは関数$y=x^2$のグラフ上の点なので，$y=t^2$より，P(t，t^2)となる。Q(t，4)だから，PQ＝$4-t^2$となる。また，点Rのx座標は$-t$となり，R($-t$，0)である。点Sのx座標も$-t$で，点Sは関数$y=-\frac{1}{2}x^2$のグラフ上の点なので，$y=-\frac{1}{2}\times(-t)^2=-\frac{1}{2}t^2$より，S$\left(t,\ -\frac{1}{2}t^2\right)$となり，RS＝$0-\left(-\frac{1}{2}t^2\right)=\frac{1}{2}t^2$となる。よって，PQ＝RSより，$4-t^2=\frac{1}{2}t^2$が成り立つ。これを解くと，$t^2=\frac{8}{3}$より，$t=\pm\frac{2\sqrt{6}}{3}$となり，$t>0$より，$t=\frac{2\sqrt{6}}{3}$である。したがって，PQ＝$4-t^2=4-\left(\frac{2\sqrt{6}}{3}\right)^2=4-\frac{8}{3}=\frac{4}{3}$である。　(イ)図2で，3点A，F，Pを通る平面と辺CGの交点をUとすると，〔面FBAE〕//〔面GCDH〕より，AF//TUとなる。△ABFが直角二等辺三角形なので，△TCUも直角二等辺三角形となり，CT＝CUである。図1で，(ア)より，P$\left(\frac{2\sqrt{6}}{3},\ \frac{8}{3}\right)$である。F(−2，0)だから，直線FPの傾きは$\left(\frac{8}{3}-0\right)\div\left\{\frac{2\sqrt{6}}{3}-(-2)\right\}=\frac{8}{3}\div\frac{2\sqrt{6}+6}{3}=\frac{4}{\sqrt{6}+3}$となり，その式は$y=\frac{4}{\sqrt{6}+3}x+k$とおける。点Fを通るので，$0=\frac{4}{\sqrt{6}+3}\times(-2)+k$，$k=\frac{8}{\sqrt{6}+3}$となり，直線FPの式は$y=\frac{4}{\sqrt{6}+3}x+\frac{8}{\sqrt{6}+3}$である。点Uはこの直線上の点で$x$座標が2だから，$y=\frac{4}{\sqrt{6}+3}\times2+\frac{8}{\sqrt{6}+3}=\frac{16}{\sqrt{6}+3}$より，U$\left(2,\ \frac{16}{\sqrt{6}+3}\right)$である。C(2，4)だから，CU＝$4-\frac{16}{\sqrt{6}+3}=\frac{4\sqrt{6}-4}{\sqrt{6}+3}=\frac{(4\sqrt{6}-4)(\sqrt{6}-3)}{(\sqrt{6}+3)(\sqrt{6}-3)}=\frac{36-16\sqrt{6}}{6-9}=\frac{16\sqrt{6}-36}{3}$となる。よって，図2で，CT＝CU＝$\frac{16\sqrt{6}-36}{3}$となるから，DT＝CD−CT＝$4-\frac{16\sqrt{6}-36}{3}=\frac{48-16\sqrt{6}}{3}$である。

国語解答

一 問1　ⓐ…ア　ⓑ…イ　ⓒ…エ

問2　ア　問3　ウ　問4　ア

問5　行動に移る

問6　ジャーナリストが一方の意見に肩入れをして，情報操作しているような印象を与えることで，読者がもう一方の意見にも耳を傾けるようになること。(67字)

問7　新聞の売り上げを重視して，一方の立場に偏った政権批判をすることで，読者の求める新聞の公正さや客観性が失われてしまうから。(60字)

問8　ア　問9　エ

二 問1　ⓐ…ウ　ⓑ…エ　ⓒ…ア

問2　A　わがまま　B　万引き

問3　イ　問4　ウ　問5　エ

問6　イ　問7　ア

問8　小三にしては少し背が低く，かなり痩せている(21字)

問9　母親が何日も帰ってきていないという事実を，無意識のうちに泰子に打ち明けてしまったことに気づいたから。(50字)

問10　社会的には悪いとされていることをしてでも，他人から同情されることなく，家族の問題は家族で解決していきたいという願い。(58字)

三 ①　倒壊〔潰〕　②　経緯　③　静寂　④　一翼　⑤　浸〔漬〕

一〔**論説文の読解―社会学的分野―マスコミ**〕出典；マーティン・ファクラー『フェイクニュース時代を生き抜く　データ・リテラシー』。

≪**本文の概要**≫NYタイムズが，トランプ大統領の誕生によって劇的に購読者数を増やした要因の一つに，人々のトランプ政権への強い反発がある。トランプ大統領を支持しない人々は，彼の主張とは違うものの見方を示すメディアを求めたのである。ジャーナリストにとって最も重要な使命は，権力者のうそや間違いを正面から告発することにある。また，ジャーナリストには，インターネットで飛び交う膨大な情報を精査し，取捨選択する役割も期待される。公正で客観的であるという職業倫理を守り，読者からの信頼が寄せられているかぎり，ジャーナリストは責務を果たすことができる。読者は，自分たちを取り巻く世界の出来事を理解するために，確かな情報の提供を，ジャーナリズムに期待している。行動に移るための納得と自信を与えてくれるジャーナリズムが，求められているのである。一方の主張のみを前面に出し，もう片方の主張に耳を貸さないのでは，読者は，ジャーナリストによって情報操作されていると感じてしまうだろう。双方の意見を公平に提示することも，ジャーナリストが果たすべき仕事である。トランプ政権を激しく批判すれば，読者を簡単に喜ばせることができる。だが，ジャーナリズムには，右でも左でもないバランスの取れた視点を提示するという役割が求められているのである。

問1．ⓐ＜**慣用句**＞「溜飲を下げる」は，不平や不満を解消して，気を晴らす，という意味。　ⓑ＜**語句**＞「矢継ぎ早」は，続けざまにすばやく行うこと。　ⓒ＜**四字熟語**＞「傍若無人」は，他人を無視して無遠慮に行動すること。

問2＜**文章内容**＞トランプ大統領を支持しない人々は，大統領の「主張とは違ったアジェンダとモノの見方を示してくれるメディア」を求めた。トランプ大統領を批判するキャンペーン・ジャーナリズムを展開したNYタイムズがそのニーズに応えた形で急速に購読者数を増やしたことは，トランプ大統領のおかげともいえるのである。

問３＜文章内容＞読者は，「自分たちを取り巻く世界の出来事を理解するための確かな情報を提供してほしい」とジャーナリズムに期待している。「正確な情報に基づく理解ができて初めて，読者は自ら選択を下せる」のである。行きすぎたキャンペーン・ジャーナリズムは，情報操作を行い，読者の判断力を失わせるという危険もはらんでいるのである。

問４＜文章内容＞多くの読者に人気のある情報を優先して，ページビュー至上主義，ランキング至上主義に引きずられると，重要なテーマが「隅っこに追いやられてしまう」ようになる。読者をひきつけることがジャーナリズムの本質ではなく，重要な問題についての判断のもとになる，確かな情報を読者に届けることが，大切なのである。

問５＜文章内容＞偏りのない「正確な情報に基づく理解ができて初めて，読者は自ら選択を下せる」のである。読者が「行動に移るための納得と自信」は，偏った情報を排除したところにしか得られないのである。

問６＜文章内容＞一方の主張ばかりに肩入れして，双方の意見を公平に提示しないという報道姿勢に接するとき，読者は，「ジャーナリストによって情報操作されている」という印象を持つ。特定のものの見方を押しつけようとしてはいないかと，記事に対して疑念を抱けば，読者は，かえって反対派の意見にも耳を傾けるようになるのである。

問７＜文章内容＞購読者数や閲覧数を増やしたいと思うあまり，読者の要求に沿って激しい政権批判を繰り広げれば，読者が本当に求めている客観性や公平な視点が失われてしまう危険がある。読者は，正しく判断するための，バランスの取れた視点を求めているのであり，行きすぎた報道のまずさには敏感に気がつくのである。

問８＜主題＞権力者のうそや不正，また世界で起きている重要なテーマについて，客観的な立場で，対立する意見があればその双方を公平に提示しつつ，読者に正確な情報を伝えることが，ジャーナリズムの使命である（ア…○）。流行を敏感にとらえて読者の興味をひくように発信することがジャーナリズムの本質ではなく，重要な情報を正確に報道することが，求められているのである（イ…×）。バラエティに富んだ話題の提示よりも，社会の不正や重要な問題について発信することが，ジャーナリズムの使命である（ウ…×）。権力者が過ちを犯したとき，臆することなく戦い記事を書き続ける姿勢は，ジャーナリズムにとって大切だが，ときとしてキャンペーンに夢中になるあまり，客観性が犠牲になってしまうことがあるので，注意が必要である（エ…×）。

問９＜要旨＞購読者数を増やすために芸能人の記事を掲載するなど，新聞は，商業主義に引きずられてしまうこともある（ア…○）。しかし新聞の使命とは，例えばシリアの内戦などの重要な出来事の正確な情報を伝えることである（イ…○）。「調査報道とアジェンダのキャンペーンを分ける一線はとても曖昧」で，ジャーナリストは，自分の意見と客観性の区別という難しい判断を常に求められる（ウ…○）。信頼性の低いうわさ話やフェイクニュース，バイアスがかかった不誠実な情報が満ちあふれている現代において，ジャーナリストには，インターネットなどで飛び交う膨大な情報を精査し，取捨選択し，読者が簡単には判断できない世界の出来事に対し，客観的で正確な情報を発信する役割が期待されているのである（エ…×）。

二〔小説の読解〕出典；咲沢くれは『眠るひと』（『五年後に』所収）。

問１ⓐ＜表現＞「からから」は，さわやかに高く笑う様子。沙織は，何かが気にかかって心配するとか申し訳ないと思うような様子を見せず，屈託のない笑い声を立てた。　ⓑ＜語句＞「あどけない」は，無邪気でかわいらしい様子。沙織の母親は，笑みを浮かべると少女のように子どもっぽくかわいらしかった。　ⓒ＜語句＞「卑屈」は，いじけて，必要以上に自分をいやしめること。沙織は，朝ごはんなんていつも食べていないことを，いじける様子を見せずに，何でもないことのように口にした。

問２＜文章内容＞さっきは，アーモンドチョコが食べたいと言ったはずだと，沙織は，男の子の勝手なわがままをとがめるような言葉を言った(…Ａ)。しかし，男の子の目をそらし遠慮するような様子から，お金がないのに黙ってチョコを持ち出すことを彼が恐れ嫌がっていることを，沙織は十分理解していたのである(…Ｂ)。

問３＜文章内容＞沙織が，男の子のズボンのポケットにアーモンドチョコの箱をねじ込んだのを見て，泰子は，沙織の行為が万引きであることに一瞬のうちに気づき，やめさせるための行動に出たのである。

問４＜心情＞泰子が，黙って万引きを阻止し，そのうえチョコレートを買うのだと言い出したので，沙織は，勝手な干渉はやめてほしいと，強い反発を見せたのである。

問５＜表現＞初対面の泰子には，一瞬「シンヤ」が，男の子の名前であることがわからなかった。泰子は，学校に提出された沙織の家族構成の記憶をたどり，沙織には「真哉」という名前の今年小三になる弟がいることを思い出し，男の子が弟の「真哉」だと気づいたのである。

問６＜文章内容＞「夕飯，きちんと食べられるのかなぁ」という泰子の言葉は，沙織にとって，「先生がいるところと私らが住む場所は違う」ことをはっきりと示しているような言葉だった。毎日おやつがあり，夕飯があることが当たり前だと信じ込んでいる泰子の態度が，沙織をあきれさせたのである。

問７＜心情＞泰子が沙織の担任として，沙織の弟妹の名前を把握していたことに，沙織は驚いた。泰子が自分を気にかけてくれていたことを知って，沙織は，内心うれしかったのである。

問８＜文章内容＞泰子は，アーモンドチョコで空腹をごまかそうとしていた沙織たちを見ただけでなく，初めて会った真哉が，「小三にしては少し背が低い」し，「かなり痩せている」ことが気になって，彼らはきちんと食事をとっていないのかもしれないと心配したのである。

問９＜文章内容＞沙織は，母親は仕事かときかれたときも「そんな感じ」とごまかし，母親が何日も帰ってきていないことを，泰子に対して打ち明けるつもりはなかった。しかし，「ずっとこんなこと続けられないでしょ」という言葉や「そんなのママが帰ってきても払えないよ」という言葉は，母親が不在であり，それがいつまで続くのかわからないという，沙織たちが置かれた状況を認めるものだったことに気づいて，沙織は悔やんだのである。

問10＜心情＞沙織は，かわいそうという気持ちで助けてもらったとしても，それは「自分がそうしたいってだけで，私らの気持ちはそこにはない」と言う。「今日助けてもらっても，その先に生きていく方法がない」なら，あわれまれるより，たとえ万引きをしてでも，自分たちの力でこの状況を解決していきたいと，沙織は思っているのだろうと泰子は考えているのである。

三〔漢字〕

①「倒壊〔潰〕」は，たおれてこわれること。　②「経緯」は，物事のいきさつのこと。　③「静寂」は，物音もせずしんとしていること。　④「一翼」は，一つの役割のこと。　⑤「浸〔漬〕(る)」は，ある境地などに入りきる，という意味。

2021年度 城北高等学校（推薦）

【英　語】 (50分)〈満点：100点〉

1　次の文章を読み，あとの問いに答えなさい。

A long time ago, a powerful *Native American *chief had a beautiful daughter. He wanted her to be happy, so (1)he carefully【a / husband / to / chose / become / good man / her】. The daughter fell in love with that man.

Then, one day, many people of the village became very sick. Young and weak people were the first to die from the sickness. Soon even strong men started to die. The people thought, "The *Great Spirit is angry with us."

The powerful chief had a meeting with his wise men. "What can we do to stop this ?" No one had any ideas. An old medicine man spoke, "We can do nothing. We are brave people. We will die bravely."

Then, the oldest medicine man said, "Wait. (2)I now know【why / for / long time / have / lived / such / I / a】. My father told me many summers ago that a great sickness will come to our people someday. Only a chief's daughter can stop this sickness, but she will have to die."

So soon after, daughters of many chiefs were gathered. The powerful chief's daughter was one of them. The powerful chief told them the oldest medicine man's story and said, "I think his words are true. But I cannot ask any of (3)you to die for (4)us. If the Great Spirit wants us to die, then, we will die bravely."

The sickness stayed, and more people died. The powerful chief's daughter thought, "Maybe I should give my life to the Great Spirit."

Then, her husband became sick. She knew she had to help him and all her people. She quietly said goodbye to him and left.

The daughter stood on a *cliff and looked down at her village far below. Then, she looked up and spoke to the sky. "Great Spirit, (5)will you take me, and not my people ? Please show me a sign to tell me everyone will be safe." Just then, the moon came up from behind the trees. The powerful chief's daughter saw the sign and (6)understood. She closed her eyes and jumped.

The next morning, the sickness was gone from the village. Even the sick people were healthy again. There was much laughter and joy among the people.

Suddenly, people noticed that the powerful chief's daughter was missing. "Where is she ? We have to look for her," said the daughter's husband.

They found her dead body below the cliff. The powerful chief prayed to the Great Spirit, "Please show us a sign to tell us you have received my daughter into the land of spirits."

Just then, the people heard the sound of running water. They looked up and saw *silver-white water falling from the cliff. There is still a beautiful waterfall there today.

（注） Native American：アメリカ先住民族の　chief：族長　Great Spirit：神と同様に扱われた大霊
cliff：崖　silver-white：銀のように白い

問1　下線部(1)の【　】内の語(句)を文脈に合うように並べかえなさい。

問2　下線部(2)の【　】内の語(句)を文脈に合うように並べかえなさい。

問3　下線部(3)は具体的に何を指すか，本文から4語で抜き出して答えなさい。

問4　下線部(4)は具体的に何を指すか，5字以内の日本語で答えなさい。

問5　下線部(5)とはどういうことか，25字程度の日本語で分かりやすく説明しなさい。句読点も字数に含めます。

問6　下線部(6) understood について，何を理解したのか，本文から4語で抜き出して答えなさい。

問7　次のア～オの英文の内容が本文の内容と一致していればT，一致していなければFで答えなさい。

ア　When the sickness started, weak people died earlier than strong people.

イ　When the powerful chief had a meeting with his wise men, he found out that they didn't have anything to do.

ウ　When the daughters of many chiefs were gathered, they decided to buy a medicine from the medicine man to stop the sickness.

エ　When the sickness was gone, the people didn't know at first that the powerful chief's daughter helped them.

オ　The people in the village thanked the powerful chief's daughter because she found the waterfall to stop the sickness.

2　次の文章は，ある外国人が，日本にやってきたその少し後に書いたものです。全文を読み，あとの問いに答えなさい。

①　Soon after I arrived in Japan, a new friend was talking about a blue traffic light. Surely traffic lights in Japan were red, green, and yellow, like in the U.S.? I walked down the street to make sure. Yes, the traffic lights were really red, green, and yellow. So was my friend color-blind? But in the following days I heard other "blue" words—*aoba, aodake, aomushi,* and—oh, how (1)(　　) to even think about eating!—*aoyasai* and *aonori*. Humans don't usually eat blue food!

②　Then I heard the word *seishun* and asked my friend what it meant. "It means when you're young," she explained. She wrote the word out. "This is the *kanji* for blue and this is the *kanji* for spring." And I understood—I thought. *Seishun* meant the sadness often felt by young people, right? The "spring" part is easy to understand: it's one of the seasons, and everything is young then. And if you're blue, you're sad. What an easy expression to understand! Umm . . . no? When my friend told me the real meaning, I realized that this was another case of (2)blue stepping in for green. In English "green" means being young, but not blue. This is because nature is (3)(　　), not (4)(　　); at least I thought so until I came to Japan. Hmm . . . so maybe this meaning of (5)(　　) as "young" has some connection to "(6)(　　) boys" (*seinen*). I kept hearing that word here and there in my daily life.

③　But I was confused with other colors, not only blue. Soon after hearing about "blue spring" I heard about a "perfectly red lie" (*makka na uso*). Let's see. In English red can mean someone is angry or embarrassed. So perhaps a perfectly red lie means a perfectly angry or embarrassing lie. Umm . . . no, again, I learned it meant a total lie. My choice of color for a total lie is black.

④　But OK, if you know that red means "(7)(　　)" in Japanese, it's not hard to understand other "red" words like *akahadaka* and *akahaji* (I originally thought both of these were red just because they were embarrassing). But it took me a while to really understand this "red" thing. (Maybe I'm *aka-baka*?) So when I heard "red other person" (*aka no tanin*), I didn't realize it meant a *stranger.　First I thought it was a way of (8)grouping people—I heard one nursery school called the different groups of children by names of fruit, and another by names of flowers.　So maybe there were *aka no tanin, ao no tanin, ki-iro no tanin* and so on.　The only question in my mind was, if the other person is "red", then what color am I ?

⑤　The first time I heard *ki-iroi koe*, it was about a group of mothers and children having a party and I was very surprised.　Here is the reason for that.　If you ask an American what they think of when they hear "yellow", they will probably say being scared.　So when I first heard "*ki-iroi koe wo dasu*," I imagined a scared voice.　When the real meaning of "*ki-iroi koe wo dasu*" was explained to me, I could understand the connection of yellow with being cheerful.　But why are only high voices yellow ?

⑥　For both Japanese and Americans white is the color of being (9)(　　　).　But even here I was confused.　When I began to learn to read Japanese, I learned some easy Japanese words first. *Shiro* was one of them.　It's such an easy (10)character, much, much easier than *ki-iro*.　After that I found the word *hakujo*.　It seemed to have some connection to white.　I remember in one scene on TV, someone said, "*hannin ga hakujo shita*."　It seemed that they were talking about *criminals. Americans sometimes speak of "coming clean" when we mean *hakujo*, but we also talk of "whitewashing".　"Whitewashing" means to cover up a bad thing.

⑦　And the problem is not just the colors.　The word "color" itself was difficult to use.　How many times did I use the word *iroppoi* when I was thinking it meant "colorful" before I realized my mistake ?　(11)No wonder I got funny looks !

(注)　stranger：見知らぬ人　　criminal：犯罪者

問１　空所(1)に入る最も適切なものを次のア～エから１つ選び，記号で答えなさい。

ア　easy　　イ　healthy　　ウ　important　　エ　terrible

問２　下線部(2)の内容を説明したものとして最も適切なものを次のア～エから１つ選び，記号で答えなさい。

ア　People use blue instead of green.

イ　People use green instead of blue.

ウ　Blue is more often used in a wrong way than green.

エ　Green is more often used in a wrong way than blue.

問３　空所(3)(4)(5)(6)には blue または green のどちらかの語が入ります。blue ならＢを，green ならＧを，それぞれ解答欄に書きなさい。

問４　空所(7)に入る最も適切なものを次のア～エから１つ選び，記号で答えなさい。

ア　confused　　イ　angry　　ウ　different　　エ　perfect

問５　下線部(8)に関して，文中で紹介されている保育園での具体例はどのようなものか，30字程度の日本語で説明しなさい。句読点も字数に含めます。

問６　⑤段落の内容に関して，筆者が感じたことを次のようにまとめたとき，空所に入る１語を⑤段落の文章から抜き出して答えなさい。

Because yellow meant being (　ア　) in America, the writer was (　イ　) to find that in Japan *ki-iroi koe* meant (　ウ　) or high voices.

問７　空所(9)に入る適切な語を，⑥段落の文章から１語で抜き出して答えなさい。

問８　下線部(10)の文中での意味として最も近いものを次のア～エから１つ選び，記号で答えなさい。

ア　特徴　　イ　人物　　ウ　字　　エ　印

問9　下線部⑾が表す意味として最も適切なものを次のア～エから1つ選び，記号で答えなさい。
ア　日本語の様々な面白い面を知ることができ，改めて驚いている。
イ　その時自分がどんなにこっけいに見えていたことか，と振り返っている。
ウ　「色」の解釈の違いに面白さはあるものの，それだけに驚いてはいけない，と思っている。
エ　面白おかしい「カラフル」な人物像を私はつい想像してしまっている。

問10　本文の内容に合うものを次のア～オから2つ選び，記号で答えなさい。
ア　筆者は日本に到着後すぐに，日本の信号はアメリカと違い，赤，緑，黄色であるということを確認した。
イ　筆者は「青春(*seishun*)」という語を聞いた時，「青」は「悲しみ」を意味すると考えたため，「青春」は，「若者が感じる悲しみ」という意味になると考えた。
ウ　「真っ赤なうそ(*makka na uso*)」という表現について筆者は，英語でも日本語と同じ意味で「うそ」に「赤」を使う用法はあると考えている。
エ　「白(*shiro*)」は，アメリカ人と日本人が同じ意味で用いているにもかかわらず，筆者が学んだ中で最初に筆者を混乱させた色だった。
オ　「色(color)」という語自体も難しく，筆者がその正しい意味を理解するまで長い時間を要した，「色」に関する日本語があった。

3　次の各組の文がほぼ同じ意味になるように，かっこに適語を入れなさい。
(1)　The school in this city is one hundred years old.
The school has been in this city for a (　　).
(2)　November 7 is my birthday.
I (　　) (　　) on November 7.
(3)　We have a house about as large as yours.
We have a house about the (　　) of yours.
(4)　Do you have time now ?
Are you (　　) now ?

4　次の日本語の意味に合うように，かっこ内の語(句)を並べかえなさい。ただし，文頭にくる語も小文字で始めてあります。
(1)　彼はお父さんの手伝いができる年齢です。
【his father / to / old / is / help / he / enough】.
(2)　今日のニュースに何か面白いことがありますか？
【interesting / in / today's / there / news / anything / is】?
(3)　とても寒かったので私は泳げませんでした。
【was / couldn't / that / it / cold / swim / so / I】.
(4)　ケンだけでなくトムもあなたに会いに来ました。
【as / you / Ken / Tom / see / well / came / as / to】.
(5)　私はあなたに，このメッセージを彼に送ってほしい。
【this message / I / send / to / want / you / him】.
(6)　彼は6時に学校に向けて家を出た。
【his house / at / he / for / six / left / school】.

5　次の日本語を英語になおしなさい。

雨が降るかもしれないので，傘を持っていくのを忘れないでください。

【数　学】（50分）〈満点：100点〉

（注意）　1．分度器を使ってはいけません。

2．円周率は π を用いて表しなさい。

1　次の各問いに答えよ。

(1)　$(-3xy^3z^2)^3\times 8x^2yz\div 12xy^7z^5$ を計算せよ。

(2)　$(\sqrt{5}+\sqrt{3}+1)(\sqrt{5}-\sqrt{3}+1)(\sqrt{5}+\sqrt{3}-1)(-\sqrt{5}+\sqrt{3}+1)$ を計算せよ。

(3)　$(\sqrt{3}+1)(\sqrt{3}+2)$ の小数部分を a とするとき，

①　a の値を求めよ。

②　a^2+10a の値を求めよ。

(4)　最小公倍数が312で最大公約数が4であるような2つの自然数の組は何組あるか求めよ。

2　次の各問いに答えよ。

(1)　右の図1の△ABCにおいて，$\angle DBC=\frac{1}{3}\angle ABC$，$\angle DCB=\frac{1}{4}\angle ACB$ であるとき，∠ABCの大きさを求めよ。

図1

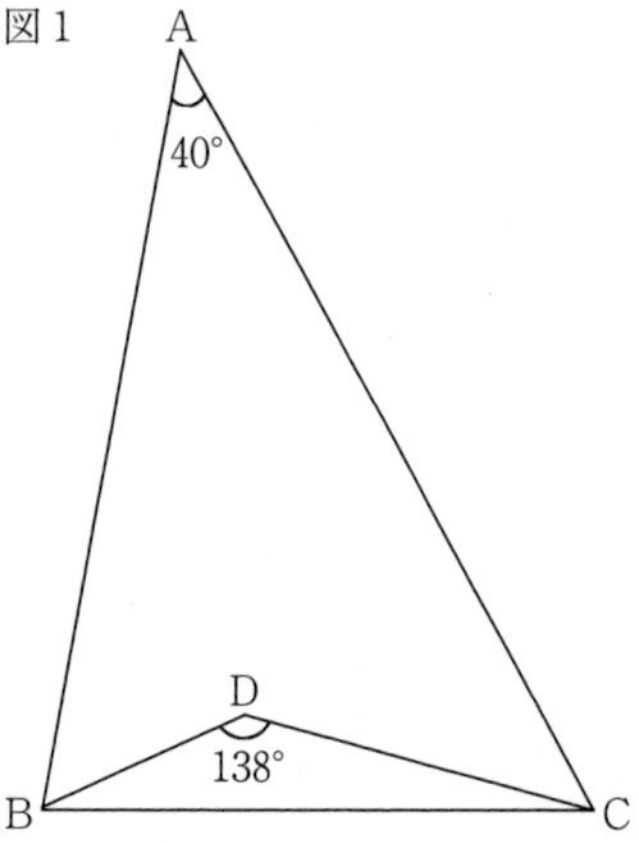

(2)　下の図2のように，AB＝AC＝8，BC＝2の二等辺三角形ABCが円に内接している。∠ACBの二等分線が円，辺ABと交わる点をそれぞれD，Eとする。また，直線ADと直線CBとの交点をFとするとき，次の問いに答えよ。

①　∠BADと大きさが等しい角をすべて答えよ。

②　線分BFの長さを求めよ。

③　線分DFの長さを求めよ。

図2

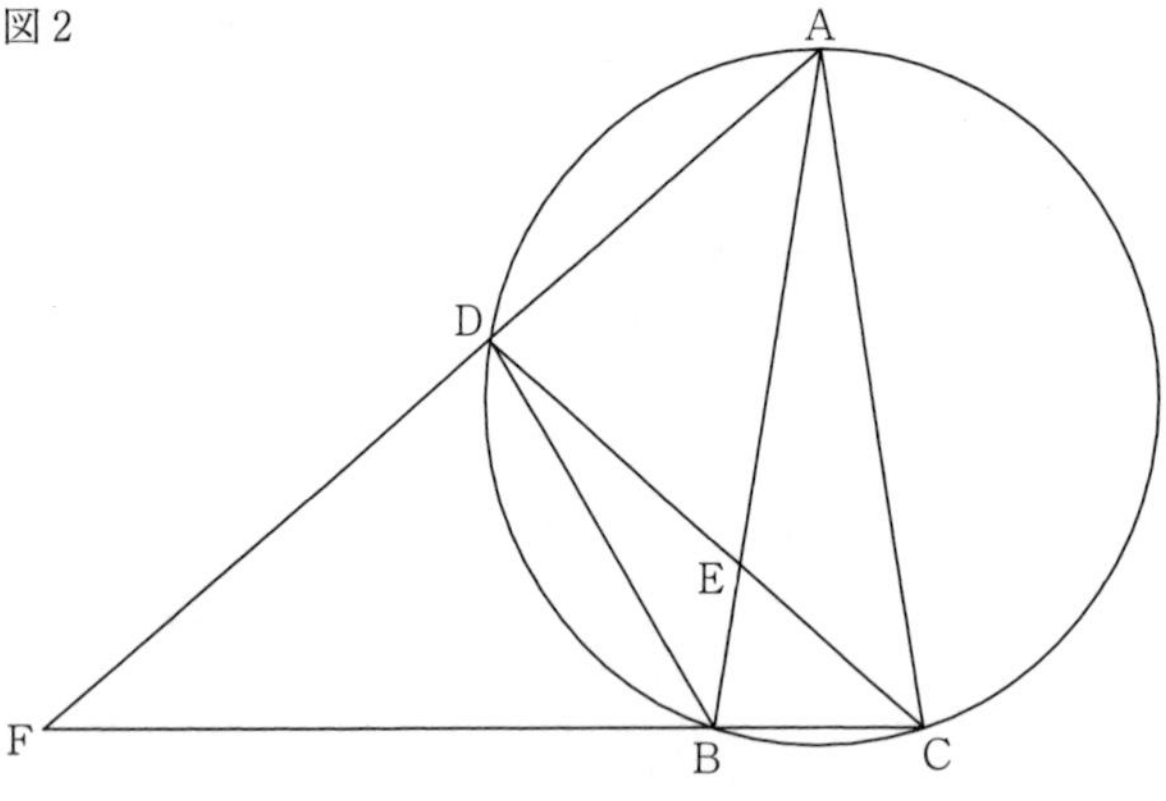

3　右の図のように，座標平面上に放物線 $y=\frac{1}{3}x^2$ …①がある。①上に x 座標がそれぞれ -3，1 である2点A，Bをとる。さらに①と直線 $y=\frac{5}{3}x+2$ の交点をC，Dとする。次の問いに答えよ。

(1)　点Dの座標を求めよ。

(2)　直線ADの式を求めよ。

(3)　直線AD上に x 座標が正である点Eをとる。四角形ACBDの面積と△ACEの面積が等しくなるとき，点Eの座標を求めよ。

(4)　点Cを通り，四角形ACBDの面積を2等分する直線が直線ADと交わる点をFとするとき，点Fの座標を求めよ。

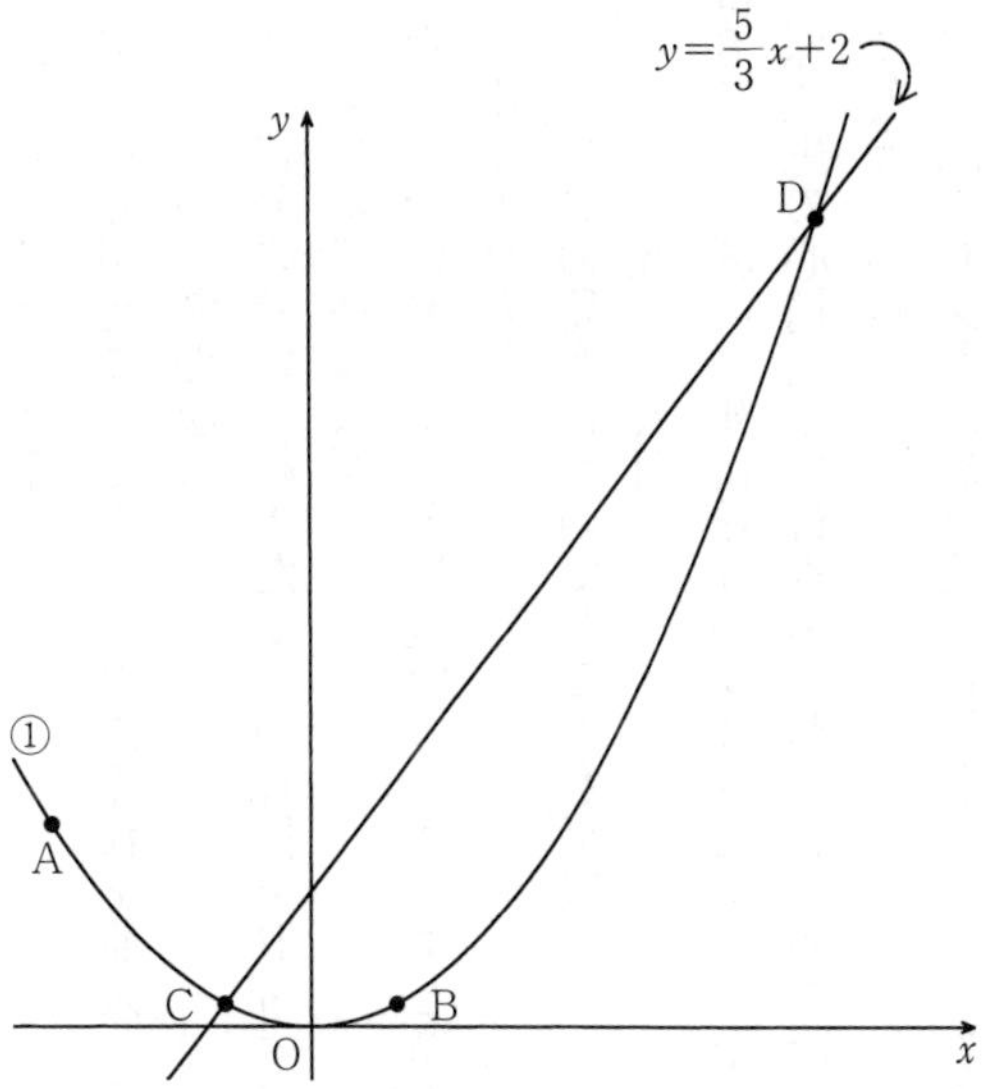

4　下の図1のような正方形ABCDの紙に，以下の操作1，操作2を順に行う。

操作1　図1の紙を図2のように，辺BCが対角線ACと重なるように折る。

操作2　図2の紙を図3のように，頂点Cと頂点Bが重なるように折る。

操作1，操作2によってできるすべての折り目を定規，コンパスを用いて解答欄に作図せよ。ただし，以下の手順で作図をすること。

手順1．折り目も含めて，作図に必要な直線はすべて点線で描く。ただし，コンパスで描く線は実線でよい。

手順2．手順1の点線のうち，折り目のみを実線でなぞる。

図1

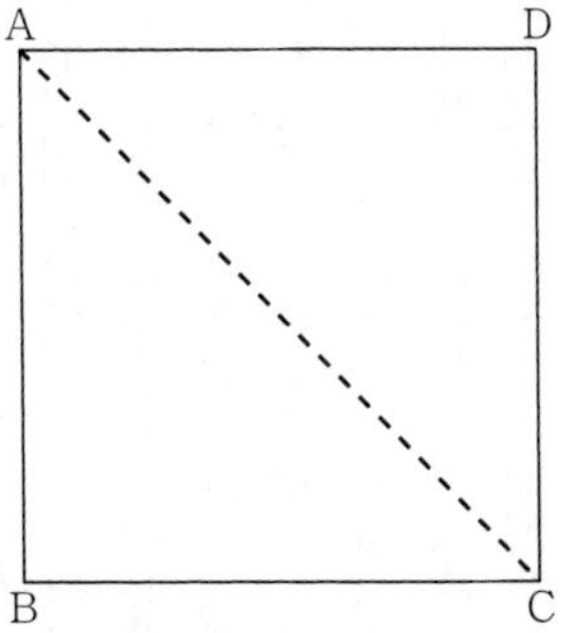

図2

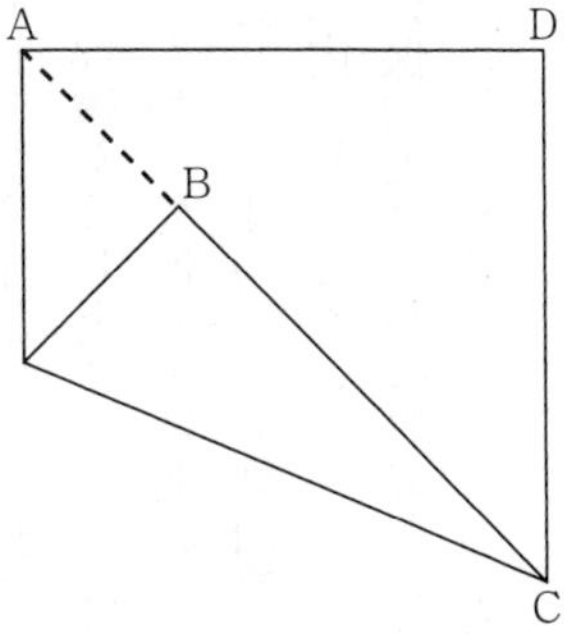

図3

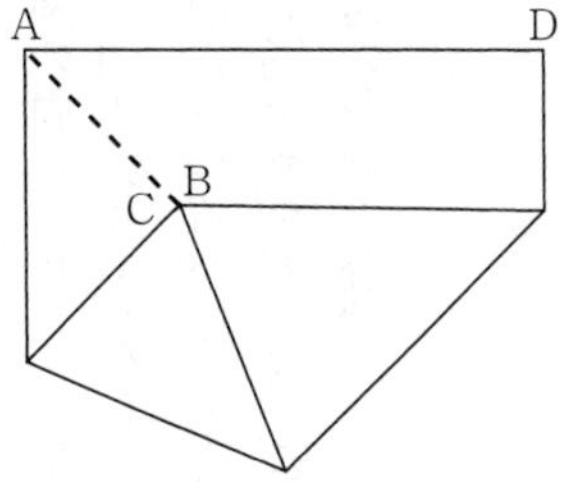

5　x についての2次方程式 $x^2+ax+b=0$ は異なる2つの解 p，$q\,(0<p<q)$ をもつ。$p☆q=\frac{2p+q}{pq}$ と定めるとき，次の問いに答えよ。

(1)　$a=-3$，$b=1$ のとき，$p☆q$ の値を求めよ。

(2)　t についての2次方程式 $t^2-2(p☆q)t+\frac{8}{pq}=0$…(＊)に関して，$a=-4$，$b=3$ のとき，(＊)の解を求めよ。

張したから。

エ　事故の状況を語っているうちに、当時の恐怖感がよみがえってきたから。

問6　――④「頭に当たる雨は、冷たさよりも重さを感じさせた」とありますが、この表現について説明した次の文の(Ⅰ)には30字以内の言葉を自分で考えて、(Ⅱ)には最もふさわしいものを後の選択肢から選んで記号で、それぞれ答えなさい。

☆　本文中において、上空の雲から雨が落ちてくる様子は、潤のお父さんが泣いていることと共に(　Ⅰ　)ことと重ね合わされているので、「僕」と福生が、(　Ⅱ　)ということを象徴しているのだと考えられる。

ア　久保先生の抱えている悲しみに寄り添っている
イ　久保先生の恋人の冥福《めいふく》を心から祈っている
ウ　潤のお父さんの告白の重みを受け止めている
エ　潤のお父さんが犯した罪を許し始めている

問7　――⑤「私のような人間」とありますが、これは具体的にはどのような「人間」のことですか。最もふさわしいものを次の中から選び、記号で答えなさい。

ア　自分が起こしたことなのにそれを他人のせいにして、平然としている傲慢《ごうまん》な人間。
イ　自分のせいで起きたことの責任を取らずに逃げ、その言い訳をする卑怯《ひきょう》な人間。
ウ　自分がやったことについてくよくよと悩み、後悔し続けている弱虫な人間。
エ　自分の秘密についてどこでも平気でしゃべってしまい、口が軽くて軽薄な人間。

問8　――⑥「必死に絞り出すような声だった」から読み取れる久保先生の心情として最もふさわしいものを次の中から選び、記号で答えなさい。

ア　潤のお父さんが事故の責任を感じていることが分かり、間接的にしか関わっていない事柄に対して真剣に向き合う姿勢に感動して、潤のお父さんに畏敬の念を抱いている。
イ　潤のお父さんが事故の中心的人物であることが分かり、運転手ではないからと責任逃れの弁明を続けることに怒りを覚えて、潤のお父さんに対する敵意がこみ上げている。
ウ　潤のお父さんが今でも事故のことを気にしているのだと分かり、事故の原因を作った人物を許せないという感情は抑えて、潤のお父さんの苦悩に理解を示そうとしている。
エ　潤のお父さんが自分の態度に失望したことが分かり、彼を見放すような発言をしてしまったことを後悔して、潤のお父さんのご機嫌を取り戻さなくてはと焦《あせ》り始めている。

問9　――⑦「久保先生は変わった」とありますが、それはなぜだと考えられますか。その理由を述べた次の文の(　)に入る言葉を、40字以内で答えなさい。

☆　久保先生は、潤のお父さんと自分の恋人が亡くなった事故の話をしたことで、(　　　　)から。

三　次の傍線部を漢字で記しなさい。

1　公園の周りをサンサクする。
2　ケンジツな生き方をする。
3　水面にうつるハモンが美しい。
4　予算案をカクギで話し合う。
5　路傍の花をツむ。

「はい」
「私はそれだけでも」
声が一瞬、途切れた。
生垣のこちらでしゃがむ僕からは、先生の姿は見えない。頭の中で浮かんだ久保先生は、下を向いていた。覚悟を決めているような顔をしているのが想像できた。
「それだけでも、立派だと思いますよ」⑥必死に絞り出すような声だった。
あとの二人の言葉は聞こえてこない。雨が強さを増した。さすがにおまえたちそろそろおしまいにしなさい、と号令をかけるかのように本格的に降り始めた。道路は一気に冷たく濡れ、しずくが音を立てる。服がびしょびしょになって、髪から水が次々と垂れていく。気持ち悪いのと愉快《ゆかい》なのとがごちゃまぜになった。

僕と福生の間では、あの夜のことはあまり話題にならなかった。びしょ濡れで家に帰り、親からああだこうだと言われて大変だったことは共有したけれど、久保先生と潤のお父さんについては話題に出さなかった。あれをどう捉えればいいのか。僕なりの推測はあったものの、深く突き詰める気分にはならなかった。
ただ一つだけ明白だったことがある。
⑦久保先生は変わった。
それまでのぼんやりとした、ここにいてもどこか別の場所を眺めているような、「うらなり」感が消えたのだ。元気潑剌《はつらつ》、常に張り切って、というほどではないものの、つまり、注車からロボットになるような劇的な変化ではなかったけれど、どこかしっかりとした。
まわりの同級生にその変化について話してみても、彼らは、「そう?」と答えてくるだけだったが僕は、変わったと確信していた。

（伊坂幸太郎《いさかこうたろう》「非オプティマス」による）

注 「僕」と福生は、これより前の場面で、映画『トランスフォーマー』の中で、司令官オプティマスが車からロボットに変身する話をしていた。

問1 〰〰ⓐ「節」、ⓑ「懺悔」のここでの意味として最もふさわしいものを下の中から選び、それぞれ記号で答えなさい。

ⓐ ア 様子　イ 動作　ウ 時間　エ 機会

ⓑ ア 自分の考えや思いを、周囲の人々に広めること。
イ 正しい行いをするように、相手を諭すこと。
ウ 自分の罪悪を告白し、悔い改めると誓うこと。
エ 自分の味方になるように、相手を説得すること。

問2 ——①「あの時の久保先生は変だった」とありますが、どういうことですか。それを述べた次の文の（　）に入る言葉を本文中から21字で探し、その初めの5字を抜き出して答えなさい。

☆ この時の久保先生は、ふだんと違って、（　　　）ということ。

問3 ——②「理解している僕もいた」とありますが、「僕」はどういうことを理解していたのですか。それを述べた次の文の（　）に入る言葉を、30字以内で答えなさい。

☆ 久保先生が紙袋に入れた手をゆっくりと持ち上げた時に、福生は、どうにかして（　　　）のではないかと思ったのだ、ということ。

問4 本文中の（X）に入る慣用句として最もふさわしいものを次の中から選び、記号で答えなさい。

ア 後ろ髪を引かれる　イ 手に汗を握る
ウ 歯に衣着せぬ　エ 口に糊《のり》する

問5 ——③「潤のお父さんの声は、大人とは思えないほどに震えていて、迷子の子供のようだった」とありますが、それはなぜですか。最もふさわしいものを次の中から選び、記号で答えなさい。

ア 潤が帰ってこないのは自分のせいだと分かって、罪悪感が芽生えたから。
イ 先生が家に来た本当の理由に気づいて、先生といるのが怖くなったから。
ウ 事故に遭って亡くなった人の恋人と対面していることで、緊

こんなことがあるなんて、と相当、驚いたのではないだろうか。そして今日、ここに来た。潤のお父さんに会いに？　何のために？　さっきのあの、久保先生のぴりぴりとした恐ろしさを思い出す。

何か大変なことをするつもりだったのでは？

いや、違う。内心で、頭を左右に振る。

運転手も事故で亡くなったはずだ。先生自身がそう言っていた。潤のお父さんのわけがない。

すると潤のお父さんが、「私が運転していたわけではないんですが」と言った。「ただ、私のせいだったのかもしれません。いえ、かも、じゃないですね。私のせいだったんですよ」

「どういうことですか」久保先生は、棒読みのように言った。

「仕事の出張先で、なんですよ。駅前の横断歩道近くで、私が落とし物をして、拾ってくれた人がいたんです。彼女が、私に返すために道路を渡ってきてくれたんですが、その時に車が」

③潤のお父さんの声は、大人とは思えないほどに震えていて、迷子の子供のようだった。

雨が地面や家の屋根を叩《たた》く音がするだけだ。

久保先生は黙っている。

また、福生と目が合った。髪が濡れている。僕もそうなのだろう。

④頭に当たる雨は、冷たさよりも重さを感じさせた。

福生は無言のまま、何か言いたげに僕に視線を向けた。

何も分からないよ。目でそう答える。

「車とぶつかったあの女性があの後どうなったのか、実はよく分からないんです」

先生は無言だ。

「事故が起きた時、待たせていたタクシーに、気づいたら乗っていました。仕事の用件があったのは事実ですけど、ただ、怖かったんです。逃げてしまったんです。忙しいことをいいことに、事故のことを調べようともしませんでした」

やはり、先生の声は聞こえない。

「ずっと気になっているんです。私はあの時、逃げてしまって。あの女性は、私のせいで事故に遭ってしまったのに。ずっとそのことが心に引っかかっているんですよね。潤には、⑤私のような人間になってほしくないという気持ちが強すぎて、過剰に怒ることもあって」

潤のお父さんはほとんど泣いている。雨のせいかもしれないが、それを隠そうともしていない。

雨が激しくなりはじめ、久保先生が黙っているのか喋《しゃべ》っているのかも把握《はあく》できなくなった。

さすがにこのまま二人も、立ち話を続けているわけにはいかないだろうから、そろそろ解散するはずだ。そうすれば、僕たちは解放されるだろう。

「私は別に、牧師じゃないので」久保先生の声がようやく聞こえた。「ⓑ懺悔《ざんげ》されても」

潤のお父さんは、見放されたかのように一瞬、表情を失った。その後で溜《た》め息を吐く。「誰かに聞いてほしかっただけなんですよ。今日、ずっと悩んでいまして」

「今日」久保先生が呟《つぶや》く。

「はい、今日は特に」

「潤君のお父さんは」久保先生は声を絞《しぼ》り出すようだった。「お父さんは、事故に直接関係したわけではないんですよね」

「考え方によるかもしれません」

「間接的です」久保先生は早口になった。「まったく無関係と言えるかもしれません」

「いえ」

「だから。だけど」久保先生は、言葉を必死で選んでいる。国語のテストで、空欄に言葉を入れていく気持ちになった。だから、なのか、だけど、なのか、それでも、なのか。「そんな風に、ずっと気にしているなんて」

ていたバッグの中から、ノートを取り出した。「連絡帳、忘れて行ったようなので」

そんな忘れ物をわざわざ先生が家にまで持ってくるなんて、今まで聞いたことがない。

わざわざどうもありがとうございます。潤のお父さんは言った。

「潤は今、ミニバスの練習に行ってまして」

「普段なら帰ってくる時間なんですが」潤のお父さんの声は弱々しかった。下を向く。

久保先生はそれを知っていたような気がする。

「ああ、そうでしたか」

「何かあったんですか」

「ああ、いや」潤のお父さんはそこで一回、黙った。何を悩んでいるのだろう、と思うほど悩んでいるⓐ節があって、「少し」と決意したような声を出した。「強く怒ってしまったんです」

「そうですか」久保先生は感情のこもらない声だ。

「良くないと分かっているのに、感情的になってしまいました。男一人で育てているので、いろいろ不安ばかりで」

「うちはお母さん一人だよ」福生がすぐに言った。

余計な一言だったというわけではないだろうが、久保先生はそこで大事なことに気づいたかのように、「ああ、将太と福生は早く帰らないと」と言った。「もう遅いんだから」

嫌です、と反対はできない。

（　X　）、とはこのことかと僕は嚙《か》み締めながら、その場を後にした。思いのほか、福生が物分かりが良かったのは意外だったけれど、やはり裏があって、潤の家から遠ざかると見せかけ、周囲が暗いのをいいことに一つ目の角を曲がった。小走りになり、「将太、将太」と手招きをしてきた。ぐるっと回って、裏手から潤の家に戻ったのだ。

（中略）

「先生、私は時々、自分が嫌になって、八つ当たりのように潤に厳しく当たってしまうんです」

潤のお父さんの声が聞こえたところで、僕たちは静止する。近くにある植木鉢のようなものにぶつかったが、大きな音は出なくてほっとした。

「自分が嫌に、ですか」

「先生に話すようなことではないんですが」潤のお父さんは、体の調子が悪いのだろうか。つらそうな口調だった。

庭木の葉が小さく揺れた。いよいよ、雲が雨を洩《も》らしはじめたのだ。誰にも言えない秘密を抱えきれず、もう無理、と手から落としてしまうみたいだった。

小雨と呼ぶにも、遅いリズムかもしれないが、それでも確実に、雨のしずくが僕たちを濡らしはじめる。

「自分が嫌になるようなことでもあったんですか」

「ええ、ああ、そうなんです」潤のお父さんは言う。

雨に濡れることを気にする様子もない。

何かした？　犯罪とか？　潤のお父さんが？　まさか。僕の頭の中が目まぐるしく動く。

「事故を」

僕の頭には電気が走った。前にいる福生も一緒だろう。ちらっとこちらを振り返ってくる。

久保先生の恋人が亡くなったのは、交通事故で、だ。スピードを上げて走ってきた車にはねられた。ということは、その運転手が、潤のお父さんなのか？　そう閃《ひらめ》いた。先生がここに来たのは、そのためなのか、と思ったところで、僕はぞっとした。あの恐ろしい雰囲気は、その犯人に会うからだったのか。

先生はクラスの担任になった時、潤のお父さんを見かけて、最初の保護者会でだろうか、あの時の運転手だ！　と気づいたのかもしれない。

った恋人の命日であることを生徒たちに話していた。

そうこうしているうちに、潤のお父さんが家の敷地の外に出てきた。久保先生に近づき、頭を下げている。

話を聞きたいものだから、僕と福生はそっと、自分たちこそ忍び込む泥棒のような、抜き足差し足の気分で、近づいた。

いったい何が引っかかったのだろう。

自分でもよく分からなかった。

久保先生があまりにも直立不動で、緊張している様子だったのは気になった。奇妙で、何より不気味に思えた。久保先生の姿ではあるけれど、中身が空っぽ、魂がごっそりないように見えた。

潤のお父さんのほうは笑っていたが、ぎこちない。たぶん、うちのお父さんが先生に会ってもああいう表情を見せるだろう。挨拶《あいさつ》としての笑顔、愛想笑いだ。

久保先生がそこで動いた。持っていた紙袋を地面に置き、腰を屈めてその中に手を入れた。何かを取り出そうとしている。

向き合っている潤のお父さんが、少し怯《おび》えるような、心配するような目で、久保先生を見ている。いったい何の用事でしょうか？　と窺《うかが》っている。

先生が返事をした様子はない。

腰を曲げ、紙袋に入れた手をゆっくりと持ち上げる。

その時だ。甲高い音が響いた。

うわ、と僕は声を上げてしまう。音の発生源は、自分の足元だ。缶ペンケースが道路に落ちて、中の鉛筆が散乱している。

僕の持っていた手提げバッグから、福生が勝手に取り出して、地面に落としていたのだ。どうして、と見れば、福生も驚いている。意識してというよりも、気づいた時にはやっていた、という態度だった。

当然ながら、久保先生と潤のお父さんがこちらを見た。暗い夜の町で鳴る、突然の物音なのだから、注目するのに決まっている。

怒られるぞ、と僕は肩をすくめた。

「ああ、将太と福生」

先生の声が聞こえた。

僕と福生は、その場で逃げるわけにはいかないし、そもそも逃げるほど悪いことはしていないから、久保先生のところに近づくしかなかった。

缶ペンケースが落ちてしまったんです、と説明した。

後で福生は、僕にこう打ち明けた。「分からないけれど、怖かったんだ。久保先生の様子が変だったじゃないか」と。

確かに①あの時の久保先生は変だった。深刻で真剣で、恐ろしかった。

「先生の恋人の命日だったし」

命日という言葉を初めて知った。給食の時の、「二年前の今日」という言葉はそれを指していたのか。

「あのままじゃ、恐ろしいことが起きると思って、どうにかしないと、って。だけど声も出ないし、脚も震えちゃって。将太の手提げバッグに缶ペンが入っていたからとっさに、つかみ出して、落としてたんだ」

どういう理屈なのだ、と思う一方で、②理解している僕もいた。その時の久保先生はとても恐ろしかった。ただ立っているだけなのに、学校とはまるで違う雰囲気で、紙袋に手を入れた瞬間は、ぞっとした。僕たちには背中を向けていたけれど、先生と向き合っている潤のお父さんの顔は見えた。愛想笑いに罅《ひび》が入って、恐怖で顔が固まっていた。

「こんな時間にどうしたんだ」先生が言ってくるけれど、僕は顔を上げられない。

久保先生は、潤のお父さんに僕たちのことを紹介する。潤君の同級生です、と。

「先生こそ、潤の家になんの用だったの」福生は訊《たず》ねた。

あ、ああ、と久保先生は言い、先ほどの紙袋ではなく自分の持っ

我の獲得の際に生じる不安や孤独、無力感そのものが表れているからだということ。

エ　友人と過ごしているときには楽しく過ごすことができても、一人のときに孤独感を味わってしまうのは、自立に伴う不安や孤独、無力感に対して正面から向き合っておらず、克服できていないからだということ。

問5　――④「青年期になると親友を求めるようになる」とありますが、それはなぜですか。最もふさわしいものを次の中から選び、記号で答えなさい。

ア　青年期になって、家からの独立を検討するようになると、利益を度外視して自分に協力を惜《お》しまない存在を求めるようになるから。

イ　青年期になって、親からの干渉を煩わしく感じるにつれて、そこから逃れるのに手助けしてくれる存在を求めるようになるから。

ウ　青年期になって、親とは違う独自の生き方を模索する過程で生じた孤独や不安を、和らげ共有できる存在を求めるようになるから。

エ　青年期になって、将来を考える必要が出てくると、単に楽しく遊ぶだけではなく何でも相談できる存在を求めるようになるから。

問6　――⑤「タテの関係を支えとする生き方からヨコの関係を支えとする生き方への移行が行われる」とは、どういうことですか。80字以内で説明しなさい。

問7　――⑥「自己開示できないでいると、非現実的な不安や妄想に脅かされることになりがちである」のは、なぜだと考えられますか。最もふさわしいものを次の中から選び、記号で答えなさい。

ア　親との障壁が取り除かれないままに依存し続けることになり、新たな自己を発見するような機会が訪れないから。

イ　他人からの受容的な反応を得られず自分に自信が持てないままでいて、新たな自己への気づきも得られないから。

ウ　親しい友だちとの間にも障壁を作ることで自己完結し、想像上の他人を常に想定して自分と比べることになるから。

エ　自分以外の人間がどのような存在かを知ることができず、自己愛が強まって排他的に自分を守るようになるから。

問8　次の場面は、この文章について生徒たちが感想を言い合っているものです。会話中の（Ⅰ）～（Ⅲ）に入る言葉を、Ⅰは6字、Ⅱは4字、Ⅲは10字で、それぞれ本文中から抜き出して答えなさい。

〔生徒A〕　自立をするとき、親との間に（ Ⅰ ）があって、不安や孤独な気持ちが生じるという内容は、ちょうど同じ年代である私たちにとって共感できる内容だったね。

〔生徒B〕　個人的に興味深かったのは、そうした不安の中で、親しい友人に（ Ⅱ ）することで、それを解消しようとするという部分が、自分にも当てはまったことだな。そうしたときは私もよく親しい友人に相談をするよ。

〔生徒C〕　それはうらやましいな。私はこの文章中にもあるように、自分の内面にある（　Ⅲ　）を見透かされたくなくて、他人に素直に心を開けないな。してみたい気持ちも強いんだけど、どうしても抵抗があるんだよね。

〔生徒A〕　私も同じだよ。そういう部分でも共感できて、とても興味深い内容の文章だったと思うよ。

二　次の文章を読み、後の問いに答えなさい。なお、出題の都合で、本文の一部を改変してあります。

小学五年生の「僕」（将太《しょうた》）は、塾の帰り道に学校の担任の久保《くぼ》先生を見かけ、同級生の福生《ふくお》を誘って先生のあとを追いかけ、同級生の潤《じゅん》の家にやってきた。久保先生はふだんぼんやりとしていて、生徒から「うらなり」というあだ名を付けられている。この日の昼の給食の時に、今日が事故で亡くな

ことによって生じる孤独や不安を和らげてくれる存在、この先どんな生き方を選択しどのような自分につくり変えていったらよいかがなかなか見えてこないことによる焦《あせ》りや不安を共有できる存在を求める。

そこで求められるのは、単に楽しく遊ぶだけの友だちではなく、軽いノリのおしゃべりで盛り上がるだけの友だちでもなく、自分の内的葛藤や不安といった暗い内面的な話も含めて何でも話すことのできる親友である。

こうして⑤タテの関係を支えとする生き方からヨコの関係を支えとする生き方への移行が行われることになる。

自分の内面を率直に伝えることを自己開示というが、僕が行った調査でも、児童期までは母親が主な自己開示の相手だが、青年期になると同性の親しい友だちへの自己開示が増え、その両者が主要な自己開示の相手となり、やがて後者が主な自己開示の相手となっていくことが示されている。

親しい友だちに対する自己開示が、とくに青年期を生きるものにとってもつ意義として、つぎのようなものがあげられる。

第一に、親しい友だちに自己開示し、相手から受容的な反応を得ることは、自信につながる。親はまったく違う人生のステージにいるが、友だちは同じような内的経験をしていることが多く、共感的なやりとりになることが多い。それによって、自分はおかしいのではないかといった不安が低減し、気持ちが安定する。

第二に、親しい友だちに自己開示することは、自己への洞察につながる。自己に意識を集中したり、相手からフィードバックを受けることを通じて、今まで気づかずにいた自己の新たな面に気づいたり、もやもやしていたものがはっきりと見えてきたりする。

反対に、⑥自己開示できないでいると、非現実的な不安や妄想に脅かされることになりがちである。

ただし、不安と動揺の中で自己評価がぐらついているだけに、人から心の中を覗かれることに非常に過敏で、他人に対して身構えがちであり、素直に心を開くことには抵抗がある。

そのため、さみしさを痛切に感じ、心の内側までわかり合える相手を切に求めながらも、人を容易に近づけない雰囲気《ふんいき》を醸し出すことになる。

（榎本博明《えのもとひろあき》『「さみしさ」の力』による）

問1　本文中の（X）に入る言葉を自分で考えて、漢字2字で答えなさい。

問2　――①「一抹のさみしさ」とは、どういうことですか。最もふさわしいものを次の中から選び、記号で答えなさい。

ア　青年期に親との間に障壁を築くことで生じる惜別《せきべつ》の情のこと。

イ　独立期に失敗の責任を自分で取るときに生じる悲嘆のこと。

ウ　成長期に自分で自分を律するときに生じるもどかしさのこと。

エ　自立期に第一次的な絆から分離することで生じる疎外感のこと。

問3　――②「より生産的な方法として、フロムは、愛情と仕事をあげている」とありますが、それはなぜですか。60字以内で説明しなさい。

問4　――③「本人の心の中ではそれなりの意味をもっている」とは、どういうことですか。最もふさわしいものを次の中から選び、記号で答えなさい。

ア　成長とともに親に反抗的な態度をとることもあれば、甘えた態度をとることもあるのは、自立への衝動が自我を形成する反面、不安や孤独、無力感に負けて再び依存したいという思いももたらしているからだということ。

イ　自我の確立に伴って母親に反発することもある一方で、甘えることもあるのは、親から離れることで生じる不安や孤独、無力感に対して、少しずつ順応しようとしている気持ちが存在しているからだということ。

ウ　青年期になると情緒不安定になって、気持ちが上向きになるときもあれば、落ち込んでしまうときもあるのは、自立期の自

と同時にこれらの領域がますます総合化されていく。意志と理性とによって導かれる一つの組織された構造が発達する。（中略）個性化のおし進められていく過程は、一面、自我の力の成長ということもできる。」（フロム／日高六郎《ひだかろくろう》訳『自由からの逃走』東京創元社）

ここで個性化というのは、子どもが個として親から自立していくことを指す。

「個性化の過程の他の面は、孤独が増大していくことである。第一次的絆は安定性をもたらし、外界との根本的な統一をあたえてくれる。子どもはその外界から抜けだすにつれて、自分が孤独であること、すべての他人から引き離された存在であることを自覚するようになる。この外界からの分離は、無力と不安との感情を生み出す。（中略）人間は外界の一構成部分であるかぎり、個人の行動の可能性や責任を知らなくても、外界を恐れる必要はない。人間は個人となると、独りで、外界のすべての恐しい圧倒的な面に抵抗するのである。

ここに、個性をなげすてて外界に完全に没入し、孤独と無力の感情を克服しようとする衝動が生まれる。」（同）

フロムは、このように一定の年頃になると心身ともに発達を遂《と》げ、自立への衝動が高まるが、親からの自立には不安と孤独、そして無力感が伴うため、それらに負けて再び依存に身を任せたい衝動に襲われることを指摘している。

だが、いったんこの世に生まれたからには母親の胎内に戻ることができないように、心身が自立できるほどに成長したからには、親との間の絆を前と同じ依存状態に戻すことはできない。

そこで、この不安や孤独、無力感を克服するための、②より生産的な方法として、フロムは、愛情と仕事をあげている。そうすれば、個性を放棄せずに、自立の道を歩むことができる。

親ではなく外の世界のだれかとの間に親密な絆を確立すること、そしてすべきことに没頭できることが自立の鍵を握るというわけである。

学校とかで友だちと一緒に過ごしているときは気が紛れるものの、家でひとりで机に向かっているとき、あるいは布団に入ったときなど、ひとりこの世に投げだされているような寄る辺なさを感じることがあるのではないか。

自立をめぐる葛藤の中で心が揺れ動く。親に反抗したかと思えば、突然甘《あま》えてみたりするような、外からみたら不可解な行動も、③本人の心の中ではそれなりの意味をもっているのである。

そんなとき、親から自立する勇気を与えてくれるのが、思いを分かち合える友だちである。④青年期になると親友を求めるようになるのも、親に言えない、親に言いたくない心の内を共有できる相手がほしくなるからである。

秘密の共有は、自分の殻を部分的に打ち壊し、相手が自分の領域に侵入《しんにゅう》するのを許すことを意味するため、お互いの心理的距離を縮める効果をもつ。だが、そのような相手がすんなりできるわけではない。

青年期の入口では、親の価値観のもとにつくられてきたこれまでの自分のあり方を拒否し、親の分身ではない独自な人間としての生き方を模索するようになる。その際、もう親から干渉されたくないという気持ちが強まるため、親との接触において、ちょっとした言葉にも反発するなど、親からみれば理不尽な反抗的態度が示されがちとなる。

それも、干渉されたくない、自分の判断を大事にしたいといった思いが強まるからだ。ゆえに、干渉を避けるため、親に対して秘密をもつようになる。

そのような親に対する閉鎖的かつ反抗的な構えを取ることによって、主体的自己形成が進行していくことになる。

だが一方で、こうした孤独な課題に取り組んでいる自分の不安や苦しみを一人きりでは支えきれないといった思いも強めていく。

児童期までは気持ちを分かち合ってきた両親との間に障壁を築く

二〇二一年度 城北高等学校（推薦）

【国　語】〈五〇分〉〈満点：一〇〇点〉

（注意）　解答するときには、句読点や記号も一字と数えます。

一　次の文章を読み、後の問いに答えなさい。

これまで一体化していた親との間に心理的な障壁を築くようになると、親との間に心理的距離が生まれる。それによってもたらされるさみしさを埋めるために、だれかに心を開きたくなる。自分のことをわかってくれる人を家の外に求めるようになる。

そうした心の動きが社会適応を促すことになる。いつまでも家の中が一番快適な場であったら、社会に出て行く動機が生まれない。家の外に理解者を求めるのは、社会適応のためには必須の動きと言える。

だが、すんなりとは進まない。それは、だれかにわかってほしいという思いはあるものの、心の中を覗《のぞ》かれたくない、自信のなさや不安定さを見透かされたくない、といった思いもあるからだ。

そのあたりの心理について、心理学者シュプランガーは、つぎのように述べている。

「人間の一生の中で、青年期のように強く了解されたいと要求している時期はない。青年はただ深い了解によってのみ救われることができるものだといってもよいようである。しかしながら幾多の事情が交錯してかかる了解を困難ならしめ、はなはだしきはそれを妨害《ぼうがい》さえしている。すでに青年自身がその周囲の人々の前では注意深く自分の心の奥底を隠している。青年になったという最も見易い心的特徴は、開放ではなくしてかえって閉鎖である。子どもらしい率直と無遠慮がなくなって、最も親しい人々に対してすら黙り込んで遠慮がちとなり、おずおずと避けるようにし、心に触れることをおそれるようになる。」（シュプランガー／原田茂《はらだしげる》訳『青年の心理』協同出版）

このような事情により、青年は、自分の内面をわかってもらいたいという気持ちを強くもちながらも、人に心の内を覗かれるのを恐れて心を閉ざすというように、（　X　）をはらんだ存在様式をとりがちとなる。

このように反抗したり、秘密をもったりして、自立への一歩を踏み出しつつも、そこには不安と①一抹《いちまつ》のさみしさがある。

親を鬱陶《うっとう》しく感じるなら、自立への歩みによって手に入れた自由な境遇《きょうぐう》がほんとうに心地よいかといえば、そういうわけでもない。自分の考えに従って行動するからには責任がかかってくる。自分で自分を律していかなければならない。

自由には責任が伴う。親に従っていれば責任は親にかかってくるが、自分の思うように行動する場合は責任はすべて自分で負わなければならない。

親の言うことを聞いていればそれで済んだ頃と比べて、自分で考えて判断するというのは、思いのほか厳しいものがあるのだ。親に従属しているほうが楽な面もある。

そこで、さらに覚悟を決めて自立の道を歩んでいくか、あるいは手に入れかけた自由を放棄《ほうき》し、親に依存《いぞん》し従属するという安易な道を選ぶか。それによって、その後の人生は大きく違ってくるはずだ。

かつて精神分析《ぶんせき》学の視点から社会心理の分析を行ったフロムの『自由からの逃走』が社会理論として広く読まれたが、これは個人の自立にもあてはまるものである。実際、フロム自身、子どもが親から自立することに伴う葛藤《かっとう》についても論じている。

「子どもが成長し、第一次的絆《きずな》が次第にたちきられるにつれて、自由を欲し独立を求める気持が生まれてくる。（中略）

この過程には二つの側面がある。その一つは子どもが肉体的にも感情的にも精神的にも、ますます強くなっていくということである。これらのおのおのの領域において、強さと積極性が高まっていく。

2021年度／城北高等学校(推薦)

英語解答

1

問1 chose a good man to become her husband

問2 why I have lived for such a long time

問3 daughters of many chiefs

問4 (例)村の人々

問5 (例)村人の命ではなく，私の命をとってください。(21字)

問6 everyone will be safe

問7 ア…T　イ…F　ウ…F　エ…T　オ…F

2

問1 エ　問2 ア

問3 (3)…G　(4)…B　(5)…B　(6)…B

問4 エ

問5 (例)異なった子どもたちの集団を，果物や花の名前で呼びわけること。(30字)

問6 ア scared　イ surprised　ウ cheerful

問7 clean　問8 ウ　問9 イ

問10 イ，オ

3 (1) century　(2) was born　(3) size　(4) free

4

(1) He is old enough to help his father

(2) Is there anything interesting in today's news

(3) It was so cold that I couldn't swim

(4) Tom as well as Ken came to see you

(5) I want you to send him this message

(6) He left his house for school at six

5 (例)Don't forget to take your umbrella with you because it may rain.／It may rain, so don't forget to take your umbrella with you.

数学解答

1 (1) $-18x^4y^3z^2$　(2) 11

(3) ① $3\sqrt{3}-5$　② 2

(4) 4組

2 (1) 84°

(2) ① ∠BCD, ∠ACD, ∠ABD, ∠BFD

② 8　③ $\frac{20}{3}$

3 (1) (6, 12)　(2) $y=x+6$

(3) (11, 17)　(4) (4, 10)

4 右図

5 (1) $\frac{9-\sqrt{5}}{2}$　(2) $t=2$, $\frac{4}{3}$

(例)

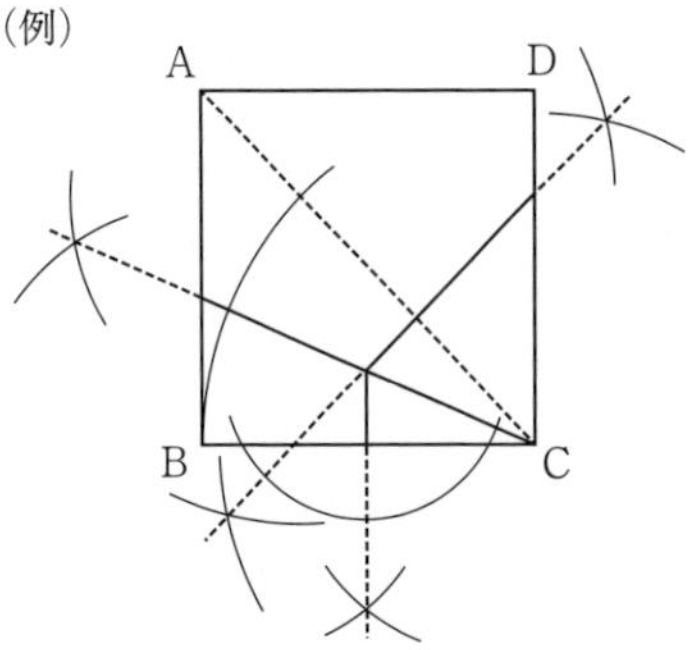

国語解答

一 問1 矛盾　問2 エ

問3 外の世界の誰かと親密な絆を確立し，すべきことに没頭することで，親からの自立に伴う不安や孤独，無力感を解消できるから。(58字)

問4 ア　問5 ウ

問6 親に依存し従属するあり方から，両親との間に障壁を築くことで生じる内的葛藤や不安を，親友に自己開示して共感してもらうあり方へ，変化するということ。(72字)

問7 イ

問8 Ⅰ 心理的な障壁　Ⅱ 自己開示
Ⅲ 自信のなさや不安定さ

二 問1 ⓐ…ア　ⓑ…ウ

問2 中身が空っ

問3 先生の動作を止めないと，何か恐ろしいことが起きてしまった (28字)

問4 ア　問5 エ

問6 Ⅰ 誰にも言えずに抱え込んでいた秘密を久保先生に打ち明ける(27字)
Ⅱ…ウ

問7 イ　問8 ウ

問9 事故のことをきちんと向き合って受け入れ，しっかりとして生きていこうと覚悟を決めた(40字)

三 1 散策　2 堅実　3 波紋
4 閣議　5 摘

2020年度 城北高等学校

【英　語】（60分）〈満点：100点〉

1　次の文章を読み，以下の設問に答えなさい。

When Malala woke up on 16th October, she did not know where she was. She could not see or hear well, and she had a bad headache. She tried to speak, but she could not say a word, because there was a *tube in her neck. When she saw the tubes from her body, she knew that she was in hospital. However, she did not remember the *shooting, or know (1)[with / she / happened / before / who / was / it]. Because her father was not here with her in the hospital, she thought, perhaps he was dead.

Then Dr. Reynolds arrived. She spoke to Malala like a friend, but of course Malala did not know who she was. Dr. Reynolds gave Malala a present, and Malala wrote in a notebook, "Thank you. Why do I have no father ?" Then she wrote: "My father has no money. Who will pay for this ?"

Dr. Reynolds said that Malala's father was safe, and (2)[worry / to / about / not / money / told / her]. But for those first days, Malala had lots of strange dreams, and sometimes in her dreams, (A). She still did not understand why her parents were not there, or why she was in hospital.

The doctors did not tell her about the shooting because (B). But at last, one day, a doctor came into her room with a cellphone and said that they were going to call her parents. Malala was so happy when she heard her father's voice—but she could not say anything to him because she still could not speak.

Again and again, Malala wrote in her notebook to ask the nurses and doctors why she was in hospital, and at last, Dr. Reynolds told her about the shooting. The *bullets hit two other girls in the bus, too, Dr. Reynolds told Malala, but they were fine.

At first, Malala could not think about any of (3)this. She only knew that she wanted to go home. However, day after day, she began to feel a little stronger. She was very bored in the hospital—but when she began to see better, the nurses brought her a DVD player. On her fifth day in *Birmingham, (C), so when she spoke to her parents the next time, they heard her voice at last.

After ten days in the hospital, Malala was much better, so (D). When she looked out at Birmingham, Malala was not very happy. The sky was grey, and the houses all looked the same. Where were the mountains ? However, there was good news for her that day: her mother, father, and brothers were in England at last.

Malala did not cry once in those days when she was in the hospital without her family. However, when they came into her hospital room, (4). Her mother, father and brothers were so happy (5)to be with her, but they were shocked when they saw her face. The doctors said that she would need to have many *operations. Her face would get better, they said—but it would never be the same again. Before the shooting, Malala always loved to look in the mirror and do her hair, but (E). She knew that she was lucky to be *alive.

Malala's family visited her every day, and she soon knew that they were not the only people who were thinking about her. One day, (F). They were from people all around the world. They wanted her to get better and to send her their love.

Eight thousand letters arrived at the hospital while Malala was staying there, and (　G　). World leaders and other famous people wrote to Malala, too like the film star *Angelina Jolie.

Malala had a big operation on her face, and she had to work hard every day and learn to use her arms and legs again. But slowly and slowly, she got stronger. She remembered things at last, and she began fighting with her brothers again! Malala felt different, too — she was not afraid now, and she said that she had a '(　6　)'. She knew that she needed to use it to do important things.

（注） tube：（点滴などに使用する）ゴムなどの管　　shooting：銃撃　　bullet(s)：銃弾
Birmingham：バーミンガム（イングランド中部の工業都市）　　operation(s)：手術
alive：生きている　　Angelina Jolie：アンジェリーナ・ジョリー（アメリカ合衆国の女優）

問１　下線部(1)，(2)について，それぞれの文脈に合うように，与えられた語を並べかえて書きなさい。

問２　（A）～（G）に入る最も適切なものを次のア～キから１つずつ選び，記号で答えなさい。

ア．the nurses moved her to a different room with a window
イ．presents came: things like chocolates and flowers
ウ．she saw a man with a gun, and her father
エ．she was not upset about the changes in her face
オ．they did not want her to be shocked and upset
カ．someone from the hospital brought her a big bag of letters
キ．the doctors took the tube out of her neck and she could talk again

問３　下線部(3)の内容について，25字以内の日本語で答えなさい。ただし，句読点も字数に含めます。

問４　（４）に入る英語を下の日本語を参考にして書きなさい。

彼女は泣くのをとめることができませんでした。

問５　下線部(5)と同じ用法の不定詞を含む文を次のア～エから１つ選び，記号で答えなさい。

ア．Kyoto has a lot of good places to see.
イ．Kenji tried to swim across the river last summer.
ウ．He was sad to hear the news.
エ．I got up early to catch the first train.

問６　（６）に入る最も適切な語句を次のア～エから１つ選び，記号で答えなさい。

ア．kind heart　　イ．wonderful memory
ウ．second life　　エ．funny experience

2　次の文章を読み，以下の設問に答えなさい。

Frank was a quiet old man. He lived alone in a little one-room apartment. Even though he couldn't walk very well, he often took walks around the neighborhood. When he passed one of his neighbors on the street, he always stopped and said "hello" with a bright smile. Other than that, not many people in the neighborhood knew much about him. He went to church every Sunday, but sat at the back and (　A　) silent.

One Sunday at church, it was announced that a new project in the community was starting. The church decided to (　B　) an old *vacant lot into a park. The local *council was going to give some money for the work, but the rest needed to be done with volunteers and donations. After the church service ended, people signed up to volunteer. They were (　C　) to see that Frank's name was already at the top of the list.

Although the community was poor, many people offered the money they could give. (1)It wasn't long (　　) they had enough for the project. Work began a few weeks later. Frank was once in the army and hurt his leg during the war. Because of Frank's bad leg, there wasn't much that he could do. He watched as the men cleaned the land and planted trees. They even made a small pond. Soon enough, the park became a beautiful green area in the gray *concrete desert of the neighborhood.

On the day of the opening of the park, Frank went to talk to the *pastor of the church.

"(2)I'm sorry I haven't been of any help," Frank said.

"It's all right, Frank. I think you helped a lot in your own way," the pastor said.

[ア] "I don't think so. I want to do more. My wife liked flowers very much. I want to plant a garden in her memory," Frank said.

"That's a wonderful idea. There's some money (D) for you to buy flowers. You can start when you want," the pastor said.

The very next day Frank started planting. From that day, Frank was always in the park. He still took his walks every day, but he could always be (E) in the park from early afternoon to sunset. He watered the flowers. Sometimes he took breaks by sitting on the bench by the pond. The children who played around there (F) him "Frank the Flower Man."

One evening, as the sun was setting, some boys came through the *bushes and into Frank's garden. Frank was watering the flowers. The young boys came near him. Frank held out the *hose to them.

[イ] "Would you like a drink from the hose ?" he asked. The boys laughed loudly.

"No way, you crazy old man," the leader of the group said. He took the hose from Frank.

"I'm not thirsty," he said, "but maybe (3)(　　) (　　) !" He turned the hose back at Frank, and he watered Frank from head to foot. Then he pushed Frank to the ground. He took Frank's wallet from his coat pocket and his watch. They ran off through the bushes. They didn't return for several weeks.

One evening, however, Frank heard a sound in the bushes.

[ウ] "Finally come back, have you ?" Frank called out. The leader of the young boys came out of the bushes. He was alone.

"Hey," the boy said. His face looked different from usual. He didn't look confident. Instead, he looked nervous. He held the wallet and watch out to Frank, and he said, "I came to (G) these back to you."

[エ] "Why (4)the change of heart ?" Frank said calmly as he took back his wallet and watch. The boy was watching Frank's injured (5)(　　).

"When I looked in your wallet, I noticed your *Veteran's Card," he began.

"My father was also in the army. He died before I got to know him. I was always angry with him for not being there. I guess that's the reason I get angry with people like you."

"I'm sorry," Frank said, as he remembered (6)the people who never made it back.

The boy *shook his head. "No, it's okay," he said. "I never knew what kind of man he was. Maybe he was just like me—angry. Or maybe he was more like you. But then I thought, maybe he didn't live long enough to find that out for himself. I realized that I have a choice in life. I can choose what kind of person I want to be. I don't want to be (7)(　　) anymore." He stopped for a moment. "I'm sorry."

Before Frank had a chance to reply, the boy was gone. Frank never saw him again.

（注） vacant lot：空き地　council：議会　concrete：コンクリートの　pastor：牧師
bush(es)：低木の茂み　hose：ホース　Veteran's Card：退役軍人証明書　shook：shakeの過去形

問1　下線部(1)が「その計画に十分な資金が集まるのに時間はかかりませんでした。」という内容になるように，空所に入る適切な1語を書きなさい。

問2　下線部(2)のように思う理由を，句読点を含めて20字以内の日本語で書きなさい。

問3　下線部(3)の空所に入る2語を，主語と動詞の組み合わせで書きなさい。

問4　下線部(4)に至る最初のきっかけを表す1文の最初の3語を書きなさい。

問5　下線部(5)の空所に入る本文中の1語を書きなさい。

問6　下線部(6)が表す内容を，句読点を含めて20字以内の日本語で書きなさい。

問7　下線部(7)の空所に入る本文中の1語を，［エ］以降の文中から見つけて書きなさい。

問8　本文中にあるべき次の1文が入る箇所を［ア］～［エ］から1つ選び，記号で答えなさい。

Frank shook his head.

問9　空所（A）～（G）に入る最も適切な動詞を次の中から選び，必要があれば適切な形の1語にして書きなさい。

［leave / surprise / give / turn / call / keep / find］

3　次の日本語の意味に合うように，かっこ内に適語を入れなさい。

(1)　次の日曜日にパーティーをするのはいかがですか？
(　　)(　　) having a party next Sunday?

(2)　彼のおばさんが彼の世話をしているところです。
His aunt is (　　)(　　) him now.

(3)　私たちに会いに来てくれてありがとうございます。
Thank you (　　)(　　)(　　) see us.

(4)　家に帰る途中で，彼を通りで見ました。
(　　)(　　)(　　)(　　), I saw him on the street.

(5)　彼は電車のかわりにバスに乗りました。
He took a bus (　　)(　　) a train.

(6)　ユリは一人で旅行しても十分なお金を持っています。
Yuri has (　　)(　　) to travel alone.

4　次の日本語の意味に合うように，かっこ内の語(句)を並べかえなさい。ただし，文頭にくる語も小文字になっています。

(1)　彼はニューヨークだけでなく，パリにも行って来ました。
He (but / also / not / only / visited / Paris / New York).

(2)　箱の中には何があるか誰も知りません。
(knows / what / in / nobody / the box / is).

(3)　私たちは暗くなる前に帰らなければなりません。
We (come home / must / it / before / gets dark).

5　次の日本語を英語になおしなさい。

(1)　彼女にはカナダ(Canada)出身のおじさんがいます。

(2)　ティム(Tim)と一緒に走っている男の人は私の父です。

【数　学】 （60分）〈満点：100点〉

（注意）　1．コンパス・定規・分度器を使ってはいけません。

2．円周率はπを用いて表しなさい。

1　次の各問いに答えよ。

(1)　$(-3a^2b)^3\times(2ab^2)^2\div(-6a^2b^3)^2$ を計算せよ。

(2)　$a=\sqrt{13}+\sqrt{11}$，$b=\sqrt{13}-\sqrt{11}$，$c=2\sqrt{13}$ のとき，$a^2+b^2-c^2+2ab$ の値を求めよ。

(3)　2つの自然数m，nがある。2つの数の和は2020であり，mを99で割ると商も余りもnになる。
このとき，2つの自然数m，nを求めよ。

(4)　図のような立方体の辺上を，同じ頂点を通ることなく頂点Aから頂点Gまで進む方法は全部で何通りあるか求めよ。

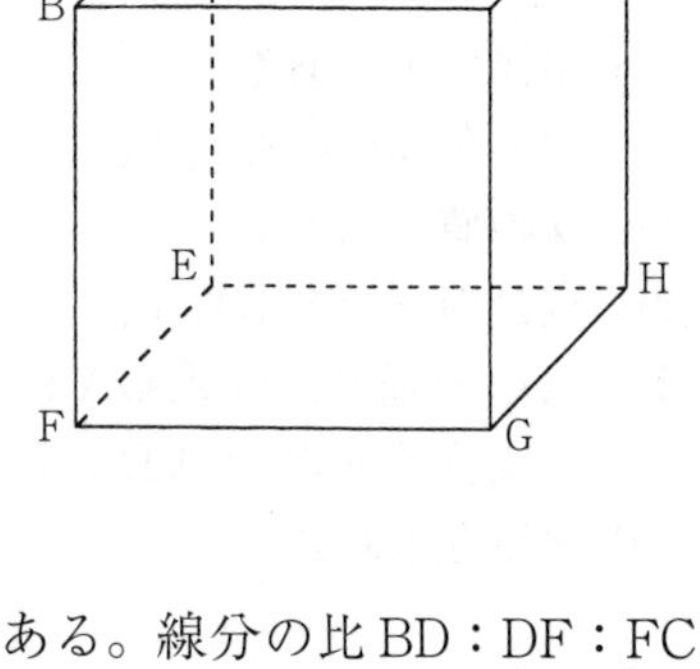

2　次の各問いに答えよ。

(1)　下の図1で，Gは△ABCの重心，BG＝CE，∠BEF＝∠CEFである。線分の比BD：DF：FCを最も簡単な整数で求めよ。

図1

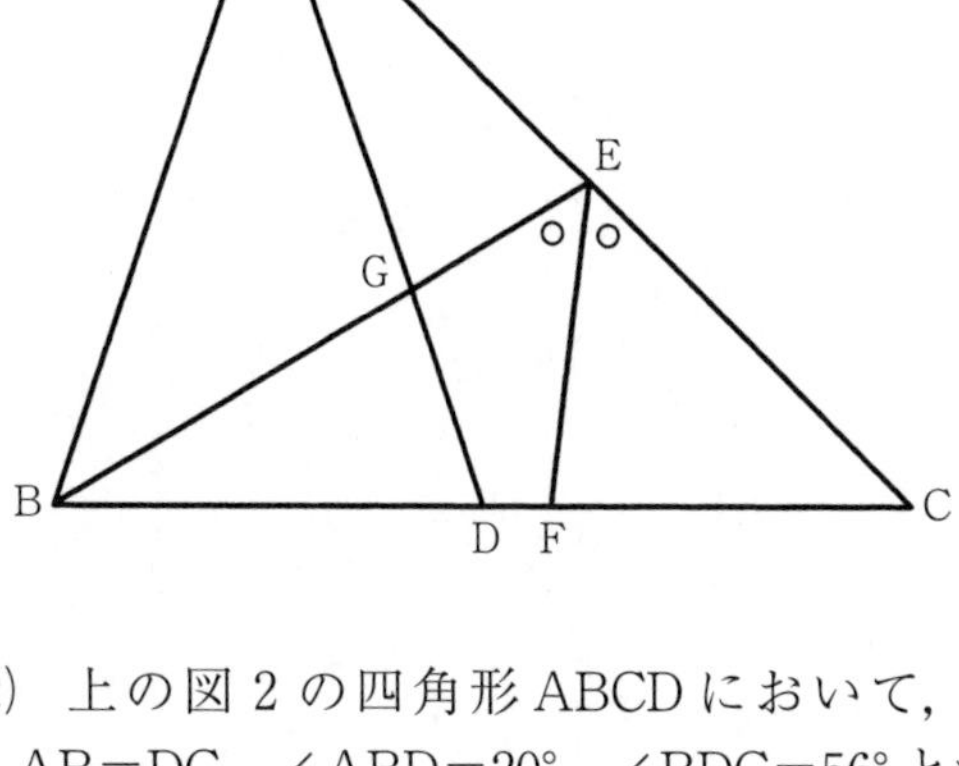

図2

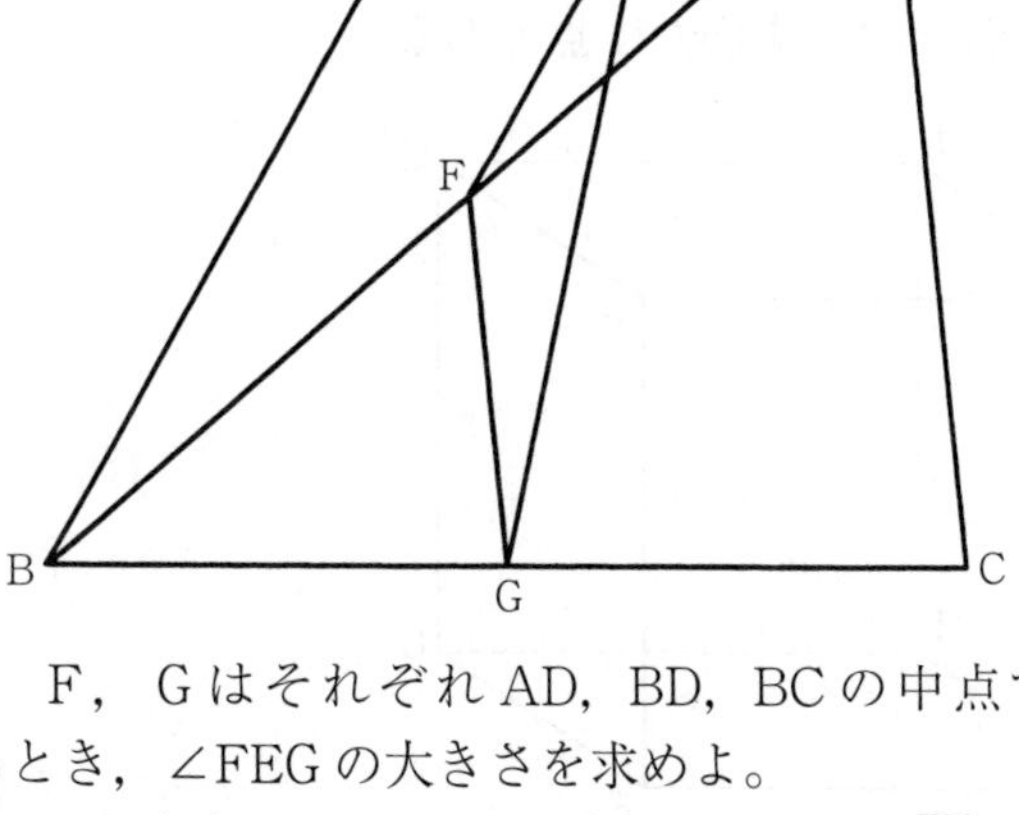

(2)　上の図2の四角形ABCDにおいて，E，F，GはそれぞれAD，BD，BCの中点である。AB＝DC，∠ABD＝20°，∠BDC＝56°とするとき，∠FEGの大きさを求めよ。

(3)　図3のように，円に内接する四角形ABCDがあり，AC∥DEである。AD＝$6\sqrt{3}$，BC＝4，CE＝6，DE＝5のとき，次の問いに答えよ。

①　BDの長さを求めよ。

②　△ABDの面積を求めよ。

図3

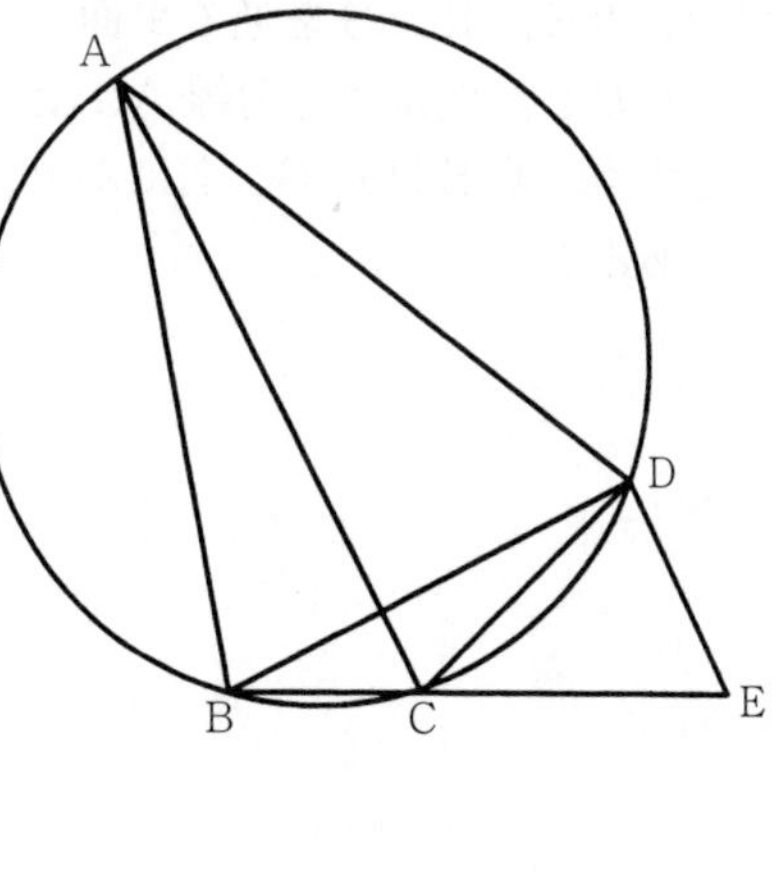

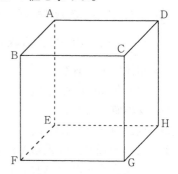

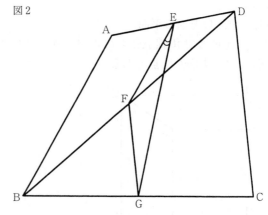

3 　家から 8 km 離れたところに公園がある。弟は時速 4 km で家から公園へ，兄は時速 x km で公園から家へ向かう。今，２人が同時に出発したところ，y 時間後に出会った。

(1)　x と y の関係を表す式を１つ求めよ。

　２人が出会った後，20分で兄は家に着いた。

(2)　x の値を求めよ。

4 　右の図で放物線 $y=ax^2(x\geqq0)$ … ①，放物線 $y=\dfrac{8}{3}ax^2(x\leqq0)$…②，直線 l : $y=x+2$ であり，点Aの y 座標は１である。

　次の各問いに答えよ。

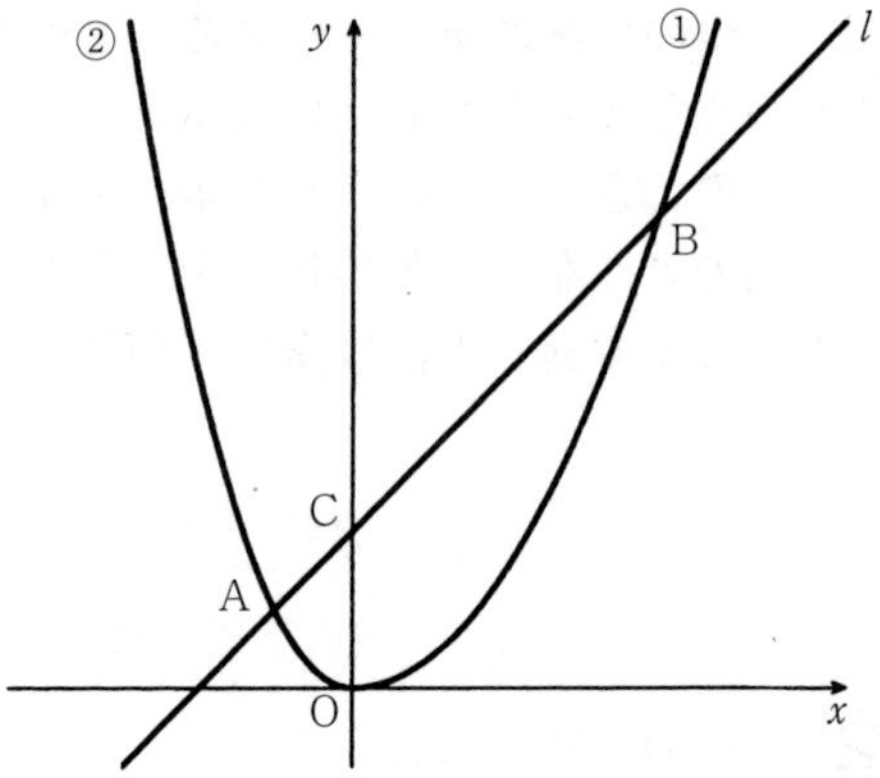

(1)　a の値を求めよ。

(2)　点Bの座標を求めよ。

(3)　点Cを通り，直線OAに平行な直線と放物線①，②との交点をそれぞれD，Eとするとき，四角形ODEAの面積を求めよ。

5 　一辺の長さが12である立方体 ABCD−EFGH を次の条件を満たす平面で切るとき，切り口の面積を求めよ。

(1)　３点E，P，Qを通る平面

　ただし，点Pは対角線 AG 上にあり，AP：PG＝1：4 を満たす点，点Qは辺 AB 上にあり，AQ：QB＝1：1 を満たす点である。

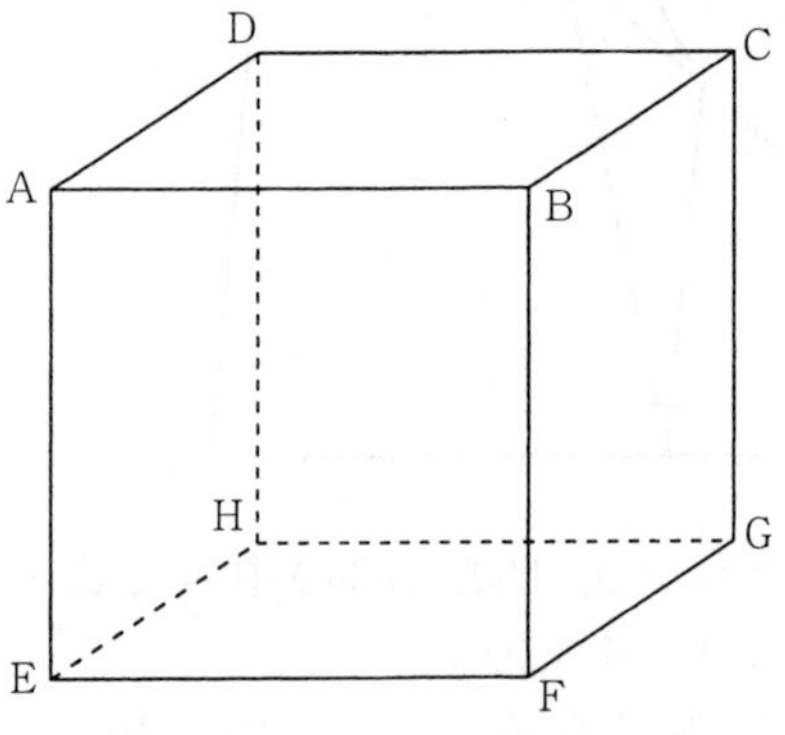

(2)　３点E，R，Sを通る平面

　ただし，点Rは対角線 AG 上にあり，AR：RG＝2：3 を満たす点，点Sは辺 BC 上にあり，BS：SC＝1：2 を満たす点である。

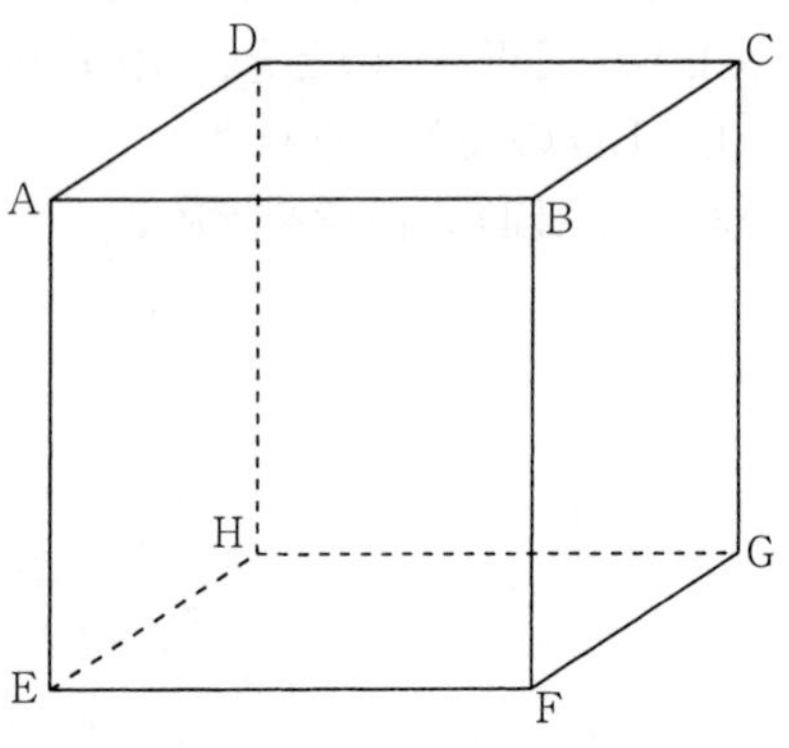

ウ　鯨羊羹で鯨をつくるという目標を密《ひそ》かに抱き続けていけば良いのだと思い始めたから。

エ　論理的には海中に鯨羊羹の鯨がいる可能性を否定できないという事実に気づいたから。

三

次の文章を読んで、後の問いに答えなさい。

伊予の入道は、をさなくより絵をよく書き侍《はべ》りけり。父①うけぬ事になん思へりけり。注1無下に幼少の時、父の家の中門の廊の壁に、かはらけの注2われにて不動の立ち給へる（ａ）を書きたりける（ｂ）を、客人誰とかや注3慥《たし》かに聞きしをⒶ忘れにけり、これを見て、「たがかきて候《さうら》ふにか」と、ⒷおどろきたるⓍ気色にて問ひければ、②あるじうちわらひて、「これはまことしきもののかきたるに候はず。愚息の小Ⓨ童が書きて候《さうらふ》」とⒸいはれければ、③いよいよ尋ねて、「然《しか》るべき天骨とはこれを申し候ふぞ。④この事制し給ふ事あるまじく候」となんいひける。げにもよく絵Ⓓ見知りたる人なるべし。

（『古今著聞集』による）

注1　無下に…ずいぶん
注2　われ…破片
注3　慥かに聞きしを…確かに聞いたはずなのだけれども

問1　＝＝Ⓧ・Ⓨの漢字の読みを、いずれも平仮名3字の現代仮名遣いで答えなさい。

問2　〰〰Ⓐ～Ⓓの主体を次の中からそれぞれ選び、記号で答えなさい。ただし、同じ記号を何度使ってもよいものとする。

ア　伊予の入道　　イ　父　　ウ　客人　　エ　作者

問3　（ａ）（ｂ）に補う形式名詞としてふさわしいものを次の中からそれぞれ選び、記号で答えなさい。

ア　とき　　イ　さま　　ウ　もの　　エ　こと

問4　――①「うけぬ事」の意味として最もふさわしいものを次の中から選び、記号で答えなさい。

ア　受け止めきれないこと
イ　信じられないこと
ウ　笑えないこと
エ　好ましくないこと

問5　――②「あるじ」と同一人物を表す語を、本文中から抜き出しなさい。

問6　――③「いよいよ尋ねて」とありますが、ここから読み取れる「客人」の心情について説明したものとして最もふさわしいものを次の中から選び、記号で答えなさい。

ア　「愚息の小童」の幼さに驚嘆し、その人間性を調べようと考えている。
イ　「愚息の小童」の非凡さを見抜き、その才能に興味を持っている。
ウ　「愚息の小童」の魅力に気づき、もっとその人柄を知りたいと思っている。
エ　「愚息の小童」の無邪気さに触れ、その父にも近づこうとしている。

問7　――④「この事」とは、どのようなことですか。10字以内で説明しなさい。

四

次の文の傍線部を漢字で記しなさい。

1　子どもにカンショウし過ぎる親。
2　彼女は非常にケッペキだ。
3　十分なスイミンをとる。
4　職務タイマンで怒られる。
5　のどがカワく。

羹で鯨をつくる。口にすれば、また笑いものにされるのが落ちだ。しかし、そんな馬鹿げた空想が、健一の心に平静を取り戻させた。口にしなければいいのだ。鯨羊羹に対する新たな想いを胸に、健一はひとり列車に揺られて母の待つ家へ帰った。

（澤西祐典「くじらようかん」による）

問1 本文中の[A]～[D]には一字ずつ身体の一部を表す漢字が入ります。それぞれ考えて答えなさい。

問2 ――①「フェリーの先端」とありますが、なぜ健一は「フェリーの先端」に立っていると考えられますか。40字以内で答えなさい。

問3 ――②「山に囲まれて暮らす健一」とありますが、これとほぼ同じ内容を言い換えた表現を本文中から10字以内で抜き出しなさい。

問4 ――③「将昭がさりげなく止めてくれた」とありますが、ここから健一は将昭のことをどのように捉えていると考えられますか。最もふさわしいものを次の中から選び、記号で答えなさい。

ア　よそから来た健一を先導し、島での安全な遊び方を教えてくれる頼もしい存在。

イ　すぐに危険なことをする健一を注意し、島で親代わりとなっている大切な存在。

ウ　海のことがわかっていない健一を人前では注意しない気遣いのできる優しい存在。

エ　健一のしそうな行動を予見して予防線を張っていく安全志向の強い存在。

問5 ――④「名残惜しさと言いようのない充足感が広がっていた」とありますが、どのような気持ちのことですか。最もふさわしいものを次の中から選び、記号で答えなさい。

ア　日が暮れて島を出なければならなくなった運命を嘆くとともに、丸一日遊ぶという願いが叶って嬉しい気持ち。

イ　子供たちだけの楽園にもう来ないかと思うと寂しいが、もうすぐ鯨羊羹が食べられると楽しみにしている気持ち。

ウ　無人島での楽しい時間が終わってほしくないが、子供だけで一日中のびのびと遊んだことに満足する気持ち。

エ　無人島を去ることは残念だが普段はできない海遊びができ、はるばる尾道に来た甲斐《かい》があったと喜ぶ気持ち。

問6 ――⑤「健ちゃん、まさか鯨羊羹が鯨で出来てるって思うとるんじゃないやろうな」とありますが、伯母とのやりとりの前に、健一が鯨羊羹を鯨から採ると思い込んでいることがわかる表現がいくつかあります。最初に描かれている一文を探し、その最初の5字を抜き出しなさい。

問7 ――⑥「聞こえなかった振りをして、よそ見を決め込んでいる」とありますが、その理由として**考えられないもの**を次の中から選び、記号で答えなさい。

ア　健一の思い違いを将昭までもが指摘して、健一を傷つけたくないから。

イ　健一の常識では考えられない空想に触れたことで、反応に困ったから。

ウ　健一の奇抜な発想に真正面から向き合うと、笑いをこらえきれないから。

エ　健一の風変わりな一面を知り、今までの関係性を見直したくなったから。

問8 ――⑦「反発心」とありますが、具体的には健一のどのような思いのことを指しますか。70字以内で説明しなさい。

問9 ――⑧「健一の心は不思議と落ち着きを取りもどした」とありますが、それはなぜですか。最もふさわしいものを次の中から選び、記号で答えなさい。

ア　電車の進行とともに忌《い》まわしい尾道の海の風景が車窓から見えなくなったから。

イ　将昭たちのもとを離れていくことで笑われた記憶も薄らいでくるように感じたから。

伯母と将昭がいつもの小競り合いをしている間も、健一は鯨羊羹に想いを馳《は》せた。一度でいいから、切りたての鯨羊羹を食べてみたい。舌に唾《つば》が溜《た》まる。切っても切ってもなくならない。いくらでも食べることができる。ほんでも――

「いったい一頭の鯨から、どれだけの鯨羊羹が採れるんじゃろ」

思ったことが、そのまま D を突いて出た。健一は勘定してみようとしたが、本物の鯨を見たことがないので当たりのつけようもなかった。

それでも真剣に考えていると、不意に伯母の笑い声が聞こえ、夢を破られた。

「⑤健ちゃん、まさか鯨羊羹が鯨で出来てるって思うとるんじゃないやろうな」

ほんまに面白いこと考える子やね、と口元を抑えて、必死に笑いを堪《こら》えているが、肩が震えている。

笑かさんといて、と言う伯母の顔が急に他人に見えた。

将昭はどうしていいのかわからないのだろう、⑥聞こえなかった振りをして、よそ見を決め込んでいる。健一は、自分がとんでもない思い違いをしていたことを悟った。

「鯨羊羹は鯨から作るんじゃないで。和菓子の材料で、鯨の皮に似せてるだけや」

大人だったら――少なくとも鯨肉を口にしたことがある人だったら、誰も間違えたりはしなかっただろう。しかし、健一は鯨羊羹が鯨から作られていると信じて疑わなかった。百歩譲って鯨から採られているのではないとして、黒い薄皮部分が鯨と無関係だとは思いもしなかった。

健一は天地がひっくり返るほどの衝撃を受けた。単純に思い違いが恥ずかしかったのではない。自分の上に、まるで世間の理屈が丸ごとのしかかってきたような、耐えがたい辱《はずかし》めを受けているような気がした。自分に知らされていない大きな絡繰《からく》りがあって、自分が失敗を犯すのを、皆が寄ってたかって待ち受けているように感じた。

実際、翌日から、健一は将昭がよそよそしく感じられ、前ほど遊びにも没頭することができなくなってしまった。そうすると、失敗も増える。焦ってうまくやろうと思えば思うほど、前ならできていたことまでできなくなり、釣り餌を魚に取られたり、釣り糸を切ったりして、皆から笑われた。

目頭が熱くなったが、泣いたら負けだと思い、どうにか堪えた。健一の胸には、二つの感情が去来していた。恥ずかしいという屈辱と認めたくないという⑦反発心。誰かに嘲《あざけ》られると、恥ずかしさが津波のごとく押し寄せてきた。ただ一人ぼっちで、世間の荒波にさらされている気持ちだった。

一方で、不和の危機的局面が過ぎさり、落ち着きを取りもどすと、健一の胸に反骨心が芽生えることもあった。子供たちの輪から離れ、海を見ていると、小さな勘違いなどさして重大ごとでなく思えてくる。むしろ、間違っているのはあちらで、笑われるべきは皆の方ではないか。目に見える部分など、ほんのわずかに過ぎない。釣り糸を垂らしてみなければ、海中に何がいるかもわからないのだ。ならば、鯨羊羹の鯨がいても不思議ではあるまい。

そんな風に、筋の通らない理屈を辿《たど》って、健一の心に、怒りがほとばしることもあった。

尾道を離れるとき、そろそろと動きだした電車の窓から海と向島が見えた。いつもは淋《さび》しさが込み上げてくるのに、その日は違った。せわしなく往来する渡し船が行き違い、水面を掻《か》き乱している。じっと堪えていた涙がついにこぼれた。

向島がなぜだか小さく見え、抑えこんでいた想いが溢《あふ》れた。どうしてもいないというのなら、――。

健一は、想像の鯨を車窓から見える海に解き放ってみる。巨大な鯨羊羹が、海面からぬっと姿を現すところを思い浮かべた瞬間、線路の脇に建つ家に阻《はば》まれ、車窓から海が見えなくなった。

それでも、⑧健一の心は不思議と落ち着きを取りもどした。鯨羊

なさい。

ア　ある研究分野において大家と言われる人の意見でも、無批判に受け入れてはいけない。

イ　科学的知見の確からしさを正確に峻別する時は、必ず別の専門家の意見を仰ぐべきだ。

ウ　科学雑誌に紹介されても、それが科学的に１００％証明されたことにはならない。

エ　科学研究は、何かに頼るのではなく自らの理性的なまなざしで行うことが大切である。

二　次の文章を読んで、後の問いに答えなさい。

母親が病気がちだったため、健一は長い休みになると、よく伯母の家に厄介になった。初めのころこそ母が付き添ったが、慣れてくると一人で山陽本線に乗って伯母の家に向かった。尾道に着くすこし前、海と造船所が見えてくると、いよいよだ、と健一は［Ａ］が高鳴り、列車が駅に滑りこむまで船の行き交う穏やかな内海に眺め入った。

改札を出ると、健一はまっすぐ渡船の乗り場へ急いだ。伯母の家は対岸の向島にあった。小さなフェリーが出ると、あっという間に対岸につくが、それでも健一は辛抱しきれなくて、荷物さえなければ泳いで渡るのにと気が急《せ》いた。

①フェリーの先端から向こう岸をじっと見つめていると、たいていの場合、岸辺で釣りをしている子供の一団を見つけることができた。健一が声を張りあげて手を振ると、向こうでもこちらに気づいて、手を振りかえしてくる。いとこの将昭とその友達たちだった。健一は休みの間、彼らと一緒に遊びまわるのだ。日頃、②山に囲まれて暮らす健一にとって、尾道は海があるだけで特別だった。なかでも、伯父さんの漁船に乗せてもらい、無人島へ行くのが何より楽しかった。未明の船に乗りこみ、近くの無人島で降ろしてもらうと、あとは誰にも邪魔されない、子供たちだけの楽園が広がっていた。釣りの［Ｂ］を競ったり、崖から海に飛びこみ、誰が一番高く水しぶきをあげられるかを競い合った。

「健、そこはいけん。底にでかい岩があるけえ」

海に不案内な健一が、危険なことをしそうになると、③将昭がさりげなく止めてくれた。将昭の指摘は、いつも見事に当たった。岩があると言えば、何も見えないように見えた海面の下にたしかに尖《とが》った大岩があり、向こうの方がよく釣れると言えば、その通りになった。生来おっとりとした健一が、伯母のところではのびのびと遊びまわることができたのは、いとこのお蔭《かげ》といってもよかっただろう。

子供たちはお腹がすくと、持ってきた弁当を広げて、青空の下でむさぼった。海の風に当たって食べる弁当は格別おいしかった。そして［Ｃ］の虫が落ち着くと、海遊びを再開させ、夕暮れ時、伯父が船で迎えにくるまで遊び倒した。島を後にするとき、健一の胸には、④名残惜しさと言いようのない充足感が広がっていた。

晩ご飯の後、鯨羊羹《くじらようかん》が出されると、健一は白いもち米をぴったりと覆う薄い皮のような、艶のある黒い錦玉羹《きんぎょくかん》を見て、朝の船出を思い出す。それは未明の海の色に似ていた。美しいとともに、楽しい時間の夜明け。黒々とした暁の海は無表情なうわべに反して、タイやチヌ、キス、アナゴにアコウ、ギザミ、そのほか覚えきれないほど、たくさんの魚を隠している。鯨羊羹の黒い表面の下にも、甘いもち米がたっぷりと控えているのだった。

健一は今日の島での冒険を思い返しながら、鯨羊羹にうっとり眺め入る。あるいは、鯨羊羹が次々切り出されていくところを思い浮かべる。健一にとって、その光景は、昼間に無人島で遊んだ記憶よりも甘美で、真実らしく思える。

「白い米が甘いのが俺はどうも好かんわ」

「そんなこと言って、あんた桜餅は美味しいって食べよるじゃないの」

「あれは餡子《あんこ》が甘いだけじゃ。生地は甘うないけん、平気じゃ」

その膨大な記録の中には当然ながら間違いも多く含まれることになるから。

ウ　科学というものは過去の蓄積をもとに進展させていく性質を持ち、必然的に過去に正しいとされたことでも否定してしまうような面を持つから。

エ　科学というものは常に有益なものを生み出し続けなければならず、間違ったものでも必要であれば正しいものとして取り入れてしまうから。

問2　――②「可塑性」と親和性の高い表現を次の中から**あるだけ全て**選び、記号で答えなさい。

ア　適者生存　　　イ　不動の真理

ウ　漸進的な改変　エ　「原理的に不完全な」科学的知見

オ　最も教条的な宗教的制度

問3　――③とありますが、「科学的知見」には「確度の問題が存在するだけなの」はなぜですか。80字以内で説明しなさい。

問4　――④「正しい認識を持つ」とはどのようなことですか。40字以内で説明しなさい。

問5　――⑤「この権威主義による言説の確度の判定という手法には、どこか拭い難い危うさが感じられる」とありますが、それはなぜですか。最もふさわしいものを次の中から選び、記号で答えなさい。

ア　権威と結びつけることで間違った情報でも安心感を得ようとする手法が、何かを信じ、不安定な状態を脱しておきたいと考えているだけのように感じられるから。

イ　権威主義に基づいて情報の確度を判断するという分かりやすい手法が、とりあえず何かにすがりついて安心したいと考えているだけのように感じられるから。

ウ　権威の高さと情報の確度を同一視して一つの分かりやすい結論を導くという手法が、その情報の多様な解釈の可能性を潰《つぶ》しているだけのように感じられるから。

エ　不具合はあっても権威のある専門家に従っておくという手法が、本来正確でなければならない情報の中に不正確さを招いているだけのように感じられるから。

問6　――⑥「権威主義が〝科学の生命力〟を蝕む性質を持っている」とはどういうことですか。最もふさわしいものを次の中から選び、記号で答えなさい。

ア　物事が停滞し硬直することへの恐れから、可塑的な科学が固定的なものへと変質していく動きを、権威主義が阻害する性質を持っているということ。

イ　科学によってその権威が失墜し、自身の価値が損なわれることを恐れ、権威主義が科学の進歩・発展を阻害する性質を持っているということ。

ウ　人々が理知的に振る舞い、自身の体系から逸脱することを恐れ、権威主義が科学の根底にある理性的な判断を阻害する性質を持っているということ。

エ　自身の権威の失墜や価値の崩壊への恐れから、権威主義が硬直性を生み出し、科学の持つ修正し変わり得る面を阻害する性質を持っているということ。

問7　――⑦「〝信頼に足る情報を集め、真摯に考える〟」とはここではどういうことですか。最もふさわしいものを次の中から選び、記号で答えなさい。

ア　従来の方法や在り方にとらわれることなく、個々人の自由な発想で科学の特徴を考えること。

イ　権威づけされた情報を元に分析をして、先入観なく自らの理性でその意味や仕組みを考えること。

ウ　科学が原理的に不完全であることをよく認識し、自分で信頼できる情報を元に分析し考えること。

エ　情報の確度を正確に峻別しつつ、科学的知見をあるがままに自らの理知的な態度で考えること。

問8　本文の内容と**合致しないもの**を次の中から選び、記号で答え

威主義の最たるものが、科学に従事している研究者の言うことなら正しい、というような誤解であり（それはこのエッセイの信頼性もまた然りなのだが……）、また逆に科学に従事する者たちが、非専門家からの批判は無知に由来するものとして、聖典の寓言《ぐうげん》のような専門用語や科学論文の引用を披露《ひろう》することで、高圧的かつ一方的に封じ込めてしまうようなことも、「科学と社会の接点」ではよく見られる現象である。これまで何度も書いてきたように、科学の知見は決して100％の真実ではないにもかかわらず、である。

こういった人の不安と権威という構図は、宗教によく見られるものであり、「科学こそが、最も新しく、最も攻撃的で、最も教条的な宗教的制度」というポール・カール・ファイヤアーベントの言は、示唆《しさ》に富んでいる。「権威が言っているから正しい」というのは、本質的に妄信《もうしん》的な考え方であり、いかに美辞を弄《ろう》しようと、とどのつまりは何かにしがみついているだけなのだ。

また、もう一つ指摘しておかなければならないことは、⑥権威主義が〝科学の生命力〟を蝕《むしば》む性質を持っていることだ。権威は人々の信頼から成り立っており、一度間違えるとそれは失墜し、地に落ちてしまう。権威と名のつくものは、王でも教会でも同じなのだろうが、この失墜への恐怖感が〝硬直したもの〟を生む。「権威は間違えられない」のだ。また、権威主義者に見られる典型的な特徴が、それを構築する体系から逸脱《いつだつ》するものを頑《かたく》なに認めない、という姿勢である。それは権威主義が本質的に人々の不安に応えるために存在しているという要素があるからであり、権威主義者はその世界観が瓦解《がかい》し、その体系の中にある自分が信じた価値が崩壊する恐怖に耐えられないのである。

現代の民主主義国家では、宗教裁判にかけられたガリレオ・ガリレイの地動説のような、権威主義による強権的な異論の封じ込めはもう起こらないと信じたいが、特定の分野において「権威ある研究者」の間違った学説が、その人が存命の間はまかり通っているというようなことは、今もしばしば見られるようには思う。権威主義に陥《おちい》ってしまえば、科学の可塑性、その生命力が毒されてしまうことは、その意味で、今も昔も変わらない。科学が「生きた」ものであるためには、その中の何物も「不動の真実」ではなく、それが修正され変わり得る可塑性を持たなければならない。権威主義はそれを蝕んでしまう。

そして、何より妄信的な権威主義と、自らの理性でこの世界の姿を解き明かそうとする科学は、その精神性において実はまったく正反対のものである。科学を支える理性主義の根底にあるのは、物事を先入観なくあるがままに見て、自らの理性でその意味や仕組みを考えることである。それは何かに頼って安易に「正解」を得ることとは、根本的に真逆の行為だ。

だから、科学には注5伽藍《がらん》ではなく、注6バザールが似合う。権威ではなく、個々の自由な営為の集合体なのだ。〝科学的に生きる〟ことにとっては、⑦〝信頼に足る情報を集め、真摯《しんし》に考える〟、そのことが唯一大切なことではないかと思う。

（中屋敷　均『科学と非科学』による）

注1　漸進的…段階を追って次第に進む様子。
注2　教条主義…自己の意見に固執し、反対意見に耳を貸さない態度。「教条的」とは、そのさまを表す。
注3　可塑性…変形しやすい性質。
注4　バグ…プログラムの誤りや欠陥。
注5　伽藍…僧侶たちが住んで仏道を修行する、清浄閑静《かんせい》な所。
注6　バザール…市場のこと。種々雑多な品物を売る小店が集まったもの。

問1　――①「科学の歴史を紐解けば、たくさんの間違いが発見され、そして消えていった」理由として最もふさわしいものを次の中から選び、記号で答えなさい。

ア　科学というものはどんなものでも一度は受容する性質を持ち、最終的に正しいものと間違っているものを峻別することになってしまうから。

イ　科学というものは全ての業績を記録しておかなければならず、

く、その仮説がどれくらい確からしいのかという確度の問題が存在するだけなのである。

　では、我々はそのような「原理的に不完全な」科学的知見をどう捉《とら》えて、どのように使っていけば良いのだろうか？　一体、何が信じるに足るもので、何を頼りに行動すれば良いのだろう？　優等生的な回答をするなら、より正確な判断のために、対象となる科学的知見の確からしさに対して、④正しい認識を持つべきだ、ということになるのだろう。

「科学的な知見」という大雑把《おおざっぱ》なくくりの中には、それが基礎科学なのか、応用科学なのか、成熟した分野のものか、まだ成長過程にあるような分野なのか、あるいはどんな手法で調べられたものなのかなどによって、確度が大きく異なったものが混在している。ほぼ例外なく現実を説明できる非常に確度の高い法則のようなものから、その事象を説明する多くの仮説のうちの一つに過ぎないような確度の低いものまで、幅広く存在している。それらの確からしさを正確に把握して峻別《しゅんべつ》していけば、少なくともより良い判断ができるはずである。

　たとえば、近年、医学の世界で提唱されているevidence-based medicine（ＥＢＭ）という考え方では、そういった科学的知見の確度の違いを分かりやすく指標化しようとする試みが行われている。

（中略）

　しかし、こういった非専門家でも理解しやすい情報が、どんな科学的知見に対しても公開されている訳ではもちろんないし、科学的な情報の確度というものを単純に調査規模や分析《ぶんせき》方法といった画一的な視点で判断して良いのか、ということにも、実際は深刻な議論がある。一つの問題に対して専門家の間でも意見が分かれることは非常に多く、そのような問題を非専門家が完全に理解し、それらを統合して専門家たちを上回る判断をすることは、現実的には相当に困難なことである。

　こういった科学的知見の確度の判定という現実的な困難さに忍《しの》び寄って来るのが、いわゆる権威主義である。たとえばノーベル賞を取ったから、『ネイチャー』に載った業績だから、有名大学の教授が言っていることだから、といった権威の高さと情報の確度を同一視して判断するというやり方だ。この手法の利点は、なんと言っても分かりやすいことで、現在の社会で「科学的な根拠」の確からしさを判断する方法として採用されているのは、この権威主義に基づいたものが主であると言わざるを得ないだろう。

　もちろんこういった権威ある賞に選ばれたり、権威ある雑誌に論文が掲載されるためには、多くの専門家の厳しい審査があり、それに耐えてきた知見はそうでないものより強靭さを持っている傾向が一般的に認められることは、間違いのないことである。また、科学に限らず、音楽家であろうが、塗師《ぬし》であろうが、ヒヨコ鑑定士であろうが、専門家は非専門家よりもその対象をよく知っている。だから、何事に関しても専門家の意見は参考にすべきである。それも間違いない。多少の不具合はあったとしても、どんな指標も万能ではないし、権威主義による判断も分かりやすくある程度、役に立つなら、それで十分だという考え方もあろうかと思う。

　しかし、なんと言えばよいのだろう。かつてアインシュタインは「何も考えずに権威を敬うことは、真実に対する最大の敵である」と述べたが、⑤この権威主義による言説の確度の判定という手法には、どこか拭《ぬぐ》い難い危うさが感じられる。それは人の心が持つ弱さと言えばいいのか、人の心理というシステムが持つ注4バグ、あるいはセキュリティーホールとでも言うべき弱点と関連した危うさである。端的に言えば、人は権威にすがりつき安心してしまいたい、そんな心理をどこかに持っているのではないかと思うのだ。拠りどころのない「分からない」という不安定な状態でいるよりは、とりあえず何かを信じて、その不安から逃れてしまいたいという指向性が、心のどこかに潜んでいる。権威主義は、そこに忍び込む。

　そして行き過ぎた権威主義は、科学そのものを社会において特別な位置に置くことになる。「神託を担う科学」である。倒錯した権

二〇二〇年度 城北高等学校

【国　語】（六〇分）〈満点：一〇〇点〉

（注意）　解答するときには、句読点や記号も一字と数えます。

一　次の文章を読んで、後の問いに答えなさい。

科学と生命は、実はとても似ている。それはどちらも、その存在を現在の姿からさらに発展・展開させていく性質を内包しているという点においてである。その特徴的な性質を生み出す要点は二つあり、一つは過去の蓄積をきちんと記録する仕組みを持っていること、そしてもう一つはそこから変化したバリエーションを生み出す能力が内在していることである。この二つの特徴が注1漸進的《ぜんしんてき》な改変を繰り返すことを可能にし、それを長い時間続けることで、生命も科学も大きく発展してきた。

だから、と言って良いのかよく分からないが、①科学の歴史を紐《ひも》解けば、たくさんの間違いが発見され、そして消えていった。科学における最高の栄誉とされるノーベル賞を受賞した業績でも、後に間違いであることが判明した例もある。たとえば1926年にデンマークのヨハネス・フィビゲルは、世界で初めて「がん」を人工的に引き起こす事に成功したという業績で、ノーベル生理学・医学賞を受賞した。しかし、彼の死後、寄生虫を感染させることによって人工的に誘導したとされたラットの「がん」は、実際には良性の腫《しゅ》瘍《よう》であったことや、腫瘍の誘導そのものも寄生虫が原因ではなく、餌《えさ》のビタミンA欠乏が主因であったことなどが次々と明らかになった。

ノーベル賞を受賞した業績でも、こんなことが起こるのだから、多くの「普通の発見」であれば、誤りであった事例など、実は枚挙にいとまがない。誤り、つまり現実に合わない、現実を説明していない仮説が提出されることは、科学において日常茶飯事であり、2013年の『ネイチャー』誌には、医学生物学論文の70％以上で結果を再現できなかったという衝撃的なレポートも出ている。

しかし、そういった玉石混交の科学的知見と称されるものの中でも、現実をよく説明する「適応度の高い仮説」は長い時間の中で批判に耐え、その有用性や再現性故に、後世に残っていくことになる。そして、その仮説の適応度をさらに上げる修正仮説が提出されるサイクルが繰り返される。それはまるで生態系における生物の「適者生存」のようである。ある意味、科学は「生きて」おり、生物のように変化を生み出し、より適応していたものが生き残り、どんどん成長・進化していく。それが最大の長所である。現在の姿が、いかに素晴らしくとも、そこからまったく変化しないものに発展はない。

注2教条主義に陥らない〝②注3可塑性《かそせい》〟こそが科学の生命線である。

しかし、このことは「科学が教えるところは、すべて修正される可能性がある」ということを論理的必然性をもって導くことになる。科学の進化し成長するという素晴らしい性質は、その中の何物も「不動の真理」ではない、ということに論理的に帰結してしまうのだ。たとえば夜空の星や何百年に1回しかやってこない彗星《すいせい》の動きまで正確に予測できたニュートン力学さえも、アインシュタインの一般相対性理論の登場により、一部修正を余儀なくされている。法則中の法則とも言える物理法則でさえ修正されるのである。科学の知見が常に不完全ということは、ある意味、科学という体系が持つ構造的な宿命であり、絶え間ない修正により、少しずつより強靭《きょうじん》で真実の法則に近い仮説ができ上がってくるが、それでもそれらは決して100％の正しさを保証しない。

より正確に言えば、もし100％正しいところまで修正されていたとしても、それを完全な100％、つまり科学として「それで終わり」と判定するようなプロセスが体系の中に用意されていない。どんなに正しく見えることでも、それをさらに修正するための努力は、科学の世界では決して否定されない。だから③科学的知見には、「正しい」or「正しくない」という二つのものがあるのではな

英語解答

1
問1 (1) who she was with before it happened
(2) told her not to worry about money
問2 A…ウ　B…オ　C…キ　D…ア　E…エ　F…カ　G…イ
問3 自分が2人の少女とともにバスの中で銃撃されたこと。(25字)
問4 she could not stop crying
問5 ウ　問6 ウ

2
問1 before
問2 足が悪くて，できることがあまりないから。
問3 you are
問4 When I looked　問5 leg
問6 戦争から戻ってこられなかった人たち。
問7 angry　問8 ア
問9 A kept　B turn　C surprised　D left　E found　F called　G give

3
(1) How〔What〕about
(2) looking after
(3) for coming to
(4) On my way home
(5) instead of
(6) enough money

4
(1) visited not only New York but also Paris
(2) Nobody knows what is in the box
(3) must come home before it gets dark

5
(1) She has an uncle who comes〔is〕from Canada.
(2) The man running with Tim is my father.

1〔長文読解総合―ノンフィクション〕

≪全訳≫❶10月6日に目覚めたとき，マララは自分がどこにいるのかわからなかった。目がよく見えず，耳もよく聞こえず，ひどい頭痛がした。話そうとしたが，言葉を発することができなかった。首に管が入っていたからだ。体から出ている管を見て，自分は病院にいるのだとわかった。しかし，彼女は銃撃のことは覚えていなかった。いや，それが起こる前に誰と一緒にいたのかもわかっていなかった。父親は彼女と一緒にそこに入院してはいなかったので，たぶん死んだのだと彼女は思った。❷そのときレイノルズ先生がやってきた。彼女はマララに友達のように話しかけたが，もちろんマララには彼女が誰なのかわからなかった。レイノルズ先生がマララにプレゼントを渡すと，マララはノートに「ありがとう。どうして父はいないのですか？」と書いた。さらにこうも書いた。「父にはお金がありません。これは誰が支払うんでしょうか」❸レイノルズ先生は，マララの父親は無事であると言い，さらにお金の心配はしないように言った。だが最初の数日間，マララは何度も不思議な夢を見て，ときにはその夢の中で$_A$銃を持った男と，父親の姿を見た。彼女はまだ，なぜ両親がそこにいないのか，そしてなぜ自分が入院しているのか理解していなかった。❹医師たちは，$_B$彼女にショックを受けたり取り乱したりしてほしくなかったので，銃撃のことは教えなかった。しかしとうとう，ある日，1人の医師が携帯電話を手に彼女の病室に入ってきて，彼女の両親に電話するつもりだと言った。マララは父親の声を聞いてとてもうれしかった――しかし，彼女はまだ話すことができなかったので，父親に何も言うことができなかった。❺マララが何度も何度もなぜ自分が入院しているのかを看護師や医師たちに尋ねるためにノートに書いていると，とうとう，レイノルズ先生が彼女に銃撃のことを話した。銃弾がバスに乗っていた他の２人の少女にも当たったが，彼女たちは無事だと，レイノルズ先生はマララに話した。❻最初，マララはこのどれについても考えることができなかった。彼女にわかっていたのは，自分が家に帰りたいと思っていることだけだった。しかし，日々，彼女は少し健康になったと感じ始めた。病院の生活に飽き飽きしていた――が，彼女が前より目が見え始めると，看護師たちがDVDプレーヤーを持ってきてくれた。バーミンガムでの５日目に，$_{\rm C}$医師が彼女の首から管を外して，彼女はまた話せるようになったので，次に両親と話したときに彼らはようやく彼女の声を聞いたのだった。❼入院して10日後，マララはずいぶんよくなったので，$_{\rm D}$看護師たちは彼女を窓のある別室に移動させた。外のバーミンガムの様子を眺めていても，マララはあまり楽しくはなかった。空は灰色だし，家々はどれも同じに見えた。山はどこなの？　ところが，その日彼女に良い知らせがあった。お母さん，お父さん，兄弟たちがやっとイングランドに来たのだ。❽マララは家族のいない病院に入院していたときでも，一度も泣かなかった。しかし，家族が彼女の病室に入ってきたときは，彼女は泣くのをとめることができなかった。母親，父親，兄弟たちは，彼女とともにいられることをとても喜んだが，彼女の顔を見るとショックを受けた。医師たちは，彼女は何度も手術を受ける必要があるだろうと言った。彼女の顔はもっと良くなるだろう――が，決してもとどおりにはならない，と言った。銃撃の前，マララは鏡で自分の顔を見るのが大好きだったし，髪を整えるのも大好きだったが，$_{\rm E}$自分の顔の変わりようにうろたえたりはしなかった。生きていることが幸運なのだとわかっていたのだ。❾マララの家族は毎日彼女のもとを訪れたが，すぐに彼女は，自分のことを考えてくれている人は家族だけではないということを知った。ある日，$_{\rm F}$病院の人が彼女に手紙の入った大きな袋を持ってきてくれた。それは世界中の人々からのものだった。人々は彼女に元気になってほしくて，自分たちの愛を届けたいと思ったのだった。❿マララが病院にいる間に，8000通の手紙が届き，さらに$_{\rm G}$プレゼントも届いた。チョコレートや花，といったものだ。世界の指導者や，その他の有名人もマララに手紙を書いてくれた。映画スターのアンジェリーナ・ジョリーなどである。⓫マララは顔に大手術を受け，毎日一生懸命に努力して，再び腕や足を使えるようにしなければならなかった。でもゆっくりゆっくり，彼女は回復していった。ついに物事を思い出し，また兄弟たちとけんかもし始めたのだ。マララは別の人間になったとも感じていた――もう恐れてはいなかったし，「第二の人生」を送るのだと彼女は言った。大事なことをするためにそれを使う必要があるのだと，彼女にはわかっていたのだ。

問１＜整序結合＞⑴まず，下線部直前のorがrememberとknowという２つの動詞を結んでいることをつかむ(did not remember ～ or (did not) know … という形)。whoは先行詞となる名詞がないので疑問詞ととらえ，‘疑問詞＋主語＋動詞...’の語順の間接疑問の形がknowの目的語になると考える。‘主語＋動詞’は，she wasとit happenedの２つが考えられるが，who it happenedでは意味をなさないのでwho she wasとする。また，これとは別にbefore it happenedがまとまる。残ったwithは，wasの後に置いて，who she was withとして「彼女が誰と一緒にいたか」とまとめる。　⑵‘tell＋人＋not to ～’「〈人〉に～しないように言う」の形にまとめる。　worry about ～「～を心配する」

問2＜**適文選択**＞A．銃撃された後の病院で，彼女が夢に見たものと考えられるウが入る。　B．マララに銃撃事件のことを伝えない理由と考えられるオが適する。　C．マララはそれまで首に管を入れられていたので声が出ず，話すことができなかったが，この後，「両親と話した」とあることから，ここで管がはずされ再び話せるようになったことがわかる。　D．この後，病院の窓から見えるバーミンガムの街の様子が描写されていることから，病状が回復に向かったことで，窓のある別の部屋に移ったことがわかる。　E．マララの顔が銃撃によって変わってしまったことを述べている場面。直前の but に着目。銃撃前は鏡を見ることが好きだったが，自分の顔の変化を知った後も取り乱すことはなかったのである。　F．彼女のことを心配してくれるのは家族だけではなく，他にも大勢いた。それがわかったのは世界中の人々からたくさん手紙が送られてきたからである。　G．手紙のほかにプレゼントも届いた，となるイが適切。

問3＜**指示語**＞この this は直前でレイノルズ先生がマララに伝えた内容を受けている。つまり，マララは銃撃を受けて負傷し，他にも2人の少女が被害に遭ったこと。これを指定の字数以内にまとめる。

問4＜**和文英訳**＞主語は「彼女は」の she。文の途中なので，小文字で始めることに注意。「～することができなかった」は could not〔couldn't〕～。was not〔wasn't〕able to ～ としてもよい。「～するのをとめる」は stop ～ing で表せる。「泣く」は cry で，ing 形は crying。

問5＜**用法選択**＞下線部は，「～して」という意味で，直前の happy という‘感情の原因’を表す副詞的用法。これと同じ用法はウ．「彼はその知らせを聞いて悲しかった」。　ア．直前の名詞 places を修飾する形容詞的用法。「京都には見るべき良い場所がたくさんある」　イ．直前の動詞 tried の目的語になる名詞的用法。「ケンジは去年の夏その川を泳いで渡ることに挑戦した」　エ．「～するために」の意味で‘目的’を表す副詞的用法。「私は始発電車に乗るために早く起きた」

問6＜**適語句選択**＞マララは体が回復していくにつれ，もとどおりの自分を取り戻すとともに，また別の自分になっていることも感じていた。一度は失いかけた命。そこから生還したことで，「第二の人生」を得たと考えたのである。

2〔**長文読解総合―物語**〕

≪**全訳**≫❶フランクは物静かな老人であった。小さなワンルームのアパートに1人で暮らしていた。あまりしっかりと歩くことはできなかったが，よく近所を散歩していた。通り沿いのご近所の1軒の前を通り過ぎるときには，いつも立ち止まり明るい笑顔で「こんにちは」と言った。それ以外に，ご近所で彼のことをよく知っている人は多くなかった。彼は毎週日曜日に教会に通っていたが，後ろの席に座ってずっと黙っていた。❷ある日曜日の教会で，その地域の新たな計画が始まることが発表された。教会は古い空き地を公園に変えることを決めた。地元議会はその事業にある程度の資金を出す予定だったが，残りの分はボランティアや寄付で賄われる必要があった。礼拝が終わった後で，人々はボランティアに登録した。フランクの名前がすでに名簿の一番上にあるのを見て，皆驚いた。❸その地域は貧しかったが，大勢の人が自分に出せるお金を差し出した。その計画に十分な資金が集まるのに時間はかからなかった。作業は数週間後に始まった。フランクはかつて軍隊にいて，戦争中に足を負傷した。足が不自由なせいで，彼にできることは多くなかった。彼は男性たちが地面を清掃して木を植えるのを見守った。彼らは小さな池までつくった。すぐに，公園は付近の灰色のコンクリート砂漠の中にある美しい緑の空間になった。[4]公園のオープンの日，フランクは教会の牧師と話をしに行った。[5]「何もお手伝いできずにすみません」とフランクは言った。[6]「いいんですよ，フランク。あなたなりのやり方で十分に手伝ってもらったと思いますよ」と牧師は言った。[7]フランクは首を振った。「そんなことはないと思います。もっとやりたいのです。妻は花が大好きでした。彼女をしのんで，花壇に植物を植えたいのですが」とフランクは言った。[8]「それはすばらしいアイデアです。あなたが花を買えるぐらいのお金は残っていますよ。やりたいときに始めてかまいません」と牧師は言った。[9]まさにその翌日にはフランクは植物を植え始めた。その日から，フランクはいつも公園にいた。毎日の散歩は続けていたが，午後早くから日暮れまではいつも公園で姿を見かけることができた。花には水をやった。ときには池のそばのベンチに座って休憩した。その辺りで遊ぶ子どもたちは彼のことを「花男フランク」と呼んだ。[10]ある夕方，日が沈みかけた頃，少年たちが茂みを抜けてフランクの花壇に入った。フランクは花に水をやっていた。少年たちが彼に近づいた。フランクは彼らにホースを差し出した。[11]「ホースの水を飲みたいのかい？」と彼は尋ねた。少年たちは大声で笑った。[12]「まさか，頭のおかしいじいさんだ」とグループのリーダーが言った。彼はフランクからホースを取った。[13]「俺は喉は渇いてない」と彼は言った。「でもきっとあんたは渇いてるだろ！」 彼はホースをフランクに向けると，フランクの頭から足まで水をかけた。そしてフランクを地面に押し倒した。彼はフランクの上着のポケットの財布と，腕時計を奪った。彼らは茂みを抜けて逃げていった。数週間戻ってこなかった。[14]ところがある夕方，フランクは茂みで物音を聞いた。[15]「やっと戻ってきたのかい」とフランクは呼びかけた。少年たちのリーダーが茂みから出てきた。彼は１人だった。[16]「おい」と少年は言った。彼の顔はいつもとは違って見えた。自信がある感じではなかった。そうではなく，不安そうだった。彼は財布と腕時計をフランクに差し出して，言った。「これをあんたに返しに来た」[17]「なぜ気が変わったのかね？」と，財布と腕時計を受け取りながらフランクは穏やかに言った。少年はフランクの傷ついた足を見つめていた。[18]「あんたの財布の中を見たら，退役軍人証明書が入っていたから」と彼は話し始めた。[19]「俺の親父も軍隊にいたんだ。俺が親父のことをわかるようになる前に死んだ。親父がいないことに俺はいつも怒ってた。それが，あんたのような人に腹が立つ理由なんだろうな」[20]「申し訳ない」とフランクは言った。戻ってこられなかった人たちのことを思い出しながら。[21]少年は首を振った。「いや，いいんだ」と彼は言った。「俺はこれまで一度も親父がどんな人だったのか知らなかった。もしかしたら俺みたいな――怒ってるやつだったかもしれないな。いや，ひょっとしたらむしろあんたみたいだったかもな。でもそれで思ったんだ。たぶん親父は自分でそれがわかるぐらいの年月を生きていなかったと。俺には自分で人生の選択をする権利があるとわかった。どんな人になりたいかを自分で選択できるんだ。もうこれ以上怒っていたくなんかない」 彼は一瞬間をあけた。「ごめん」[22]フランクが答える間もなく，少年は行ってしまった。フランクは再び彼に会うことはなかった。

問１＜適語補充＞「～する前に」の意味の接続詞beforeが入る。It is not long before ～で「～に長くはかからない，ほどなく〔すぐに〕～」という決まった表現。主語のItは‘時間’を表す文で用いるもので，「それは」という意味はない。

問２＜文脈把握＞第３段落第４～６文参照。フランクは戦争に行って足を負傷し，今も不自由なので，他の人が肉体労働をしていても，フランクにはそれを見守ることしかできず，心苦しく思っていたのである。

問３＜**適語句補充**＞フランクに水を飲みたいのかときかれて，I'm not thirsty「俺は喉は渇いてない」と言った直後の少年の言葉。この後，フランクに向かって水を浴びせかけていることに注目。I'm not thirsty, but maybe you are (thirsty)！ということ。thirsty は繰り返しとなるので省略されている。

問４＜**要旨把握**＞前にフランクに悪態をついて，財布と腕時計を持ち去った少年が，それらをフランクに返しに来た。そういう気持ちになったのはなぜか。この後に続く内容から，きっかけとなったのは，父親を戦争でなくした少年がフランクの退役軍人証明書を見たことであるとわかる。

問５＜**適語補充**＞下線部の空所を含む Frank's injured (　) は，「フランクの負傷した(　)」という意味。この injured は「負傷した，けがをした」という意味の形容詞。第３段落にあるとおり，フランクは戦争で leg「足」を負傷して不自由になっている。

問６＜**語句解釈**＞make it は「成功する，うまくやる」という意味。ここから make it back で「帰ってくる，戻ってくる」という意味になる。文脈からこの意味は推測できる。フランクは少年の父親と同じように死んでいった仲間のことを思い出したのである。

問７＜**適語補充**＞少年が，今後どんな人間でありたいかを述べる場面。いつも angry「怒って」いたという少年が，心変わりをして今までとは違う人間，つまり angry ではない人間になりたいと思っていることが読み取れる。　not ～ anymore「これ以上～ない」

問８＜**適所選択**＞脱落文の意味は「フランクは首を振った」。これは相手の言ったことに同意しないことを表す動作。空所の直後に「私はそうではないと思う」とあるアが適切。

問９＜**適語選択・語形変化**＞Ａ．フランクは quiet「物静か」な人である。教会で「ずっと黙っていた」と考えられる。'keep＋形容詞'「～(の状態)のままである」の形。前にある sat に合わせて過去形にする。　keep－kept－kept　　Ｂ．'turn ～ into …' で「～を…に変える」。'decide＋to不定詞'「～することに決める」の形。　　Ｃ．目立たないフランクの名前がボランティアリストの一番上にあったので人々は「驚いた」のである。　be surprised to ～「～して驚く」　　Ｄ．花壇に植物を植えたいというフランクに対する牧師の言葉。前後の内容から，議会の出した資金と寄付で集めたお金がまだ「残されて〔＝残って〕」いると考えられる。'名詞＋過去分詞＋語句' の形(過去分詞の形容詞的用法)。　leave－left－left　　Ｅ．フランクはいつも公園にいるようになったのだから，いつもその姿が公園で「見られた」のである。'be動詞＋過去分詞' の受け身形にする。find－found－found　　Ｆ．空所の後の him はフランクのこと。him＝"Frank the Flower Man" なので，'call＋A＋B'「AをBと呼ぶ」の形にする。過去形にする。　　Ｇ．少年は奪った財布と腕時計をフランクに差し出している。つまり，それらを「返し」に来たのである。'give＋物＋back to＋人'「〈人〉に〈物〉を返す」の形。'目的' を表す to不定詞の副詞的用法なので原形で入る。

３〔**和文英訳―適語補充**〕

(1) How〔What〕about ～ing？で「～するのはいかがですか」と相手に '提案' する表現。

(2)「～の世話をする」は take care of ～ または look after ～ で表せる。ここは空所の数から後者が適切。「～しているところです」は 'is/am/are＋～ing' の現在進行形で表す。

(3) Thank you for ～ing で「～してくれてありがとう」。「～に会いに来る」は come to see ～。この

comeが前置詞forの後なので動名詞comingになる。

(4)「…へ行く途中で」は，‘on ～'s way to …’で表せるが，「家に」はhome 1語で表すことができるので，toは不要。

(5)instead of ～ で「～の代わりに」。

(6)‘enough＋名詞 ＋to ～’「～するのに十分な…」の形にする。

4〔整序結合〕

(1) He visitedとした後，‘not only *A* but also *B*’「*A*だけでなく*B*も」の形にまとめる。

(2)「誰も～ない」は，Nobody ～ で表せる。主語のnobodyに否定の意味が含まれるので，続く動詞は肯定形。ここでは3人称単数現在形のknowsになる。knowsの目的語の「～に何があるか」は‘疑問詞＋主語＋動詞...’の語順の間接疑問で表すが，この文では「何が」のwhatが疑問詞であり主語でもあるので，‘疑問詞(主語)＋動詞...’の形になる。「箱の中には」はin the box。

(3)主語のWeの後，「～しなければならない」の意味の助動詞mustを置き，その後に動詞を続ける。「帰る」はcome home,「暗くなる前に」はbefore it gets darkとそれぞれまとまる。このitは‘明暗’を表すit。gets darkは‘get＋形容詞’「～になる」の形。

5〔和文英訳―完全記述〕

(1)文の骨組みはShe has an uncle「彼女にはおじさんがいます」。この後,「カナダ出身の」は主格の関係代名詞を用いて表すとよい。「～の出身である」はcome from ～(ここでは3単現のsを忘れないこと)。またはbe from ～ の形でis from ～ とすることもできる。

(2)文の骨組みはThe man is my father「(その)男の人は私の父です」。「男の人」を修飾する「ティムと一緒に走っている」は,「～している」という意味を持つ現在分詞を用いてrunning with Timとしてthe manを後ろから修飾する形にする。または，runningの部分を主格の関係代名詞を使って，who is runningとすることもできる。

2020年度／城北高等学校

数学解答

1 (1)　$-3a^4b$　(2)　0
(3)　$m=2000$，$n=20$　(4)　18通り

2 (1)　5：1：4　(2)　18°
(3)　①　$5\sqrt{3}$　②　$\frac{45\sqrt{3}}{2}$

3 (1)　$4y+xy=8$　(2)　8

4 (1)　$\frac{3}{8}$　(2)　(4，6)　(3)　$\frac{13}{3}$

5 (1)　54　(2)　$28\sqrt{34}$

1〔独立小問集合題〕

(1)<**式の計算**>与式$=-27a^6b^3\times4a^2b^4\div36a^4b^6=-\frac{27a^6b^3\times4a^2b^4}{36a^4b^6}=-3a^4b$

(2)<**式の値**>与式$=(a^2+2ab+b^2)-c^2=(a+b)^2-c^2=(\sqrt{13}+\sqrt{11}+\sqrt{13}-\sqrt{11})^2-(2\sqrt{13})^2=(2\sqrt{13})^2-(2\sqrt{13})^2=0$

(3)<**連立方程式の応用**>2数m，nの和は2020だから，$m+n=2020$……①である。また，mを99でわると商も余りもnだから，$m=99n+n$より，$m=100n$……②となる。①，②を連立方程式として解く。①に②を代入して，$100n+n=2020$，$101n=2020$　$\therefore n=20$　これを②に代入して，$m=100\times20$　$\therefore m=2000$

(4)<**場合の数**>頂点Aの次に着く頂点はB，D，Eの3通りある。このうち，頂点Bを通り頂点Gまで進む方法は，右樹形図のように，6通りある。頂点Dを通る場合も，頂点Eを通る場合もそれぞれ6通りあるから，求める方法は全部で，6×3＝18(通り)ある。

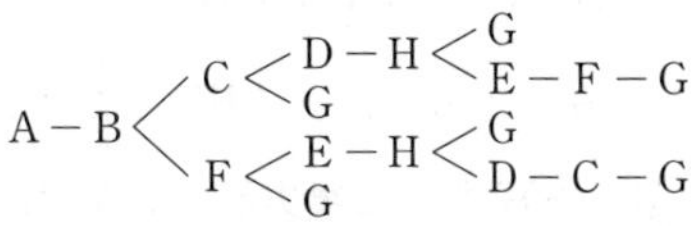

2〔独立小問集合題〕

(1)<**図形—長さの比**>重心は，それぞれの頂点と対辺の中点を結ぶ3本の線分の交点である。よって，右図1で，点D，Eはそれぞれ辺BC，ACの中点だから，BD＝CDとなり，BD$=\frac{1}{2}$BCである。また，2点D，Eを結ぶと，中点連結定理より，AB∥ED，AB＝2EDとなる。このとき，△GDE∽△GABで，EG：BG＝DE：AB＝DE：2DE＝1：2となり，BG：BE＝BG：(EG＋BG)＝2：(1＋2)＝2：3だから，BE$=\frac{3}{2}$BGである。これと，BG＝CEより，BE$=\frac{3}{2}$CEとなる。次に，∠BEF＝∠CEFより，線分EFは∠CEBの二等分線で，点Fは辺CE，EBから等距離にある。これより，△EBFと△EFCの底辺をBE，CEと見ると，高さが等しいから，面積の比は底辺の比に等しく，△EBF：△EFC＝BE：CEとなり，BE$=\frac{3}{2}$CEより，△EBF：△EFC$=\frac{3}{2}$CE：CE＝3：2となる。さらに，△EBFと△EFCの底辺をBF，FCと見たときも高さが等しいから，面積の比は，△EBF：△EFC＝BF：FCとなる。これらから，BF：FC＝3：2である。したがって，FC$=\frac{2}{3+2}$BC$=\frac{2}{5}$BC，DF＝BC－BD－FC＝BC$-\frac{1}{2}$BC$-\frac{2}{5}$BC$=\frac{1}{10}$BCとなるから，BD：DF：FC$=\frac{1}{2}$BC：$\frac{1}{10}$BC：$\frac{2}{5}$BC＝5：1：4である。

図1

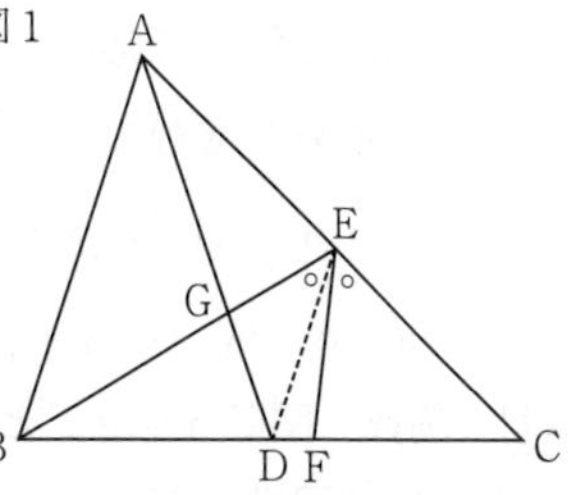

(2)<**図形—角度**>右図2の△DABで中点連結定理より，EF∥AB，EF$=\frac{1}{2}$ABであり，同様に，△BCDで，FG∥DC，FG$=\frac{1}{2}$DCである。ここで，AB＝DCより，FG$=\frac{1}{2}$ABとなるから，△FEGはEF

図2

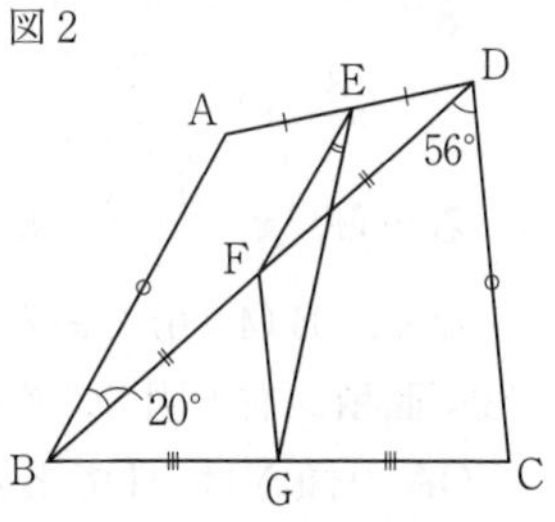

＝FGの二等辺三角形である。また，EF∥ABより，同位角が等しいから，∠EFD＝∠ABD＝20°であり，同様に，FG∥DCより，∠BFG＝∠BDC＝56°である。よって，∠GFD＝180°－∠BFG＝180°－56°＝124°となるから，∠EFG＝20°＋124°＝144°である。したがって，△FEGが，EF＝FGの二等辺三角形より，∠FEG＝∠FGE＝(180°－144°)÷2＝18°となる。

(3)<**図形—長さ，面積**>①右図3の△ABDと△CDEにおいて，円周角の定理より，∠ADB＝∠ACBであり，AC∥DEより，∠CED＝∠ACBだから，∠ADB＝∠CED……(i)となる。同様に，∠ABD＝∠ACD，∠CDE＝∠ACDより，∠ABD＝∠CDE……(ii)だから，(i)，(ii)より，△ABDと△CDEで，2組の角がそれぞれ等しいので，△ABD∽△CDEである。よって，BD：DE＝AD：CEより，BD：5＝$6\sqrt{3}$：6が成り立つ。これを解くと，BD×6＝5×$6\sqrt{3}$より，BD＝$5\sqrt{3}$となる。　②図3の△BEDで，BE＝BC＋CE＝4＋6＝10より，DE：BE：BD＝5：10：$5\sqrt{3}$＝1：2：$\sqrt{3}$だから，△BEDは∠BDE＝90°，∠BED＝60°の直角三角形である。また，①より，△ABD∽△CDEだから，∠ADB＝∠CED＝60°となり，線分ACと線分BDの交点をHとすると，∠AHD＝∠BDE＝90°だから，△ADHは3辺の比が1：2：$\sqrt{3}$の直角三角形で，AH＝$\frac{\sqrt{3}}{2}$AD＝$\frac{\sqrt{3}}{2}\times 6\sqrt{3}=9$となる。よって，△ABD＝$\frac{1}{2}\times 5\sqrt{3}\times 9=\frac{45\sqrt{3}}{2}$である。

図3

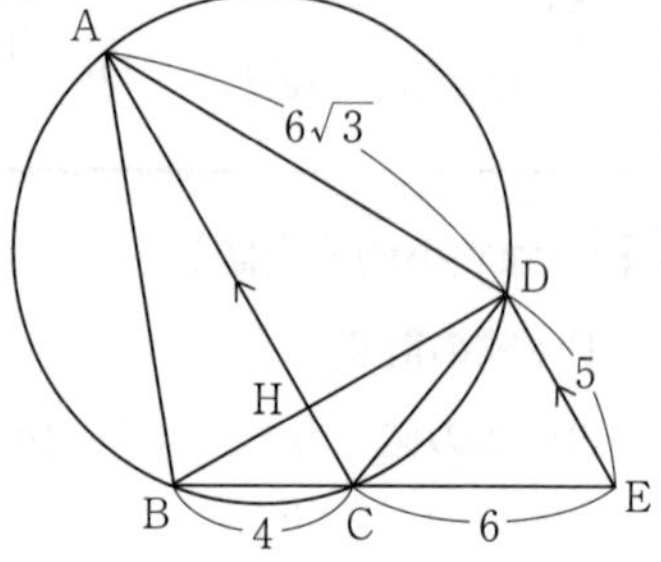

3〔**方程式—二次方程式の応用**〕

(1)<**関係式**>2人が同時に出発してから出会うまでに進んだ道のりの和が8kmになるから，$4\times y+x\times y=8$より，$4y+xy=8$が成り立つ。

(2)<**二次方程式の応用**>2人が同時に出発してから出会うまでに，弟が進んだ道のりは$4y$kmである。この距離を進むのに，兄は20分，つまり$\frac{1}{3}$時間かかったから，$x\times\frac{1}{3}=4y$より，$y=\frac{1}{12}x$が成り立つ。これを(1)で求めた式に代入すると，$4\times\frac{1}{12}x+x\times\frac{1}{12}x=8$が成り立つ。これを解くと，$x^2+4x-96=0$，$(x-8)(x+12)=0$　$\therefore x=8,\ -12$　$x>0$だから，$x=8$である。

4〔**関数—関数 $\boldsymbol{y=ax^2}$ と直線**〕

(1)<**比例定数**>右図で，直線$y=x+2$において，$y=1$のとき，$1=x+2$より，$x=-1$だから，A$(-1,\ 1)$である。よって，放物線$y=\frac{8}{3}ax^2$は点Aを通るから，$1=\frac{8}{3}a\times(-1)^2$が成り立ち，これを解くと，$a=\frac{3}{8}$となる。

(2)<**交点の座標**>右図で，(1)より，放物線①の式は$y=\frac{3}{8}x^2$である。これと直線$y=x+2$との交点がBだから，2式からyを消去して，$\frac{3}{8}x^2=x+2$より，$3x^2-8x-16=0$，解の公式より，$x=\frac{-(-8)\pm\sqrt{(-8)^2-4\times3\times(-16)}}{2\times3}=\frac{8\pm\sqrt{256}}{6}=\frac{8\pm16}{6}=\frac{4\pm8}{3}$となるから，$x=\frac{4+8}{3}=4$，$x=\frac{4-8}{3}=-\frac{4}{3}$である。よって，$x>0$より，$x=4$だから，$y=4+2=6$となり，B$(4,\ 6)$である。

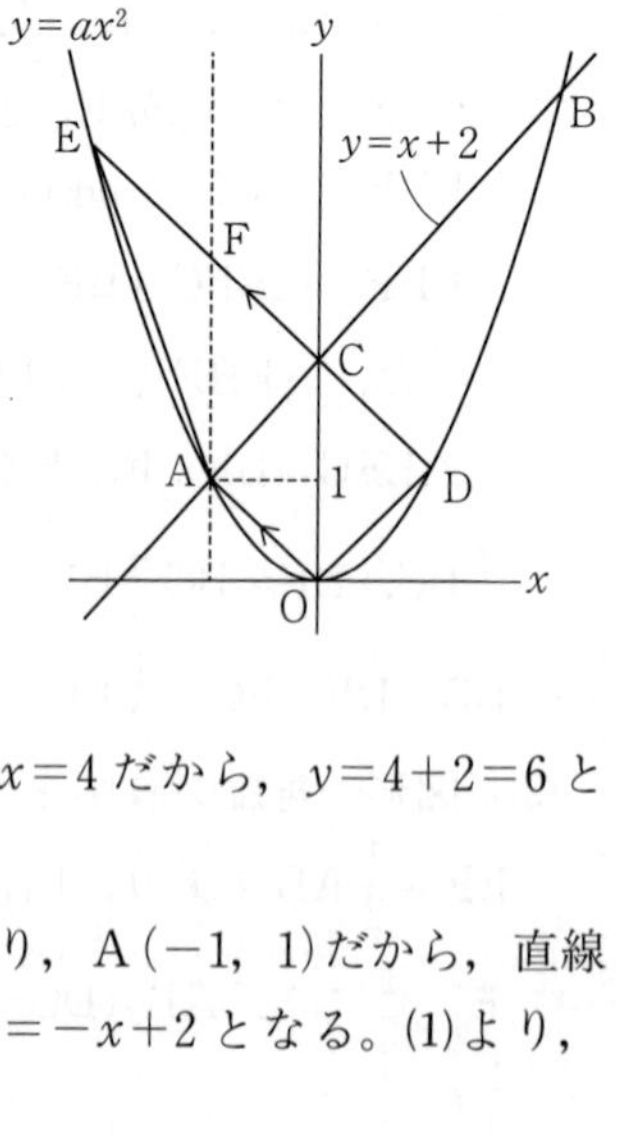

(3)<**面積**>右上図で，直線$y=x+2$の切片より，C$(0,\ 2)$である。(1)より，A$(-1,\ 1)$だから，直線OAの傾きは-1である。よって，DE∥OAより，直線DEの式は$y=-x+2$となる。(1)より，

$x \geqq 0$の部分の放物線の式は$y=\frac{3}{8}x^2$，$x \leqq 0$の部分は$y=x^2$である。点Dは直線$y=-x+2$と放物線$y=\frac{3}{8}x^2$の交点である。2式からyを消去して，$\frac{3}{8}x^2=-x+2$より，$3x^2+8x-16=0$，$x=\frac{-8\pm\sqrt{8^2-4\times3\times(-16)}}{2\times3}=\frac{-8\pm\sqrt{256}}{6}=\frac{-8\pm16}{6}=\frac{-4\pm8}{3}$となるから，$x=\frac{-4+8}{3}=\frac{4}{3}$，$x=\frac{-4-8}{3}=-4$である。このとき，$x>0$より，点Dの$x$座標は$\frac{4}{3}$である。点Eは直線$y=-x+2$と放物線$y=x^2$の交点だから，同様にして，$x^2=-x+2$より，$x^2+x-2=0$，$(x-1)(x+2)=0$ $\therefore x=1,\ -2$　$x<0$より，点Eのx座標は-2である。前ページの図のように，点Aを通りy軸に平行な直線と辺DEとの交点をFとすると，四角形ODEAは△ODCと四角形OCFA，△EAFに分けられる。△ODCは，OC＝2を底辺と見ると，点Dのx座標より高さは$\frac{4}{3}$になる。四角形OCFAは平行四辺形で，OC＝2を底辺と見ると，点Aのx座標より高さは1になる。△EAFは，AF＝OC＝2を底辺と見ると，高さは2点A，Eのx座標より，$(-1)-(-2)=1$になる。したがって，〔四角形ODEA〕＝△ODC＋▱OCFA＋△EAF＝$\frac{1}{2}\times2\times\frac{4}{3}+2\times1+\frac{1}{2}\times2\times1=\frac{13}{3}$である。

5〔空間図形—立方体〕

《基本方針の決定》(1)，(2)　点P，点Rはともに平面AEGC上にある。

(1)**＜面積—相似，三平方の定理＞**右図1で，点Pは平面AEGC上にある。2直線EP，ACの交点をI，2直線QI，ADの交点をJとすると，3点E，P，Qを通る平面で切るときの切り口は点Iを含む△EQJになる。△PIA∽△PEGより，AI：GE＝AP：GP＝1：4だから，AC＝EGより，AI：AC＝1：4である。正方形ABCDの対角線の交点をOとすると，AO＝$\frac{1}{2}$AC，AI＝$\frac{1}{4}$ACより，AI：AO＝1：2となるから，点Iは線分OAの中点になる。△ABOで，点Qは辺ABの中点だから，QJ∥BDとなり，点Jは辺ADの中点である。よって，図形の対称性より，△EQJはEJ＝EQの二等辺三角形となり，点IはQJの中点だから，EI⊥JQである。JQ＝$\sqrt{2}$AQ＝$\sqrt{2}\times\frac{1}{2}$AB＝$\sqrt{2}\times\frac{1}{2}\times12=6\sqrt{2}$，AI＝IQ＝$\frac{1}{4}$AC＝$\frac{1}{4}\times\sqrt{2}$AB＝$\frac{1}{4}\times\sqrt{2}\times12=3\sqrt{2}$だから，△AEIで三平方の定理より，EI＝$\sqrt{\mathrm{AE}^2+\mathrm{AI}^2}=\sqrt{12^2+(3\sqrt{2})^2}=\sqrt{162}=9\sqrt{2}$となる。したがって，切り口の面積は$\frac{1}{2}\times6\sqrt{2}\times9\sqrt{2}=54$である。

図1

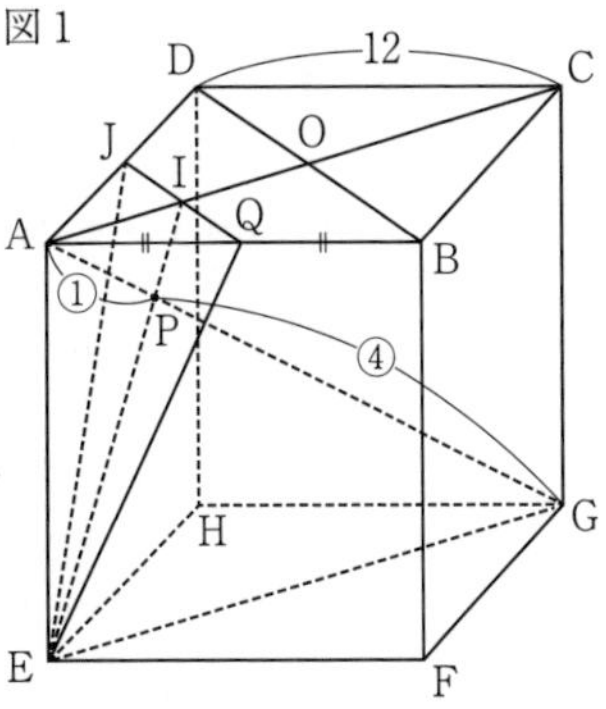

(2)**＜面積—相似，三平方の定理＞**右図2で，点Rは平面AEGC上にある。2直線ER，ACの交点をKとすると，3点E，R，Sを通る平面は点Kを含む。2直線KS，ABの交点をL，2直線EL，BFの交点をM，2直線CD，ADと直線KSとの交点をそれぞれN，T，2直線ET，DHの交点をUとすると，3点E，R，Sを通る平面で切ったときの切り口は五角形EMSNUとなり，△ELTから△MLSと△UTNを除いたものである。△RKA∽△REGより，AK：GE＝AR：GR＝2：3であり，AC＝GEより，AK：AC＝2：3となる。よって，KC＝AC$-\frac{2}{3}$AC＝$\frac{1}{3}$AC，OK＝OC－KC＝$\frac{1}{2}$AC$-\frac{1}{3}$AC＝$\frac{1}{6}$ACだから，

図2

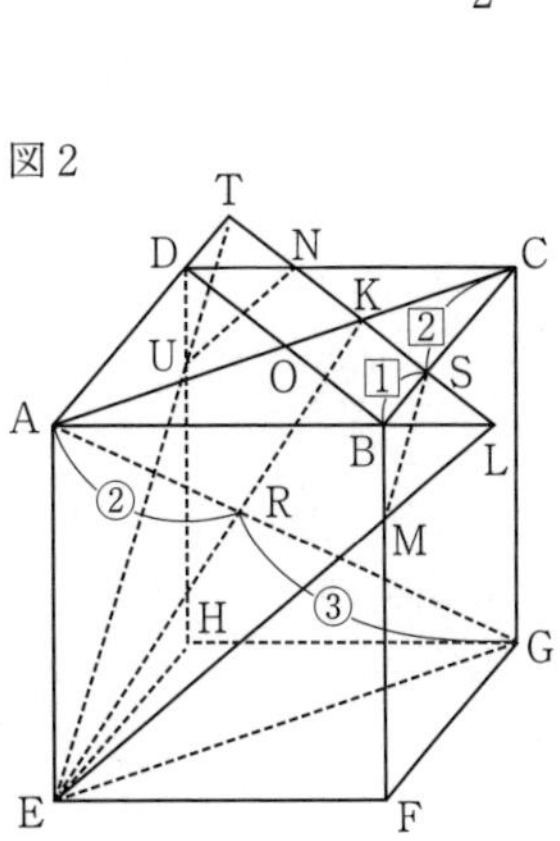

$KC:OK=\frac{1}{3}AC:\frac{1}{6}AC=2:1$ である。一方，$CS:SB=2:1$ だから，$KS /\!/ OB$ となり，$CN:ND=CS:SB=2:1$ だから，$CN=CS=12\times\frac{2}{2+1}=8$ である。また，$\triangle SBL \backsim \triangle SCN$ より，$BL:CN=BS:CS=1:2$ だから，$BL=\frac{1}{2}CN=\frac{1}{2}\times 8=4$ である。同様に，$DT=4$ となり，$AL=12+4=16$，$AT=12+4=16$ より $AL=AT$ だから，$\triangle AEL \equiv \triangle AET$ となり，$\triangle ELT$ は，$EL=ET$ の二等辺三角形である。$\triangle ALT$ で，$AL=AT=16$ より，$LT=\sqrt{2}AL=\sqrt{2}\times 16=16\sqrt{2}$ であり，$KL=KT$ より，$EK\perp LT$ である。$AK=\frac{2}{3}AC=\frac{2}{3}\times 12\sqrt{2}=8\sqrt{2}$ だから，$\triangle AEK$ で三平方の定理を利用すると，$EK=\sqrt{AE^2+AK^2}=\sqrt{12^2+(8\sqrt{2})^2}=\sqrt{272}=4\sqrt{17}$ となる。よって，$\triangle ELT=\frac{1}{2}\times 16\sqrt{2}\times 4\sqrt{17}=32\sqrt{34}$ である。$\triangle MLS \equiv \triangle UTN$，$\triangle MLS \backsim \triangle ELT$ であり，相似比は $SL:TL=BL:AL=4:(4+12)=1:4$ だから，$\triangle MLS:\triangle ELT=1^2:4^2=1:16$ である。したがって，切り口の面積は $32\sqrt{34}-32\sqrt{34}\times\frac{1}{16}\times 2=28\sqrt{34}$ である。

国語解答

一 問1　ウ　問2　ア，ウ，エ

問3　科学は常に進化し，成長するものであって，どんなに正しく見えることでも修正される可能性がある以上，科学的知見に100％確かなものなど存在しないから。（73字）

問4　科学的知見の確度を高いものから低いものまで正確に把握して峻別していくこと。（37字）

問5　イ　問6　エ　問7　エ

問8　イ

二 問1　A　胸　B　腕　C　腹　D　口

問2　いとこの将昭やその友達たちと一刻も早く遊び回ることを楽しみにしているから。（37字）

問3　海に不案内な健一　問4　ア

問5　ウ　問6　あるいは，

問7　エ

問8　本物の鯨羊羹の鯨がいないことの証明は誰にもできないのだから，鯨羊羹の鯨がいないと思っている人々の方が間違っているのではないか，という思い。（69字）

問9　ウ

三 問1　Ⓧ　けしき　Ⓨ　わらわ

問2　Ⓐ…エ　Ⓑ…ウ　Ⓒ…イ　Ⓓ…ウ

問3　a…イ　b…ウ　問4　エ

問5　父　問6　イ

問7　絵を描くこと。

四 1　干渉　2　潔癖　3　睡眠

4　怠慢　5　渇

一〔**論説文の読解―自然科学的分野―科学**〕出典；中屋敷均『科学と非科学　その正体を探る』。

≪**本文の概要**≫過去の蓄積を記録する仕組みと，そこから変化したバリエーションを生み出す能力を持ち，その存在を発展，展開させていく性質を内包しているという点において，科学と生命は似ている。この性質を持つため，科学は，常に間違いが発見され，修正され続ける。現実をよく説明する，適応度の高い仮説は，長い時間の中で批判に耐え，有用性や再現性によって後世に残り，その適応度をさらに上げる修正仮説が提出されるサイクルが繰り返される。つまり，科学の知見は，常に不完全であり，科学的知見に存在するのは，正誤ではなく，その仮説がどれくらい確からしいのかという確度の問題だけである。だが，その確度は，その説を唱えた学者や，論文を掲載した雑誌の社会的評価の高さ次第という権威主義によりがちである。権威主義は，科学の生命線たる可塑性をむしばむ。科学的に生きるためには，物事を権威などの先入観なくあるがままに見て，自らの理性で信頼に足る情報を集め，真摯に考えることが，大切である。

問1＜**文章内容**＞科学は，「過去の蓄積をきちんと記録する仕組みを」持ち，「そこから変化したバリエーションを生み出す能力が内在している」ことによって「大きく発展してきた」ので，ノーベル賞を受賞したような正しいと信じられた業績でも，「後に間違いであることが判明」して否定されることもあり得るのである。

問2＜**表現**＞「可塑性」とは，物質が外部からの力に対応して変形，適応できる性質のこと。「適者生存」は，生物が「変化を生み出し，より適応していたものが生き残り，どんどん成長・進化していく」こと，科学における「漸進的な改変」は，「絶え間ない修正により，少しずつより強靱で真実の法則に近い仮説ができ上がってくる」こと，「『原理的に不完全な』科学的知見」は，科学がその「進化し成長するという素晴らしい性質」を持つゆえに，科学の「中の何物も『不動の真理』ではない」ということを意味するため，これらの語句は，「可塑性」と近い関係にある。

問3＜**文章内容**＞科学は，「進化し成長する」という性質を持っており，「どんなに正しく見えることでも，それをさらに修正するための努力」が行われるかぎり，科学の知見は，「常に不完全」であり，「決して100％の正しさを保証しない」のである。

問４＜文章内容＞科学的知見には，法則のような確度の高いものから，多くの仮説のうちの一つにすぎないような確度の低いものまで幅広く存在するので，科学的知見の「確からしさを正確に把握して峻別」していくことで，「より良い判断」ができるのである。

問５＜文章内容＞「権威主義」は，「権威にすがりつき安心してしまいたい」とか「拠りどころのない『分からない』という不安定な状態でいるよりは，とりあえず何かを信じて，その不安から逃れてしまいたい」という，人の心理的指向性に，忍び込むものなのである。

問６＜文章内容＞権威主義は，信頼を失って失墜することへの恐怖感と，「構築する体系から逸脱するものを頑なに認めない，という姿勢」を持ち，科学の持つ「修正され変わり得る可塑性」を「蝕《むしば》んでしまう」のである。

問７＜文章内容＞「科学的に生きる」ためには，「妄信的な権威主義」によらず，「自らの理性でこの世界の姿を解き明かそう」という姿勢を持ち，「物事を先入観なくあるがままに見て，自らの理性でその意味や仕組みを考えること」が大事である。

問８＜要旨＞「ノーベル賞を受賞した業績」でも「『ネイチャー』に載った業績」でも，科学の知見は「常に不完全」であり，「決して100％の正しさを保証しない」ものである（ウ…○）。「権威の高さ」と科学的知見の確度を同一視して判断する「妄信的な権威主義」は，「科学を支える理性主義」とは正反対のものなので，権威ある専門家の意見でも，無条件に受け入れてはならないのである（ア…○）。「科学的知見の確からしさ」は，「妄信的な権威主義」によらず，「物事を先入観なくあるがままに見て，自らの理性でその意味や仕組みを考えること」によって，「正確に把握して峻別」していかなければならないのである（イ…×）。「科学的に生きる」ためには，「権威ではなく」て，「自らの理性でこの世界の姿を解き明かそうとする」ことが唯一大切なことである（エ…○）。

二〔小説の読解〕出典；澤西祐典『くじらようかん』（「すばる」2019年６月号所収）。

問１＜慣用句＞Ａ．「胸が高鳴る」は，期待で胸がドキドキする，という意味。　Ｂ．「腕を競う」は，実力を発揮しあって戦う，という意味。　Ｃ．「腹の虫が落ち着く」は，空腹が満たされる，という意味。　Ｄ．「口を突いて出る」は，思いがけず言葉が出る，という意味。

問２＜心情＞「いとこの将昭とその友達たち」の一団をいち早く見つけ，一刻も早く「彼らと一緒に遊びまわ」りたいので，健一は，フェリーの先端に立って，向こう岸を見つめていたのである。

問３＜表現＞「山に囲まれて暮らす健一」は，海のことをよく知らず，「海に不案内」であった。「不案内」は，そのことについて知識が乏しいこと。

問４＜文章内容＞「山に囲まれて」暮らしているため海のことをよく知らず，生来おっとりとした健一が，「伯母のところではのびのびと遊びまわることができた」のは，健一が「危険なことをしそうになると」見事に当たる指摘で健一を止めてくれる，いとこの将昭のおかげだった。

問５＜心情＞健一は，無人島を離れるときに，遊びの時間が終わることを惜しむ気持ちと同時に，「子供たちだけの楽園」で充分遊んだことからくる満足感も覚えた。

問６＜表現＞「鯨羊羹」を鯨からとると思い込んでいた健一は，「鯨羊羹にうっとり」眺め入りながら，鯨から「鯨羊羹が次々切り出されていくところを」思い浮かべた。

問７＜心情＞和菓子の「鯨羊羹」が，鯨からつくられていると思い込んでいた健一の発言に，伯母は笑ったが，将昭は，「どうしていいのかわからない」様子で，聞こえないふりでよそ見をした。将昭がよそ見をしたのは，まともに健一の顔を見ると自分も笑ってしまいそうで，笑うと健一が傷つくだろうと考えたからである。

問８＜**文章内容**＞健一は，「鯨羊羹」が鯨からつくられていないことを「認めたくない」という気持ちから，「釣り糸を垂らしてみなければ，海中に何がいるかもわからない」のだから，「鯨羊羹の鯨がいても不思議では」ないし，むしろ，間違っているのは「鯨羊羹が鯨で出来てる」と思った健一を笑った伯母たちの方で，「笑われるべきは皆の方」だと，「筋の通らない理屈」を立てた。

問９＜**文章内容**＞健一は，「鯨羊羹の鯨」が「どうしてもいないというのなら」，「鯨羊羹」で鯨をつくればいいのだという「馬鹿げた空想」に思い至り，それを笑いものにされないように，「口にしなければいいのだ」と考えて，「鯨羊羹に対する新たな想い」を持つことで「心に平静を取り戻」したのである。

三〔**古文の読解―説話**〕出典；『古今著聞集』巻第十一，三九九。

≪**現代語訳**≫伊予の入道は，幼い頃から絵を上手に描きました。父親は(それを)好ましくないことと思っていた。(伊予の入道が)ずいぶん幼少のとき，父の家の中門の廊下の壁に，土器の破片でもって不動明王のお立ちになっている〈様子〉を描いた〈もの〉を，(伊予の入道の父の)客人の誰といったか確かに聞いたはずなのだけれども(作者の私は)忘れてしまったが，(その客人が)これを見て，「(この不動明王の絵は)誰が描いたのですか」と，驚いた様子で尋ねたところ，家の主人(である伊予の入道の父)は軽く笑って，「これはちゃんとした絵描きが描いたものではございません。うちの息子である幼い子が描いたのです」と言いなさったところ，(客人はその子のことを)ますます詳しく尋ねて，「(将来優れた絵描きになるのに)ふさわしい天才というのはこういうことをいうのですよ。ご子息が絵を描くことを禁じなさることはあってはなりません」と言った。(伊予の入道の天才を言い当てたその客人は)本当によく絵を見知っていた人なのであろう。

問１＜**古語**＞Ⓧ「気色」は「けしき」と読み，目で見てわかる様子，という意味。　Ⓨ「童」は「わらわ」と読み，子どものこと。

問２＜**古文の内容理解**＞Ⓐ客人の名を確かに聞いたが，作者の私は，忘れてしまった。　Ⓑ伊予の入道の描いた絵を見て，客人は，誰が描いたのか，と驚いた。　Ⓒ誰が描いた絵かと客人に問われて，伊予の入道の父は，これは本当の画家が描いたものではなく，自分の息子による絵だと答えた。　Ⓓ伊予の入道の父に絵を描くことを禁じてはいけないと言って，伊予の入道の絵の才能を見出した客人は，よくよく絵のことを知っていた人なのであろう。

問３＜**古文の内容理解**＞ａ．幼少期の伊予の入道は，不動明王の立っている様子を描いた。　ｂ．客人は，幼少期の伊予の入道が描いたものを見た。

問４＜**古文の内容理解**＞伊予の入道の父は，伊予の入道が絵を描くことを，好ましくないことだと思っていたため，客人に言われるまで，伊予の入道の才能に気づいていなかった。

問５＜**古文の内容理解**＞幼少期の伊予の入道は，「父の家の中門の廊の壁」に，不動明王の立ち姿を描いた。したがって，この家の「あるじ」は，伊予の入道の「父」である。

問６＜**古文の内容理解**＞中門の廊下の壁に描かれている，不動明王の立ち姿の絵を見て，誰が描いたのか，と驚いた客人は，伊予の入道の父から，「愚息の小童」が描いたものだと言われて，伊予の入道の非凡な才能に興味を持ったので，ますます詳しくきこうとしたのである。

問７＜**古文の内容理解**＞伊予の入道の才能を見抜いた客人は，伊予の入道が絵を描くことを禁じてはならない，と，伊予の入道の父に助言した。

四〔**漢字**〕

１．他人のことに立ち入って自分の思いどおりにしようとすること。　２．不潔なものを極度に嫌うこと。　３．眠ること。　４．行うべき義務をなまけておろそかにすること。　５．音読みは「渇望」などの「カツ」。

2020年度 城北高等学校(推薦)

【英　語】（50分）〈満点：100点〉

1　次の文章を読み，以下の設問に答えなさい。

One day, three friends; Antonio, Pablo, and John; left their village.

"We will go different ways and meet here one year from today," Antonio said.

Soon Pablo met an old woman《 あ 》by the side of the road.　She was very thin and wore only very old clothes.

"Excuse me, young man," she said.　"Can you give me a little money ?　I'm hungry."

Pablo did not have much money, but he gave her some.

"You are very kind," the old woman said.　"I want to give you something."

She opened an old bag and took out a small *carpet.

"This carpet," the old woman said, "is a magic carpet.　It will take you to the place which you ask it to.　Please take it."

Pablo didn't think the carpet was a magic one, but he thanked the old woman.　He put the carpet under his arm and went on his way.

At about this time, Antonio met a poor old man.

Antonio stopped and spoke (　a　) him.　"You look sad," he said.　"Why is that ?"

The old man said, "I am hungry.　I have no money for food."

Antonio sat down beside the old man.

"《 い 》with me," he said.　He gave half of his food to the old man.

"You are very kind," the old man said.　"I want to give you something."

He took an old book out of his pocket.

"This book is very old," he said, "but it is a magic book.　Hold it in your hand.　Ask it any question. [　　A　　]"

Antonio didn't believe that the book was magic, but he thanked the old man.　He put the book into his pocket and went on his way.

At about this time, John also met an old man.　The man didn't have a coat, and he was very cold.

"I am very cold," the old man said to John.　"I will die from the cold."

John thought to himself, "I am young and strong.　【as / as / don't / much / I / the old man / the cold / feel】," so he took (　b　) his coat and gave it to the old man.

"You are very kind," the old man said.　"I want to give you something."

He took a *flute out of his pocket.

"This is a magic flute," he said.　"Play it to a sick person, and he or she will get better."

John did not believe that the flute was a magic one, but he thanked the old man.

He put the flute in his pocket and went on his way.

A year later, the three friends met again.

Antonio was the first to speak.　He told his friends about his magic book.　"At first I didn't think it was magic," he said, "but I was wrong.　It is magic."

John said, "[　　B　　]"

"Yes, it can," Antonio said. He asked the book the question. "Who is very sick ?"

The book fell open to a picture of the king's daughter.

"I have a magic flute," John said. "It will cure any sickness."

"And I," Pablo said, "can take us all to the palace on my magic carpet."

The three friends stepped onto the magic carpet. They soon arrived at the king's palace. John told the *guards (c) his magic flute. One of the guards went to the king.

"A man has come with a magic flute," the guard told the king. "He says he can cure the *princess with it."

"Send him to me," the king said.

John came before the king.

"If you can cure my daughter," the king said, "then you may marry her. If you do not cure her, you will go to *prison."

John stood by the princess's bed and played the magic flute. Within minutes, she was sitting up in bed and asked (d) food.

"My daughter is《 う 》!" the king said. "You may marry her."

Antonio said, "It is true that John's flute cured your daughter, but my magic book told us she was sick. Why can't I marry the princess ?"

The king said, "[C]"

The next day, the princess and the king met the three friends again.

A *servant *pinned a large flower to one of the walls in the room. Other servants gave each of the three friends a *bow and an *arrow.

"*Pretend that the flower is the heart of the princess," the king said. "[D]"

Antonio moved to shoot first. He was clever with a bow and arrow. He shot his arrow at the flower. It hit the flower in the middle.

Next Pablo shot an arrow. It *divided Antonio's arrow into two.

John turned to the king. "I cannot shoot an arrow at the flower," he said. "I cannot shoot at the heart of the woman I want to marry."

The princess walked toward John and took his hand.

"Father," she said, "this man will make a true husband for me."

John and the princess were married. The king was very old, so he asked John to take his place as the new king. He《 え 》it and became a good and wise king. Antonio and Pablo helped him. <u>They knew that he was a wiser man than they were.</u>

(注) carpet：じゅうたん　flute：フルート　guard(s)：守衛　princess：王女
prison：牢屋　servant：召使い　pin(ned)：ピンで止める　bow：弓
arrow：矢　pretend：～とみなす　divide(d)：分ける

問1 《あ》～《え》に入る最も適切な語を次から選び，必要があれば形を変えて書きなさい。ただし，文頭にくる語も小文字で示してあります。

(cure / accept / sit / eat / speak)

問2 (a)～(d)に入る最も適切な語を次のア～オから1つずつ選び，記号で答えなさい。ただし，同じ記号を2度使ってはいけません。

ア．for　イ．to　ウ．on　エ．off　オ．about

問3 [A]～[D]に入る最も適切な文を次のア～エから1つずつ選び，記号で答えなさい。

ア．I must talk to the princess about this.
イ．Can your book tell us who is very sick？
ウ．It will fall open to the page that has the answer to your question.
エ．The one who shoots an arrow nearest to the middle of her heart will marry the princess.

問４　【　】内の語(句)を文脈に合うように並べかえなさい。
問５　王女が結婚を決意した決め手となった１文の最初と最後の語を書きなさい。
問６　下線部中の They と he は誰を指していますか。それぞれ英語で答えなさい。
問７　本文の内容に合うものを次のア～カから２つ選び，記号で答えなさい。

ア．Pablo had a lot of money, so he gave some to an old woman.
イ．Antonio gave his coat to an old man because the man was very cold.
ウ．John was given a magic flute by an old man, but he didn't believe it was a magic one.
エ．Antonio asked the magic book who was very sick.
オ．The king was going to send the three men into prison even if they were able to cure his daughter.
カ．When John played the magic flute, the princess got well in a few days.

2　次の英文は，高校生を対象としたウェブサイトが行なった，ある科学者に対するインタビューです。これを読み，以下の設問に答えなさい。

Interviewer：（　A　）

Jane：I was ten when I decided I wanted to go to Africa and live with wild animals and write books about them. That's about 70 years ago now, and back then girls in England didn't have (1)those chances. So everybody laughed at me and said, "Jane, dream about something you can *achieve." But my mother said, "If you really want something, you're going to have to work hard, take advantage of every chance and never give up!"

Interviewer：（　B　）

Jane：I studied animals differently from other people. While I was in Gombe, Tanzania in the 1960s, other scientists told me my whole study of chimpanzees was wrong. I was told I couldn't talk about their *personalities, minds or *emotions because they thought those things were unique to humans. But luckily, I learned from my dog as a child, that that was (2)rubbish!

Interviewer：（　C　）

Jane：Helping people to understand that humans are part of the animal kingdom, not separate from it. When I started out, nobody else was studying *chimps in the wild, so I was able to show how their *behavior is like ours.

Interviewer：（　D　）

Jane：The first one who lost his *fear of me and (3)(allowed / in / who / follow / to / him / me) the forest－David Greybeard. He's the one who made and used tools for the first time. He was very gentle.

Interviewer：（　4　）

Jane：You have to really, really want it! You could go to university and go straight into research, but there are also lots of chances for volunteering or for working at one of the good zoos. Keep your ears open for chances.

Interviewer :　Thanks the chimp *chat, Jane !

（注） achieve：達成する　personality：人格　emotion(s)：感情　chimp(s)：チンパンジー
behavior：振る舞い　fear：恐怖　chat：話

問１　下線部(1)の内容を具体的に30～40字の日本語で説明しなさい。ただし，句読点も字数に含めます。

問２　下線部(2)と同じような意味で使われている１語を，同じ段落から抜き出しなさい。

問３　下線部(3)のかっこ内の語を文脈に合うように並べかえなさい。

問４　空所（４）に入る英文を自分で考えて，５語以上の主語と動詞のある１文で書きなさい。ただし，記号類は語数に含めません。

問５　人間と動物との関係について，Jane はどう考えていますか。本文中から11語で抜き出し，その最初の１語と最後の１語を書きなさい。ただし，記号類は語数に含めません。

問６　（A）～（D）に入るものとして最も適切なものをア～エから１つずつ選び，記号で答えなさい。

ア．Who was your favorite chimpanzee in Tanzania's Gombe Stream National Park ?

イ．When did you first know you wanted to work with animals ?

ウ．Great advice !　What's been special about the work you've done ?

エ．Sounds like having a childhood pet really helped you in your studies !　What are you most proud of ?

３　次の日本文の意味に合うように，かっこに適語を入れなさい。

(1)　彼はいつ富士山に登るつもりですか。
(　　)(　　) he (　　) to climb Mt. Fuji ?

(2)　あなたがこの質問に答えるのは簡単です。
(　　) is easy (　　) you (　　)(　　) this question.

(3)　私は英語のＥメールの書き方を学びたいです。
I want to learn (　　)(　　)(　　) an email in English.

(4)　私はここであなたに会ったことを忘れないでしょう。
I will not (　　)(　　) you here.

(5)　彼女はいつも自分の部屋をきれいに保っています。
She always (　　)(　　)(　　)(　　).

４　各組の英文がほぼ同じ意味になるように，かっこに適語を入れなさい。

(1)　My brother likes soccer best of all sports.
My brother likes soccer (　　) than (　　)(　　) sport.

(2)　It was cold last weekend.　It is still cold today.
It (　　)(　　)(　　)(　　) last weekend.

(3)　The news was surprising to them.
They (　　)(　　)(　　) the news.

(4)　The teacher left the classroom.　He didn't say a word then.
The teacher left the classroom (　　)(　　) a word.

(5)　How many CDs did they sell at this store yesterday ?
How many CDs (　　)(　　) at this store yesterday ?

5　次の日本語の意味になるように，かっこ内の語(句)を並べかえて英文を完成させなさい。ただし，文頭にくる語も小文字で始めてあります。

(1) 父が帰ってきたとき，母はソファで寝ていました。
My mother (came / my father / was sleeping / on the sofa / when) home.

(2) 何か食べるものを持っていませんか。
(eat / do / anything / have / to / you)?

(3) 私が先週見た映画はすばらしかったです。
(saw / was / the movie / last week / I) fantastic.

(4) 彼がどこに住んでいるか知っていますか。
(he / you / do / where / know / lives)?

(5) 母は私に部屋をそうじするように言いました。
(me / clean / mother / my / told / to) my room.

【数　学】（50分）〈満点：100点〉

（注意）　1．分度器を使ってはいけません。

　　　　　2．円周率はπを用いて表しなさい。

1　次の各問いに答えよ。

(1)　$(2\sqrt{5}+3)(2\sqrt{5}-3)-(\sqrt{7}-2)^2$ を計算せよ。

(2)　$(a+2b)(a+2b-1)-2$ を因数分解せよ。

(3)　図のような正八角形 ABCDEFGH の異なる 3 つの頂点を選んで三角形をつくるとき，直角三角形は全部で何個できるか。

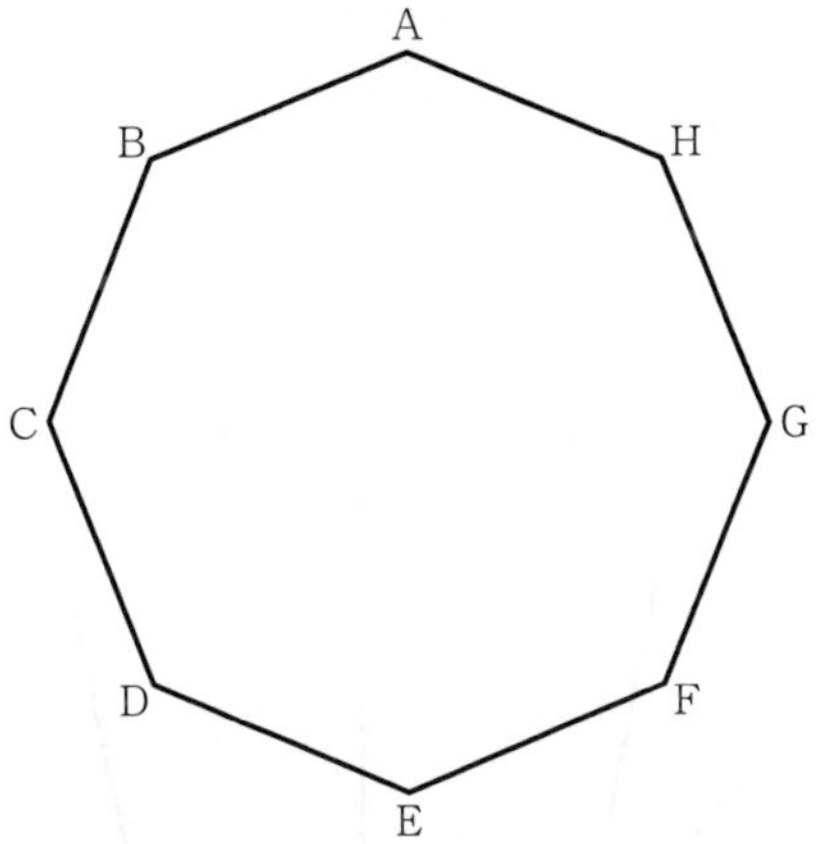

(4)　連立方程式 $\begin{cases} \dfrac{8}{x+y}-\dfrac{3}{x-y}=3 \\ \dfrac{16}{x+y}+\dfrac{9}{x-y}=1 \end{cases}$ を解け。

2　次の各問いに答えよ。

(1)　下の図 1 において，辺 AB 上の点 P から辺 BC，AC に下ろした垂線の足をそれぞれ Q，R とする。$\triangle\text{APR}=\dfrac{1}{4}\triangle\text{PBQ}$ のとき，x の値を求めよ。

図 1

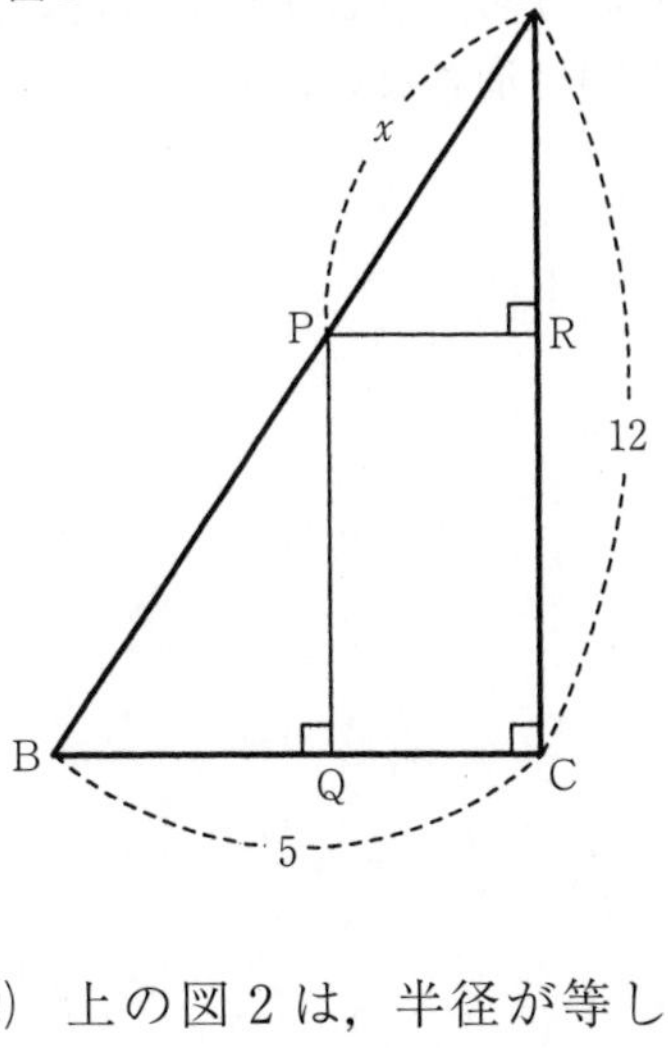

図 2

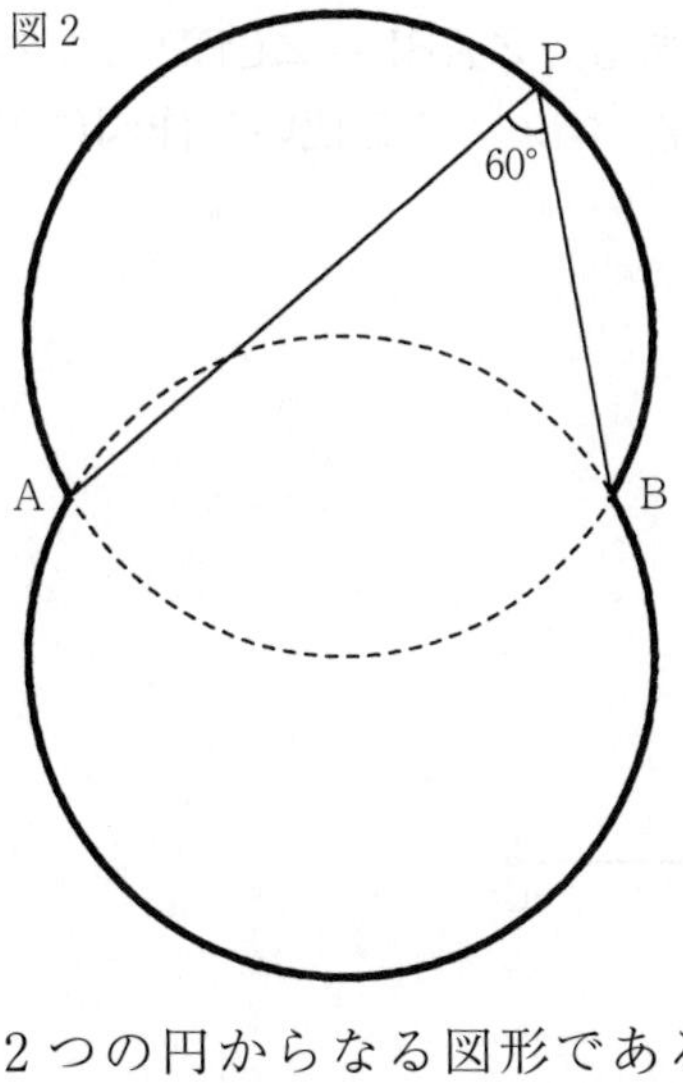

(2)　上の図 2 は，半径が等しい 2 つの円からなる図形である。2 つの円の交点を A，B とし，

AB$=\sqrt{3}$，∠APB$=60^\circ$であるとき，太線で囲まれた図形の面積を求めよ。

(3) 下の図3のような，1辺の長さが4である正四面体ABCDがある。辺BC上にBP$=3$となる点Pをとるとき，△APDの面積を求めよ。

図3

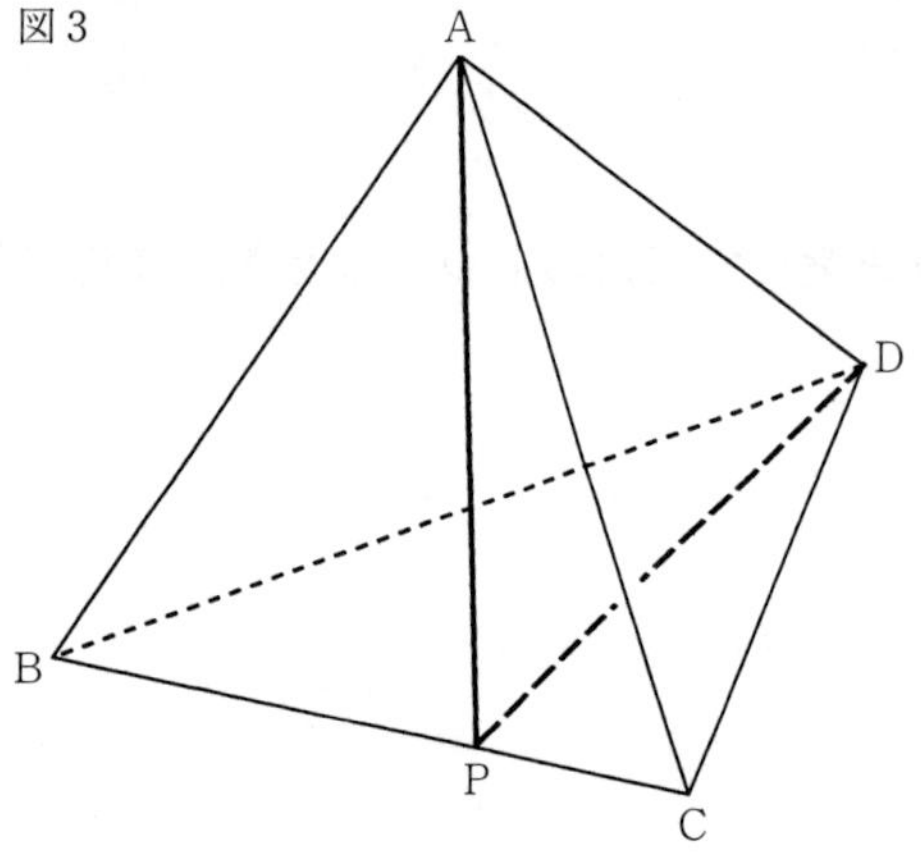

3 図のように，x座標が-1である点Aと点B$\left(3,\ \dfrac{9}{2}\right)$を通る放物線を$C$：$y=ax^2$とし，線分ABの垂直二等分線を$l$とする。

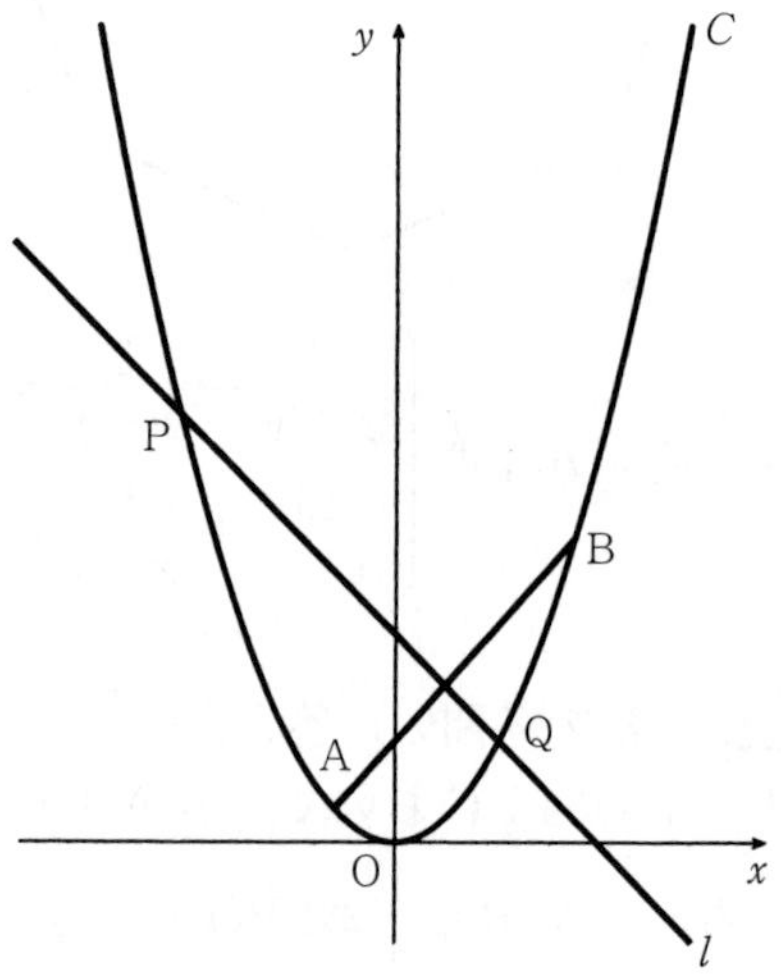

次の各問いに答えよ。

(1) aの値を求めよ。

(2) 直線lの式を求めよ。

(3) 直線lと放物線Cとの交点をP，Qとするとき，PQの長さを求めよ。

(4) △PAQを直線lを軸として1回転させたときにできる回転体の体積を求めよ。

4 図のように，線分AB，BCがある。∠ABP＝∠CBPとなる点Pのうち，点Cから最も近い点を作図せよ。ただし，作図には定規，コンパスを使い，作図に用いた線は消さないこと。

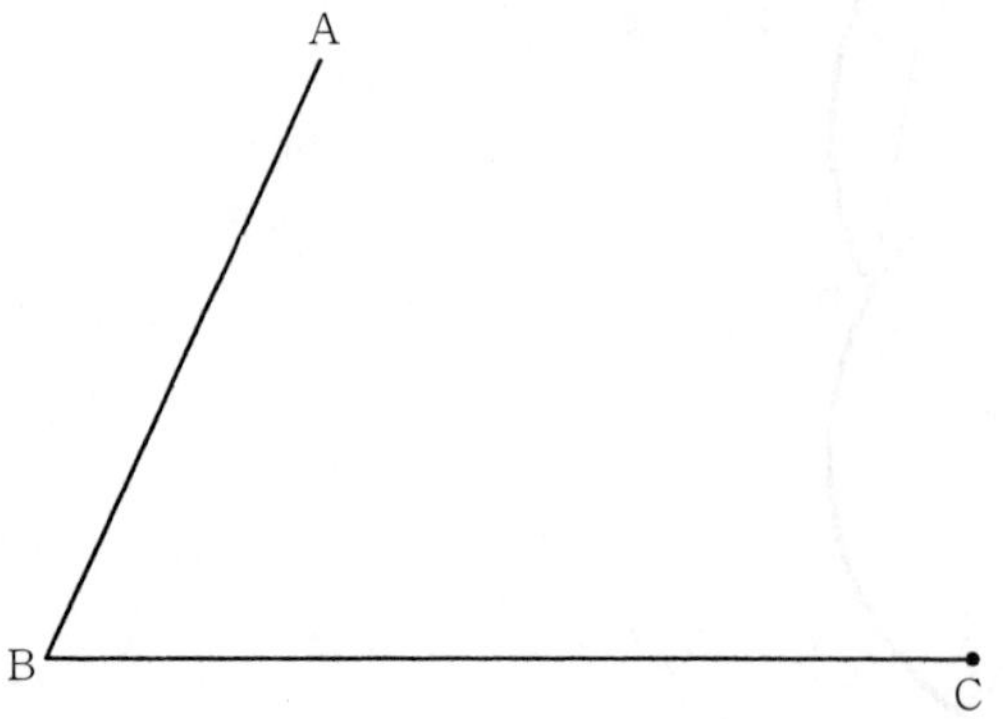

5　半径5の球 O_1 と半径7の球 O_2 がある。$O_1O_2=8$ であり，交線を円Cとする。図の3点P，Q，Rは，次の条件を満たす点である。

＜条件＞

点Pは，球面 O_1 上にあり，$\angle PO_1O_2=90^\circ$ である。

点Qは，円C上にあり，$PQ=4$ である。

点Rは，球面 O_2 と直線PQの交点である。

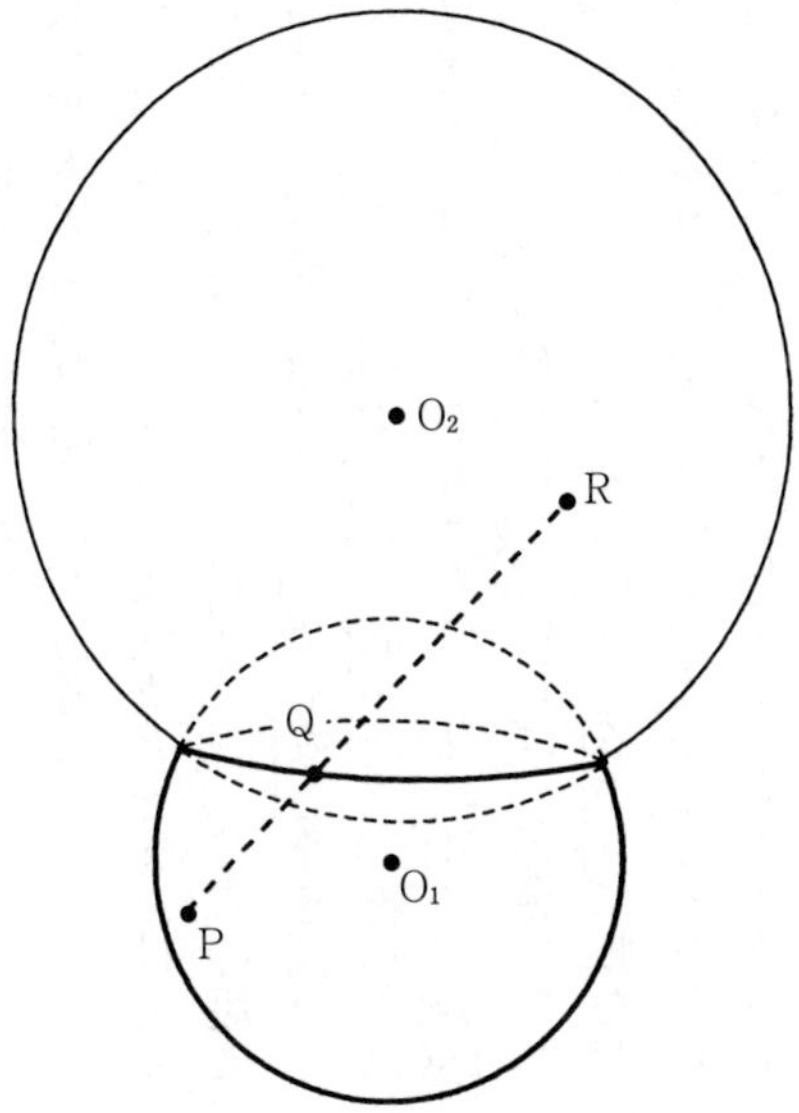

このとき，次の各問いに答えよ。

(1) 円Cの半径を求めよ。

(2) 右の図を参考にして，PRの長さを求めよ。

(3) 上の条件を満たしながら点Pが球面 O_1 上を1周するとき，点Rが描く曲線の長さを求めよ。

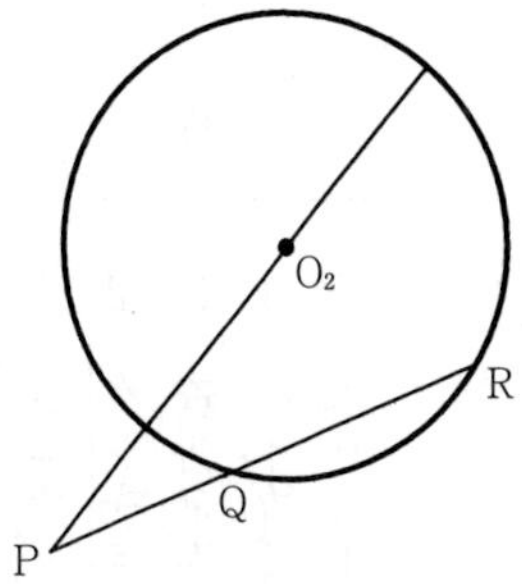

二

次の文章を読んで、後の問いに答えなさい。

これも今は昔、伴大納言善男《ばんだいなごんよしを》は佐渡国郡司が従者《ずさ》なり。アかの国にて善男夢に見るやう、西大寺と東大寺とをまたげて立ちたりと見て、妻《め》の女にこの由《よし》を語る。妻の曰《いは》く、注1そこの股こそ裂かれんずらめと合《あは》するに、善男驚きて、①よしなき事を語りてけるかなと恐れ思ひて、イ主《しゆう》の郡司が家へ行き向ふ所に、郡司きはめたる注2相人なりけるが、日比《ひごろ》は②さもせぬに、殊《こと》の外《ほか》にウ饗応して注3円座《わらうだ》取り出で、向ひて注4召しのぼせければ、善男あやしみをなして、我を注5すかしのぼせて、妻のいひつるやうに股など裂かんずるやらんと恐れ思ふ程に、郡司が曰く、汝《なんぢ》やんごとなき高相の夢見てけり。注6それに、③よしなき人に語りてけり。必ず④大位にはいたるとも、事出で来て罪を蒙《かぶ》らんぞといふ。然る間、エ善男注7縁につきて京上《きやうのぼ》りして、大納言にいたる。されども猶《なほ》罪を蒙《かうぶ》る。⑤郡司が言葉に違はず。

（『宇治拾遺物語』による）

注1　そこの股こそ裂かれんずらめと合《あは》するに…あなたの股がきっと裂かれるのだろう、と夢占いをするので
注2　相人…人相から運命を予見する者
注3　円座…藁《わら》・菅《すげ》などで編んだ敷物
注4　召しのぼせければ…呼び寄せなさったので
注5　すかしのぼせて…私をおだてて呼び寄せ
注6　それに…それなのに
注7　縁につきて…縁を頼って

問1　═「いひつるやう」を現代仮名遣いに改めなさい。

問2　──①「よしなき事」について、

Ⅰ　意味として最もふさわしいものを次の中から選び、記号で答えなさい。

ア　言ってはいけないこと
イ　つまらないこと
ウ　話したくなること
エ　泣きたくなること

Ⅱ　具体的にはどのようなことを指しますか。最もふさわしいものを本文中の波線部ア～エの中から選び、記号で答えなさい。

問3　──②「さ」は「そのように」の意味ですが、指し示す内容として適当な箇所を26字で探し、最初の3字を答えなさい。

問4　──③「よしなき人」とは、具体的に誰のことですか。本文中から抜き出しなさい。

問5　──④「大位」とありますが、具体的には何を指しますか。本文中から抜き出しなさい。

問6　──⑤「郡司が言葉」の内容として適当な箇所の最初と最後の3字ずつを抜き出しなさい。

問7　本文の内容として最もふさわしいものを次の中から選び、記号で答えなさい。

ア　善男は若い頃佐渡国の郡司を務めており、有能な部下を従えていた。
イ　妻が予言した通りに、善男は郡司に襲われて股を裂かれそうになった。
ウ　郡司は善男の夢が持つ意味を見抜き、その後の彼の運命まで言い当てた。
エ　善男は郡司の指示に従ったせいで、出世したものの無実の罪を着せられた。

三

次の傍線部を漢字で記しなさい。

1　ショウゾウ権を主張する。
2　ケンキョな姿勢で臨む。
3　資料をエツランする。
4　ヘイガイを無くす。
5　エリを正して話を聞く。

ウ　今の時代にこそ、生涯現役という考えが社会で求められている

エ　従来の生涯現役という考えは現状に対応できず、不十分である

(Ⅲ) 本文の見解の根拠として挙げられているものを三つ、答えなさい。

問4　――③「脱皮する」とはどういうことですか。30字以内で説明しなさい。

問5　――④「新たな産業革命（第四次産業革命）が生じつつある時代に突入して、従来の教育方法だけでは適応できなくなりつつある」のはなぜですか。90字以内で説明しなさい。

問6　X に入れるのにふさわしい4字の言葉を、本文中から抜き出しなさい。

問7　――⑤「現在の学校教育では、しばしば知識を増やすことが学ぶことだと考えられている」とありますが、このことに対して、筆者はどのような見解を持っていますか。最もふさわしいものを次の中から選び、記号で答えなさい。

ア　基本的な知識がなければ思考そのものが浅薄なものになるという懸念《けねん》は持ちつつも、知識偏重の学習には思考の硬化などの側面もあるため、消極的に捉えている。

イ　基本的な知識がなければネットで知識を得ようにも検索のしようがないことからその必要性は認めつつも、学校教育で知識を増やすことに意義はないと考えている。

ウ　思考力を養う教育がこれからの時代に必要であることは承知しつつも、基本的な知識がなければ学習効果は薄いため、知識を増やすことの方が重要だと断じている。

エ　知識を増やすことで学ぶことの喜びを感じられる面を認めつつも、知識が増えることによって思考にバイアスがかかってしまうため、その効果を疑わしく思っている。

問8　――⑥「ここ」の内容を本文全体の趣旨を踏まえて90字以内で説明しなさい。

問9　――⑦「視野狭窄状態」とは、具体的にはどのような状態のことですか。最もふさわしいものを次の中から選び、記号で答えなさい。

ア　学ぶことの楽しさを感じられなくなり、必要な学校教育が受けられず、柔軟な思考ができなくなってしまっている状態。

イ　ふさわしい解答が想定されている学校教育を経験することによって生じる、あらかじめ結論を固定してしまっている状態。

ウ　与えられた問いにだけ答え、様々に試みることを放棄して、思いがけず起こる事象による情報を取り入れない状態。

エ　偶発的な事態に接して混乱状態に陥《おちい》り、多くの人の助言を受け入れられず、思考が頑固《がんこ》になっている状態。

問10　本文の展開を説明したものとして最もふさわしいものを次の中から選び、記号で答えなさい。

ア　導入部分で本題とは対照的な例を示しながら、新たな学びの必要性について意識させ、展開部分で自身の見解を補強するような事例を多く挙げながら、イメージしやすく説明し、最後に主張をまとめている。

イ　導入部分で人々の人生設計の変化を述べつつ、本題である新たな学びの必要性について触れ、展開部分で具体例を示したり、従来の方法と比較したりしながら、わかりやすく説明し、最後に主張をまとめている。

ウ　導入部分でライフステージの新たな形に対する提案を行って、それに付随して新たな学びの必要性を主張し、展開部分では従来の教育方法を参考にして、新たな学びの有用性を訴えつつ、最後に主張をまとめている。

エ　導入部分で従来の教育方法の反省点を述べて、そこから新たな学びの必要性を訴え、展開部分ではその具体的な在り方や、予想される反対意見に対しての反証も試みながら、最後に主張をまとめている。

新たな対象に没入できるあり方だ。その没入は、身体性を伴うものであることが望ましい。心も体も新たな対象に没入しきる段階を経て、新たなことを学ぶ(身につける)ことができるのだ。それを何度も繰り返しながら、つまり、前進し、後退し、方向転換し、また前進し、後退する、ということの繰り返しによって、少しずつ新たなことを身につけ、変化していくというのが「学ぶ」ということなのだ。

エジソンが行ったフィラメント(電気を光に変える電球の発光部)の材料探しを思い起こしてみよう。これならばフィラメントとしてうまくいくはずだ、と思う物質で実験してみるが、うまくいかない。そこで、異なる物質を試してみる。またもうまくいかない。何千回も様々な物質を試した後で、木綿糸にタールを塗ったものを使ってみる。ようやく、四五時間持つ白熱電球の発明に成功した。しかし、四五時間では実用的ではないので、さらに探し続ける。偶然、研究室に転がっていたお土産の扇子が目に入る。その骨に使われていた竹を試してみる。すると連続点灯時間が二〇〇時間を超えた。竹という解答を得て、さらに世界中の竹を試していく。最終的に、京都の竹を炭にしたものによって、一二〇〇時間の連続点灯に成功した。

エジソンは成功に至るまでの数々の失敗について、「これらは失敗ではなく、この物質ではうまくいかないとわかったという点において成功なのだ」とコメントしたと言われている。目の前の目的に没入し、うまくいかない物質を手放し、新たな物質を試すという試行錯誤を続ける。そして偶然に目にした予想外のものを試してみて成功する(学ぶ姿勢がなければ、転がっている扇子などには目もくれなかっただろう)。⑥ここに「学ぶ」ことの本質があるように思う。

与えられた問いに答えるのではなく、自ら問いを立てる。その独自の問いに没入し、試行錯誤を続ける。しかし、偶発的に飛び込んでくる情報を排除しない。そのような過程こそが「学ぶこと」なのだ。一つのゴールに到達することが「学ぶこと」なのではない。答えが出なくても、この過程そのものから生じる喜びを体験する、つまり「学ぶこと」を喜びとして体験することなのだ。できれば、学校教育の段階でこの経験をしておきたいものだと思う。すると、ステージを移行するどこかのフェーズで、学ぶ必要が生じたときに、新たな対象に対して同様のことを行うことがたやすくなるだろう。ゴールにたどり着かなくても、途中で中断してかまわない。いや、新しいステージへ向かうための「学び」であるならば、むしろどこかで中断した方がよいだろう。ゴールに到達することに固執すると、⑦視野狭窄《きょうさく》状態が永遠に続くことになりかねないからだ。「学ぶこと」自体が、これまで自分にたまった澱《おり》のようなものを流し去り、新たなものを投入し、注キャパシティを拡大する。これが新しいステージに向かう準備になる。

(西きょうじ『さよなら自己責任』による)

注 キャパシティ…物事を受け入れて処理する能力。

問1 文中の(a)～(c)に入れるのにふさわしい語を次の中からそれぞれ選び、記号で答えなさい。

ア つまり　イ では　ウ そこで
エ しかし　オ なぜなら　カ それとも

問2 ――①「人生一〇〇年という時代」とありますが、「人生一〇〇年という時代」において、「個人」にはどのようなものが必要となるのですか。20字以内で答えなさい。

問3 ――②について、以下の各問いに答えなさい。

(Ⅰ) 日本での「生涯現役」とは、どのようなものとして捉えられていますか。20字以内で答えなさい。

(Ⅱ) 「生涯現役」という考えに対しての本文の見解として最もふさわしいものを次の中から選び、記号で答えなさい。

ア より一層、生涯現役を目指すことが自然な流れになるであろう
イ 生涯現役という考えを捨てて、AI技術と共存するべきである

しかし、④新たな産業革命(第四次産業革命)が生じつつある時代に突入して、従来の教育方法だけでは適応できなくなりつつある。第四次産業革命とは、蒸気機関の発明(第一次：一八世紀後半から一九世紀)、電力の活用(第二次：一九世紀後半から二〇世紀)、コンピュータによる産業の変化(第三次：二〇世紀後半)、これらに続くIoT(Internet of Things)、AI技術による産業構造の変化(ロボットや製造業に関しては3Dプリンターも含む)のことだ。あまりにも急速に進化しつつあるので、五年先にどこまで到達することになるのか予測を立てるのも難しいくらいだ。

予測可能な結果を目指して、与えられた課題に対して論理的、合理的に対処できるようになる、というのが戦後の日本の教育が目指してきた方向性であった。簡単に言うと、人に言われたことを的確に実行する、与えられた役割(ロール)をきちんとこなす、そうした能力が画一的な基準において高く評価されてきたのだった。(c)、今やその領域はコンピュータに任せてしまうことができる時代だ。つまり、一つの正解に素早く到達し、決められた手順を正確に実行するだけの役割を人間が果たす必要はない。一方で、世界は画一的模範解答が存在しない時代に突入しつつある。これまでイノベーションを起こしてきたのは、未知の非合理的に見える領域に突入していけるタイプの個人だった。既存の価値観にとどまることなく、これまでの経験則に依存しきるのでもない、いわばレールからはずれることのできる個人だった。第四次産業革命の時代には、多くの人が多少なりともそのような資質を持つことが必要になるだろう。そうでないと、これまでに経験したことのない環境の中での新たな移行は難しい。もはや皆が同様に指針とすべきロールモデルは存在しないのだから。学校教育は方向転換を行い、自ら問いを発する力、答えのない問いに向かう姿勢を育て、様々な問いと様々な解答を許容できるような柔軟性《じゅうなんせい》を高めていく必要がある。学校だけでなく社会も、個人が個人として生きる多様性を許容しながら、社会的分断を防ぐためのコミュニティー形成を可能にするように緩やかな移行をする必要があるだろう。

新たな移行には「学ぶ」ことが必要だと先に書いた。しかし、「何を学ぶのか」と問われても、未知の環境に対する答えなど提示しようもない。答えられるのは、「 X 」を身につける」ことが必要だ、ということだけだ。

学ぶ対象は常に自分にとって未知のものになるわけだが、対象が異なっていても、学び方のプロセスには共通する部分が多い。⑤現在の学校教育では、しばしば知識を増やすことが学ぶことだと考えられている。もちろん、知識を増やすことは不可欠だ。「知識よりも思考力」と教育関係者が口にすることが多いが、知識に基づかない思考など薄っぺらなものだ。グーグルで調べればすぐにわかるような知識(歴史の正確な年号など)は、覚えてもどうせ忘れるし、検《けん》索《さく》すればすむのだから覚えても意義があるとはいえないだろうが、どの時代にどういう背景でどういう事件があったか、は基本知識がないと思考しようもないし、キーワードが思い浮かばない限り検索しようもない。そういった意味で、核心的な知識を増やすことは極めて重要だ。しかし、それだけでは不十分だ。知識が増えれば、あるいは問題の解き方についての知識が増えれば、思考は硬化しがちになるということにも留意する必要がある。また、半端な知識と思い込みが思考の妨げになることさえある。つまり、自分の知見を正しいものだと思い込んでしまうと、検証しようとする場合に、それを指示する情報、データばかりに目がいき、反証する情報やデータを無視しがちになるのだ(確証バイアスという)。これは学ぶ姿勢を失ってしまった結果生じる現象だ。ネット上で見られる右派と左派の分断、没交渉性《ぼっこうしょうせい》は確証バイアスの典型的な例であり、いずれもが学ぶ姿勢を放棄しているのであれば、いくら議論しても(もはや議論さえ生じなくなっているが)、対立の解消も新たな知見の誕生も不可能だ。

では、「学ぶ姿勢」とはどういうことなのだろう。一言で言うと、これまでの自分の考えに固執せず、場合によってはそれと決別して、

のことだ。しかし、知識を増やして既存の資格をとる、というようなことが求められているわけではない。資格が必要な仕事ほど、AI技術の進化によって消滅しやすい仕事だからだ。単に知識を増やすのではなく、これまでの自分に固執せず新たなことを学んでいこうとする姿勢が必要だ。

　同書では、著者は移行の様々なスタンスを述べていて、非常に興味深いパターン分けがなされているが、くわしくは同書を参照してみてほしい。今の若い人は、現在の年長者よりも早い段階で多くのステージを経験していくといいのではないか、とぼくは考えている。現代はこれまでの歴史の中で最も急速に変化しつつある時代だ。その中で、時代に取り残されずに、先駆けて走ろうとするならば、何度も③脱皮する必要があるだろう。次々と脱皮できる人にとっては、個人として未来を切り開く可能性に満ちた時代になりつつあると思う。テクノロジーの進歩によって、これまでの社会的、物理的制約が緩和されていくからだ。しかし、そうはいっても、時にどこかで立ち止まって、腰を落ち着け、次のステージに向けて自分の姿勢を確認する段階も必要だ。ふと気づくと走らされているだけだったということにもなりかねないからだ。自分の姿勢を客観的に確認するには他者からの学びが必要だ。先に書いたように、学ぶというのは、単なるスキルや知識を身につけるということではない、そういうものは走りながら身につけ、利用しながら走ればよい。

（ａ）、学ぶとは根本的にどういうことなのか、順を追って説明していこう。

　AIが進化していく時代に、反復的なスキルはAIに任せて、人間には、共感能力、意思決定能力、創造力、イノベーションを起こす能力といった力が求められるとこれまで述べられてきた。少なくとも、これまでに経験したことがない環境に個人としてどう適応するかを考え、行動する能力が求められているとは言えるだろう。その状況においては、あらかじめ問いが与えられているわけでもなく、これといった正解が一つ決められているわけでもない。これは日本における従来の（現在の）学校教育とは真逆の方向性だと考えられる。

　そもそも近代、（ｂ）産業革命以降の教育の目的は、基本的に多くの人間を機械的生産効率が高まるように画一的に教育することだった。皆が同じ時間に働くほうが機械の稼働《かどう》効率は上がるだろうし、同じ知識を共有しているほうが労働の連携をとりやすいだろう。画一化した教育を与え、一つの価値観を共有させ、同じ基準で能力を判断することが国家、企業の生産力向上に有効だったのだ。その時代においてはとても正しい経済戦略だったといえるだろう。

　この教育法が日本では、戦後の高度経済成長期に極度に顕在化《けんざいか》した。

　学校で学年ごとに同じ教育を受け、できる限り同じ価値観を持たせ、同じ方向を向くようにさせる。同じ基準で生徒の能力を判断し、社会のニーズに合う人間を作り上げていく。多くの若者は高校あるいは大学卒業と同時に一斉に仕事に就き、ひとたび入社すればレールから外れない限り昇給が保証される。与えられた役割を要求された通りにこなしていけば退職年齢まで仕事を続けることができ、退職後は退職金と年金で生活できる。レールから外れない限り……。この安心感のため、人はそれぞれが社会のピースとして生きることに不満を感じずにすんでいた、というよりもレールから外れずに生きられることに満足していた。多くの人が均質な教育を受けているので、マスメディアが提示する人生プラン、購買行動の促進（車を買う、マイホームを住宅ローンで手に入れる、何歳でどの段階を通過するべき、といった宣伝行為）に簡単に誘導された。それだけにレールに乗っていない人間については、同調圧力に負けない特異な力を持つ個人への憧《あこが》れ、あるいは、レールに乗れなかった落ちこぼれへの侮蔑《ぶべつ》をもって、自分たちとは異なる存在とみなすことになった。こうして多くの人が同調し、そのことに安心感、幸福感をもちつつ、一丸となって国家、企業の生産力を高めてきたのだった。個人よりも集団が重視されることで、日本は高度経済成長を遂げることができたということもできるだろう。

二〇二〇年度
城北高等学校（推薦）

【国　語】（五〇分）〈満点：一〇〇点〉

（注意）解答するときには、句読点や記号も一字と数えます。

一　次の文章を読んで、後の問いに答えなさい。

ぼくたちは近い将来に①人生一〇〇年という時代を迎えることになるだろう。カリフォルニア大のHuman Mortality Database（死亡率データベース）によると、二〇〇七年生まれの子どもの半数は、ドイツでは一〇二歳、イギリスでは一〇三歳、アメリカ、イタリア、フランスでは一〇四歳、日本では一〇七歳まで生きるらしい。医療技術の革新、健康への配慮という条件に後押しされて、寿命はさらに延びるかもしれない。もちろん、その背後には経済格差による健康格差、さらには寿命格差という深刻な問題もあるが、ここではそれは取り上げないことにする。

人生一〇〇年になると、八〇年以下の平均寿命をベースに設計された日本の年金制度をふくむ社会保障制度は大きな変更が不可欠だろうし、個人の人生についても資金計画の再設計が必要になるだろう。年金支給年齢が引き上げられ、さらに支給額が減ってしまうことが想定される状況の中でこれまでの人たちよりも長い人生を送ることになるわけだから。

『LIFE SHIFT――100年時代の人生戦略』（リンダ・グラットン、アンドリュー・スコット／東洋経済新報社）は、人生一〇〇年時代の人生設計を取り扱っている。著者によると、これまでは三ステージの人生設計が基本だった。すなわち、教育を受けるステージ、卒業後に仕事をするステージ、退職後のステージだ。退職後の生活期間はせいぜい二〇年くらいと見積もられていた。しかし、一〇〇歳まで生きるとなると、六五歳まで働くとすれば、退職後の期間は三五年も続くことになる。六五歳までの貯金と年金で三五年間、一定の質を保った生活を続けることは通常かなり難しいはずだ。そこで、②日本でも現在「生涯現役」というフレーズがよく聞かれるようになっている。しかし、そのイメージは第二ステージを延長する、というものであることが多い。

著者は、若い世代は人生を四ステージ、あるいは五ステージで捉《とら》えるべきだと主張している。確かに一部の職人的な仕事に従事するような人を除けば、同じ仕事を五〇年も六〇年も続けることは難しいだろう。特に、ＡＩ技術やロボットが急速に進歩している時代に、同じ仕事にとどまり続けることは困難だ。これからの一〇年か二〇年で、AI技術の進歩によって、今ある仕事の半分以上がなくなるだろうという予測もある。だから、第二ステージから第三・第四のステージへと移行する、つまり新たな職を見つける必要がある、と著者は言うのだ。そして最終ステージにおける生活の質（ＱＯＬ）は、その段階における経済的な資産、さらには精神生活の豊かさによって決まる、と。

高齢化先進国である日本では、老後破産が問題になっており、経済的側面についてよく語られている。しかし、経済面だけが問題なのではない。経済状況にも関連するが、老後の「孤独死」がますます増大することになると予測されている。老後のＱＯＬを維持するには物質的資産（お金や住居）だけではなく、人的資産（友人、隣人、趣味サークルなど）も大切だ。しかし、日本はソーシャルキャピタル（地域社会の中での人との結びつきや、いざというときに助けとなる社会とのつながり）が極めて低い（イギリスのレガタム研究所の二〇一七年版のランキングによると一四九ヶ国中一〇一位、先進国中では最下位）。つまり極めて孤立を助長しやすい国なのだ。孤立という問題がますます深刻化する時代であるからこそ、新たな環境を作り（見いだし）、これまでとは異なる形でつながりをつくり出す力が必要になる。

第二ステージからさらに次のステージに移行するには、新たなことを学ぶ必要がある。これまでとは異なる仕事に就くのだから当然

2020年度／城北高等学校（推薦）

英語解答

1
問1　あ　sitting　い　Eat
　　　う　cured　え　accepted
問2　a…イ　b…エ　c…オ　d…ア
問3　A…ウ　B…イ　C…ア　D…エ
問4　I don't feel the cold as much as the old man
問5　最初の語…I　最後の語…marry
問6　**They**　Antonio と Pablo
　　　he　John
問7　ウ，エ

2
問1　(例)アフリカに行き，野生の動物と暮らし，それらについての本を書くという機会。(36字)
問2　wrong
問3　who allowed me to follow him in
問4　(例)How can we get a chance to become a scientist like you?
問5　最初の語…humans　最後の語…it
問6　A…イ　B…ウ　C…エ　D…ア

3
(1)　When is, going
(2)　It, for, to answer
(3)　how to write
(4)　forget seeing〔meeting〕
(5)　keeps her room clean

4
(1)　better, any other
(2)　has been cold since
(3)　were surprised at
(4)　without saying　(5)　were sold

5
(1)　was sleeping on the sofa when my father came
(2)　Do you have anything to eat
(3)　The movie I saw last week was
(4)　Do you know where he lives
(5)　My mother told me to clean

数学解答

1
(1)　$4\sqrt{7}$
(2)　$(a+2b+1)(a+2b-2)$
(3)　24個　(4)　$x=\frac{1}{2}$，$y=\frac{7}{2}$

2
(1)　$\frac{13}{3}$　(2)　$\frac{4}{3}\pi+\frac{\sqrt{3}}{2}$　(3)　6

3
(1)　$\frac{1}{2}$　(2)　$y=-x+\frac{7}{2}$　(3)　8
(4)　$\frac{64}{3}\pi$

4
右図

5
(1)　$\frac{5\sqrt{3}}{2}$　(2)　10　(3)　$\frac{7\sqrt{15}}{2}\pi$

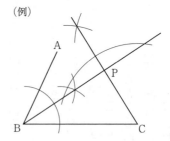

(例)

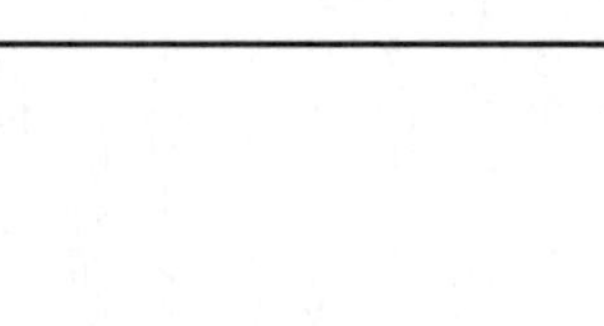

国語解答

一

問1　a…イ　b…ア　c…エ

問2　個人の人生における計画の再設計。

問3　(I)　卒業後に仕事を行う期間を延長するもの。

(II)…エ

(III)
・同じ仕事を何十年も続けることの難しさ。
・AI技術やロボットの進歩による，同じ仕事にとどまり続けることの困難さ。
・AI技術の進歩によって，仕事がなくなる可能性。

問4　これまでの自分に固執せず新たなことを学んでいこうとすること。(30字)

問5　新たな産業革命における画一的模範解答が存在しない事態に対し，予測可能な結果を目指して，与えられた課題に対して論理的，合理的に対処するようにしてきた従来の教育方法は対応できないから。(90字)

問6　学ぶ姿勢　　問7　ア

問8　フィラメントの材料探しのときに，目の前の目的に没入して，うまくいかない物質を手放し，新たな物質を試すという試行錯誤を続け，偶然に目にした予想外のものをも試したエジソンの態度。(87字)

問9　ウ　　問10　イ

二

問1　いいつるよう

問2　I…イ　II…ア　　問3　殊の外

問4　妻(の女)　　問5　大納言

問6　汝やん～らんぞ　　問7　ウ

三

1　肖像　　2　謙虚　　3　閲覧

4　弊害　　5　襟

Memo

2025年度用

高校スーパー過去問

■編集人　声の教育社・編集部

■発行所　株式会社　声の教育社

〒162-0814 東京都新宿区新小川町8-15

☎03-5261-5061㈹ FAX03-5261-5062

https://www.koenokyoikusha.co.jp

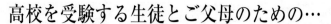

カコを追いかけ
ミライをつかめ
「今の説明、もう一回」を何度でも
web過去問
ストリーミング配信による入試問題の解説動画
声の教育社
詳しくはこちらから

城北高等学校

別冊解答用紙

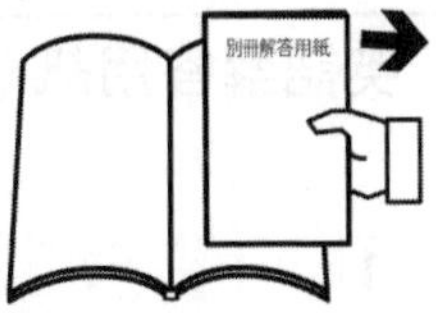

丁寧に抜きとって、別冊としてご使用ください。

★教科別合格者平均点＆合格者最低点

年度		英語	数学	国語	合格者最低点
2024	推薦	41.0	59.0	58.0	146
	一般	67.0	73.0	68.0	171
2023	推薦	79.0	58.0	56.0	211
	一般	70.0	72.0	61.0	170
2022	推薦	65.0	62.0	66.0	212
	一般	82.0	63.0	68.0	183
2021	推薦	69.0	56.0	56.0	200
	一般	76.0	74.0	73.0	197
2020	推薦	77.0	46.0	46.0	176
	一般	74.0	73.0	62.0	177

※2021～2024年度の推薦の合格者最低点は、内申点を含み、345点満点。

注意

○ 解答用紙は、収録の都合により縮小したものや、小社独自に作成したものもあります。
○ 学校配点は学校発表のもの、推定配点は小社で作成したものです。
○ 無断転載を禁じます。
○ 解答用紙を拡大コピーする場合、表示した拡大率に対応する用紙サイズは以下のとおりです。
　101%～102%＝B5　103%～118%＝A4　119%～144%＝B4　145%～167%＝A3
　（タイトルと配点表は含みません）

２０２４年度　城北高等学校

英語解答用紙

番号		氏名		評点	／100

1
(1) (　　　　)(　　　　)(　　　　)
(2) (　　　　)/(　　　　)/(　　　　)
(3) (　　　　)/(　　　　)/(　　　　)

2
(1) I have ＿＿＿＿＿＿＿＿＿＿.
(2) ＿＿＿＿＿＿＿＿＿＿.
(3) ＿＿＿＿＿＿＿＿＿＿ yesterday.
(4) I'm tired ＿＿＿＿＿＿＿＿＿＿ day yesterday.

3
(1) ＿＿＿＿＿＿＿＿＿＿
(2) ＿＿＿＿＿＿＿＿＿＿
(3) ＿＿＿＿＿＿＿＿＿＿

4
問１　① ＿＿＿＿＿＿＿＿＿＿
　　　② ＿＿＿＿＿＿＿＿＿＿
問２　《あ》(　　　　)　《い》(　　　　)　《う》(　　　　)
問３　［X］(　　　)　［Y］(　　　)　問４　(a) (　　　)　(b) (　　　)　(c) (　　　)
問５　＿＿→＿＿→＿＿→＿＿
問６　(　　　)　問７　(　　　)　問８　(　　　)
問９　(　　　)　問10　(　　　)　問11　(　　　)

5
問１　＿＿→＿＿→＿＿→＿＿
問２　(　　　)　問３　(　　　)　問４　(　　　)　問５　(　　　)
問６
という彼女の判断。
問７　(　　　)　問８　(　　　)
問９
問10　(　　　)

（注）この解答用紙は実物を縮小してあります。Ａ３用紙に149％拡大コピーすると、ほぼ実物大で使用できます。（タイトルと配点表は含みません）

推定配点		計
	1　各２点×３　2　各３点×４　3　各４点×３ 4　問１　各３点×２　問２～問４　各２点×８　問５　３点 問６～問11　各２点×６ 5　問１～問５　各３点×５　問６　５点　問７，問８　各３点×２ 問９　４点　問10　３点	100点

2024年度　城北高等学校

数学解答用紙

番号		氏名		評点	/100

1

(1)	(2)
	$x=$
(3)	(4)
$t=$	

2

(1)	(2)
:	
(3)	

3

(1)	(2)
	個
(3)	
組	

4

(1)	(2)
$a=$	
(3)	

5

(1)	(2)
(3)	

（注）この解答用紙は実物を縮小してあります。172％拡大コピーすると、ほぼ実物大で使用できます。（タイトルと配点表は含みません）

推定配点

1、2 各6点×7

3 (1)、(2) 各6点×2　(3) 7点

4 (1)、(2) 各6点×2　(3) 7点

5 (1) 6点　(2)、(3) 各7点×2

計 100点

二〇二四年度　城北高等学校

国語解答用紙

番号　　氏名　　評点 /100

一
問1 A　B
問2
問3
問4
問5
問6 (1)　(2)
問7

二
問1 X　Y　Z
問2
問3
問4
問5
問6
問7
問8
問9 行目
問10 生徒

三
1
2
3
4
5 (まされた)

(注) この解答用紙は実物を縮小してあります。A３用紙に152%拡大コピーすると、ほぼ実物大で使用できます。(タイトルと配点表は含みません)

推定配点	
一 問1 各2点×2　問2 5点　問3 7点　問4、問5 各5点×2 問6 (1) 4点 (2) 5点　問7 10点 二 問1 各1点×3　問2 3点　問3 2点　問4 3点　問5 4点 問6 9点　問7 4点　問8 9点　問9 3点　問10 5点 三 各2点×5	
計	100点

２０２４年度　　城北高等学校　推薦

英語解答用紙　No. 1

番号		氏名	

評点	／100

1

(1)　(　　　　)(　　　　)(　　　　)

(2)　(　　　　) / (　　　　)(　　　　)

(3)　(　　　　)(　　　　) / (　　　　)

2

(1)　Do you know ________________ the station?

(2)　________________ .

(3)　________________ my friends tomorrow.

(4)　________________ .

3

(1)　________________

(2)　________________

(3)　________________

4

問１　(　　　　)

問２

問３　＿＿→＿＿→＿＿　　問４　(　　　　)

問５

チップ。

問６　(　　　　)　　問７　(　　　　)

英語解答用紙　No.２

5　問１　(a)（　　　　）　(b)（　　　　）　(c)（　　　　）　(d)（　　　　）

問２

問３

問４　(3)

(5)

問５

問６　　　問７（　　　　）　問８（　　　　）と（　　　　）

（注）この解答用紙は実物を縮小してあります。Ｂ４用紙に133％拡大コピーすると、ほぼ実物大で使用できます。（タイトルと配点表は含みません）

推定配点	**1** 各２点×３　**2** 各３点×４　**3** 各４点×３ **4** 問１　４点　問２　７点　問３，問４　各４点×２　問５　７点 問６　４点　問７　５点 **5** 問１　各１点×４　問２　３点　問３　６点　問４　各３点×２ 問５　５点　問６　２点　問７　３点　問８　６点	計 100点

2024年度 城北高等学校 推薦

数学解答用紙

番号		氏名		評点	/100

3

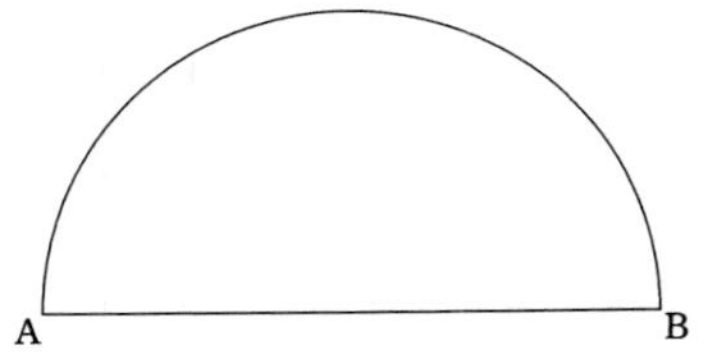

5

ア	イ	ウ	エ
オ	カ	キ	

（注）この解答用紙は実物を縮小してあります。172%拡大コピーすると、ほぼ実物大で使用できます。（タイトルと配点表は含みません）

1

(1)	(2)
	点
(3)	

2

(1)	(2)
度	
(3)	

4

(1)	(2)
$a=$	$t=$
(3)	
$t=$	

推定配点
1、2 各7点×6 3 8点 4 (1)、(2) 各7点×2 (3) 8点 5 各4点×7
100点 計

二〇二四年度 城北高等学校 推薦

国語解答用紙

番号　　氏名　　評点 /100

一
問1　問2　問3　問4
問5
問6
問7
問8　問9 生徒

二
問1
問2　問3　問4　問5　問6
問7
問8
問9
問10

三
1　2　3　4　5 (す)

（注）この解答用紙は実物を縮小してあります。A３用紙に152％拡大コピーすると、ほぼ実物大で使用できます。（タイトルと配点表は含みません）

推定配点		計
	一 問1　2点　問2、問3　各5点×2　問4　2点　問5　6点　問6　5点 問7　10点　問8、問9　各5点×2 二 問1　5点　問2　3点　問3　4点　問4　2点　問5、問6　各4点×2 問7　6点　問8　4点　問9　9点　問10　4点 三 各2点×5	100点

2023年度　城北高等学校

英語解答用紙

番号		氏名	

評点	／100

1　(1) (　　　　) / (　　　　) (　　　　)　(2) (　　　　) (　　　　)

(3) (　　　　) (　　　　) (　　　　)　(4) (　　　　) / (　　　　)

(5) (　　　　) (　　　　)

2　(1) ＿＿＿＿＿＿＿＿＿＿＿＿＿＿＿＿.

(2) ＿＿＿＿＿＿＿＿＿＿＿＿＿＿＿＿.

(3) ＿＿＿＿＿＿＿＿＿＿＿＿＿＿＿＿.

(4) Please ＿＿＿＿＿＿＿＿＿＿＿＿＿＿＿＿.

3　(1) What ＿＿＿＿＿＿＿＿＿＿＿＿＿＿＿＿?

(2) The top of Mt. Fuji ＿＿＿＿＿＿＿＿＿＿＿＿ this morning.

(3) The Tone ＿＿＿＿＿＿＿＿＿＿＿＿＿＿＿＿.

(4) ＿＿＿＿＿＿＿＿＿＿＿＿ must be a new teacher.

4　問1 (　　　　)　問2 (　　　　)　問3 (　　　　)　問4 (　　　　)

問5 ＿＿＿＿＿＿＿＿＿＿　問6　6-A (　　　　)　6-B (　　　　)

問7 (　　　　)　問8 (　　　　)　問9 (　　　　)　問10 (　　　　) (　　　　)

5　問1　(1) (　　　　)　(2) (　　　　)　(3) (　　　　)

問2　【A】＿＿＿＿＿＿　【B】＿＿＿＿＿＿

問3

問4　(a) (　　　　)　(b) (　　　　)　(c) (　　　　)　(d) (　　　　)

問5

問6　(　　　　) (　　　　)

（注）この解答用紙は実物を縮小してあります。A3用紙に147%拡大コピーすると、ほぼ実物大で使用できます。（タイトルと配点表は含みません）

推定配点		計
	1, 2　各2点×9　　3　各3点×4　　4　各3点×11〔問6は完答〕 5　問1～問3　各3点×6　問4　各2点×4　問5　5点　問6　各3点×2	100点

２０２３年度　城北高等学校

数学解答用紙

番号		氏名		評点	/100

(注) この解答用紙は実物を縮小してあります。172%拡大コピーすると、ほぼ実物大で使用できます。(タイトルと配点表は含みません)

1

(1)	(2)
	$x=$　　, $y=$
(3)	(4)

2

(1)	(2)
度	P(　　,　　)
(3)	(4)

3

(1)	(2)
A(　　,　　)	(　　,　　) (　　,　　)
(3)	
$x=$	

4

(1)	(2)
(3)	

5

(1)	(2)
度	

推定配点	
1、2 各6点×8	
3 (1) 6点 (2) 8点 (3) 6点	
4 (1) 7点 (2)、(3) 各6点×2	
5 (1) 7点 (2) 6点	
計	100点

二〇二三年度 城北高等学校

国語解答用紙

番号　　氏名　　評点 /100

一
問1 A B
問2
問3
問4 ～
問5
問6
問7
問8

二
問1 ⓐ ⓑ
問2
問3
問4
問5
問6
問7
問8
問9

三
1
2
3
4
5 （い）

（注）この解答用紙は実物を縮小してあります。Ａ３用紙に154％拡大コピーすると、ほぼ実物大で使用できます。（タイトルと配点表は含みません）

推定配点	計
一 問1 各2点×2 問2 6点 問3 4点 問4、問5 各5点×2 問6 10点 問7 5点 問8 各3点×2 二 問1 各2点×2 問2、問3 各4点×2 問4 6点 問5～問7 各4点×3 問8 10点 問9 5点 三 各2点×5	100点

２０２３年度　城北高等学校　推薦

英語解答用紙

番号		氏名		評点	／100

1
(1) (　　　) / (　　　)　(2) (　　　) / (　　　)
(3) (　　　) (　　　)　(4) (　　　) (　　　)
(5) (　　　) / (　　　)

2
(1) (　　　) (　　　) (　　　)
(2) (　　　) / (　　　) (　　　)
(3) (　　　) (　　　)　(4) (　　　) (　　　) (　　　)

3
(　　　) (　　　) (　　　) (　　　)

4
問１ ＿＿＿＿　問２ (　　　)　問３ ＿＿＿＿　問４ (　　　)
問５ ＿＿＿＿＿＿＿＿
問６ ＿＿＿＿＿＿＿＿.
問７ ア ＿＿＿＿　イ ＿＿＿＿

5
問１ (a) (　　　)　(b) (　　　)　(c) (　　　)　(d) (　　　)
問２ 《あ》＿＿＿＿　《い》＿＿＿＿　《う》＿＿＿＿　《え》＿＿＿＿
問３ [A] (　　　)　[B] (　　　)　[C] (　　　)　[D] (　　　)
問４
(25 / 35)
問５ ＿＿＿＿＿＿＿＿.
問６ (　　　) (　　　) (　　　)

(注) この解答用紙は実物を縮小してあります。Ａ３用紙に152%拡大コピーすると、ほぼ実物大で使用できます。(タイトルと配点表は含みません)

推定配点		計
	1, 2 各２点×９　3 各３点×４ 4 問１～問４ 各３点×４　問５，問６ 各５点×２　問７ 各４点×２ 5 問１，問２ 各２点×８　問３～問５ 各３点×６　問６ 各２点×３	100点

2023年度　城北高等学校　推薦

数学解答用紙

番号		氏名	

評点	/100

3

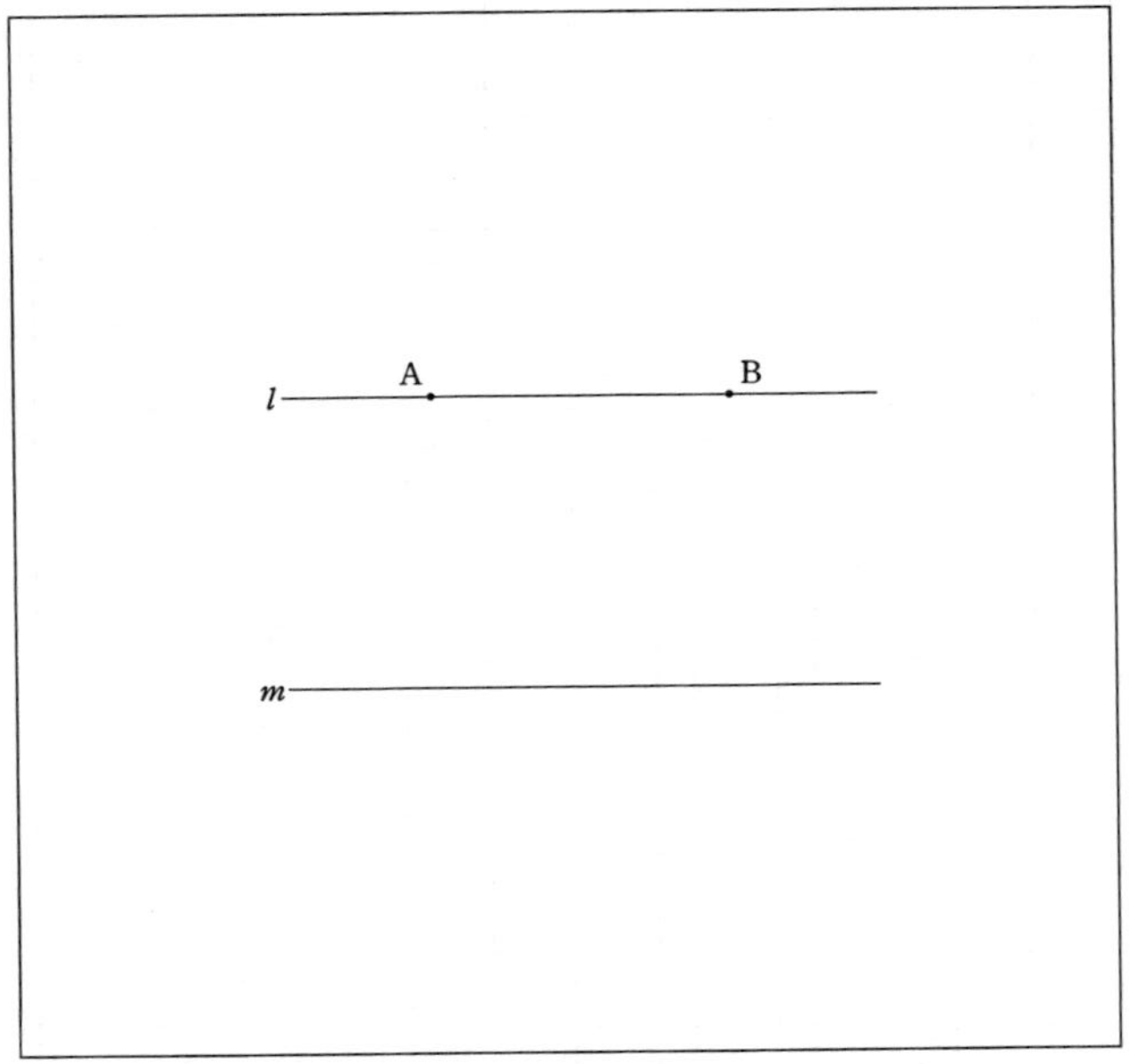

（注）この解答用紙は実物を縮小してあります。172%拡大コピーすると、ほぼ実物大で使用できます。（タイトルと配点表は含みません）

1

(1)	(2)
	$a=$
(3)	(4)

2

(1)	(2)
：	
(3)	(4)

4

(1)	(2)
$a=$　　, $b=$	
(3)	

5

(1)	(2)

推定配点	
1、2 各7点×8 3 8点 4 (1)、(2) 各7点×2 (3) 8点 5 各7点×2	
100点	計

二〇二三年度　城北高等学校　推薦

国語解答用紙

番号		氏名	

評点	/100

一
問1
問2　問3　問4 ～
問5
問6
問7　問8

二
問1 ⓐ ⓑ
問2
問3　問4　問5　問6　問7
問8
問9

三
1　2　3（さず）　4　5

（注）この解答用紙は実物を縮小してあります。A3用紙に145%拡大コピーすると、ほぼ実物大で使用できます。（タイトルと配点表は含みません）

推定配点	計
一 問1　6点　問2～問5　各5点×4　問6　8点　問7　5点　問8　各3点×2 二 問1　各2点×2　問2　6点　問3　4点　問4　各3点×2　問5～問7　各4点×3　問8　8点　問9　5点 三 各2点×5	100点

２０２２年度　城北高等学校

英語解答用紙

番号		氏名	

評点	／100

1

(1) ______________________________.

(2) ______________________________ to the station.

(3) ______________________________ Korea?

(4) The sunfish ______________________________.

2

(1) (　　　) (　　　)

(2) (　　　) (　　　) (　　　)

(3) (　　　) / (　　　) / (　　　) (　　　)

(4) (　　　) (　　　) (　　　) (　　　)

3

(1) ______________________________

(2) ______________________________

4

問１ ____________

問２ ______________________________.

問３ [A] (　　　) [B] (　　　) (　　　) (　　　)

問４ ____ → ____ → ____ → ____

問５ ① □□□□□

② □□□□□□□□□□□□□□□

問６ ____________

問７ あ ______ い ______ う ______ え ______ お ______

5

問１ ____________

問２ □□□□□□□□□□□□□□□(15)□□□□□

問３ ______ 問４ ______ 問５ ______

問６ (　　　) (　　　) (　　　) (　　　)

(　　　) (　　　)

問７ ____________

（注）この解答用紙は実物を縮小してあります。Ａ３用紙に147％拡大コピーすると、ほぼ実物大で使用できます。（タイトルと配点表は含みません）

推定配点		計
	1 各２点×４　**2** 各３点×４　**3** 各５点×２ **4** 問１～問６　各４点×７〔問３は完答〕　問７　各３点×５ **5** 問１　３点　問２～問７　各４点×６	100点

2022年度 城北高等学校

数学解答用紙

番号		氏名	

評点	/100

1

(1)	(2)
(3)	(4)
	$a =$ 　　, $x =$

2

(1)	(2)
	度
(3)	

3

(1)	(2)	(3)

4

(1)	(2)
(3)	

5

(1)	(2)
個	個
(3)	(4)
個	個

（注）この解答用紙は実物を縮小してあります。169%拡大コピーすると、ほぼ実物大で使用できます。（タイトルと配点表は含みません）

推定配点	
1	各5点×4
2	各6点×3
3	(1)、(2) 各6点×2　(3) 7点
4	(1)、(2) 各6点×2　(3) 7点
5	各6点×4
計	100点

二〇二二年度　城北高等学校

国語解答用紙

番号　　氏名　　評点　／100

一
問1　問2　問3　～
問4
問5　問6
問7
問8　問9

二
問1　A　B　C
問2
問3　問4　問5
問6
問7　問8
問9

三
1　2　3　4　5（ぐ）

（注）この解答用紙は実物を縮小してあります。Ａ３用紙に154％拡大コピーすると、ほぼ実物大で使用できます。（タイトルと配点表は含みません）

推定配点	計
一 問1　4点　問2、問3　各5点×2　問4　6点　問5、問6　各4点×2　問7　8点　問8、問9　各4点×2 二 問1　各2点×3　問2　6点　問3～問5　各4点×3　問6　6点　問7、問8　各4点×2　問9　8点 三 各2点×5	100点

２０２２年度　城北高等学校　推薦

英語解答用紙

番号		氏名	

評点	／100

1 (1) (　　　) / (　　　) (　　　) (2) (　　　) / (　　　) (　　　)

(3) (　　　) / (　　　) (　　　) (4) (　　　) / (　　　) (　　　)

(5) (　　　) (　　　) (　　　)

2 (1) (　　　) (2) (　　　) (3) (　　　) (4) (　　　) (5) (　　　)

3 (1) ______________________

(2) ______________________

(3) ______________________

4 問1

																			20					

問2 ________ 問3 ________

問4 It took ______________________.

問5 ________ 問6 ________ 問7 ________ 問8 ________

5 問1 ________ 問2 ________ 問3 ________

問4 (4) ______________________?

(10) ______________________ him?

問5 (　　　) (　　　) / (　　　) (　　　). 問6 ________

問7 ________ 問8 (8A) ________ (8B) ________ (8C) ________ (8D) ________

問9 (9) ________ (11) ________ 問10 ________ 問11 ________

（注）この解答用紙は実物を縮小してあります。Ａ３用紙に145%拡大コピーすると、ほぼ実物大で使用できます。（タイトルと配点表は含みません）

推定配点		計
	1, 2　各２点×10　3, 4　各３点×11 5　問１　２点　問２～問11　各３点×15	100点

2022年度　城北高等学校　推薦

数学解答用紙

番号		氏名		評点	/100

1

(1)	(2)
(3)	**(4)**
	個

2

(1)	(2)	(3)
度		

3

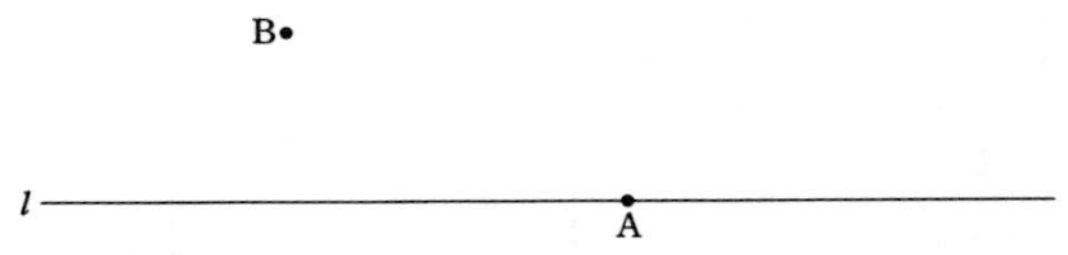

4

(1)	(2)
	Q(　　,　　)
(3)	
:	

5

(1)	(2)

（注）この解答用紙は実物を縮小してあります。169%拡大コピーすると、ほぼ実物大で使用できます。（タイトルと配点表は含みません）

推定配点	
1 各7点×4 2～5 各8点×9	
100点	計

二〇二三年度　城北高等学校　推薦

国語解答用紙

番号		氏名		評点	/100

一

問1

問2

問3　問4　問5　問6

問7

問8

二

問1　ⓐ　ⓑ　ⓒ　問2

問3　Ⅰ

Ⅱ

問4　問5　問6　問7

問8　Ⅰ

Ⅱ

問9

三

1　2　3　4　5　（う）

（注）この解答用紙は実物を縮小してあります。A３用紙に154%拡大コピーすると、ほぼ実物大で使用できます。（タイトルと配点表は含みません）

推定配点		計
	一　問１　６点　問２～問６　各４点×５　問７　６点　問８　各４点×２ 二　問１　各２点×３　問２　４点　問３　（Ⅰ）　４点　（Ⅱ）　６点 問４～問７　各４点×４　問８　（Ⅰ）　４点　（Ⅱ）　６点　問９　４点 三　各２点×５	100点

2021年度　城北高等学校

英語解答用紙

番号		氏名		評点	／100

1

(1) ______　(2) I've ______ the ______.

(3) ______

(4) 《あ》______　《い》______　《う》______

《え》______　《お》______

(5) ①

②

(6) ______　______

2

(1) ______　(2) ______　(3) ______

(4) ______ → ______ → ______ → ______　(5) ______

(6) ______　(7) ______

3

(1) (　　) / (　　) / (　　)

(2) (　　) (　　) (　　)

(3) (　　) (　　) / (　　)

(4) (　　) (　　)　(5) (　　) (　　)

4

(1) (　　) (　　)　(2) (　　) (　　)

(3) (　　) (　　) (　　)

(4) (　　) (　　)　(5) (　　) (　　)

5

(1) ______?

(2) They had ______.

(3) My father is about ______.

(4) ______.

(5) ______.

(注) この解答用紙は実物を縮小してあります。Ａ３用紙に149%拡大コピーすると、ほぼ実物大で使用できます。(タイトルと配点表は含みません)

推定配点		計
	1 (1) 3点 (2) 各２点×２ (3) 3点 (4) 各２点×５ (5) 各４点×２ (6) 各３点×２ 2～5 各３点×22	100点

2021年度 城北高等学校

数学解答用紙

番号		氏名	

評点	/100

1

(1)	(2)
(3)	(4)
	$x=$ 　　　　, $y=$

2

(1)	(2)
:	:
(3)	
①	②
:	:

3

(1)	(2)	(3)

4

(1)	(2)
:	
(3)	(4)
:	

5

(1)	
①	②
(2)	
(ア)	(イ)

(注) この解答用紙は実物を縮小してあります。A３用紙に145%拡大コピーすると、ほぼ実物大で使用できます。(タイトルと配点表は含みません)

推定配点

1、2 各5点×8
3 各6点×3
4 (1)、(2) 各5点×2 (3)、(4) 各6点×2
5 (1) 各4点×2 (2) 各6点×2

計
100点

二〇二二年度　城北高等学校

国語解答用紙

番号　　氏名　　評点　/100

一　問1 ⓐ ⓑ ⓒ　問2　問3　問4　問5　問6　問7　問8　問9

二　問1 ⓐ ⓑ ⓒ　問2 A B　問3　問4　問5　問6　問7　問8　問9　問10

三　①　②　③　④　⑤（って）

（注）この解答用紙は実物を縮小してあります。A３用紙に145％拡大コピーすると、ほぼ実物大で使用できます。（タイトルと配点表は含みません）

推定配点	計
一　問1　各2点×3　問2〜問5　各4点×4 問6、問7　各6点×2　問8、問9　各5点×2 二　問1、問2　各2点×5　問3、問4　各3点×2 問5〜問8　各4点×4　問9　6点　問10　8点 三　各2点×5	100点

2021年度　城北高等学校　推薦

英語解答用紙

番号		氏名		評点	／100

1

問1　he carefully ＿＿＿＿.

問2　I now know ＿＿＿＿.

問3　＿＿＿＿　＿＿＿＿　＿＿＿＿　＿＿＿＿

問4

問5

				25															

問6　＿＿＿＿　＿＿＿＿　＿＿＿＿　＿＿＿＿

問7　ア ＿＿＿＿　イ ＿＿＿＿　ウ ＿＿＿＿　エ ＿＿＿＿　オ ＿＿＿＿

2

問1 ＿＿＿＿　問2 ＿＿＿＿

問3　(3) ＿＿＿＿　(4) ＿＿＿＿　(5) ＿＿＿＿　(6) ＿＿＿＿　問4 ＿＿＿＿

問5

									30										

問6　(ア) ＿＿＿＿　(イ) ＿＿＿＿　(ウ) ＿＿＿＿

問7 ＿＿＿＿　問8 ＿＿＿＿　問9 ＿＿＿＿　問10 ＿＿＿＿　＿＿＿＿

3

(1) ＿＿＿＿　(2) ＿＿＿＿　＿＿＿＿

(3) ＿＿＿＿　(4) ＿＿＿＿

4

(1) ＿＿＿＿.

(2) ＿＿＿＿?

(3) ＿＿＿＿.

(4) ＿＿＿＿.

(5) ＿＿＿＿.

(6) ＿＿＿＿.

5

＿＿＿＿

(注) この解答用紙は実物を縮小してあります。Ａ３用紙に149％拡大コピー
すると、ほぼ実物大で使用できます。(タイトルと配点表は含みません)

推定配点		計
	1 問１～問６　各３点×６　問７　各２点×５ 2 問１～問４　各２点×７　問５～問10　各３点×９ 3 各２点×４　4 各３点×６　5 ５点	100点

２０２１年度　城北高等学校　推薦

数学解答用紙

番号		氏名		評点	/100

1

(1)	(2)
(3)	
①	②
(4)	
組	

2

(1)	
度	
(2)	
①	
②	③

3

(1)	(2)
D(　　,　　)	
(3)	(4)
E(　　,　　)	F(　　,　　)

4

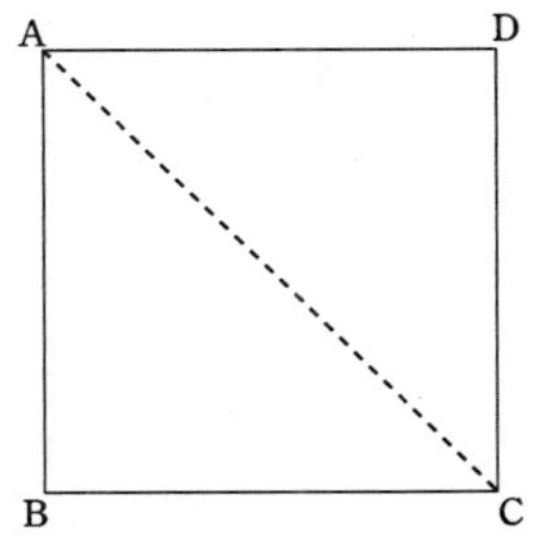

5

(1)
(2)

（注）この解答用紙は実物を縮小してあります。172%拡大コピーすると、ほぼ実物大で使用できます。（タイトルと配点表は含みません）

推定配点

1　各6点×5

2　(1)　6点　(2)　①　8点　②、③　各6点×2

3　各6点×4

4　8点

5　各6点×2

計	100点

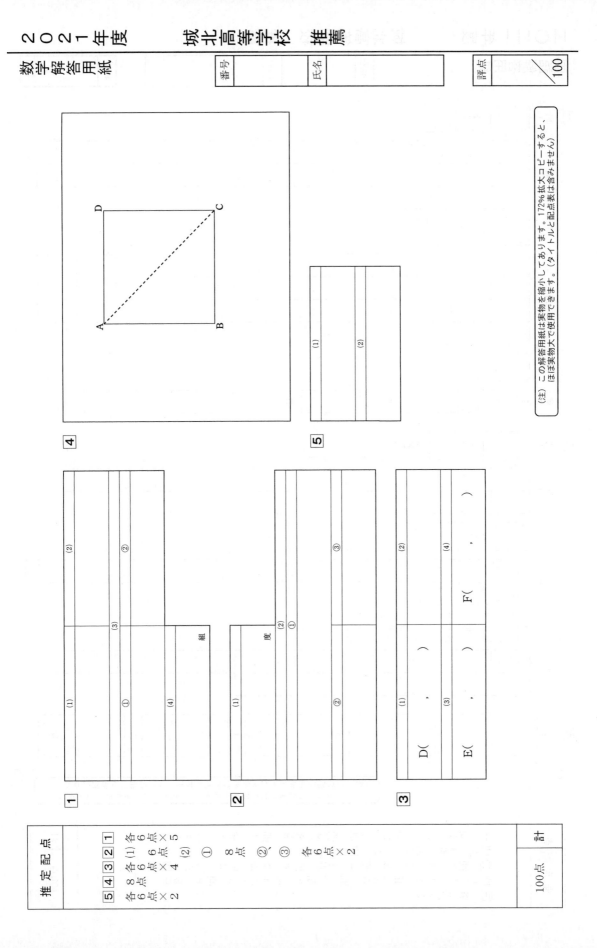

二〇二二年度　城北高等学校　推薦

国語解答用紙

番号　　氏名　　評点 /100

一 問1　問2　問3　問4　問5　問6　問7　問8 Ⅰ Ⅱ Ⅲ

二 問1 ⓐ ⓑ　問2　問3　問4　問5　問6 Ⅰ Ⅱ　問7　問8　問9

三 1　2　3　4　5（む）

（注）この解答用紙は実物を縮小してあります。A3用紙に149%拡大コピーすると、ほぼ実物大で使用できます。（タイトルと配点表は含みません）

推定配点		計
	一 問1 3点　問2 4点　問3 8点　問4、問5 各4点×2　問6 9点　問7 4点　問8 各3点×3 二 問1 各2点×2　問2 4点　問3 7点　問4 3点　問5 4点　問6 Ⅰ 4点 Ⅱ 3点　問7、問8 各4点×2　問9 8点 三 各2点×5	100点

２０２０年度　城北高等学校

英語解答用紙

番号		氏名		評点	／100

1

問１ (1)

(2)

問２ (A)　(B)　(C)　(D)

(E)　(F)　(G)

問３

問４

問５　問６

2

問１

問２

問３　問４

問５

問６

問７　問８

問９ (A)　(B)　(C)　(D)

(E)　(F)　(G)

3

(1) (　)(　)　(2) (　)(　)

(3) (　)(　)(　)

(4) (　)(　)(　)(　)

(5) (　)(　)　(6) (　)(　)

4

(1) He (　).

(2) (　).

(3) We (　).

5

(1) .

(2) .

(注) この解答用紙は実物を縮小してあります。Ａ３用紙に154%拡大コピーすると、ほぼ実物大で使用できます。(タイトルと配点表は含みません)

推定配点		計
	1 問１，問２　各３点×９　問３　４点　問４　３点　問５，問６　各２点×２ 2 問１～問８　各３点×８　問９　各２点×７ 3, 4　各２点×９　5　各３点×２	100点

２０２０年度　城北高等学校

数学解答用紙

番号		氏名		評点	／100

1

(1)	(2)
(3)	**(4)**
m ＝　　, n ＝	通り

2

(1)	(2)
：　：	度
(3)	
①	**②**

3

(1)	(2)
	x ＝

4

(1)	(2)	(3)
a ＝	B(　　,　　)	

5

(1)	(2)

（注）この解答用紙は実物を縮小してあります。Ａ４用紙に103％拡大コピーすると、ほぼ実物大で使用できます。（タイトルと配点表は含みません）

推定配点		計
	1 ⑴，⑵　各８点×２　⑶，⑷　各７点×２ 2 ⑴，⑵　各７点×２　⑶　①　４点　②　３点　3 各８点×２ 4 ⑴，⑵　各８点×２　⑶　７点　5 各５点×２	100点

二〇二〇年度　城北高等学校

国語解答用紙

番号		氏名		評点	/100

一

問1　問2

問3

問4

問5　問6　問7　問8

二

問1　A　B　C　D

問2

問3

問4　問5　問6　問7

問8

問9

三

問1　Ⓧ　Ⓨ

問2　Ⓐ　Ⓑ　Ⓒ　Ⓓ

問3　a　b

問4　問5　問6

問7

四

1　2　3　4　5　(く)

（注）この解答用紙は実物を縮小してあります。Ａ３用紙に152%拡大コピーすると、ほぼ実物大で使用できます。（タイトルと配点表は含みません）

推定配点	計
一 問1、問2　各4点×2　問3　8点　問4　6点　問5～問8　各4点×4 二 問1　各1点×4　問2　6点　問3　4点　問4、問5　各3点×2 問6　4点　問7　3点　問8　6点　問9　3点 三 問1～問3　各1点×8　問4～問7　各2点×4 四 各2点×5	100点

2020年度　城北高等学校　推薦

英語解答用紙

番号		氏名		評点	／100

1

問1　《あ》＿＿＿＿　《い》＿＿＿＿　《う》＿＿＿＿　《え》＿＿＿＿

問2　(a)＿＿＿＿　(b)＿＿＿＿　(c)＿＿＿＿　(d)＿＿＿＿

問3　[A]＿＿＿＿　[B]＿＿＿＿　[C]＿＿＿＿　[D]＿＿＿＿

問4　＿＿＿＿＿＿＿＿

問5　最初の語：＿＿＿＿　最後の語：＿＿＿＿

問6　They：＿＿＿＿　he：＿＿＿＿

問7　＿＿＿＿　＿＿＿＿

2

問1

									30										40

問2　＿＿＿＿　問3　＿＿＿＿＿＿＿＿

問4　＿＿＿＿＿＿＿＿

問5　最初の語：＿＿＿＿　最後の語：＿＿＿＿

問6　(A)＿＿＿＿　(B)＿＿＿＿　(C)＿＿＿＿　(D)＿＿＿＿

3

(1)　(　　　)(　　　) he (　　　) to climb Mt. Fuji?

(2)　(　　　) is easy (　　　) you (　　　)(　　　) this question.

(3)　I want to learn (　　　)(　　　)(　　　) an email in English.

(4)　I will not (　　　)(　　　) you here.

(5)　She always (　　　)(　　　)(　　　)(　　　).

4

(1)　My brother likes soccer (　　　) than (　　　)(　　　) sport.

(2)　It (　　　)(　　　)(　　　)(　　　) last weekend.

(3)　They (　　　)(　　　)(　　　) the news.

(4)　The teacher left the classroom (　　　)(　　　) a word.

(5)　How many CDs (　　　)(　　　) at this store yesterday?

5

(1)　My mother＿＿＿＿＿＿＿＿home.

(2)　＿＿＿＿＿＿＿＿?

(3)　＿＿＿＿＿＿＿＿fantastic.

(4)　＿＿＿＿＿＿＿＿?

(5)　＿＿＿＿＿＿＿＿my room.

(注) この解答用紙は実物を縮小してあります。A３用紙に152%拡大コピーすると、ほぼ実物大で使用できます。(タイトルと配点表は含みません)

推定配点		計
	1 問1，問2　各1点×8　問3～問5　各3点×6 問6　各2点×2　問7　各3点×2 2 問1　6点　問2　2点　問3　4点　問4　6点 問5　4点　問6　各3点×4 3～5　各2点×15	100点

2020年度　城北高等学校　推薦

数学解答用紙

番号	氏名	評点
		/100

4

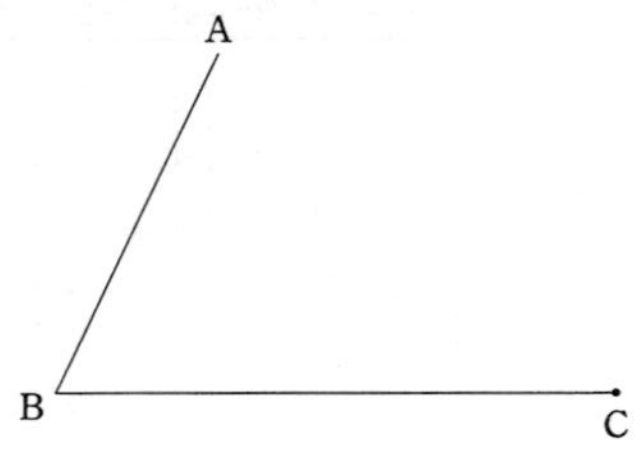

5

(1)	(2)	(3)

（注）この解答用紙は実物を縮小してあります。172%拡大コピーすると、ほぼ実物大で使用できます。（タイトルと配点表は含みません）

1

(1)	(2)
(3)	**(4)**
個	$x =$ 　　　, $y =$

2

(1)	(2)	(3)
$x =$		

3

(1)	(2)
$a =$	
(3)	**(4)**

推定配点	
1 (1) 6点　(2)〜(4) 各7点×3 2、3 各7点×7 4、5 各6点×4	
100点	計

二〇二〇年度　城北高等学校　推薦

国語解答用紙

番号　　氏名　　評点　／100

一

問1　a　b　c

問2

問3　I　II　III

問4

問5

問6　問7

問8

問9　問10

二

問1　問2　I　II　問3　問4

問5　問6　〜　問7

三

1　2　(な)　3　4　5

(注) この解答用紙は実物を縮小してあります。A３用紙に156%拡大コピーすると、ほぼ実物大で使用できます。(タイトルと配点表は含みません)

推定配点		計
	一 問1 各2点×3 問2 4点 問3 (I)、(II) 各4点×2 (III) 各3点×3 問4 6点 問5 12点 問6、問7 各4点×2 問8 12点 問9 4点 問10 6点 二 問1、問2 各2点×3 問3〜問5 各3点×3 問6 2点 問7 3点 三 各1点×5	100点